启真馆 出品

经略幽燕

宋辽战争军事灾难的战略分析

曾瑞龙 著

浙江大学出版社
ZHEJIANG UNIVERSITY PRESS

序　言

学者研究宋代国势，常视为积弱，自宋初屡败于辽后，即无法达到大一统的目的。曾瑞龙博士从事军事史研究多年，对于中外战略、战术、战役、战争文化有很深入的探讨，因此他对北宋初年经略燕云的努力及其失败，是从大战略的架构来分析，并且对当时的每一战役都有讨论，从新的角度提出新的看法。他的这本书不仅让我们对于宋初的战争史有全盘的了解，而且对于宋初的立国大计，如强干弱枝的国策、先南后北的统一战争、重文轻武等课题，都有更深一层的启发。这本书不仅是研究宋代军事史的重要著作，也在传统中国史上有很大的贡献。

陶晋生

2002 年 7 月 16 日

目录

绪　论

课题的意义与基本视角

本书研究的是中国近世具有深远影响的一次军事灾难，并企图透过战略认知架构重整北宋经略幽燕的历史经验。北宋经略幽燕的失败反映着宋初战略文化（strategic culture）与大战略（grand strategy）的内在失调，特别是处于从五代到北宋的历史转折当中，旧有的军事信念与新的战争模式未能配合，使宋军在面对辽朝这个边疆民族政权所拥有高度机动能力的军事力量时，遭逢出乎意料的挫败。经略幽燕的失败也反映出宋人想同时完成和平与统一两个战略目标的困难。宋太宗采取武力统一来解决这个两难，令原来文臣所提议的内政主导的大战略部署落空。在大战略没有决定性作用的前提下，战役法和战术指挥变得举足轻重，而宋军开始不得不接受和擅长骑射的辽军在平原野战中一决高下的严峻事实。

战争史的观点与方法

本书属于战争史的研究范畴。在《希波战争史》《伯罗奔尼撒战争史》的年代，战争史在历史这个学科中曾经占一重要席位。中国古代的史书如《左传》《资治通鉴》也都花费大量的篇幅描写战争。战争是人类历史活动最激烈的场合，而传统的战争史也确有很多引人入胜之处。历史的必然性和偶然性的冲突，最集中、最尖锐地反映在战争史上。战争的暴烈性可以在很短的时间内带来剧变，由公元前至十九世纪初都有大量战役在一天中获得决定性战果，不但标志着王朝的盛衰和名将一生的毁誉，甚至可能决定着文明的命运。战争中微小的变数可以引起质的变化，其震撼人类心灵的程度，足以引发无穷无尽的争议。普鲁士军在滑铁卢（Waterloo）战场上的适时出现令拿破仑功亏一篑；南云忠一下令将"赤城号"甲板上的战机更换鱼雷和炸弹时受到美军俯冲轰炸机的攻击；以及"市场花园"作战（Operation Market Garden）中英军第一空降师在阿纳姆（Arnham）巧遇前来休整的德军装甲部队。这些决定性的巧合并不容易解释，其所产生的戏剧性效果也有被夸大之嫌；然而无论如何，它们不但吸引了战争史的读者，同时也成为学术研究的素材。[1]

传统的战争史也集中体现了个人主观意志与外界条件局限性的冲突，以及意图征服世界或控制命运的悲剧。亚历山大（Alexander the Great, 356 B.C.—323 B.C.）和汉尼拔（Hannibal, 247 B.C.—182 B.C.）开始征伐时都只有非常有限的兵力，可是接二连三的成功，令他们开始相信自己或许能为人所不能。面对非常广阔的有待征服的空间，自我形象的膨胀使他们开始无视客观环境的局限性，构成了悲剧英雄的性格。他们征战的历史洋溢着个人向自然和命运挑战的高昂意志。伴随暴力而出现人性之中美德与劣根性的冲突，人如何面对成功与灾难，这些教训不容忽视。丘吉尔首相（Winston Churchill，1874—1965）为其祖先马尔伯勒公爵（John Churchill, the Duke of Marlborough, 1650—1722）所撰的传记、蒙哥马利元帅（Field-Marshal Montgomery of Alamein，1887—1976）所撰的回忆录，及曼施坦因元帅（Erich von Manstein，1887—1973）的《失去的胜利》，都流露着一种军人高尚的品格，在面对困难时百折不挠，在获得胜利时不矜不骄，都是值得世人效法的楷模。[2]

然而今天在各种新兴的历史，如地方史、性别史、商业史和生活史的面前，战争史的地位似乎大不如前了。"我们不要战争，要和平"，这样的扬弃论者（abolitionist）想法是战争史日益失去支持者的一个原因。诚然，历史学家研究什么，和社会的意识形态存在很大的关联。人们厌恶战争，或抱一种敬而远之的保留态度，是战争史日益远离主流学科的基本原因。可是这种看法也有不够全面之处。一方面，如李德·哈特（Liddell Hart）所说："若你想要和平，便应了解战争。"[3]冷战的时代虽然结束，但战争的危机并未离我们而去。和战争足以相提并论的暴力行为，如种族清洗和教派冲突仍然存在。中东、巴尔干、中非、南亚及东亚的某些地区，都属于万一处理失当，即很容易爆发战祸的地方。[4]相对地能享受和平的，如欧洲、美国，都属于军事实力强大的地区和国家，或像日本那样受军事盟约高度保护及设防的国家。因此，在这时把战争史视作历史上的木乃伊，可能言之过早。

当然，正如柯恩（Eliot Cohen）和古奇（John Gooch）所批评的那样，军事史或战争史沦为学术界中较不受重视的领域，军事史研究者本身也有责任。军事史作为军人的集体记忆本来无可厚非，但太偏重于他们辉煌战绩的记录，却容易与社会脱节。撰写战争史的人，或过分强调其实用性而将过往战争的经验视为培养将军和参谋的教材；或过分根究战争背后的普遍原则，其末流之弊，往往陷入机械论和种种将复杂事情简单化的武断言论。[5]

事实上，军事史／战争史的发展已必须强调学科间整合，以扩展视界，重新与人文社会接轨。传统以来以编年战争史、兵器史、兵种历史、军制史、团队史和军人传记为中心的研究范围，近年逐步随着学科间整合而扩展，出现了结合社会史、生活史，探讨军人的社会流动、社会地位和生活取向的作品。[6] 军队中的女性地位开始受到重视，而性别在军事文化中的角色也成为一些作品的焦点。[7] 军事理论、国际关系和文化研究的结合产生战略文化的研究领域。[8] 从实用的角度，军事史／战争史还可以结合系统理论产生对军事灾难的研究。[9] 此外，得到情报学的辅益，战争史也孕育出战略欺骗的研究。[10] 这些倾向若能进一步加强，将有助于加强战争史与其他主流学科的沟通。

然而最根本的就是与战略研究维持联系，整合理论和史实的知识，令两者可以互相依存。史实修正理论，而理论则可以提醒研究者，对容易忽略遗忘的空间保持较高的警觉性。正如史实亦随着新证据的发现而修正一样，从事学科间整合并不代表认为世上存在永恒正确的理论，学者不应存有迁就任何一方的想法。引进理论不是因为其绝对正确无误，而是因为理论和事实都作为知识的一部分，具有在一定证据下相对的正确性。我们对片段和零碎的事实感到满足，完全可以理解；但如果要将片段连贯起来形成具分析意义的体系，则理论化（theorization）

是不可避免的步骤。其实任何理论都基于一些假设，而这些假设背后存在一个认知的范式（paradigm）。罗伯特·基奥恩（Robert Keohane）认为，真正的分别，不在于是否接受理论，而在于自觉与不自觉地接受了某种理论假设。[11] 这说明了理论假设对史实的认知具有难以忽略的过滤作用。[12]

使用战略的概念架构不等于照搬现代的战略主张。特别是出现了核武器，达到互相确保摧毁（mutual assured destruction，简称 MAD）之后，现代的战略主张如威慑战略、空中战略等，和古代的战略相比确实呈现不同的面目。现代的战争史家已很少相信有亘古不变的法则存在，世上也不是只有一种真理。因此，在运用战略的分析架构之余，也要警觉文化中心主义（ethnocentrism）的不利影响。战争史家应当具备一份醒觉，既清楚战略的分析架构是认知体系不可分离的一部分，同时又尽量避免这种认知的历史局限影响结论的精确性。本书引用理论，目的是提供分析架构，比如借用战略文化的观点，就考虑到战略的社会化、意识形态、习俗及价值观渗透入战略决策，这种做法不会是西方世界的专利。至于某些论述需要引用一些战略原则，也考虑到其具有相当的普遍性，而不是局限于特殊火力、机动力等技术条件的产物。[13]

战争很少能离开战略。远古先民为了争夺基本的生存条件而乱打一气，可能不存在所谓战略；可是当战争日趋复杂化而产生有系统地趋利避害的想法，广义上的战略思维就已存在。正如克劳塞维茨（Carl von Clausewitz）所说，战争是政治在另一方式上的延续。当出现了这种具有政治意味的战争，它就离不开作为一种政策而存在，而如何推行政策，就很容易带出战略思维。因此即使不同年代的个案虽然对是否使用战略的字眼不相一致，但从其内涵分析，仍然可以判断战略思维的广泛存在。

战略提供一个立体而全面的分析架构，从技术、战术（tactics）、战役法（operational art）到大战略，每个层次可以有不同的取向，而又发生互动。具备这个分析架构，可以了解单纯技术观点的不足之处。当然，技术是战略的一个层次，而史家对于长弓的发明和火药的西传所发生的关键作用，都已给予了充分的评价。[14] 可是军事技术发展史远远不等于战争史。重大的技术发明，其影响往往不仅限于技术层次，它还带来战术的变革，甚至出现相关的战役法和大战略。因此，发明某种武器的国家是否能利用该种武器以取得军事优势，要视它在整个战略架构上如何将其定位和做出各层次的配合。

利用战略的流变来阐述战争，凸显了战争理性和有秩序的一面，有助于去除芜杂，予人层次分明的感觉。当然，战争的本质能否从理性和秩序去理解，可以成为一个争论不休的课题。战争是一种暴力的表现形式，本质上具有破坏秩序的特性，然而战争除了无秩序的一面之外，它还是一种有组织的暴力，并且有有秩序的一面，而战略就是为这种暴力的秩序提供一种规范。战争史若纯粹表露无秩序暴力的事实而不加剪裁，则只能做到史料，而非史书的层次。以战略为主线描写战争，虽然不能反映事实的全部，但能突出其规范演变的轨迹。当然，是否采取这个角度，要视史家在了解其局限性之后，是否愿意突出这种轨迹。对于某些已经被建构得相当可观的个案，研究者或会觉得对战争无秩序非理性的一面的描述，有助于了解事情的原貌。然而对于反复错乱、记载芜杂的个案而言，战略就是一条重塑认知的线索。

为了避免过分强调战争的理性一面，在引进战略理论的同时，也应该引进战略文化的研究角度，互相补充。研究战略文化的学者们认为战略决策的产生，不只是一个以客观环境为依归的理性取向，而是决策者受文化传统、历史因素所局限之下行为的体现。正如克莱因（Yitzhak Klein）在一篇揭示战略文化理论的文章中指出，战略决策是对战争的一种主观判断（subjective judgment），因此不同的军事组织、国家或民族对待暴力、战争的方法都有不同，而形成战略思维多元化的现象。[15] 军事决策者们赖以制定战略之种种不同风格的信念，就成为战略文化的研究目标。从事战略文化研究的学者们有一个共识，那就是战略文化可以对不同国家、军队的战争行为提出更全面的分析。研究战略的同时研究战略文化，可以避免过分强调战争理性的一面，从而深入观察其与文化价值体系的互动关系。

概念与分析架构

1. 战争

人类自有战争以来，有识之士对它的本质所下的注脚不可胜记，要一一追溯他们对战争的定义，显然并非本书所能胜任。这里所要特别强调的是昆西·赖特（Quincy Wright）在其名著《战争研究》（*A Study of War*）所下的定义。他认为战争从广义而言，可以泛指"同类但判然有别的实体之间所进行的暴力接触"；至于较狭义和专门化的定义，则为"同样地容许两个或以上敌对团体进行武装冲突的合法状况"，这个定义专指现代政权之间的战争。[16] 观乎两者之间，其中最重要的分别就是"合法"的观念。在现代的国际关系中，战争是形容一种法律状态，宣告一个国家可以合法地向另一些国家使用暴力。在军事行动中，士兵可以消灭任何构成威胁的目标。当然，这种合法性的容许范围也是有限度的，犯了杀死手无寸铁的平民、虐待俘虏及种族灭绝等行为，现在会被送上军事法庭，甚至国际法庭。在种种对暴力使用合法化的过程中，宣战是一项重要的程序。虽然合法并不意味着公正，循正当的宣战程序开战也并不代表这必然是一场正义战争（just war），可是不宣而战，或在宣战程序中做手脚，却一定被认为违反道义，日本海军在偷袭珍珠港事件中引起广泛回响，就有力地说明了这一点。[17]

不少事例说明，赖特对战争所下的较狭窄的定义，似乎在某种程度上同样适合古代中国的战争研究。中国上古政治高度礼仪化的传统，令官方对于暴力的使用是否合法具有敏锐的触觉。兵被认为是刑的一种，而朝廷在命将出师的时候颁授斧钺，也象征了这种暴力合法化的程序。六朝时的都督有使持节、持节和假节之分，[18] 唐朝称之为节度使，都是这种使用暴力的特许权在官制上的反映。朝廷对于进行战争的对象有时是敌对政权，有时是部族或叛乱集团，几乎都经过下诏讨伐的程序。当时尚未有国际法的观念，不一定能找到国际社会公认的规范为依据，因此不得不努力寻找道德根源，如诏中多指责对方的禽兽行为天地不容，不免用一种中心主义的观点，将本国圣贤的道德扩大为放之四海而皆准的指标。然而无论如何，在看到中国古代世界观的独有背景之余，也不能不承认儒家政治理念中坚持"出师有名"，多少反映对战争的暴力合法化议题具有敏锐触觉。

以本书作为单纯讨论历史上某一场战争的性质，不可能对"战争能否避免"这个广泛议题做出全面讨论。事实上，西方学术界环绕"战争的起源"（causes of war）已作过一系列多角度的剖析。[19] 然而本书对于某些已经形成的、很可能影响对宋辽战争性质进行判断的既有看法，还是需要作一些回顾。

历史著作中经常出现关于战争的政治、经济、社会、军事及文化等背景的论述，并以此解释战争发生的原因。这些层面的分析解释了引起战争的种种潜在冲突，对于读者理解各国之间何以发生冲突，具有正面贡献。然而在同意这种论述方式之余，也必须留意到这些只是冲突发生的原因，而并非必然构成战争。如前文所述，战争是一种暴力行为，只有当冲突升级为暴力行为时，战争才会发生。换言之，并非所有政治、经济、社会、军事及文化冲突都足以带来战争。

冲突怎样升级为武力对抗？战争作为敌对政权之间合法地使用暴力的场合，其本质在历史上没有太大改变。然而如果以人类早期的历史经验来对比，则古希腊传说中的特洛伊战争（Trojan War）及伯罗奔尼撒战争（Peloponnesian War, 431 B.C.—404 B.C.）似乎可以提供武力对抗起源的两种解释。特洛伊战争自海伦（Helen）被诱拐揭幕，引起十年苦战，其中自私、任性、羞辱、妒恨及好战成性的"光荣"等感情作用及伦理失衡，穿插着持续构成使用武力的原因。虽然荷马史诗所述未必完全反映事实，但这种将感情与伦理视为使用武力的心理背景，正好反映了有关口述历史传统形成时代的社会观念，其广泛传颂于后世的事实，也代表着这种社会观念与不同时代的对话。[20] 尽管不同的文明往往都曾尽量尝试抹去战争种种不明智的动因，复仇与妒恨却仍一再成为暴力的起源。当以上对感情与伦理作为战争起源的诠释扩大到宗教和意识形态层面时，这种模式的战争及形形色色的武力冲突就具有更为广泛的历史内涵。

当修昔底德（Thucydides）撰写《伯罗奔尼撒战争史》时，他流露出一种截然不同，而较荷马对特洛伊战争的诠释远为客观、理性的见解。为什么西方传统总喜欢祖述《伯罗奔尼撒战争史》作为古典现实主义（classical realism）的源头？很大程度上是由于下述精警的论断："这次战争的真正原因，照我看来，常常被争执的言辞掩盖了。使战争不可避免的真正原因，是雅典势力的增长和因而引起斯巴达的恐惧。"[21] 按照国际政治学家基奥恩的分析，以上论断有三个层次，提供了一个现成的理解步骤。首先，这是一个国家中心的假设，假定了追求势力，构成威胁，发生恐惧的都是邦国而非个人，并由此肯定了国家在冲突和可能发生的战争中扮演着主要角色。继而，这个论断假定了国家行为并不如其表面言词那样顾虑道义；相反，它会不断扩大本身的利益及具有追求权力的意志，不管这些权力是目的还是手段。最后，为了维护其利益免遭其他邦国吞噬，它会以实力——包括军事实力——为后盾，做出理性，及在很大程度上为外界所理解的决策与行为。当然，这些行为包含了使用武力，因而战争势难避免。[22] 一言以蔽之，这个论断假定了国与国势力平衡的变化，成为决定战争与和平的关键。当势力平衡不能保持，和平对势力受损的一方不再有利，为了能获得更为有利的和平，它必须起而战斗。因此，《伯罗奔尼撒战争史》被誉为现实主义的始祖，不是没有理由的。修昔底德对战争起源的精辟说明，甚至被米歇尔·霍华德（Michael Howard）推崇为具有普遍意义的定律，即使美国与苏联之间发生战争，其原因亦并无二致。[23]

现实主义的战争起源论是否具有普遍意义？特别是能不能，或怎样把势力平衡化成客观可以量度的指标，更是一个具讨论空间的议题。要是答案是确定的话，说宋辽任何一方的兴起引起对方的敌意，才具有借鉴意义。然而在做出这种论述之前，必项强调修昔底德的论断并不完全指物质性的势力平衡，而具有心理空间。如果雅典势力的扩张可以被理解为物质性的因素，那么其所引起斯巴达的恐惧这个因素，就不得不承认为具有心理成分。换言之，如何诠释可能具有挑衅意味的行为，才是引起战争最直接的要素，而危机意识正是将国家推向战争边缘的心理状况。因此，一个国家对未来长线处境的忧患，可能为其在短线采取包括暴力在内的激烈行为提供理性根据。[24]

可是采取激烈行为，不一定能获得回报，要为战争寻找动力，需要一种乐观情绪，纵使这是一种盲目乐观。乐观的局势分析告诉人们，在当前状况下使用武力，可能获得相对有利的成果，或至少使局势变得没有想象中那么糟。这种乐观情绪，就是战争爆发的最终导因。[25]宗教狂热、军国主义及偏狭民族主义往往在这个关头为武力的使用提供了心理背景。换言之，战争除了政治、经济、社会、军事及文化等种种冲突的背景，还需要两种心理的支持：一种是长远局势日益变坏，不使用武力便不能扭转局势的危机意识；另一种是短线使用武力有望获得可观回报的信念。当长线悲观和短线乐观这两种心态结合起来的时候，发生战争的可能性最大。反过来说，要避免战争，除了要从根本上解决各种导致冲突的因素，还必须减弱这两种心态。总括来说，两国是否发生战争，除了利益冲突或国际秩序等结构性因素外，心理背景亦非常重要。由于心理因素的可变幅度相当大，目前尚无法说明具有严重利益冲突的国家之间，必然以战争作为解决问题的出路；然而如何诠释所谓对安全有威胁的警号讯息，可以确认是一个与文化相关的议题。以战争解决政治冲突的信念，是一种特殊文化背景下的产物，并非人类天性如此。[26]

2. 和平

从法律的状态而言，和平是战争的反义词，凡未曾进入战争状态之前的一切行为，均应受和平状态下的法律约束。这种二分法与其说反映了事实，不如说是为了实际上的方便。人们在观念上非此即彼的习性，及对于严峻事态定性的迫切需要，多少纵容了这种广泛但却消极的定义。在这种定义之下，武装叛乱、农民暴动、教派冲突、种族清洗等等暴力行为，因未能完全符合"敌对政治实体"及"合法"的定义，而被摒除于战争的范围之外，也跟着被理所当然地作为"和平"状况下的问题来处理，产生一种吊诡的处境。[27] 因此，这种不严格的和平定义，已经越来越不适合冲突日益多样化的国际社会，也不利于对复杂的历史事实进行诠释。

在日常用语中，和平常常被赋予更积极的意义。所谓"维护世界和平"的口号中所讲的"和平"，很难想象其内涵包括了确保互相摧毁在内。一般人所指的和平往往含有正面意义，包括尊重人的生命、国家领土的主权，以及合作取代对抗的规范。更严格的和平观念是和平论（pacifism）、提倡绝对抗拒暴力的使用。有的和平论与宗教挂钩，有的表现为人道主义的形式，也有的和平论者将这项理念与民族解放、环保及为弱势群体争取权益的运动结合在一起。和平论者拒绝承认战争是解决冲突的不得已手段，反而说曾经被认为理所当然的事物，会随着社会规范的改变而成为明日黄花。[28]

　　以上既澄清了和平一词具有不同的层次，那么在诠释历史的时候，也必须从实质上厘清那个时代所说的和平，究竟是什么含义。那么宋初弭兵论的意义又何在呢？首先，弭兵论尊重人民的生命，具有非常积极的意义。不论是儒家的民本思想，还是道家"兵者不祥"的观念，都鼓吹人民的生命弥足珍贵，连场战争只会大损国家的元气，最终危及政权的安定。[29]弭兵论者认为战争是统治者贪念和纵一己私欲的结果，并不符合国家的最终利益，并强调人民相对土地而言，具有更高的战略优先，"人民本也，疆土末也"。[30]正如赵普（922—992）所谓："驱百万户之生灵，咸当辇运；致数十州之地土，半失耕桑，则何异为鼷鼠而发机，将明珠而弹雀，所得者少，所失者多。只于得少之中，犹难入手；更向失多之外，别有关心。"[31]弭兵论者看到谁操控国家机器，谁就可以界定战略利益，因此极力防止五代军人政治局面的出现，甚至像田锡（940—1003）那样批评武将"规羊马细利为捷"。[32]更重要的是弭兵论具有慎重缓图的智慧，认为欲速则不达，相反应采用柔静制胜的战略。[33]由于弭兵论者所描绘的长线蓝图相对乐观，对短线使用武力的前景则较有保留，从心理上起着纾缓武装冲突的作用。总括而言，宋初弭兵论是一种强调"先本后末"的内政主导论。然而这种弭兵论在超越政治的层面，如意识形态和宗教方面的基础则可能比较薄弱，这也是宋人在遇到和平与统一的困难选择时，不容易从更高层次找寻道德理据的原因。

再就其广泛的意义来说，中国人说的"太平"与和平相通，同样是没有战争之谓。可是也要留意"太平"的说法，在意识上虽然也含有对理想状态的描述，然而常隐藏"一治一乱"，乱久必治的二元论和历史循环论的意思，对暴力的存在价值并没有加以批判，甚至可说持有政治实用主义的观点。由于将对方消灭，达致统一，是得到在这种意义上的和平的有效途径，以目的来将手段合理化，可能反过来激发攻略取向。不但正统王朝的太平往往透过暴力得来，连农民起义运动，都鼓吹以武装斗争来改朝换代。因此中国古代的太平观虽然主张和平，但似乎不容易与彻底的和平论画上等号。

3. 战略

战略（strategy）一词在历史上经历了多次意蕴的扩展。它源出于希腊文 strategi，专指拜占庭帝国（Byzantine Empire）的藩帅，含义约略相当于唐代的"节度使"，后来似因"节度使"的词义引申向"将帅的才略"的意思。[34] 法国人梅齐乐（Paul Gideon Joly de Maizeroy）首次使用战略 strategic 这个名词，其灵感得自拜占庭皇帝毛里斯的书名 *Strategikon*。我国最早使用"战略"一词的是晋代的司马彪，但是他的《战略》一书早已散佚，其含义与现代用语似无多大关系。[35] "战略"第一次意蕴的拓展是从十九世纪到二十世纪初，从涵盖纯粹军事业务到整体国力。约米尼（Baron de Jomini）的《战争艺术》将战略与战术（tactics）当作两个对等术语，前者包含从战区地理分析到确定主攻单位等十三点具体内容，后者包含军队兵种构成和火力等元素。[36]克劳塞维茨论述了近代战争中战略的复杂性，将战略划分为道义、物质、数学、地缘和统计五个组成部分。[37]到了二十世纪，英国战略家哈特提出"大战略"的概念，反对倚赖纯粹武力战，主张对非军事的战略元素作进一步探求。[38]与哈特晚年为师友的霍华德将战略归结为科技、战役、后勤（logistics）和社会四个方面，而其中社会一项，被认为是"遗忘的战略层面"。[39]爱德华·鲁特瓦克（Edward Luttwak）则视战略包含五个层次，由基层至高层依次为技术（technology）、战术、战役法（operational art）、战区战略（theater strategy）和大战略。[40]

技术层次是最基层的战略层面，当中分析的是双方的武力的基本构成——装备和武器。武力来自武器，没有武器的军人便和平民没有分别。军队和军队之间基本构成的差异，很大程度上来自装备和武器的差异。从技术观念去分析何谓最有利的战略，答案是让军队使用完全超越对手的装备和武器。这种技术上超越的情况通常都是历史上革命性的一刹那，如织田信长（1534—1582）的铁炮手在长筱之战大破甲斐骑士，[41]以及1945年美军在广岛投下原子弹，都是这样的时刻。循着这条思路，军事技术人员竞相研制超级武器，如战列舰"无畏号"引起的战舰竞赛和美国为了与苏联争霸太空的"星球大战"计划，背后都存在着一种想法，认为武器优越就是战略的真谛。其实技术的进步从来都是确立战略优势的重要途径，但是单凭一个军种即足以赢得战争的说法，则很多时候被夸大了。这种夸大的背后反映了技术官僚之间所进行的是一场如何激烈的预算竞赛。

　　战术指的是如何运用成序列的战斗部队以击败敌军的方法。战术一词起源于拜占庭时代的著作《战术》(*Taktiká*)一书，内容详述拜占庭军队如何和周边民族的军队作战的方法。[42] 当时对于"战术"一词的使用，和"战略"并未严格分开，到十九世纪的约米尼才把"战略"和"战术"作为对等的术语，前者专指如何赢得一场战争的方法，后者专指如何赢得一场会战的方法。[43] 到二十世纪八十年代的鲁特瓦克，他使用较广泛的战略概念，遂把战术包含在内，成为其中介于技术和战役之间的一个层次。[44] 比技术层次更高一层，战术层次牵涉到梯次、序列、兵种混成、射程、火力和有关动作。当然，拥有技术优势的一方往往用简单的战术就可以成功，而指挥官的战术思维也往往定向在如何发挥一支军队兵种和装备特质，但是真正杰出的将领，却能在没有明显技术优势的情况下，运用出乎意料的战术赢得决定性的会战。这是战术研究可堪玩味之处。

　　"战役"(operation)作为战略的一个层次，日益得到普遍的接纳。介乎战术和大战略之间，战役法(operational art，或称为野战战略 operational strategy)界定了军事手段在战役组织方面的使用。和德国、苏联等国家不同，英美等国家在八九十年代才逐步在战役法的范畴内探讨，而对战役法的重视更具体地反映在美军 FM100-5 号作战纲要上。[45] 战役法在战争史上最为脍炙人口的例子是第二次世界大战中德军所采用的闪击战。1940 年法兰西战役和 1941 年巴巴罗萨(Barbarossa)战役都是闪击战的最佳例证，说明战役法的成功对整个战略局势会发生重大影响。[46]

　　战役层次的战略受更高的军事战略层次制约，那就是战区

战略。战区的地理范围大可以囊括整个大陆，小可以只限一个
小岛。无论构成战区的地域是个省份，是个国家还是几个国家
组成的广阔地区，该战区必须自身构成一个独立军事整体，而
不是更大的军事整体的一部分。[47] 战区战略的概念为大战略和
战役之间提供一道桥梁，使战略的分析能从军队的调动，纵深
展布等战役要素，透过战区的地理因素分析，上升到大战略的
层次。[48] 当然，在古代军队机动力和后勤运输的条件都比不上
现代的情况下，战区的划分似乎随历史条件而异。[49]

　　大战略是最高层次的战略。相对于传统的论著所使用的
"政略"和"国策"概念，这里使用了"大战略"的概念。大战
略和政略、国策一样，都是指最高层次的战略。这种最高层次
的战略协调了政治、经济、社会和文化诸方面，规范了国家最
基本和整体的努力方向。大战略也可细分为国家战略和联盟战
略。哈特对大战略有以下的诠释："大战略的任务为协调和指导
所有一切国家资源（或一群国家资源）以达到战争的政治目的，
而这个目的则由基本政策来决定。"[50] 在以上的话语中，哈特
虽然好像规限了大战略是在战争时使用的概念，可是他在另一
处也谈到大战略的视线必须超越战争而看到战后的和平，[51] 可
见他使用的大战略的概念是颇为全面的。柯林斯（John Collins）
的《大战略：原则与应用》一书指出，大战略所涵盖的范畴更
超越了战时、平时的樊篱，而涵盖了一应有关国家安全的武力
和非武力手段。[52] 鲁特瓦克将大战略描绘为一幢多层大楼的最
顶层，集中体现了"总体斗争，其中一切军事性质的活动都发
生在更加广泛得多的国内治理、国际政治、经济活动及其附属
因素的环境之中。"[53] 突出国内治理的要素，成为二十世纪九十

年代大战略研究学者的趋向。[54] 在学术界中运用大战略概念的情况日益广泛，学者写成的历史著作，分别讨论了罗马帝国、欧美、日本、英国、中国、西班牙国王菲利普二世（Philip II）和美国在拉丁美洲的大战略。[55]

作为人类文明的重要一分子，中国传统的军事思想在战略研究中占有不容忽视的地位，然而如何运用战略的分析架构来解释中国的战争史，目前的成果尚属有限。偏重研究短线的现象，如某些决定性战役，对长期积累而成的军事信念及战略取向认识不深；或往往将批评指向个人，而欠缺系统分析。这些是以往研究主要的不足之处。因此，中国历史上很多朝代的战争史，都存在重新整合研究的空间。

4. 战略文化

在大战略之外，可能还存在一个正在成形的战略文化层次。和传统的用语"战略思想"不同，战略文化不仅研究形成系统的思想，也研究行为规范（norms）、身份认同（identity）、习俗和军事信念（military doctrine）。这个研究领域之所以出现，是由于近二十年来学者逐渐察觉到战略除了受政治、经济和社会等领域的影响，而必须用大战略的概念来处理之外，战略也受到文化的影响，而需要用战略文化的概念来处理。战略文化这个研究领域主要处理几个议题：文化要素如价值观、行为规范和身份认同（a）如何介入战略目标和手段的界定；（b）如何介入政策的制订；及（c）政策形成后如何反过来被升华为一种文化或传统，亦即所谓军事信念或教条，对未来政策的制订发生影响。

　　传统以来，学者相信战略是一门讲求理性的学问，然而战略决策究竟能否完全理性？学者发现在很多情况下，决策者深深地受到文化传统和价值体系所左右，其行为取向只能在某个历史框架中被视为合乎理性，而不能说是一种绝对理性。由于进行理性衡量的关键因素——目标和手段，不可避免地受到身份认同和社会规范的过滤，战略或国家安全政策的制订因而亦出现了社会化（socialization）的过程，便可谓顺理成章。

　　表面看来，战略追求利益最大化，和规范绝不相干。的确，国际关系中许多利益都是客观公认的，如黄金、矿场、山林川泽等等，其价值不会因为转换了主人而减少。然而也有另一种利益含有价值观成分。例如宗教圣地，对某国来说是国运攸关所在，而另一国可能不屑一顾。领土和领海在很多情况下会被看成客观利益，而事实上不论古今，国与国之间发生领土纠纷是常有的事。然而我们在历史上也会看到，中国人往往在持弭兵之说的时候，就说“四夷”不毛之地，得来无所用。司马光也记载过契丹述律太后告诫耶律德光（902—947），说“尔今虽得汉地，不可居也”的话。[56]可见领土作为利益的价值，也存在相对标准。[57]同样事情发生在河流的认知上，莱茵河这处德国神话中的一片神秘奇妙的地方，被认为“具有不可思议的威力，但对荷兰人来说，这条常常受到污染的河流不过是一条航行的水路。”[58]因此，在讨论国家如何捍卫其利益时，必须先厘清它如何界定利益。在界定什么是利益，什么不是利益，或各种利益中哪一个居于主导地位的过程中，有赖社会伦理和价值观的参与。因此，具影响力的战略智慧便是在特定的时空中将趋利避害的思维与社会价值体系作最微妙的配合。

　　因此，如何界定利益，而不纯粹是保障利益，及如何在保障利益的同时选择较具认受性的手段，就成为战略文化研究者所关注的课题。[59] 这亦成为战略、历史和文化研究构成整合学科的理论基础。由于大战略的三种主要取向，即妥协、防御、攻略均来源于战略文化，是以用战略文化来统摄各种形式的战争取向，从基本视角而言，具有理论上的依据。[60] 当然，近年也出现了以文化解释战略基层，如战术和战役法的论著，因此战略文化的解释空间可能比想象中广阔，军事信念和组织文化（organizational culture）似乎都有被纳入战略文化讨论范围的趋向。[61] 不过至少可以承认，文化是战略行为的变数。

　　一旦战略成形，且得到广泛认受的时候，它本身有融入价值、规范的趋势。所以我们说战略规范化具有两重含义：一方面，它揭示了战略制定过程中受到规范影响。规范对于界定冲突的性质、利益的构成和对策的做出具有关键作用。另一方面，具影响力的战略本身亦成为当时和后世追随的典范，融合为军事信念，或称教条。比如孙子主张"知彼知己"，哈特主张"间接路线战略"，都超越了他们所在的时空而成为传统的一部分。此外，第二次大战前的德国参谋本部及英国皇家海军都是具有非常深厚历史和文化遗产的军事单位，他们所崇尚的战略具有悠久的传统，只有把这些战略当成具有规范和身份认同意义的文化议题时，才能充分解释它们何以受到广泛的尊崇。

　　本书在几个地方也指出了战略文化的重要性，比如宋太宗在高梁河战役前采取"热鏊翻饼"的快速进军，是五代王朝兴替的战争里经常出现的战略取向，表现了典型的零和游戏（zero-sum game）下的思维对策，然而这种军事信念在宋辽战争中开

始落伍，导致了第一次经略幽燕的失败。最后一章提到了宋军
在转入守势时指挥层还受着攻势意识的支配，这也是一个接触
到战略文化的议题，因为它揭示了规范对于行为模式的指导作
用，将宋人推向失败边缘。本书在结论中指出，经略幽燕的军
事灾难是连串人为失误所造成的，但这些失误都有着深远的历
史和战略文化根源。

5. 军事灾难

战略各层次的不协调及盲从过时的军事信念会带来失败。
在西方世界，传统的军事理论大师如克劳塞维茨、哈特，都将
研究重点放在如何赢取决定性胜利，而不是避免决定性的失败
之上。对失败的研究是由越战的刺激而生，在中南半岛，美国
拥有技术上压倒性的优势，但为什么竟然输掉战争？这里揭示
除掉武器火力等因素外，人为的因素是导致战争胜败的一个很
重要的关键。在对失败的论著中，最有系统、影响力也较大
的是柯恩和古奇的《军事灾难》一书。这本书引进了民事灾难
（civil disaster）的理论，进入到军事层面。他们指出个人、组
织和系统三个层次的错误，都足以造成失败，但后者牵涉较广，
且一向乏人研究，是值得注意的失误。柯恩和古奇指出，指挥
层无法从过去经验中学习，无法推测可以预期的事变，与无法
适应临阵的现况，是三种足以令系统失灵的错误。这三种错误
如果有两种同时发生，已足以令败局恶化，若三种错误同时出
现，那就是难以挽救的军事灾难。[62]

总括来说，从战略的分析角度来检讨战争的失败经验，有
两个值得注意的要点：首先，战略具备一个多层次的分析结构，

从事论述时应当避免单从一两个层次分析。当然，从大战略到技术层面都同时出现问题的机会并非太大。在某一个层次出现危机，然后恶化危及其他层次，可能是普遍存在的情况。然而即使在这一种情况下，也应该观察失败如何渗透到各层次，而应避免假设某一层面的成败足以影响全局。这样有助于厘清失误的性质，看清楚哪一些错误具有灾难的后果。其次，要留意战略文化和行为之间的关系。随着战略文化研究的日趋深入，说战略完全是被利益驱使的理性活动，已经不能解释人类决策行为的多面性了。身份认同、社会规范、军事信念和习俗等文化和价值体系渗透着人们对利益的界定，而使战略决策不可能绝对客观。要评论战略决策的得失，必须将文化层面的取向考虑在内，才不会做出抽离历史的判断。正如《军事灾难》一书一再指出，墨守教条而不能适应新处境，是军事灾难的源头。英军在加里波利（Gallipoli）登陆时，盲从西线阵地战的军事信念，忽略了快速穿插的可能性；美军在长津湖战役时也过分恪守一旦陷入敌军包围圈，即放弃重装备突围的信条。这些都是致败之由。本书也论证了高梁河战役和君子馆战役宋军都墨守以往信条，以致覆败。这些例子都反映出战略文化是军事灾难的一个分析要素。

个案讨论范畴、断限与研究回顾

北宋对辽战争的失败经验，对治宋史的学者而言已经不是新的课题。从传统的史观来看，宋辽战争标志着中原王朝衰落的开始。自从五代的后晋割让卢龙、振武二镇给辽朝，即所谓燕云十六州，也就是今天北京、大同及其邻近地区。由于长城所倚恃的燕山山脉落入契丹人手中，北方防线被认为无险可守。自此双方兵连不解，直至 1004 年的澶渊之役，南北讲和，才建立了两国之间的对等关系。与此同时，党项人更在西北崛起，给予北宋军事力量很大的牵制，使宋军在东西两线都不能集中兵力，结果也是妥协了事。换言之，北宋未能收回燕云，是北部中国走向鼎峙局面的一大关键，也促使边疆民族王朝巩固其统治，为进一步征服中原打下基础。[63] 因此，宋辽战争是中国近世历史的一个分水岭。

宋辽战争的意义随着民族危机的隐现而得到不同诠释。当近代中国的国防又一次遭受外部势力的挑战，而征服中国的经验也成了政治上敏感的议题时，具有民族意识的学者对燕云问题的研究，可说是一种时代产物。[64] 当民族主义的史观摆脱了汉族中心主义的成见，便出现了倒过来以辽朝为观察主体的看法。学者认为契丹人成功地捍卫了幽燕，为本族立足于中原的边陲，建立长达二百多年的统治，可谓具有深远的意义。[65]

若我们撤除了以任何一个族群为中心去看事情，那么宋辽战争是研究两极化国际体系（bipolar international system）的好例子，适合作科际理论与史实整合的研究。宋辽战争作为两大强权为领土纠纷而引起的一场角力，是开展中国古代战役研究的良好素材。宋辽战争长达二十五年，其间有休战，有和谈，主要战役将近十个，两个政权都相对稳定，而且领土辽阔，兵源充足，适足以将战争从战乱（chaos）中判别出来。宋人对于用兵与否有严肃的讨论，对于使用武力的形式有节制，充分体现了战争是政治在另一形式上的延续。在这过程中，目的

（ends）与手段（means）的调协为战略研究提供了参考。战争仍受政治、社会和经济条件的约束，但亦已具有相当时间、空间，让战略互动、战术对抗等军事本身的课题表露其重要性。如果说西方的战争史由《希波战争史》《伯罗奔尼撒战争史》以来的传统定下了两极化世界观的基调，而与中国传统中的统一战争、农民战争等特殊性质有所分别的话，那么宋辽战争作为中国历史上两极化军事对抗的例子，其跨文化特质就更为鲜明。因此，应重新重视对宋辽战争的研究。

宋辽战争的近世特征也很可以关注。按照内藤湖南和宫崎市定的解释架构，中国历史由唐到宋的历史转折，标志着中古到近世的过渡。[66] 随着门第的消融，科举出身的文官日益成为政权的中坚；[67] 同时君主透过私人任使，培植了一套以内诸司和三班使臣为核心的武官体制。这些文武官僚成了君主专制政体下的统治阶层。[68] 君主专制的加强同样引发了禁卫制度的连串变更，宫廷需要更直接的保卫，并脱离律令制度的束缚。北宋甚至将禁军扩大等同于常备军，都环绕着君主专制加强这一课题而展开。然而这项变革也有深远的社会经济背景。士兵身份的募佣化伴随着以劳动力多寡征收，改为以财富多寡来征收的赋役变革。政府不再维持具有浓厚力役色彩的府兵制度，而是以征收的赋税来募兵，当兵成了一个行业。[69] 这样一支高度中央集权和职业化的军事力量，在对外战争中将会面对什么问题，也是本书所愿观察的对象。

这本书在素材的处理上有某些地方维持了传统的格局。首先是书名，"经略幽燕"出自李攸《宋朝事实》及彭百川《太平治迹统类》里面的篇名，[70] 相对而言比"收复燕云"之类比较通俗的字眼带有较贴切的时代性。"燕""云"并举是北宋末叶的用语，在宋初并不流行；[71] "收复"二字也预设了燕云属于中原的领土，殊不知以契丹人的角度来看，宋人的行径近乎侵略，而且宋初也始终没有收复燕、云。笔者觉得《宋朝事实》和《太平治迹统类》提供了很恰当的书名，"幽燕"是宋人用兵的主攻方向，"经略"比起"收复"来说也是比较中性的字眼。甚至很可能这也是宋人当时通用的说法。

此外，这本书沿用了传统战争史以战役为中心的章节编排方法。诚然，随着战争史日益引入社会史观点，战役已非战争史研究的唯一主线；然而这种方法仍有一定的好处，它基本上保持了时间顺序的纵线，而又在整体之中突出个别事件，形成一环扣一环的叙事结构。修昔底德的《伯罗奔尼撒战争史》就是这方面的经典之作。当然，这种叙事手法也有一定的盲点，特别在于难以交代横线或支线的事件。为补救这项可以预见的弊端，本书在整体结构上维持了传统的战役史模式，但在若干处随需要插入横线，如在探讨高梁河战役前宋军兼程速进时，插入五代时运用类似战略的背景，又如叙述宋太宗第二次经略幽燕时，补充其社会经济的背景，都是如此。

本书的题材选定在宋辽战争，确是一个前辈学者已取得可观成果的范畴，他们的努力是本书得以撰成的基础。傅乐焕和宋常廉两篇关于高梁河战役的论文，[72] 虽然认为是役似未发生的论点，笔者不甚赞同，但他们对当时拥有的史料加以精湛的分析和推断，却完全是笔者撰写本书的灵感和动力来源，相信这两篇文章的价值不会因时光的流逝而稍减。程光裕《宋太宗对辽战争考》是宋辽战争史第一本系统性著作，其网罗史料之丰富，至今无出其右。[73] 程著在文献整理方面的成就，确定了本书必须从理论整合角度另辟蹊径，也似乎启发了另一些学者撰写宋真宗对辽战争的研究。[74] 二十世纪八十年代以后内地学者研究这项课题者渐多，其中较全面者有王煦华、金永高、[75] 漆侠 [76] 及张其凡等。[77] 与内地少数民族政策相对应，内地学者对宋辽战争性质的讨论基本上亦摆脱了大汉族主义的狭隘观点。他们对宋太宗之类专制君主束缚武将的作战自由，也做出了严肃的检讨。除了有系统的研究外，某些单篇文章也具有卓见，如：廖隆盛《宋太宗的联夷攻辽外交及其二次北伐》一文以宏观的国际形势为观察对象，视野广阔；[78] 何冠环《宋太宗箭疾新考》考证细微，见解独特。[79] 这些都是这个领域富有原创意义之作。笔者在旅美期间及其后所阅埃德蒙·沃西（Edmund Worthy）、约翰·理查德·拉巴迪（John Richard Labadie）及方震华的博士论文，[80] 都提及宋辽战争与宋初政制、军制及文武关系方面的关系，其视角各有独到之处。最后不能不提及龙沛（Peter Lorge）的博士论文，批评宋代积弱说的中国中心主义观点，并强调辽朝的有限目标是宋辽得以并峙的原因，亦不乏发人深省之处。[81]

　　本书的撰写经历了十年以上的点滴积累。1989 年笔者负笈于图森（Tucson）的亚利桑那大学，从陶晋生师，撰写了第五章的主体，完成后曾在《大陆杂志》发表。[82] "战略脱节：宋太宗第二次经略幽燕"一章曾于 1992 年在美国亚洲研究协会的西岸会议（WCAAS）上宣读。1997 年，笔者得到香港中文大学历史系的聘约，抵埗后即以这个题目申请文学院直接拨款计划，用中文从头改写全稿。《满城会战》一章原于 1994 年在洛杉矶举行的西岸会议上宣读，后用中文改写。《陈家谷、君子馆战役》于 1994 年投香港中文大学《中国文化研究所学报》，吸收编审意见后，又再将全稿改写一遍，于 1995 年年底得到刊用。《内政导向与野战取向：北宋初年战略文化的二重性》于 2000 年台北历史语言研究所主办的"传统中国的军事与社会"研讨会上宣读，事后并根据与会专家的意见撰成本章。《绪论》及第一章"北宋军事失败的宏观解释：研究概况述评"的部分内容取自《战略认知架构重整中的北宋开国战略与经略幽燕》一文，已于香港中文大学《中国文化研究所学报》2002 年刊出。至于宋辽战争爆发背景的章节，是应本书评审人的要求补撰。

本书主要论点

宋辽之间的紧张关系具有长远因素。历史遗留下来的强权政治和战争阴影，以及复杂的领土纠纷和北汉问题，使双方潜在爆发战争的危险。然而直至 979 年为止，冲突一直没有升级为全面战争，反而出现了近二十年持续对立的局面，用冲突螺旋上升的模式不能充分解释这种现象。辽朝对中原野心的减退，及双方间小心营建的规范仍有效地制约了暴力行为。宋军消灭其他割据政权的军事行动，也使宋辽冲突得以延缓。然而宋辽仅维持了四年的和平，初步建立的规范如此容易被打破，似乎令人重新回顾强权政治或民族主义的理解模式。不过 974 年宋辽建立的规范本身所存在不圆满之处，似乎已足以解释其脆弱性。雄州和议所达成的和平带有妥协性，与宋人收回幽州的最终战略目标尚有距离，因而令规范在外围因素转化之后不容易保持。另一方面，由于规范和认同必须相辅相成，如缺乏一个升华或内化的过程，使规范充分融入个人或国家所扮演的角色中，单纯靠一纸约文，制约力终属有限。也就是说，雄州和议所建立的规范，其社会化过程不彻底，容易受到不明朗因素的影响而弱化。加以宋太宗消灭北汉一役高姿态的威慑，而辽朝无视这种威慑，战役层次的考虑在宋军决策高层取得较为优先的位序，冲突便在 979 年迅速升级成为全面战争。

有别于中国历史上其他对外战争，宋辽战争存在其独特性。严格来说，宋辽战争是宋初统一战争的延续。宋太宗的战略目标只是要收回五代时割让给辽的燕云十六州，而没有消灭辽国的打算。宋太宗打算"异时收复燕蓟，当于古北口以来据其要害，不过三五处，屯兵设堡寨，自绝南牧矣"[83]。所以，这是一场具有特定目标的有限度战争，其目标具有收复领土统一国家的意味，不完全是一项对外行为。正由于宋军经略幽燕的动机涉及国内因素，因此它不可能单从对外关系的成本／效益模式来理解，而需要从国内的政治诉求去分析。这样一来，宋初大战略两难的出现就显得具有时代意义。

宋代的国势比不上汉、唐，是经略幽燕的失败所直接引起的。如果 979 年或 986 年任何一次宋军能攻取幽州，将辽人逐出关外，学界当然仍可能批评宋代积弱，但所关涉的应该是其他议题，而不是宋人在军事上的力有不逮了。随着歧沟关和君子馆战役连串失败，辽强宋弱的形势形成了。当然，到底是北宋种种积弊构成无可避免的军事灾难，还是这些军事灾难本身导致积弱的局面？好像是一个先有鸡还是先有蛋的问题，不可能给予非此即彼的答案。然而可以肯定，在高粱河战役之前，宋人在军事上有多少积弱的征兆，很少学者给予严格的考虑。如果这种积弱的征兆无法预知，也不能确实加以考量的话，那么我们充其量只能说积弱是一项事实，它很可能是伴随着军事灾难而形成的，但不能理解为军事灾难的因素。如果这种积弱的征兆可以预知，也能确实地加以考量的话，那么我们也不应该满足于积弱与军事灾难的因果关系上。相反，我们应该问，宋人在战略上作了什么调整，以扬长避短，减低风险？本书认为，除了在已普遍为学界所接受的解释，诸如步骑不敌及过度中央集权之外，战略上的失误也有责任。

从大战略层面说，宋代的开国涉及双重的政治目标，首先是和平，另外是统一。和平的要求是唐末五代战乱的反正。自安史之乱以来，藩镇林立，社会上军人的地位上升，地方主义抬头，武力成为维持地方政权和少数军事野心家的工具。[84]中央和藩镇之间，藩镇和藩镇之间战祸连年，再加上民变和边疆政权的崛起，更使得人民陷于水深火热之中。骇人听闻的屠杀和人吃人的事件，都成为追求和平的背后动因。[85]如果宋辽冲突之中并不涉及领土纠纷，那么宋初的大战略目标会单纯得多，与辽朝维持良好关系，保境安民就是最适当的策略，因为保境与安民两者之间并不存在矛盾。

可是问题发生在辽朝从后晋手上获得卢龙、振武，而后周世宗又取回其中的瀛、莫二州，形成双重的领土纠纷时，问题就复杂了起来——双方都认为丧失了领土，为武力冲突提供了口实。在这里，统一与和平两个大战略目标的潜在矛盾表面化了起来。[86]统一的要求可能要冒上战争的风险，而令和平的愿望落空；相反，和平的前提也可能令统一遥遥无期。勉强能令两项目标互相兼容的策略有两个。一个是用外交途径化解领土纠纷的可能性。由于双方都认为丧失了领土，最为可能的解决方案是承认现有边界，而这正是后来澶渊之盟所正式确立的。"所有两朝城池，并可依旧存守"。[87] 可是这样一来，无形中要求宋人接受一个"小中国"，而放弃原来统一的愿望。另一个是使用武力迅速而果断地击败对方的军事力量，收复失地，完成统一。这个策略的暴力手段违背了和平目的，也要负担战斗风险，可是却能解决统一与和平的两难，因此对宋太宗而言相当有吸引力。[88] 当然，辽朝也要负起部分战争的责任，它曾一度入主中原，又支持傀儡政权北汉，为宋辽关系注入强权政治的内容，实在不应期望中原王朝在短期内能化敌为友。1042 年辽使刘六符责问宋太宗时"曾举无名之师，直抵燕蓟"。北宋朝廷接纳了王拱宸的建议，覆书谓"既交石岭之锋，遂举蓟门之役"，就代表了这种见解。[89] 无论如何，使用武力是解决宋初战略两难的一个可能出路，宋军要为此负上战斗风险，成为后来走向覆败之途的一个开始。

战略资源转化的不完全成功，为宋军的战略挫折投下了第二个阴影。宋初的君臣曾经提出一种内政主导的大战略，认为一段时间的养精蓄锐，经济实力可以转化为军事动力，令经略幽燕变得轻而易举。内政主导论者力持儒家的民本论，认为国家的基础在乎人民。人民得到休养生息，根本安固，对外方能有所作为。据张齐贤（943—1014）所说，其精义在于"先本后末"，"是故圣人先本而后末，安内以养外，人民本也，疆土末也"。[90] 王朴（906—959）、李昉（925—996）、田锡（940—1003）、李光赞（十世纪末）等人也发表过类似的言论。[91] 宋太祖（生于 927 年，960—976 年在位）本人似乎也作过这样的设想。王称《东都事略》记载：

> 昔王朴陈用兵之策，以为淮南最可先取，并必死之寇，最后亡。及宋兴，并最后服，皆如朴言。是不然。昔太祖既平湖湘，尝谓太宗曰："中国自五代以来，兵连祸结，帑藏空虚，必先取巴蜀，次及广南、江南，则国用富饶矣。河东与契丹接境，若取之，则契丹之患，我当之也。姑存之以为我屏翰，俟我富实则取之。"故即位之六年，平蜀；又三年，征太原；又二年，平岭南；又三年，平江表；及太宗再北征，乃克之。此庙谟雄断之先后次序如此，岂以并必死之寇而置之哉！诚非朴之所及也。[92]

传统以来这段史料被用作解释"先南后北"的战略构思。当然，现在学者已不需要执着宋军的战略是否"先南后北"了，可是有一点还是很清楚的——宋军的大战略倚重强大的经济实力，先取经济富庶的南方诸国，待国力充实之后再消灭北汉和向辽收还石敬瑭割让地。

可是这个建基于资源转化的大战略存在两个盲点。首先，内部安定和经济繁荣是军事胜利的必要条件，但不应视为其充分条件。宋代的国防力量主要是由职业化的军人所组成，一般情形下不会向民间征兵，君子馆战役后，宋太宗（生于 939 年，976—997 年在位）打算"遣使往河南北诸州，募丁壮为义军"，[93] 便遭到大臣的反对。但是宋军的粮食补给和后勤运输，仍然由人民负担，因此统治者仍不能无限制地使用武力，而必须让人民有适当的休养生息。李昉、张齐贤和赵普都不约而同地触及了这个问题。帝王若穷兵黩武，终必令生灵涂炭，也不会有军事成就。[94] 可是即使后勤力量充裕，是不是就一定能平息边患呢？宋初的内政主导论者对此过度乐观。张齐贤认为："边鄙宁则辇运减，辇运减则河北之民获休息矣。民获休息，则田业增而蚕织广，务农积谷，以实边用。""尧舜之道无他，广推恩于天下之民尔。推恩者何？在乎安而利之。民既安利，则远人敛衽而至矣。"[95] 赵普提到"四海咸归于掌握，十年时致于雍熙，唯彼蕃戎，岂为敌对？"[96] 都有过度乐观地视经济稳定为平息边患的充分条件之弊。

内政主导论的另一个盲点，是对南方的经济潜能存在过分乐观的估计。据张齐贤后来的观察，南方的经济民生还存在不少问题，市井萧条，人民困乏。[97] 迟至 986 年，要说以强大的经济实力转化为军事实力，可谓言之过早。相反，庞大的军费开支和辽人的军事威胁，本身也构成宋人经济未能发达，民力未能息肩的因素之一。"上初以契丹渝盟来援太原，遂亲征范阳，欲收中国旧地。既而兵连不解，议者多请息民。"[98] 大战略层次上未能制胜，就谋求在战役层次上以一次声东击西的计谋，去解决长期以来的军事对峙局面，是宋太宗在战略上的冒进之处。[99]

在战区战略和战役层面上，宋人继承五代的传统，具有鲜明的野战取向。根据战略文化的观点，价值观和习俗所形成的一些军事冲突的基本假设，影响战略风格，而这种风格具有延续性。从这个角度来看，宋军热衷于野战可以说是五代军人尚勇好斗风气的一种延续。闭壁自守的情况不是没有，但大部分都是在众寡悬殊，或新经败创的局面下进行的。这种野战取向反映在战区战略中，就形成了弹性防御（elastic defense）。弹性防御并非直接保卫领土，而是采取机动战的模式，以击败敌军为保卫领土的手段，因此也称为机动防御（mobile defense）或积极防御（active defense）。在战役法上，弹性防御主张以一支能迅速调动的野战力量为核心，透过迂回、遮断（interdiction）、夹击、包围等手段在野战中打击敌人的军事力量。[100] 在攻势作战中，宋初的军队也秉承五代的传统，擅长运用突击。崔翰（930—992）在平定北汉之后主张速取幽州的话，"乘此破竹之势，取之甚易，时不可失也"，[101] 就可以从这个角度来理解。

从战术层面上，和五代一样，宋军运用各种各样的阵列，和辽军力争平原。野战军中设有排阵使，反映出这种倾向已经被制度化。以往有一种观点，认为排阵束缚了武将作战的自由，是君主集权的反映。[102] 这种看法未尝没有根据，但却把问题的焦点过分政治化，看不到在军事上协调诸兵种成序列地作战的必要性。

平心而论，宋军的野战取向具有积极意图，但也必须负起相应的风险。从积极一面说，宋军力争平原，不愿将野外的制动权拱手让予辽军，具有正面的意图。事实上，弹性防御的施行也带来积极效果。在满城会战中，宋太宗"会兵设伏夹击"的战役意图是完全达到，而且镇、定和关南三路大军的协同也恰到好处。这一方面，崔彦进（922—988）巧妙的侧翼迂回，功不可没。他"潜师出黑芦堤，趣长城口"，恰好在辽军向满城败退时从后截杀，因而将大量辽军赶入西山坑谷，造成巨大的

伤亡。[103] 宋军在处理战役上的成功，主要是能在纵深上的徐河
巩固一个坚强的正面阵地，同时得到一个有力的外线兵团，威
胁敌军的退路。

然而，从相反方面来看，宋军的野战取向令辽军在骑战方
面得以一展所长。[104] 正如本书对陈家谷和君子馆两场战役的研
究指出，宋军北伐败回，却没能迅速地将战略部署转型为防御，
在战役上和战术上都仍然存在轻出犯险的倾向。宋太宗舍不得
山后吏民，要潘美（约卒于 991 年）、杨业（曾更名刘继业，于
979 年复名杨业，卒于 986 年）发动一次作战行动来接回，杨业
又未能说服潘美采用一条比较间接和迂回的路线，结果仍是硬
闯，又招致一次失败。在东路的刘廷让（原名刘光义，后更名，
929—987）和李继隆（950—1005），也继续"声言取燕"，结果
遭到辽军的先制攻击，导致君子馆的丧败。[105] 经过这几场战役，
辽军的骑兵在野战中一时称雄，而宋军在战略上的冒进之弊也
表露无遗。因此，如何既维持进行野战的积极意图，又能尽量
减低战斗风险，这中间需要摸索一个平衡点，而优良的战役计
划和果断的战术指挥就成为其中的关键。

事实上，北宋对辽战争有胜有负，并不是一直都打败仗。
在石岭关、沙河、满城、雁门、唐兴等会战，[106] 宋军都击败了
对手。可是大型的作战除了有战斗风险之外，还存在组织风险，
能否打出战前部署，不同部队之间的协调工作非常关键。以往
史家喜欢强调在"强干弱枝"政策下，将领的作战自由受了限
制，不能随机应变。然而这只是问题的一个方面，更大的问题
不在于武将应否拥有作战自由，而在于如何能令他们执行原来
的作战计划。宋军由于机动力量不及辽军，在战术上颇为仰赖

几支不同部队在关键地点进行夹击，但是随着军事行动涉及较多的单位，组织风险亦为之提高。战场上的事态千变万化，指挥官可能在不同的事态下各自作了不同的判断，这些判断对他们各自指挥的部队而言可能是比较有利的，但却很容易导致整体作战计划中途搁浅。曹彬（931—999）部下诸将"谋划蜂起"，令"彬不能制"，[107] 潘美擅自离开陈家谷口，[108] 李继隆临时放弃参与君子馆会战，在寒夜退往乐寿的例子，[109] 都揭示了高组织风险下万一协调出错，就很容易牵一发而动全身。[110]

　　指挥失误在军事行动中殊非罕见，也并非所有指挥失误都带来戏剧性的失败。可是在高风险作业中，战术指挥常常是成败的关键。令人印象特别深刻的有两次军事灾难。第一次是高梁河战役，宋太宗亲自指挥这场战役，采取了兼行速进的策略，迅速包围幽州。在激烈的攻防战中，一度有三百人登城，几乎赢得了战役。据本书考证，宋太宗似乎就在这时把充当预备队、"以备非常"的曹翰（924—992）部队也投入了攻城。[111] 适时遇上辽军反击，宋军的侧后方空位被辽将耶律休哥（？—998）迂回切入，宋太宗仓皇退兵。不少史料指出宋太宗有股上中箭的可能。[112] 这次失败，宋军损失过万兵力，殿前精锐被击溃，皇帝本人也很可能受了箭伤，是一次典型的军事失败。造成失败的原因，除了要考虑辽军主力的精锐、名将辈出之外，宋太宗未能推测可以预期的事变，也可谓难辞其咎。[113]

　　宋太宗第二次经略幽燕，史称歧沟关之役，也是一场著名的军事灾难。是役宋军以十万之师，在名将曹彬的指挥下从雄州挺进，吸引辽军主力，中路田重进（929—997）所部从定州窥取飞狐口，同时代州方面的潘美和杨业席卷寰、朔、云、应等州，一时构成很大的声势。可是同时辽军也迅速增援，并分兵山后。田重进一军屡战皆胜，进据蔚州之后，已无法再进，唯有撤回。曹彬一度攻陷涿州，但粮尽退兵。就在此时，辽将耶律休哥大举追击，宋军大溃，损失据说达数万人之谱。这次冒险在战役层次也有缺失，整个欺骗计划未能对准战略上的决定点幽州。宋太宗的声东击西之计，如果目标在夺回寰、朔、云、应这些所谓"山后"地区，是可以言之成理的；可是如果要一次完成整个经略幽燕的大业的话，却仍然必须面对在幽州外围发生的大决战，而对这次决战的部署如何，有何胜算，则完全是未知之数。加上作战发动之后曹彬又犯了一些战役上的错误。他过早地挺进涿州，令粮运不继，再次进攻时完全是硬闯，粮道又受威胁，终于难逃一败。[114] 这场失败紧接着又发生了陈家谷之败和君子馆之败，形成灾难性的失败。宋军一再损失数万兵力，令缘边州郡兵不满万，士卒皆无复斗志。于是在北宋朝廷内部，文人所倡议的弭兵论便高唱入云，宋廷一时间再也不敢经略幽燕。这种失败既是物质上的，也是心理上的，直接导致宋辽战争第一阶段的结束。[115]

　　总体来说，从立体的战略架构来剖析北宋经略幽燕的失败，可以发现失误和不利因素并不是单纯在某一个战略层次上发生，而是从大战略、战役法到战术和技术领域相继出现的。宋辽的双重领土纠纷，令宋初的大战略目标和平与统一的潜在矛盾表面化。宋太宗采取武力统一来解决这项两难，令原来文臣所提议的内政主导、资源转化的大战略部署落空；而事实上宋人也许对经济发展为军事力量带来的正面作用，抱有太大的期望。在大战略没有决定性作用的前提下，战役法和战术指挥变得举足轻重，宋太宗及其主将一再的指挥失误，令原本的作战计划未能落实，宋军唯有和擅长骑射的辽军在平原野战，令己方的弱点暴露无遗。

根据柯恩和古奇的研究，军事灾难由三个原因产生——无法从过去经验中学习（failure of learning）、无法推测可以预期的事变（failure of anticipation）与无法适应临阵的现况（failure of adaptation）。北宋经略幽燕是一系列典型的军事灾难。宋军受到五代相沿袭用的军事信念影响，偏好野战，崇尚奇袭。当面对相对上强大，亦同样擅长野战的辽军，宋人未能透过新的思维去改变战略的取向，不但令战斗风险偏高，也增加了发生军事灾难的可能性。简单地说，当对手不再是割据政权，而是边疆民族建立的国家的时候，北宋在大战略上虽然有所检讨，提出了内政主导的思路，但并没有随之而改变其军事战略。更严重的是，当第二次经略幽燕已经功败垂成之际，宋军没有迅速在战略和战术上转入防御，使败局进一步恶化。这个事例指出，宋军和加里波利之役的英军、1940 年的法军一样，偏向于遵循过往的军事信念行事，而未能适应新的变数。[116] 虽然我们无法否定经验的价值，但无论如何，摆脱过时的军事信念，敏锐地总结新近的经验，对于避免军事灾难而言，非常重要。随着战略研究日益深入地剖析人类认知世界中的盲点，战争史将更能广泛地从过往的历史经验中汲取教训，诸如中国历史上隋炀帝三征高丽、安史之乱和松锦之役等影响深远的军事灾难，都有可能在战略这个认知框架中得到更为深入的分析。

注 释

[1] 关于滑铁卢战役，较流行的有 John Keegan, *The Face of Battle* (New York: The Viking Press, 1976), pp. 117–203 的有关章节。此外，参 David G. Chandler, *The Campaigns of Napoleon* (New York: Macmillan Company, 1966); Christopher J. Herold, *The Battle of Waterloo* (London: Cassell, 1967). 关于中途岛战役，参 Mitsuo Fuchida and Masatake Okumiya, *Midway: The Battle That Doomed Japan* (New York: Ballantine Books, first published in 1958, fourth printed in 1974). 关于"市场花园"作战，最为脍炙人口的当然是 Cornelius Ryan, *A Bridge Too Far* (New York: Simon and Schuster, 1974). 此书随后被改编为同名的电影，港译作《英雄冢》，据悉另一些华语地区作《夺桥遗恨》。此役较官方的观点，参 Kent Robert Greenfield, *Command Decision* (Washington, D.C.: Office of the Chief of Military History, 1960), pp. 429–442, 参考德国方面档案写成的作品，有 Robert J. Kershaw, *It Never Snows in September: The German View of Market-Garden and The Battle of Arnhem, September 1944* (New York: Ian Allan, 1994).

[2] Winston S. Churchill, *Marlborough: His Life and Times* (New York: Charles Scribner's Sons, 1968). Field-Marshal Montgomery of Alamein, *The Memoirs* (Cleveland: The World Publishing Company, 1958). Erich von Manstein, *Lost Victories* (London: Metheun and Co. Ltd, 1958); 中译本，曼施坦因（著）、纽先钟（译）:《失去的胜利》（台北：军事译粹社，1984 年）。

[3] B. H. Liddell Hart, *Strategy* (London: Faber and Faber Ltd., first print in 1954; second revised edition, New York: Praeger, 1967), p. 373; 中

译本，李德·哈特（著）、钮先钟（译）:《战略论：间接路线》（台北：麦田出版社，1996年），页457。

[4] 有学者用"文明裂缝"来形容这些容易发生战争危险的地方，见 Samuel P, Huntington, *The Clash of Civilizations and the Rethinking of World Order* (New York: Simon and Schuster, 1997).

[5] Eliot Cohen and John Gooch, *Military Misfortunes: The Anatomy of Failure in War* (New York: The Free Press, 1990), pp. 35–37.

[6] Walter Millis, *Military History* (Washington: Service Center for Teachers of History, 1961). Adam Yarmolinsky, *The Military and American Society* (Philadelphia: American Academy of Political and Social Science, 1973), Hamilton I. McCubbin, Barbara B. Dahl, and Edna J, Hunter (eds.), *Families in the Military System* (Beverly Hills, Calif.: Sage Publications, 1976).

[7] Bok-Lim C. Kim, *Women in Shadows: A Handbook for Service Providers Working with Asian Wives of US. Military Personnel* (LaJolla, Calif,: National Committee Concerned with Asian Wives of U.S. Servicemen, 1981). Laurie Weinstein and Christie C, White (eds.), *Wives and Warriors: Women and the Military in the United States and Canada* (Westport, Conn.: Bergin & Garvey, 1997). 蒋竹山:《女体与战争——明清厌炮之术"阴门阵"再探》，载于《新史学》，第10卷，第3期（1999），页159—187。

[8] Colin Gray, "National Styles in Strategy: The American Example," *International Security*, 6: 2 (1981), pp. 21–47. Carnes Lord, "American Strategic Culture" *Comparative Strategy*, 5: 3 (1985), pp. 269–293. Jack Snyder, "The Concept of Strategic Culture: Caveat Emptor!,"

in Carl G. Jacobsen (ed.), *Strategic Power: USA/USSR* (New York: St. Martin's Press, 1990), pp. 3—9. David R. Jones, "Soviet Strategic Culture," in Carl G. Jacobson (ed.), *Strategic Power: USA/USSR*. Yitzhak Klein, "A Theory of Strategic Culture" *Comparative Strategy*, 10: 1 (n.d.), pp. 3—23. Shu Guang Zhang, *Deterrence and Strategic Culture: Chinese-American Confrontations, 1949—1958* (Ithaca: Cornell University Press, 1992).

[9] Cohen and Gooch（注5）。

[10] Donald C. Daniel and Katherine L. Herbig (eds.), *Strategic Military Deception* (New York: Pergamon Press, 1981); 中译本，唐纳德·丹尼尔、凯瑟琳·赫伯格（主编），徐晓军、扈新生（译）:《战略欺骗》（北京：军事科学出版社，1991 年）。

[11] Robert O. Keohane, "Realism, Neorealism and the Study of World Politics," in Robert O. Keohane (ed.), *Neorealism and Its Critics* (Ne York: Columbia University Press, 1986), pp. 1—26.

[12] 例如研究美军在珍珠港事件的情报失误是如何不可避免，这个论题是以军事突然性的理论作为认知典范的。然而我们一旦改用战役情报学（operational intelligence）的观点分析，就会发现直至日军发动攻击之前的五分钟，事情还不是无可挽救。Cohen and Gooch（注5），pp. 47—56.

[13] 书中间或举出某些古今战史的例子，说明套用有关理论时宜有所分别，例如下文提到 1940 年法兰西战役和 1941 年巴巴罗萨（Barbarossa）战役都是闪击战的最佳例证，只为说明所谓"战役层次"的含义，但并未套用闪击战的理论来解释宋辽战争。

[14] Robert Hardy, *Longbow: A Social and Military History* (Cambridge:

Stephens, 1976). John Francis, *Gvdlmartin, Gunpowder and Galleys: Changing Technology and Mediterranean Warfare at Sea in the Sixteenth Century* (London; New York: Cambridge University Press, 1974). Joseph Needham, *Gunpowder as the Fourth Power, East and West* (Hong Kong: Hong Kong University Press, 1985).

[15] Klein（注 8）。

[16] Quincy Wright, *A Study of War* (2nd ed.; Chicago: The University of Chicago Press, 1965), p. 8.

[17] 有关正义战争的观念，参 Michael Walzer, *Just and Unjust Wars* (Harmondsworth: Penguin, 1980).

[18] 房玄龄等:《晋书》（北京: 中华书局, 1974 年），卷二四《职官志》，页 729。

[19] 较为综合性的论述，参 Geoffrey Blainey, *The Causes of War* (New York: Free Press, 1973). Michael Howard, *The Causes of War* (London: Temple Smith, 1983 2nd ed.; Cambridge, MA: Harvard University Press, 1985). Seyom Brown, *The Causes And Prevention of War* (New York: St. Martin's, 1987). Anatol Rapoport, *The Origin of Violence: Approaches to the Study of Conflict* (New York: Paragon House, 1989). Efraim Karsh, "The Causes of War: Introduction," in Lawrance Freedman (ed.), *War* (Oxford, NY: Oxford University Press, 1994), pp. 65–68.

[20] 由于掺杂着不少神话和传说，很少史家视荷马史诗为信史。然而 1870 年德国商人、荷马史诗的爱好者施利曼（Heinrich Schliemann, 1822—1890）发现特洛伊（Troy）古城，经过一个多世纪断断续续的发掘，现在学界已倾向相信特洛伊战争并不完全

是子虚乌有。尽管战争长达十年及木马屠城等情节可能经过不同层次的渲染而成，此地经过长年累月的战争洗礼，似乎可以确认。特洛伊遗迹的发现及有关考证，参 J. Lesley Fitton, *The Discovery of the Greek Bronze Age* (London: Published for the Trustees of the British Museum by British Museum Press, 1995)。近年较接近现实主义的观点，认为特洛伊是通往达达尼尔海峡（Dardanelles Strait) 的重要港口，因而引起了斯巴达（Sparta) 的垂涎，是否存在帕里斯和海伦这些人物，并不重要。

[21] Thucydides, *History of the Peloponnesian War*, tr. Richard Crawley (London: J. M. Dent and Sons, 1926), p. 16. 中译摘自修昔底德（著）、谢德风（译）:《伯罗奔尼撒战争史》（北京：商务印书馆，1978 年），页 19。

[22] Keohane（注 11)。

[23] Howard（注 19)，pp. 7–22.

[24] Howard（注 19)。

[25] Blainey（注 19)。

[26] Margaret Mead, "Warfare Is Only an Invention–Not a Biological Necessity," in Charles R. Beitz and Theodore Herman (eds.), *Peace and War* (San Francisco: W. H. Freeman and Company, 1973), pp. 112–118.

[27] Ronald J. Glossop, *Confronting War: An Examination of Humanity's Most Pressing Problem* (Jefferson, NC, and London: McFarland, 1987), pp. 10–12.

[28] Anatol Rapoport, *The Origin of Violence: Approaches to the Study of Conflict* (New York: Paragon House, 1989), pp. 443–488.

[29] 老子（著）、陈鼓应（注释）:《老子注释及评介》（香港：中华书
局，1987 年），第三十一章，页 191：“兵者不祥之器，非君子之
器，不得已而用之，恬淡为上。胜而不美，而美之者，是乐杀人。
夫乐杀人者，则不可得志于天下矣。”

[30] 李焘（1115—1184）:《续资治通鉴长编》（北京：中华书局，
1979 年）（以下简称《长编》），卷二一，页 484。

[31] 邵伯温（1055—1134）:《邵氏闻见录》，卷六，页 49。

[32]《长编》，卷二二，页 498。

[33] 陈芳明:《宋初弭兵论的检讨，960—1004》，收入《宋史研究集》
（台北：台湾编译馆，1977），第九辑，页 63—98。王明荪:《宋初
的反战论》，收入邓广铭、漆侠（编）:《国际宋史研讨会论文选
集》（保定：河北大学出版社，1992 年），页 478—489。

[34] 关于拜占庭的 strategi，参 Warren Treadgold, *Byzantium and Its Army
284–1081* (Stanford: Stanford University Press, 1995), pp. 8–42.

[35] 纽先钟:《战略研究入门》（台北：麦田出版社，1998 年），页 13—15.

[36] Baron de Jomini, trans. *The Art of War*, Trans. Capt, G. H. Mendell
and Lieut. W. P, Craighill (Philadelphia: J. B. Lippincott & Co.,
originally published in 1862; Westport, Connecticut: Greenwood
Press, reprint date unknown), pp. 59–63.

[37] Carl von Clauswitz, *On War*, edited with introduction by Anatol
Rapoport (Middelsex，Baltimore and Ringwood: Penguin Books,
1968), p. 249.

[38] Hart（注 3），pp. 15–20, 333–336.

[39] Michael Howard, "The Forgotten Dimension of Strategy," in *The
Causes of War* (London: Temple Smith, 1983; Cambridge, MA:

Harvard University Press, second edition in 1985), pp. 101–115.

[40] Edward Luttwak, *Strategy: The Logic of War and Peace* (Cambridge, MA, and London, England: The Belknap Press of Harvard University Press, 1987), pp. 69–71.

[41] Geoffrey Parker, *The Military Revolution: Military Innovation and the Rise of the West 1500—1800* (Cambridge: Cambridge University Press, 1988), p. 140.

[42] Nikephoros Ouranos, *The Taktiká*, in Eric McGeer, *Sowing the Dragon's Teeth: Byzantine Warfare in the Tenth Century* (Washington, D. C.: Dumbarton Oaks, 1995), pp. 79–167.

[43] Jomini（注 36），pp. 59–64.

[44] Luttwak（注 40），pp. 69–71.

[45] Luttwak（注 40），p. 260, chap. 7, fn. 1. Clayton R. Newell, *The Framework of Operational Warfare* (London and New York: Routledge, 1991). BJ.C. McKercher and Michael A. Hennessy, *The Operational Art: Developments in the Theories of War* (Westport, Conn: Praeger, 1996). Shimon Naveh, *In Pursuit of Military Excellence: The Evolution of Operational Theory* (London: Frank Cass, 1997).

[46] Heinz Guderian, *Achtung-Panzer: The Development of Armoured Forces, Their Tactics and Operational Potential* (London: Arms and Armour, 1992).

[47] Luttwak（注 40），p. 113；中译本，爱德华·鲁特瓦克（著）、军事科学院外国军事研究部（译）:《战略——战争与和平的逻辑》（北京：解放军出版社，1990 年），页 114。

[48] 当然，由于地理条件不一，战区战略的概念能不能说适用于所有

国家，尚有疑问；可能只对如中、美、俄等可以开辟多个战区的大国而言才有意义。在很多情况下，即使是大国之间的战争，整场战争亦只有一个战区，如英法百年战争、朝鲜战争、越南战争，以及宋辽战争，那样战略的战区层次和战役层次就不容易分清楚。然而战区战略作为大战略和战役之间的一个层次，在理论上是成立的。战区战略的存在，解释了战役法的取向如何得来，因为大战略是非军事层次，如果没有战区战略的话，战役法已是军事战略的最高层次，那么它和大战略的关系如何建立，欠缺一种理论上的解释。事实上近年某些西方国家，如美国也似乎比较注重战区的概念，如战区导弹防卫系统就是一例。很可能在未来的十年中，战区作为一个战略的分析层次会受到更广泛的关注。

[49] 如罗马帝国时分高卢、伊利里库姆（Illyricum）、色雷斯（Thrace）和东方四个战区，每个战区都拥有广阔的面积。到帝国东迁，君士坦丁二世（Constan II）在小亚细亚设安那托里亚（Anatolia Theme）、色雷斯安（Thracian Theme）和亚美尼厄（Armaniac Theme）三镇，统辖的范围便小得多。参 Treadgold（注 34），pp. 21–25. 到底战区的大小广狭除了纯自然地理的因素外，还受哪些人文地理、经济地理和技术条件制约？怎样在历史的时空中去具体界定一个战区？似乎尚须更确切的标准。

[50] Hart（注 3），pp. 335–336.

[51] Hart（注 3），p. 366.

[52] John M. Collins, *Grand Strategy: Principles and Practices* (Annapolis, Maryland: Naval Institute Press, 1973), pp. 14–15.

[53] 鲁特瓦克（注 47），页 68。

[54] Richard Rosecrance and Arthur Stein, "Beyond Realism: The Study

of Grand Strategy," in Richard Rosecrance and Arthur Stein (eds.), *The Domestic Bases of Grand Strategy* (Ithaca: Cornell University Press, 1993), pp. 3–21

[55] Edward Luttwak, *The Grand Strategy of the Roman Empire from the First Century A.D. to the Third* (Baltimore: Johns Hopkins University Press, 1976). Bruce K. Holloway, *Grand Strategy for the 1980's* (Washington: American Enterprise Institute for Public Policy, 1978). Helmut Schmidt, *A Grand Strategy for the West* (New Haven, CT: Yale University Art Gallery, 1985). Okazaki Hisahiko, *A Grand Strategy for Japanese Defense* (Lanham: University Press of America, 1986). John B. Hattendor, *England in the War of the Spanish Succession: A Study of the English View and Conduct of Grand Strategy, 1702–1712* (New York: Garland, 1987). Tom J. Farer, *The Grand Strategy of the United States in Latin America* (New Brunswick, NJ: Transaction Books, 1988). Paul Kennedy (ed.), *Grand Strategies in War and Peace* (New Haven: Yale University Press, 1991). Geoffrey Parker, *The Grand Strategy of Philip II* (New Haven: Yale University Press, 1998). 吴春秋:《大战略论》(北京: 军事科学出版社, 1998 年)。Michael D. Swaine and Ashley J. Tellis, *Interpreting China's Grand Strategy: Past, Present, and Future* (Santa Monica, CA: Rand, 2000). Andrew Nathan J. and Robert S. Ross, *The Great Wall and the Empty Fortress: China's Search for Security* (New York: W. W. Norton, 1997) ; 中译本安德鲁·内森、罗伯特·罗斯 (著), 柯雄、贾宗谊、张胜平 (译):《长城与空城计: 中国对安全的寻求》(北京: 新华出版社, 1997 年)。

[56] 司马光:《资治通鉴》（北京：中华书局，1956 年），卷二八四，页 9293。

[57] 更何况在很多时候，领土纠纷含有民族仇恨的背景，使国际摩擦比单纯利益冲突更为复杂。

[58] Guy Olivia Faure and Jeffrey Z. Rubin (eds.), *Culture and Negotiation: The Resolution of Water Disputes* (Newbury Park, Calif.: Sage Publications, 1993). pp.58；中译本，居伊·奥立维·福尔、杰弗里·Z.鲁宾（主编）、联合国教科文组织翻译组（译）:《文化与谈判:解决水争端》（北京:社会科学文献出版社,2001 年），页 65。此书大部分作者均认为，纯粹利益关系和结构性因素不足以解释不同国家在解决资源争端上的独特取向；相反，文化观点有助于厘清这些国家的立场和策略。

[59] Snyder（注 8）. Ken Booth, "The Concept of Strategic Culture Affirmed," in *Strategic Power: USA/USSR*, (1990), pp.121–128. Klein（注 8）Peter Katzenstein, "Introduction: Alternative Perspectives on National Security," in Peter J, Katzenstein (ed.), *The Culture of National Security: Norms and Identity in World Politics* (New York: Columbia University Press, 1996), pp. 1–32. Ronald L. Jepperson, Alexander Wendt, and Peter Katzenstein, "Norms, Identity, and Culture in national Security," ibid., pp.33–75.

[60] 当然，以上理论牵涉到在进攻、防御等不同战略形态的战争中，战略文化是否亦随之浮现为不同取向，而不可一概而论的问题。此项问题如果对严格的战略文化理论的研究者而言，可谓倒果为因，盖因彼等相信战略文化决定妥协、防御、还是攻略，而非由大战略取向决定战略文化。Alastair Iain Johnston, *Cultural*

Realism: Strategic Culture and Grand Strategy in Chinese History (Princeton: Princeton University Press, 1995).

[61] Jeffrey W. Legro, *Cooperation Under Fire: Anglo-German Restraint During World War II* (Ithaca: Cornell University Press, 1995). Elizabeth Kier, I*magining War: French and British Military Doctrine Between the Wars* (Princeton: Princeton University Press, 1997). Elizabeth Kier, "Culture and Military Doctrine: France between the Wars," *International Security*, 19: 4 (Spring 1995), pp. 65–93.

[62] Cohen and Gooch（注 5），pp. 231–246.

[63] 某些海外学者称辽朝为"征服王朝"，其说参 Karl A. Wittfogel and Feng Chia-seng, *History of Chinese Society: Liao (907–1125)*, (Philadelphia: The American Philosophical Society, 1946). 田村实造:《中國征服王朝の研究》上、中（京都：京都大学东洋史研究会，1964—1971）。竺沙雅章:《征服王朝の時代》（东京：讲谈社，1977 年）。

[64] 陈乐素:《宋徽宗谋复燕云之失败》，原载《辅仁学志》，第 4 卷，第 1 期（1933），收入陈乐素（著）:《求是集》（广州：广东人民出版社，1986 年），第一集，页 46—100。姚从吾:《从宋人所记燕云十六州沦入契丹后的实况看辽宋关系》，载《大陆杂志》，第 28 卷，第 10 期（1964），页 319—324。

[65] 杨树森:《略论辽代军事家耶律休哥：兼说宋两次攻辽战争之败》，载陈述（编）:《辽金史论集》（上海：上海古籍出版社，1988 年），第一辑，页 99—110。

[66] 内藤湖南:《东洋史概说》，收入内藤湖南（著）:《内藤湖南全集》（东京：筑摩书房，1969—1976），第 8 册，页 111—119。内藤的

学说得到宫崎市定继续发扬。对于上述京都学派的主张，以前田直典、仁井田陞、周藤吉之、崛敏一、池田温为代表的东京学派提出不少质疑。他们认为唐末五代是中国"古代"的终结，宋代以后始为"中古"社会，而将中古时期的下限推延至清代。为解决唐代究为中古还是古代，宋代为近世还是停留于中古，两派开展了漫长的攻防战，于解构唐五代迄宋的转折过程中，旁征博引，衍生更多"唐宋变革期"的论证。本文采用"近世"的说法，并非无视东京方面的主张，而是由于京都的观点在君主专制加强及兵制沿革等方面，与本书所论述战争模式的转变等背景框架，可堪玩味的方面较多之故。

[67] 贾志扬（John Chaffee）：《宋代科举》（台北：东大图书股份有限公司，1995 年）。Thomas H. C. Lee, "The Social Significance of the Quota System in Sung Civil Service Examination," *Journal of the Institute of Chinese Studies*, No. 13 (1982), pp. 287–318. 李弘祺：《宋代官学教育与科举》（台北：联经出版事业公司，1994 年），页 155—193，227—263。

[68] ［日］佐伯富：《论宋代的皇城司》，载于刘俊文（主编）：《日本学者研究中国史论著选译》第五卷《五代宋元》（北京：中华书局，1993 年），页 337—369。友永植：《唐五代三班使臣考——宋朝武班官僚研究（一）》，《宋代の社會と文化》（东京：汲古书院，1982 年），页 29—68。赵雨乐：《唐宋变革期之军政制度史研究——三班官制之演变》（台北：文史哲出版社，1993 年）。赵雨乐：《唐宋变革期之军政制度——官僚机构与等级之编成》（台北：文史哲出版社，1994 年）。

[69] 堀敏一：《五代宋初禁軍の發展》，《东洋文化研究所纪要》，第 4 期

（1953）；中译本，堀敏一（撰）、张其凡（译）:《五代宋初禁军之发展》，收入陈乐素（编）:《宋元文史研究》（广州：广东人民出版社，1988年），页270—304。堀敏一（著）、索介然（译）:《藩镇亲卫军的权力结构》，载刘俊文（主编）:《日本学者研究中国史论著选译》第四卷，《六朝隋唐》（北京：中华书局，1992年），页585—648。

[70] 李攸:《宋朝事实》（台北：西南书局，1973年），卷二十《经略幽燕》，页313—324。彭百川:《太平治迹统类》（扬州：江苏广陵古籍刻印社，1990年），卷二《太祖经略幽燕》，页28—30。

[71] 陈乐素（注64）。

[72] 傅乐焕:《关于宋辽高粱河之战》，收入傅乐焕:《辽史丛考》（北京：中华书局，1984年），页29—36。宋常廉:《高粱河战役考实》，载《大陆杂志》，第39卷，第10期（1969），页26—36。

[73] 程光裕:《宋太宗对辽战争考》（收入王云五主编，《人人文库》特二二四册，台北：台湾商务印书馆，1972年）。

[74] 王晓波:《宋真宗对辽战争考之一：瀛州与莫州之战》，载《宋代文化研究》（成都：巴蜀书社，1999年），第九辑，页55—68。王晓波:《宋真宗对辽战争考之二：遂城之战》，载《宋代文化研究》（成都：巴蜀书社，2000年），第九辑，页236—246。王晓波:《宋真宗对辽战争考之三：望都之战》，载《宋代文化研究》（成都：巴蜀书社，2001年），第十辑，页210—219。

[75] 王煦华、金永高:《宋辽和战关系中的几个问题》，载《文史》，第9辑（1980年6月），页83—113，另收入历史研究编辑部（编）:《辽金史论文集》（沈阳：辽宁人民出版社，1985年），页277—283。

[76] 漆侠:《宋太宗第一次伐辽——高粱河之战——宋辽战争研究

之一》,《河北大学学报》, 第 3 期（1991）;《宋太宗雍熙北伐——宋辽战争研究之二》,《河北学刊》, 第 2 期（1992）, 页 79—87 ;《辽国的战略进攻与澶渊之盟的订立——宋辽战争研究之三》,《河北大学学报：社科版》, 第 3 期（1992）, 页 1—11。以上三文分别收入漆侠:《探知集》（保定：河北大学出版社, 1999 年）, 页 168—186, 187—204, 205—225。

[77] 张其凡:《从高梁河之败到雍熙北征》, 原载《华南师大学报》, 第 3 期（1983）, 收入氏著:《宋初政治探研》（广州：暨南大学出版社, 1995 年）, 页 129—147。张其凡:《从雍熙北征到澶渊之盟》, 原载《史学月刊》, 第 1 期（1988）, 收入《宋初政治探研》, 页 149—168。

[78] 廖隆盛:《宋太宗的联夷攻辽外交及其二次北伐》, 载《师大历史学报》, 第 10 期（1982）, 页 83—103。

[79] 何冠环:《宋太宗箭疾新考》, 香港中文大学《中国文化研究所学报》, 第 20 卷（1989）, 页 33—58。

[80] Edmund Henry Worthy, "The Founding of Sung China, 950–1000: Integrative Changes in Military and Political Institution" (Ph.D. dissertation, Princeton University, 1975). John Richard Labadie, "Rulers and Soldiers: Perception and Management of the Military in Northern Sung China (960–ca. 1060)" (Ph.D. dissertation, University of Washington, 1981).

[81] Peter Allen Lorge, "War and the Creation of the Northern Song State" (Unpublished Ph.D. dissertation, University of Pennsylvania, 1996).

[82] 曾瑞龙:《宋辽高梁河战役考论》, 载《大陆杂志》, 第 80 卷, 第 3 期（1990）, 页 106—117。

[83]《长编》, 卷二四, 页 557。

[84] ［日］堀敏一（著）、索介然（译）:《藩镇亲卫军的权力结构》，载
刘俊文（主编）:《日本学者研究中国史论著选译》第四卷，《六朝
隋唐》（北京：中华书局，1992 年），页 585—648。张国刚:《唐
代藩镇研究》（长沙：湖南教育出版社，1987 年），页 60—
76。［日］谷川道雄（著）、王霜媚（译）:《关于河朔三镇藩镇
的继承》，载《第一届国际唐代学术会议论文集》（台北：唐代研
究学者联谊会，1989 年），页 903—913。毛汉光:《魏博二百年史
论》，原刊于《历史语言研究所集刊》，第 50 本第 2 分（1979），
页 301—360，收入毛汉光:《中国中古政治史论》（台北：联经出
版事业公司，1980 年），页 323—390。卢建荣:《地方军事化对唐
代后期淮北地区政治与社会的冲击》，载《台湾师范大学历史学
报》，第 27 期（1999），页 17—54。

[85] 王伊同:《五季兵祸辑录》，载《史学年报》，第 2 卷，第 3 期
（1936），页 203—205。

[86] 国际冲突往往发生于大家对和平的层次的了解不同。古代用一个
相当笼统的字眼"太平"来表达和平的状况。然现今所说的和平，
与太平有一定差距。如果从消极的角度来看，和平指战争尚未爆
发的状况，不代表一种理想境界。在互相确保摧毁，而不敢先发
动攻击的冷战状况下，虽然极度危险，但在技术上仍得称之为和
平状态。然而从积极的角度来看，和平含有对暴力使用的批判态
度，企图透过非暴力方法解决冲突，达致共存。至于"太平"，在
意识上虽然是对理想状态的描述，然而常隐含乱后之治的意思，
透过消灭对方来解决冲突，一统天下。这种和平观由于以目的来
将手段合理化，可能反过来滋生攻略取向，不能说是具有积极意
义上的和平。

[87]《长编》，卷五八，页 1299 注引《誓书》。

[88] 曾瑞龙:《战略脱节:宋太宗第二次经略幽燕（986）》，载《中国文化研究所学报》，新刊号第 5 期（1998），页 1—32。

[89]《长编》，卷一三五，页 3235。

[90]《长编》，卷二一，页 485。

[91] 薛居正等:《旧五代史》，卷一二八《王朴传》，页 1679—1680。《长编》，卷二一，页 483；卷二二，页 498—499；卷十，页 224—225。

[92] 王称:《东都事略》（台北:文海出版社，1979 年），卷二三，页 10。

[93]《长编》，卷二八，页 633。

[94]《长编》，卷二一，页 483；卷二一，页 484。《邵氏闻见录》卷六，页 51。

[95]《长编》，卷二一，页 484—485。

[96]《邵氏闻见录》，卷六，页 48。

[97]《长编》，卷二一，页 485；卷二十二，页 508—509。

[98]《长编》，卷二三，页 528。

[99] 以上参曾瑞龙（注 88）。

[100] 曾瑞龙:《北宋对外战争中的弹性战略防御——以宋夏洪德城战役为例》，《史薮》，第 3 期（1998），页 143—172。曾瑞龙:《北宋及拜占庭帝国的弹性防御战略初探》，收入张其凡、陆勇强（编）:《宋代历史文化研究》（北京:人民出版社，2000 年），页 223—250。

[101]《长编》，卷二十，页 454。

[102] 吴晗:《阵图与宋辽战争》，原发表于《新建设》，第 4 期（1959），收入《吴晗史学论文集》（北京:人民出版社，1988 年），第三分

册，页 87—96。

[103] 脱脱等:《辽史》（北京：中华书局，标点本，1974 年），卷九，页 103；卷七四，页 1234；卷八三，页 1300。脱脱:《宋史》（北京：中华书局，1997 年），卷二五九，《崔彦进传》，页 9007，又同书《崔翰传》卷二六〇，页 9025，9027。《长编》，卷二〇，页 462—463。

[104] 辽军的战略，参廖隆盛（注 78）。杨树森:《略论辽代军事家耶律休哥：兼说宋两次攻辽战争之败》，载陈述（编）:《辽金史论集》（上海：上海古籍出版社，1988 年），第一辑，页 99—110。陈烈:《辽代部族军考》，载《昭乌达蒙族师专学报》（汉文哲社版），第 1 期（1992），页 11—17。

[105] 曾瑞龙:《向战略防御的过渡：宋辽陈家谷与君子馆战役，986—987》，载《中国文化研究所学报），新刊号第 5 期（1996），页 81—111。

[106]《长编》，卷二〇，页 458；卷二一，页 473。《宋会要辑稿》，《蕃夷一》，页 7675。《辽史》没有记载雁门之败，但对其他几场败阵都没有漏载，见《辽史》，卷九《景宗纪下》，页 101—102，105；卷七十四《韩匡嗣传》，页 1234；卷八十四《耶律沙传》，页 1307；卷八十四《耶律善补传》，页 1310，同卷《萧干传附佞萧讨古传》，页 1309。

[107]《长编》，卷二七，页 613。

[108]《长编》，卷二七，页 622。

[109]《长编》，卷二七，页 625。《宋史·刘廷让传》，卷二五九，页 9003 同。

[110] 曾瑞龙（注 105）。

[111]《长编》，卷二〇，页 457。《宋史》，卷二六〇《曹翰传》，页

9015。又《东都事略》，卷二八《曹翰传》，页 456 略同。释文莹（撰）：《玉壶清话》，与《湘山野录》《续录》同本（北京：中华书局，1984 年），卷七，页 67 略同。

[112]《默记》，卷中，页 20。《长编》，卷三八，页 818。认为此说不可信者有：傅乐焕（注 72）；宋常廉（注 72），页 32—39。认为此说可信者，详见何冠环（注 79）。此外，关于高梁河之役的论著有于亮度：《辽宋高梁河战役及其战场》，收入北京历史考古丛书编辑组（编）：《北京文物与考古》（北京：1983 年），总一辑，页 247—257。张其凡：《从高梁河之败到雍熙北征》（注 77）。漆侠：《宋太宗第一次伐辽》（注 76），页 168—186。

[113] 曾瑞龙（注 82）。

[114] 以上参曾瑞龙（注 88）。此外有关歧沟关之役的主要论著有程光裕：《宋太宗对辽战争考》（注 73），页 95—136。王照华、金永高（注 75）。廖隆盛（注 78）。张其凡：《从高梁河之败到雍熙北征》（注 77），页 129—147。林宇：《辽宋雍熙战役》，收入北京市文物研究所（编）：《北京文物与考古》（北京：北京燕山出版社，1991 年），第二辑，页 130—139。漆侠：《宋太宗雍熙北伐》（注 76），页 187—204。杜成安：《评宋太宗雍熙北伐的战略意图》，《抚顺师专学报》（社科版），第 2 期（1992），页 51—56。王菡：《潘美传》（北京：中华工商联合出版社，1995 年），页 102—114。

[115] 曾瑞龙（注 105）。

[116] Cohen and Gooch（注 5），pp, 133—163，197—230.

第一章　北宋军事失败的宏观解释：
　　研究概况述评

　　在引进战略分析架构的同时，我们不能忽略的是对现存有关北宋军事失败的理解模式作一检讨。关于宋代"积弱"的说法，学界早已奉为成说，近年来治宋史的学者或另从社会经济方面开拓研究空间，较少对这种成说作深刻的回顾和反思。当然，以本书有限的篇幅，实在不足以对这项广为学界接受的解释做出任何修正。然而，宋代"积弱"的说法一旦产生标签效应，种种接近决定论的倾向就随之而生，使研究宋代的战略问题成为意义不大，因而令人望而却步的事情。战略的基本要素是选择，在特定的时空中存在充分的选择，是从事战略研究的前提。如果没有充分的选择，战略研究就成为虚耗时间的事情。所谓"围地则谋，死地则战"，[1] 就道出了有没有选择，是决定是否从事谋划的关键。

　　以下两种较具影响力的理解模式，其本身不失为涵盖面广阔，而又具有洞察力，故本书无意批评这些说法。它们受到学界的广泛推崇，自有其本身的优越性。本书提出检讨这两种理解模式，主要是认为它们倾向于集中讨论单一战略层面的决定性，因而无法取代多层次的战略分析架构。第一种理解模式是大战略的内在决定论，企图将北宋所有对外关系上不如意的遭遇归咎于内部积弊，特别是强调开国政策的失当。北宋因采

用"强干弱枝""重文轻武"两大国策，及在统一过程中采用了
"先南后北"的优先次序，造成其对边疆民族的政策过分保守，
陷入被动，最后不得不妥协了事。第二种理解模式强调外在因
素的作用，认为北宋与边疆民族在兵种上，特别是骑兵力量上
的差异，是其在军事上不能取得较大成就的原因。作为宋辽战
争主要战场的河北平原的地理环境，又强化了这种观点。确实，
这两种理解模式均有高瞻远瞩，与事实若合符节之处，其影响
力历久不衰，本身就是对这点一个很好的说明。

　　然而最令人困惑的是，若将986年北宋的军事灾难植根于
不能轻易改变的开国政策，或先天条件的步骑不敌，那么换句
话说，宋人的选择本身就很有限，而没有充分的选择，又会随
之而来导致欠缺运用理性的空间。这样推演下去，不管宋人的
战略决策如何正确，始终受制于更大的政策或客观条件。这种
顾虑成为本章必须要对这两种理解模式作一回顾和评述的主要
动机。本章并非认为这些看法存在根本错误，主要意图旨在揭
示它们侧重某一战略角度的局限性，及将来进一步补充这些观
点的地方。这些观点和本书的观点是可以并存和互补的，它们
确实都着眼于战略的某一些层面，如大战略和技术层面，加上
本书较为重视的战术、战役及战略文化层面的分析，相信对北
宋的军事失败能够得出整合性比较强的战略解释。

北宋的大战略：以开国政策为中心的理解模式检讨

　　我们恐怕不得不承认，中国学者所强调的"开国政策"，在
西方战略学说中似乎找不到适当的概念。所谓"开国政策"的

内涵，不但包含了军事，也包含了政治、外交和经济手段，因而也属于一种大战略，或称为国家战略，是毋庸置疑的。奇怪的是"开国"的概念。中国人似乎预设"开国"时所制定的政策不但必然，而且应该发生久远的影响，因而开国的"规模"是否"宏远"，成为研读传统政治史者十分关注的课题。这种预设的背后是子孙必须谨守"祖宗家法"的父权社会，而这种社会的价值观是中国文明比较特殊的内容。观诸罗马帝国的大战略，则几乎不能用"开国政策"的模式来理解。自公元一世纪至三世纪，罗马帝国经历了由弹性防御（elastic defense，又名机动防御，mobile defense）转变为前沿防御（forward defense），再转变为纵深防御（defense in depth）的历程，其军队结构也发生巨大变革，[2] 完全不是"开国政策"所可能决定的。因此必须声明，以"开国政策"为中心的大战略议题本身似乎具有"中国式思考"的定向。

　　和中医诊断学惊人地相似，中国学者对北宋"开国政策"的批评充分反映另一种"中国式思考"的特征，即相信政策的内在失调是国家不能抵御外患入侵的主要原因。这种理解默认了政府首长的功能是要协调不同的政策，使其宽猛得中，所谓"一张一弛，文武之道"。这种理念又与高度象征化及具有二元论意味的阴阳学说相配合，而宰相的功能也被认为是"上佐天子理阴阳，顺四时，下遂万物之宜"，[3] 在这种理解模式之下，北宋的国策"强干弱枝""重文轻武"便显然是有所偏颇的，其政策欠缺弹性，积重难返，终于陷国家于危亡的境地。由于近代中国民族危机深重，这种传统观点与民族主义形式相结合而再度受到学者的重视。然而太着眼于内在失调而看不到外在环境的变化，是这套理解模式明显的不足之处。当然，它和其他的理解模式仍有可以互补之处，对研究具有正面价值。加上内政导向的大战略理论在西方也有兴起的趋向，[4]因此这种"中国式思考"将来可能不再是中国所独有的。

对于北宋经略幽燕之失败，治宋史的学者主要环绕着对开国政策，亦即具有延续性的大战略进行检讨，认为北宋统治者在奠定开国规模的时候有所失误，以致积重难返，加以改革无成，不得不步向灭亡的命运。在这个开国政策的讨论中，"强干弱枝""重文轻武"和"先南后北"这三项政策的评估占去了绝大部分的论述篇章。以上的观察角度都有其独到理据，分析了某个战略层次的情况；但同时也各有偏重，特别是对某种战略失误或积弊在其余层次的影响语焉不详。随着引入战略分析的认知典范，以下将对这些传统解释的长短利弊作一个扼要的回顾。

1. 检讨"强干弱枝"说

"强干弱枝"又称为"强本弱末"，其本质是中央集权政策。在过去大半个世纪，占主流的意见认为"强干弱枝"是北宋的主要国策，具体表现为"杯酒释兵权"及罢藩镇等政策，某些学者并认为这种政策与"重文轻武"有内在关联，两者相互影响，末流之弊，导致北宋积弱，也构成南宋收三大将兵权，继而杀岳的悲剧。[5]事实上，司马光《涑水记闻》曾记载了一则宋太祖与赵普的对话，赵普认为："唐季以来战斗不息，国家不安者，其道非他，节镇太重，君弱臣强而已矣。今所以治之，无他奇巧也，惟稍夺其权，制其钱谷，收其精兵，则天下自安矣。"[6]根据赵普答话的精神，宋太祖和宋太宗相继在行政、财政和军政三方面削夺藩镇的权力。由于以上政策不失为振兴中央的救弊良方，故学者大多给予正面评价，只是认为这项政策推行过当时，才发生负面影响。

某些学者已注意到所谓"强干弱枝"政策，其实是经过长期的积累而形成，未必是宋代的新猷。聂崇岐认为宋初罢藩镇并不需要"旋乾转坤之力"，开启了这条思路。[7]有的学者也指出十世纪初朱温建立后梁时，已着手强化中央政府的功能。由于朱温本身是最强大的节度使，在多年的军事活动中，他逐步吞并如忠武、义成等十多个藩镇，初步建立了较具实力的禁军。随着后梁朝覆亡，禁军大多降于唐庄宗。庄宗又将麾下精锐的沙陀军和来自魏博的银枪效节等军编入禁旅。[8]此后重要的事变皆视禁军的向背为依归。中央甚至以禁军驻守地方，监视藩镇，初步形成路级帅司的体制。[9]甚至宋人笔记中盛传的"杯酒释兵权"一事是否曾发生，学界中亦发生不同意见。[10]然而无论如何，"强干弱枝"其实是长期积渐而成，虽然在推行的过程中有起伏，成效不一，但并非一两个人所能专其功、任其责。

然而学者很少留意到，"强干弱枝"一语在史籍中并不用来专指宋代的国策，而往往用作泛指中央集权的构思。北魏任城王元澄（467—519）主张过"深固根本，强干弱枝"；唐代715年郭虔瓘（卒于716年后）也有移民实关中，"自近及远，强干弱枝"之论。[11]换言之，很多其他朝代都可说有人主张过"强干弱枝"。如果这样说的话，"强干弱枝"又有什么时代意义可言呢？

"横看成岭侧成峰"，历史图像往往反映的是论史者的立足点和取向。"强干弱枝"在古代史籍中并没有专指宋代国策的含义，但它却被近代学者赋予解释宋代积弱的意味，并得以普及，这与民族主义的认知模式有关。"强干弱枝"说其精要之处，在于察觉到统治者对利益的界定和国家民族的利益存在落差。统治者出于一己私心，为了巩固王朝的基础，罔顾民族大义，这种民族危机意识的反映，是对"强干弱枝"政策进行批评的心理背景。很可能，这种民族危机意识一旦存在，以"强干弱枝"来理解宋代开国政策，并加以严厉批评的现象，仍会持续一段时间。

无疑，中央集权政策是以王朝的安全和稳定为前提的。宋太祖透过陈桥兵变得到帝位，为免重蹈覆辙，就在周世宗（921年生，954—959年在位）的基础上整顿禁军。其中比较重要的一个政策，就是将结义兄弟相继迁任为名藩大镇的节度使，随着诸将相继出镇，禁军的内部结构起了一定变化。侍卫亲军都指挥使一职不再除授，其下的侍卫马军都指挥使和侍卫步军都指挥使便成为最高级的将领，互不隶属。两支军队加上殿前司，合称"三衙"。然而值得强调的是，宋太祖的意图在防止兵变，但是这种以下层分权来达成上层集权的措施，发生在军政的统御层次，并非意味着类似的转变必然发生在战场的指挥机制上。总之，说"杯酒释兵权"必然引起国家军事力量的衰落，仍需要更多的证据。

那么宋代以国内安定为主导来构建大战略，会否必然牺牲了对外的利益？首先应该从概念上说明的是"干"和"枝"的关系，所比喻的是中央和藩镇的关系，不等同于内政和外交的关系。认为强干弱枝削弱了宋代对外竞争能力，其实只能在假设了负担对外抗争的主要任务者是"枝"而不是"干"的情况下才能成立。但是能不能作这个假设？五代唐庄宗（生于 885 年，923—926 在位）、晋出帝（生于 914 年，944—946 在位）时，禁军一再成为对辽战争的主力，宋太祖时虽然相当倚重藩镇或地区性的防御体来抵抗外敌常规性的抄掠，但强大的禁军才是宋朝的底牌。宋代禁军有"在京""屯驻"和"驻泊"三种功能。三种禁军之中，只有"在京禁军"是卫戍京城的禁军，"屯驻禁军"和"驻泊禁军"都是驻防地方和执行边境防卫任务的。[12] 禁军的功能既然这样全面，问题便只在它够不够强大，只要"干"够强，在概念上我们仍然看不到它要牺牲对外利益的必要性。其实以当时的理解，内部稳定的秩序是对外政策的资源。[13] 如张齐贤则认为"民既安利，则远人敛衽而至矣"[14]。总之按照宋人当时的理解，内政的稳定是对外征服的先决条件，并没有将二者对立起来。内政主导论的真正盲点，在于讨论内政如何为对外征服提供资源时，过分侧重后勤力量，而没有充分考虑前线兵力如何长期在具潜在敌意，但大规模战争又未真正爆发的尴尬处境下保持士气和战斗力。北宋中叶禁军趋于"骄惰"就是这种努力欠缺回报的表现。

　　"强干弱枝"对边防的真正关键影响，不在于削弱藩帅的兵力，而在于禁军出成后的战役协调问题。和后唐、后晋一样，宋初河北前线满布着来自不同系统的军队。要指挥这些军队进行作战，一定要依靠强有力的战役协调，才能令军队如肩之使臂，臂之使指。若放任诸将各行其是，只会令局面变成一盘散沙。宋太祖每逢命将出征，如慕容延钊（913—963）取荆湖，王全斌（908—976）定西蜀，都面授机宜，就代表了这种来自中央的协调。[15] 可见来自中央的协调——有时变成干预，相当普遍，也不一定导致军事失败。可是到宋太宗时，这种干预有每况愈下，到达战术层次的趋势。满城会战前，宋太宗曾颁下阵图，下令分为八阵，"每阵相去百步"。[16] 这种程度的干预引起部分将领的不满，原因是它已侵犯到将领战术指挥权的完整性。换言之，过分中央集权与军事失败是否存在相互关系，要视乎中央的干预到达哪一个层次，不可一概而论，尤其必须分清必要的战役协调和越级的战术干预。

　　另一个问题出现在兵马都监的角色上。由于将帅的兵权很重，为朝廷的安全计，不得不派出监军，予以督视。唐代以宦官为监军，固然出现兵柄旁落的流弊，宋代用武臣为都监，也出现参与指挥的现象。963 年消灭南平的远征，都监李处耘（920—966）就完全把大将慕容延钊架空，亲自指挥具体的战役作业。[17] 此后兵马都监密切地参与战役和战术指挥，令协调的问题复杂化。他们带来的未必完全是负面的作用，但无论如何，协调的关键性就凸显了出来。作战前的军事会议就这样成为这种协调是否成功的舞台。满城会战（979）和陈家谷战役（986）的例子，都反映出会议上时常发生激烈的争论。歧沟关之役（986）前，曹彬的远征军中也是"谋划蜂起"。[18] 这些例子都说明了随着"强干弱枝"政策的推行，宋军内部协调的复杂化。可是有趣的是，史家对于这些从基层角度观察的兴趣似乎不大，[19] 仿佛"强干弱枝"的基调一定，战场上的运作就会直接受到负面的影响。[20]

　　2. "重文轻武"：政策还是现象？

　　从九至十世纪，亦即日本学者所谓的"唐宋变革期"，中国的军政制度经历了巨大的变化。[21] 首先是随着君主专制的加强，派生环绕着宫廷的各种使职；继而最强节度使府扩充而成中央军政机构，出现亲随军官层级化。[22] 这些武臣及军官的当权，[23] 又激起了建立文治的反动。宋初不采取汉、唐以开国功臣及其后代构成统治集团的国策，改辕易辙，从科举提拔文士担任主要官职，后来甚至授文臣以战区的指挥权。随着文臣崛起成为新贵，武夫的亲随角色减退，后世学者因此称之为"重文轻武"。然而"重文轻武"是一个现象的描述，还是具体的国策，仍需要更多的研究来论定。

关于"重文轻武"现象，虽曾被提高到"国策"的水平来探讨，但严格的研究著作其实不多。若说这是一个"国策"，那么它由何人提议，有无经过讨论，何时开始推行等等问题，却似乎不像"强干弱枝"和"先南后北"那样有较为明确的答案。如梁天锡认为宋代只是轻视武官，但对于军政业务本身却给予高度重视。[24] 何况"轻武"是长期"重文"的后果，还是一方面崇文，另一方面有意图地抑武，好像也欠缺深入讨论。据初步归纳，学界对这个问题大致有下列几种了解。第一种主张认为宋代"强干弱枝""重文轻武"两大国策有内在联系，核心在于"收兵权"。可是在讨论具体史实时，史家仍偏重前者，而对后者则匆匆带过。[25] 其实"收兵权"，以"强干弱枝"概念已可收摄，并没有推论到"重文轻武"的必然性。收兵权可能只是为了皇室和中央政府的安全，并非必然代表在普遍意义上"轻武"，如要扩大解释为一种普遍压抑武将的开国政策，则与史实不尽符合，如以郭进控西山，李汉超镇关南一事，至少反映出宋太祖对部分武将相当信任。"莞榷之利，悉以与之，其贸易则

免其征税。故边臣皆富于财，以养死士，以募谍者，敌人情状，
山川道路，罔不备见而周知之。故十余年无西、北之忧也。"[26]
至于把武将之间的倾轧笼统地归入"崇文抑武"的现象来探讨，
则讨论范围欠缺严格。[27]

　　另一种观点表明，北宋曾经以崇儒或右文政策加强其统治，
而不强调其与轻武的必然性。[28] 这种看法能落实到具体制度来
解释"崇儒"或"右文"的政策，但对于"轻武"则欠缺同样
分量的讨论。[29] 第三种看法认为武官也属于统治阶级，作用不
容低估。刘子健的论述以南宋期间的例证为主，但其指出朝廷
给予武官的种种特权值得注意，并在引言中呼吁展开有关研究，
具有宏观意义。何冠环认为从军也是社会流动的上升阶梯。[30]
最后，第四种看法有点"翻案"的味道，主张"重文轻武"具
有相对积极的作用，[31] 甚或有论者索性否定此项政策的存在。[32]
总之"重文轻武"是一个需要进一步研究的议题，而文武互动
关系和身份认同是具有潜力的方向。[33]

　　目前来说，认为宋初存在"崇儒"或"右文"政策是不成
问题的。比较需要小心处理的是如何去确认文、武在哪一种程
度上处于零和关系，即一方面受到重视意味着另一方面遭到忽
视，或者通过打击某一方来抬高对方。这种可能性固然存在，
但文和武是否经常处于零和关系，是首先应该加以论证的。然
而传统以来，强调宋代"重文轻武"的论者似乎预设了这一点，
而没有详细考虑其必然性是否成立。况且，对官僚的利益来说，
政府能够长治久安，对文武臣僚双方都有好处。在某些场合，
官方也强调对文武二途并无偏倚。例如朝廷置枢密院与中书省
"对持文武二柄"[34]；又定文武二舞，表彰"化成天下""威加

海内"的功德，都反映出一种对等地位。[35] 张璪亦曾倡言仿效古代的太学，"文武之才，皆自此出，未闻偏习其一者也"。[36] 这种理想当然并非一定反映实在的情况，但至少说明在象征理念层次上，朝廷视文武具有对等地位。当然，在宋代官方或私人的言论中也同样可以很容易找到武臣地位较文臣为低的例子，特别是到十一世纪中叶时，文武关系变得紧张，[37] 但这显然不是宋辽战争初期的情况，也不能充分解释北宋对辽的军事失败。

　　至于北宋用文臣掌兵，虽属事实，但无论在时间上和程度上都有一个逐渐形成的过程，是不是能作为开国政策的一个方面，值得商榷。以战场的指挥权来说，宋太宗以柳开（947—1000）、郑宣（十世纪末）、刘墀（十世纪末）等人出掌河北州、军，是比较瞩目的一个例子。其中柳开为殿中侍御史，郑宣为侍御史，刘墀为司门员外郎，皆换授崇仪使。柳开知宁边军，刘墀知易州。[38] 然而，严格来说，他们只是投笔从戎，放弃了文官的身份去投身军旅，能否说是"重文轻武"的证据，尚有模糊之处。何况他们的职务是知州、知军，并非路级帅臣，指挥权有限。当时如镇、定、高阳关三路都部署傅潜（十世纪末）、王超（卒于1005年后）等武臣，都有比他们更高的权力。文臣获得战区指挥权的是994年被派去平定蜀乱的赵昌言（945—1009）。赵具备军事才干，但他因为遭受谗言中伤，刚出发就被罢免。[39] 继而是1002年的张齐贤，他获授陕西邠、宁等州经略使，"令环庆、泾原两路及永兴军驻泊兵并受齐贤节度"，算是路级帅臣了。可是他不兼都部署，没有完整的兵柄。当时十万大军在都部署王超的指挥下，张齐贤一度要求厘清指挥权，但结果诏覆"经略使得自发诸州驻泊兵而已"，[40] 反映出宋真宗尚未正式打算将战区指挥权交给他。到澶渊之役，向敏中（949—1020）经略陕西，便宜行事，算是一时的权宜，事已即罢。到仁宗以后，陕西四路经略安抚使例由文臣充任，武臣为副，文臣才普遍地得到前线的战区指挥权。这时距离宋初开国已经八十年了，能否说是开国政策，也不无疑问。[41]

再说，将北宋的国策形容为"重文轻武"，就仿佛文武是可以截然划分清楚，而两者又受到一抑一扬的区别对待那样。这种笼统的描述忽略了文士中也有身怀武艺、熟悉军事或热衷边功的人，他们应当被算成文还是武，欠缺一条清晰的界线。如辛仲甫（十世纪中叶）擅长弓箭，曾师事郭崇（十世纪中叶），其后青出于蓝，"郭崇反师之"。[42] 张齐贤曾与群盗聚食。[43] 柳开任侠击剑，据说嗜吃人肝。[44] 张咏（946—1015）曾在一间"黑店"投宿，当店主企图谋杀他时反被他手刃。张咏继而放火烧掉全店。[45] 这些来自笔记中的记载是否属实是另一个问题，但至少反映出文武的界线并非泾渭分明，也不是一成不变。

最后，从语源上说，"重文轻武"似乎亦属于较为晚出的词汇。宋人对于"崇儒"和"右文"是直认不讳的，[46] 可是把"重文"和"轻武"连带来说，则似乎出于清代学者之手。清朝对于明代的灭亡，深以为鉴戒，"重文轻武"的观点提醒了清人不可废弛武备，具有历史意义。尤其是关于明末军纪败坏，李如松（卒于1598年）见督师而不肯甲胄庭谒，受到史臣批评，认为"明代重文轻武，而其末流至于如此，则其纪纲不立，亦可见也。"[47] 更严重的指控揭示出一种结构性的原因，即由于历史是文人写的，"重文轻武"难以避免。[48] 清高宗（1711—1799）读史书，看到陆贾论及天下"不可以马上治之"的时候，触动了其警觉性，发了一通议论。认为"高祖之言，在乎重武轻文；而陆贾之言，在重文轻武。……重文轻武是就逸，重武轻文是服劳也。"[49] 至于近代学者认为宋代重文轻武是不是由于因袭清人的用语，而投射到十至十一世纪的历史解释上去，则有待更深入的研究去澄清。

3. "先南后北"：思维与政策

相对于"强干弱枝"和"重文轻武"，关于"先南后北"的讨论比较接近现代意义上战略失误的研究。在这个课题，决策者的选择有较大的开放性，而战略元素也牵涉到经济考虑和军事优先的交互作用，也取得较多成果。

对宋初的统一战略，古代某些学者已认为"先南后北"适足以使"兵已弊于四方，而幽州卒不成功。故虽得诸国，而中国之势终弱。"[50]"师已老矣，复议攻燕，所谓强弩之末，势不能穿鲁缟。"[51] 于是"先南后北"导致最后"致幽燕于不顾"。[52] 承袭着这种批评，韩国磐、汪槐龄、史苏苑和陶懋炳都批评宋初"先南后北"的政策。他们大致认为宋太祖改变了周世宗"先北后南"的政策，畏惧契丹，遂致错失战机，令辽国得以复振。[53] 相反，张家驹在《两宋经济重心的南移》一书提出契丹军事力量强大和南方物资富庶，是"先南后北"的重要考虑。[54] 邓广铭亦认为"北强南弱"的客观形势下，采取"先南后北"是正确的战略。[55] 马伯煌强调宋初统一战略的经济目的和策略，[56] 而徐规和方如金除了重申经济利益和辽朝军事介入的危险外，也指出北汉军力的强悍，也是宋人不敢轻易言胜的要素。[57]

然而随着研究日趋深入，"先南后北"能否反映后周和北宋统一战略的优先次序？北宋经略幽燕的失败，是否与"先南后北"的统一次序存在连带关系？传统观点中欠缺严格方法论的漏洞，亦逐渐显露出来。首先是战略思维能否视为战略政策的问题。存在某种思维，不代表即存在某种政策，只有在充分了解决策的过程时，才可以评估思维对政策的影响。无可否认，王朴、赵普和宋太祖都发表过有关言论，[58] 某些将领如张永德（928—1000）、张晖（卒于 964 年）等也都认为应该缓攻北汉，[59] 所以承认后周和宋初都存在"先南后北"的战略思维是不成问题的。然而，这些战略思维在哪种程度上影响政策？则成为一个应该再三考虑的问题。当然，大臣的言论在某一个程度影响决策者的思维，从而反映在政府的政策上，从一般来说是可以接受的诠释。何况宋太祖本人也作过有关言论，似乎其影响力更加不成问题。可是在言论转化为政策这个过程中有曲折，也是可以预计的事情。过往的史家一直相信赵普的言论代表着宋代统一战争的指导方案，假设宋太祖对其谋臣的策略言听计从，是一个潜在的盲点。据近来的研究，宋太祖雪夜访赵普一事似乎不是发生在刚登基的建隆元年，而是发生在荆湖和后蜀都已被平定的乾德三年（965）或四年（966）。赵普之谋是否具有那样宏远的规模，似乎应该重新加以考虑。何况，宋太祖征询时都采取秘密面谈的方式，而且每一次征询都发生在宋太祖有意图或正在筹备攻打北汉的时候，显示出他不想将他自己及其幕僚在统一战略的分歧过分曝光。[60] 因此，"先南后北"的思维是否充分构成政策的精神，存在进一步探索的空间。

政策是否一如其理性决策而能充分执行，成为事实，也是另一个要考虑的层次。目前大部分学者讨论"先南后北"问题，都倾向以政治、经济、军事方面的实力对比等结构性因素来从事分析，然而若应用战略文化的观点来看，则历史经验、感情、传统、习俗等要素，均可影响战略的构成。尽管并未使用现时较普遍的"战略文化"一词而称之为"军事传统"，伍伯常认为有别于纯粹理性分析，传统也是战略取向的重要因素。他指出五代中央政府一直存在遏制河东的战略传统，宋太祖制定统一政策，无可避免地受到这种传统的影响，故一直以北汉为主要敌人。[61]这解释了宋太祖为何于968年和969年接连两次攻打北汉，到976年又一次向北汉用兵。宋太祖对征服北汉的热心，说明他不一定愿意遵循"先南后北"的统一步骤。近年与战略文化相关的持续敌对理论也可能为这个思路开辟整合空间。[62]此外，传统以来对于宋人的北方之敌，都认为包括北汉和辽。可是近年也有另一些学者指出，宋初用兵的先后次序中不包括辽，而只有北汉。[63]

其实宋初的开国战略存在一个逐渐形成的过程，强求其前后的一致性，及过于批评某些君主改变了前代订下的政策，都是过度假设了政策凝聚力和连贯性。与秦汉及隋唐帝国以中国西部为本位不同，后周和北宋都是在战略中央位置崛兴的政权，在逐一消灭周边的割据势力之前，居于战略中央位置者首先要防范任何足以危害其霸业的新生势力，对有崛起迹象的对手施以遏制性打击。五代朱温、李克用、耶律阿保机及周世宗的战史中，都不乏向对手轮番进行遏制性打击的记录。由于目标是遏制性的，军队主力没有必要长期留在一个战略正面，而且因为背后也存在更多潜在的敌人，因此必须迅速改变正面。在这个阶段，目标的选择可能纯粹出于军事的需要，不一定存在经

济考虑，也可能非常机会主义，而没有长线的战略，[64] 要列出
它们长短线的优先次序，是很不容易，甚至是不可能的事情。

当局势发展到消灭其中某些对手成为可能，那时才出现了
长短线的先后次序。王朴《平边策》首次提到"先易后难"的
原则，后来被理解为"先南后北"的雏形；然而要注意到王朴
的视角主要是战役层次上的，亦即考虑到南唐边界辽阔难守，
比较容易找到突破口而言的，[65] 尚未接触到以南方经济支持北
方军事的大战略。"先南后北"在赵普的思维中逐渐成形，但赵
普主要的考虑是恐怕吞并北汉后失去缓冲地带，引发长期边患，
兵连不解。[66] 到宋太祖对宋太宗的话，才兼而考虑到以南方的
经济来补充北方的军事，说"中国自五代以来，兵连祸结，帑
廪虚竭，必先取西川，次及荆、广、江南，则国用富饶矣。今
之劲敌，止在契丹。自开运以来，益轻中国。河东正扼两蕃，
若遽取河东，便与两蕃接境。莫若且存继元，为我屏翰，俟我
完实，取之未晚。"[67] 此项记载出于北宋后期，到底宋太祖确实
如此说过，还是反映宋人对开国战略整合的追述和诠释，尚可
进一步研究。如果从内容分析，宋太祖说这句话时应尚未平定
荆湖，即 963 年以前，其时西夏尚未兴起，不应说"河东正扼
两蕃""便与两蕃接境"之类的话。[68]

最后，假设北宋朝廷真的依据"先南后北"来制定长短线
战略的优先次序，那么它需要为经略幽燕的失败负上何种责
任？古代学者的观点认为："兵已弊于四方，而幽州卒不成功"；
"师已老矣，复议攻燕，所谓强弩之末，势不能穿鲁缟。"这些
情况是否属实目前还欠缺具体的研究。如果以历次攻略的程序
而言：963 年慕容延钊取荆湖，未遇强有力的抵抗；次年王全斌

取后蜀，用兵仅六十六天；970 年潘美取南汉；974 年至 975 年曹彬、潘美取南唐，经历了约一年的攻防战；979 年宋太宗灭北汉；吴越纳土，不战而下。由统一战争开始以来，至此共计十六年，每次攻略完毕都至少有一年至四年不等的休养生息。较具争议性的是平定北汉后立即进军幽州的决策，当时士卒希赏，"众怠莫克"，[69] 是构成高梁河战役失败的因素。然而这项一时失误能否引申为宏观的解释，仍有疑问。若说宋太宗"促师夺燕"是一项失误，那么谨慎缓图似乎就应是正确的策略，然而谨慎缓图，岂不就正是"先南后北"的精神？

总之，"先南后北"作为北宋统一战略的优先次序，由于目前对战略制订过程的讨论没有将思维、决策与执行之间的层次厘清，仍存在有待整理的一些环节。至于"先南后北"是否导致宋军经略幽燕的失败，以及最高统治者的责任问题，也存在一些未充分开展的课题，值得作进一步的探索。要在目前下定案，恐怕存在一定困难。

总括而言，无论是"强干弱枝""重文轻武"或"先南后北"，都反映着一种内政主导的大战略思维，相信强大的中央军力，稳定的文治体制和丰裕的南方经济资源，可以作为对外政策的后盾。这项设想原无重大错误，可是史家在解释北宋朝廷所推行这种构想的时候，似乎夸大了其水到渠成的一面，而忽略了积渐而成的过程和中途发生的变化。对国策的批评，也并非都能落实到军事部署上。更重要的是，史家在批评这些国策之余，采用一种中心主义的观点来认知，强调政权内在的腐败引起外敌入侵，及统治者的错误政策成为民族危机的根源等等，看不到国际环境的复杂变数。这种理解模式随着民族主义的盛行而风靡一时，但现在恐怕已到了重新检讨的时候。

边疆民族与中原的战争：战略立体分析的必要性

运用战略理论来研究边疆民族与中原的战争，虽然没有人正式提出质疑，但必然会遇上边疆民族的行为是否受战略制约的问题。战略的基本假设为人具有理性，可是草原民族一般予人以"好战"的印象，说他们在战役和战术层次很杰出，相信与学界的主流意见没有太大出入，但高层次的战略思维，特别是涉及和战取向的问题，则需要在前人研究基础上略作整合。这个问题有两个层次，首先就方法论而言，战略的分析架构能否处理不同的文化、价值观、习俗和风尚？其次以草原民族的军事优势，是否本身已足以打破对称的战略格局，而使理性的议题没有特殊意义可言？换言之，"步骑不敌"的客观局限性，会否令宋人不论作了多么正确的战略，结果仍难逃一败？就第一个问题而言，从上述战略研究动态的回顾，特别是战略文化的研究方向，可知文化习俗和风尚，已不再是战略研究范围以外的事物，而所谓理性其实亦受到文化和价值观的过滤。因此对具有较广阔的视野，容纳文化作为中介变数的战略研究角度而言，处理不同文化之间战略互动，仍属于其研究范围之内。第二个问题则牵涉比较复杂的历史内容，不同时地的答案可能有异。为了说明战略分析架构的必要性，必须解构所谓"步骑不敌"的具体内涵。

当然，把"步骑不敌"定性为战略的技术层次问题，有一点必须加以说明。表面上，说草原民族掌握技术优势，好像是很奇怪的说法，因为在一般人的概念中，他们比较"落后"。然而所谓技术，不纯粹是物质性的，还配合人运用这些技术的熟练程度。研究古代的课题，更必须将战技包括在技术因素中。众所周知，骑兵的威力最关键的地方是马鞍和马镫的发明。马鞍令战士可以乘坐在马背上，控制马匹，马镫使战士更平稳的用腿夹在马背上，腾出双手来执控兵刃或弓矢。一名马背上的弓箭手，有如一座流动的弓箭发射台，能不停地变换方位，争取最佳角度发射。配上铁甲、马铠的重骑兵，更是冲锋陷阵的利器。[70] 当成千上万的士兵成群、成序列地战斗，步兵的组群要应付密集冲锋而来的重骑兵就困难得多了。士兵会被马蹄踏倒，其他人面对队形密集的骑士会感觉无从闪避，非要受过严格训练的步兵战士难以屹立，继续战斗。十六国和北朝时代盛行的甲骑、女真的铁浮图都属于这种威力强大的重骑兵。[71] 在战术的运用上，骑兵的一方还可以选择轮番进攻的伎俩，冲锋一次不成功，可以退后组织队伍再冲，直到把步兵方阵冲垮为止。骑兵还可以采用横冲的方法，从侧翼抵抗力比较薄弱的地方寻找突破口。五代时的"横冲军"就时常充任侧翼突破的矛头。[72] 宋太宗在高梁河之役也是遭到耶律休哥和耶律斜轸的横击而败走的。[73] 步兵方阵一溃败，就难免遭到对方轻骑的追击。这些轻骑的装备虽然不如重骑兵，但活动性能高，扩张战果快，令溃败的步兵遭到更无情的打击。

　　大凡中原政权对游牧帝国或半耕牧边疆政权的战争，都面对步兵对骑兵这个兵种上的差异。早在汉代，晁错（卒于公元前 154 年）就已经意识到了这个差异，论到"今匈奴地形技艺与中国异。上下山阪，出入溪涧，中国之马弗与也；险道倾仄，且驰且射，中国之骑弗与也"。[74] 为了和匈奴作战，汉军建立了以霍去病（公元前 140—前 117 年）为主将的骑兵部队，穿越大漠进击，取得了丰硕战果。北魏太武帝（生于 408 年，424—452 年在位）派李孝伯（卒于 459 年）和南朝的使者对话，自称："城守，君之所长；野战，我之所长。我之恃马，犹如君之恃城矣。"[75] 这番言论表达出草原和农业文明在兵种上的差异，已经形成各自的军事信念。

然而在鼓吹兵种差异这种观点的同时，也需要避免简单化地认为单凭一个兵种即足以赢得战争的看法。自马汉（Alfred Thayer Mahan）、杜黑（Giulio Douhet）以来，西方世界一直存在一种设想，认为某一陆军以外的军种，可以构成决定性的打击力量。[76] 这种信念随着核武器的发明进一步得以加强。在美国，海、陆、空三个军种之间对于国防预算的争夺战，也激化了这场争论。在进行战争史的研究时，对于这些技术决定论的背景、由来及局限性，应当有充分的估计。一方面，应该承认战马对于疆场胜负极其重要，及注意到学者对宋代马政及马匹贸易的研究所取得的不可忽略的成果；[77] 可是在理解骑兵在历史上的角色时，能不能将它视为万应灵药，有必要具体地探讨骑兵如何击败步兵的过程和手段。

如果骑兵凭简单的冲锋即可将以步兵为主的对手轻易击溃，那么研究那个阶段的战争史的确不需要作繁复的战略论证。若战术上的胜利是那样可以预期的话，那么战略的任务就只不过是尽量将适量的部队调动到敌人的眼前而已。这样做的后果也是同样可以预期的，因为骑兵的活动能力比较强，比较容易在敌军摆脱他们之前逼使其接受决战。如果双方实力对比沦到这个地步的话，那么的确只需要问有关的边疆民族有没有征服中原的意图，而不需要质疑他们是否具备如此能力。北宋灭亡前夕出现极少量金兵即足以击溃大量宋军的现象，就是一例。在这些例证当中，从事战略分析的空间的确是很有限的。

　　然而，如果那个时代的骑兵不能凭简单的冲锋动作来击溃敌军，而需要用上比较间接的手段，[78] 那么问题就复杂得多了。随着正面攻击成功的可预期性不再高企，侧翼动作或切断对方粮道等涉及战役层次的行动变得重要起来。要判断一场战役的成败关键，就再也不能单凭攻方是否拥有优势的骑兵，而必须论及守军如何保护其侧翼及粮道的手段，牵涉的问题还会越来越多。也就是说，整个立体架构的战略分析变成不可避免。这种情况还会随着守军具备多兵种合成的编制而更加复杂起来。在对方也配备一定数量的骑兵和各种具技术对抗意义的兵器兵种，如拒马、弩手之类时，拥有优势骑兵的一方可能还要考虑如何调动及分割对手的兵力，战略思维将不可避免地关注更多纵深布局的问题。在这种情况下，双方的战略运用就成为战争史研究的主线。

　　大量史料说明，宋辽战争应该属于后一种情况。首先从宏观的角度来看，中国和西方文明的军事智慧，都建基于如何运用有纪律、成队列的步兵来对抗游牧民族的骑兵，而这两个文明都在游牧帝国的征服浪潮中生存了下来。[79] 宋琪（917—996）在十世纪末就曾经指出，只要维持有纪律的行动，对抗骑兵不成问题，"是以开运中晋军犄戎，不曾奔散。三四年间，虽德光为戎首，多计桀黠，而无胜晋军之处"。[80] 同时要注意到技术对抗的存在。一般来说，射程兵器，特别是强弩，是五代和宋初军队所倚恃的武器。944 年晋出帝澶州之役，万弩齐发，飞矢蔽地，辽军就无法突破。[81] 六十年后宋辽澶渊之役，大名府的守将孙全照（952—1011）也以用弩手驰名，"全照素教蓄无地分弩手，皆执朱漆弩，射人马洞彻重甲，随所指麾，应用无常。"[82] 以上例证指出，中原军队的强弩似乎是对付辽军骑兵的有效武器。南北地理条件不同，也成为考虑的要点。宋初辽降将室种（十世纪末）曾抱怨洛阳城郊"园林水竹交络翳塞，使尽去之，斯可以击兔伐狐"。[83] 按照沈括的记载，"信安、沧、景之间多蚊虻，夏月牛马皆以泥涂之，不尔多为蚊虻所毙。郊行不敢乘马，马为蚊虻所毒，则狂逸不可制。"[84]

辽军在骑战中虽然具有优势，但其中存在大量的间接手段。出生于幽燕，熟知辽军战术的宋琪对此有清晰的说明："未逢大敌，不乘战马，俟近我师，即竞乘之，所以新羁战蹄有余力也。且用军之术，成列而不战，俟退而乘之，多伏兵断粮道，冒夜举火，土风曳柴，馈饷自赍，退败无耻，散而复聚，寒而益坚，此其所长也。"[85]《辽史·兵卫志》也有类似记载：

> 敌军既阵，料其阵势小大，山川形势，往回道路，救援捷径，漕运所出，各有以制之。然后于阵四面，列骑为队，每队五、七百人，十队为一道，十道当一面，各有主帅。最先一队走马大噪，冲突敌阵。得利，则诸队齐进；若未利，引退，第二队继之。退者，息马饮水秣。诸道皆然。更退迭进，敌阵不动，亦不力战。历二三日，待其困惫，又令打草谷家丁马施双箠，因风疾驰，扬尘敌阵，更互往来。中既饥疲，目不相睹，可以取胜。[86]

如果说辽军具有凭简单的冲锋，即可将以步兵为主的对手轻易击溃的能力，那么上述史料所形容的"敌阵不动，亦不力战"，"成列而不战，俟退而乘之"是难以理解的。相反，以上不论宋方还是辽方的史料，都记载了辽军擅长的是迂回、埋伏、断敌粮道，甚至"退败无耻，散而复聚"等相当灵活的间接手段。

征诸史实，亦可见步骑对抗的一个难点，其实发生在战役层面上。后晋时阳城之战（945）、中渡桥之战（946）和北宋时的歧沟关之战（986），中原的军队都遭遇到被切断粮食和水源，而陷入风声鹤唳的处境。[87] 对方也可以干脆撇开他们，深入掳掠，大事扰乱后方，甚至攻击首都。像五代时具有优势骑兵的唐庄宗灭梁，就组织过一次类似的战役。[88] 相反，当后方安全无虞，甚至获得切断对方退路的机会，中原王朝的军事力量就常常获得可观的胜利。928年王晏球（873—932）在嘉山和曲阳击败契丹派往定州的援兵，[89] 944年晋出帝在澶州拒退耶律德光，[90] 979年宋军的满城大捷，及980年的雁门之捷都是这样的例子。换言之，单以技术条件的对比来论胜负显然不够全面，要增加说服力，观察的高度也必须提升到战术和战役等较高的战略层次。

当剖析的角度上升到大战略的层次，牵涉到战争的经济和政治层面，问题就更为复杂起来。无疑，游牧帝国具有很多面对战争的有利条件。动员力量庞大，整个社会高度尚武，加上逐水草而居的习性，不像农业帝国的军队行军时受到粮草给养的限制，使来自草原的大军具有高度的行动自由，都是非常有利的因素。[91] 可是纯粹的游牧生活，毕竟受到大草原的地理条件限制，要成功地征服农业地区，例子不多；更重要和更基本的问题，是战争能不能带来理想生活？游牧帝国之间的战争，充其量只会产生一个更大的游牧帝国，控弦之士，牛马驼羊的数量起了变化，但这种量变并不一定带来质变，帝国的经济模式可能依然停留在畜产繁息之上。当然，何谓一种理想的经济生活？并没有绝对的标准。然而不少例子说明，要改善人民的生活，单靠游牧经济是不足够的。矿产、手工业品和消费品往往是游牧民族所致力获取的物资。是以从经济背景来分析，游牧民族和农业帝国的战争具有相当高的可预期性。

透过战争进行掠夺，是获取这些物品的一个途径，但不是唯一取向。游牧帝国向农耕民族所进行的战争带有掠夺性，与双方的经济差异有关，是毋庸置疑的。然而不可忽略的是掠夺战争，尤其是作战纵深有限的掠夺战争，未必能直接满足其经济上的需求。双方边界接壤的地方很可能同时是经济过渡区，而并非核心地带，被掠者可能并不拥有掠夺者需要的物品，或者不是生产这些东西的主要地域。宋夏战争中的茶叶问题就是一个好例子。[92] 西夏向陕西各路进行的掠夺战争，并不能获得他们所需求的茶叶，因为宋的茶叶产地在福建和四川，而不在陕西，所以单凭武力不能解决问题。

相对于掠夺性战争作为一种低层次的武力使用，更高层次而有效的武力是作为一个政治讯息而使用的，为的是得到一个有利的和平。正如哈特说："战争的目的是为了获得一个较好的和平，即使这个所谓较好者仅仅是就你自己的观点而言。"[93] 对克服经济差异的问题来说，贸易就是构成这种和平的要素，透过贸易互通有无，游牧帝国和农业地区才能得到一种稳定状态的平衡。[94] 宋辽的権场贸易就是这种状态的一个例子。[95] 除了开放贸易之外，对游牧帝国有利的这样一个和平还往往包括一份可观的礼物，这些礼物可能是以贡品的名义献上的，象征了臣服的状态，也有可能仅仅作为岁币的形式，显示了两国的对等关系。[96] 可是话说回头，开放贸易虽然常常是战争的结果，但本质上并非一定要靠战争来达致，和亲及其他各种形式的和平关系都可以带来正常贸易。因此，为求达到开放双边贸易，互通有无，武力并非必需的手段。况且使用武力也有风险，虽然前面承认从技术到战役层面，草原民族都占上风，但也不是没有失败或付出较高代价的可能。

因此从大战略的角度来看，战争不一定对草原民族最为有利，和平共存也可以是一个理性的选择。万一需要使用武力，其效益亦端视乎使用者能否将武力作为政治讯息，带来一个较有利的和平。以现代的话说，也就是武装劝导（armed dissuasion）。要达成这一点，单凭使用武力并不足够，而必须有赖政治、军事和经济在高层次上的协调，形成大战略。

大战略对于近塞半耕牧民族而言，就更显得重要，因为他们要协调的方面更多。鉴于游牧经济的单一性，不少源出于草原民族的族群都在介乎草原与农业地区的边缘地带发展。这些地带部分地适宜农业，有水源，也可能存在被征服的农业人口。不过这些地方往往仍带有草原的特征，地势比较空旷，间有水草丰茂的地区，能提供牧场，使畜牧业和农业能并行发展。河西走廊、云中平城地区都是这样的地带。[97] 这些地方若有山脉作为自然地理的分界线，还有可能存在可供开采的矿藏，令这些半定居民族的经济增添雏形的矿业。夏州的铁矿对于西夏的重要性，就说明了这一点。[98] 多元经济汇聚了人口稠密的都市，孕育着手工业和商业。这种多元的经济形态一方面使半耕牧民族的帝国较能自给自足，但另一方面，也使他们的人民更惯于接受多方面的经济生活，并与农业区展开更密切的接触。随着经济活动的频繁，文化交流为之展开，政治制度、学术文化因而成为双方互动的主要项目。[99]

这些互动的结果，可能使半耕牧民族进一步吸收农业文明的管理经验和政治智慧，从部落联盟演化组成黏合性较强的帝国，辽在太祖耶律阿保机时就经历了这个政治转折。[100] 这样的帝国不一定对农业文明存有敌意，可是在农业地区政治动荡的时候，随着地区不稳定因素的增加，政治结构的激烈变动，常常引起半耕牧帝国的军事介入，如西晋灭亡后的混乱局面引起了鲜卑慕容氏入塞的情况就是这样。[101] 他们采取军事主动的角色，也往往由于受到流亡分子的影响，如韩延徽（882—959）、韩知古（卒于 926 年后）、康默记（十世纪初）之于辽朝，[102] 张元（十一世纪中叶）、吴昊（十一世纪中叶）之于西夏，都居于类似角色。[103] 进军农业平原的军事成功，往往带来政治结果，就是边疆民族王朝的成立，拓跋魏、辽、金、清都是其中的佼佼者。

整体而言，半耕牧民族政权的大战略对战争的适应性有较强的一面。半耕牧民族仍带有游牧民族的骑战传统和尚武特性，加上较多元的经济，较强黏合性的政治体制，都是面对战争的有利条件。拥有一定规模矿业的半耕牧民族政权具备制造铠甲的物质条件，一般都能维持重骑兵为主力。辽军的"铁林"、西夏的"铁鹞子"都属这种难以对付的重骑兵。[104] 然而步兵也不可或缺，以适合多种地形的战斗。北魏后期名将崔延伯的"排城"、西夏的"步跋子"，都是步兵中的精锐。[105] 在经济上，半耕牧民族政权能生产的货品种类较多，在遭到经济封锁时比较容易立得住脚，某些特殊例子，如西夏生产的青盐，甚至成为宋朝西北边疆的需求品。[106] 吸收了官僚制度的半耕牧民族政权，在政治上较为巩固，容易挺得住"以夷制夷"等分化的策略。草原帝国由于大多由部落联盟发展而成，继承制度不稳定，易受分化和离间，如汉吸引南匈奴抵抗北匈奴，唐令西突厥五俟斤、五咄陆互相牵制，都是著名的先例。相反，建立了较有规模的官僚制度的北魏、辽、金、西夏，都基本上能维持中央政府的威权，防止分裂。这些都是半耕牧民族政权在整体战略上的有利方面。

然而半耕牧民族政权也存在驳杂不纯的一面。由于定居近塞常常是军事征服的结果，征服者和被征服者的矛盾令社会的政治环境复杂化。石虎统治引起冉闵杀胡的暴动，辽燕云地区汉人倒戈的隐忧，都是明证。[107] 此外，某些有利条件会随着游牧民族逐渐在近塞定居，向农业经济过渡而发生转化。比如普遍军事动员体制的实施，对于在马背上的生活模式而言是相对简单的一回事，但对农业经济而言，其带来的负面影响很可能大为增长，因为频繁的战事会妨碍耕作。耶律休哥就曾以"燕民疲弊"，一度和宋维持停战的局面，反映了这种现实考虑。[108] 同时，军事行动前的人力动员，在近塞的农业区会引起广泛的社会骚动，人们脱离生产，赶赴兵役或力役所引起的人口移动，令大举入侵的军事秘密不容易保持。和草原帝国飘忽往来的习性不同，半耕牧边疆政权的军事行动不容易达致战略突然性。如宋军在满城会战和澶渊之役，对辽军即将入侵的讯息都能准确掌握。[109] 宋夏洪德城会战（1092）和平夏城会战（1098），宋军对西夏的动员也是了如指掌。[110] 像辽或西夏这种半耕牧边疆政权所倚仗的突然性，常常是战役或战术层次上的，如西夏在永乐城战役前把二十万大军从泾原路边面转向鄜延路，[111] 又如耶律休哥在高梁河战役前从西山小路切入宋军侧后方。[112] 另外，过于受农业文明的熏陶，令征服者逐渐失去尚武性格，也是半耕牧边疆政权的一大隐忧。南迁后的北魏和章宗以后的金都出现这种情况。虽然在宋辽战争时的契丹并未发生这种蜕变，这里不作进一步的深究，但仍然值得普遍研究这个方向的学者注意。

总体来说，游牧民族拥有优良的军事传统，从技术、战术、和战役角度看都比较容易在野战中占有上风。然而从大战略的角度看，他们是否愿意和能够担当世界征服者的角色，与国际政治秩序和与生存环境很有关系。半耕牧边疆政权所面对的大战略因素更为复杂，从有利处说，他们能兼耕、牧两种文明之所长，但也有可能逐渐失去游牧民族在军事上的优胜之处。我们在处理宋辽战争这个历史题材上，要面对相对复杂的事情。确实，骑兵的优越性是公认的，可是在此同时，也要注意到技术对抗和战术对抗的存在，及在战役层次上更深入地诠释相关的作战手段。兵种的差异是开战前就已经很清楚的事实，宋军怎样去运用适当的战略战术来防止这种差异产生恶劣的影响，才是评论的重点。也可以说，有关技术差异的诠释难以取代立体的战略分析。

与此相对应的观点，是认为中原政权本身的兵制出现问题，因此不是边疆民族的敌手的说法，也应作一补充。中国社会从唐到宋存在巨大变革，政治制度、经济和文化也都出现和古代不同的面貌。由于这些发生在不同的界面上，军事也不可能不受影响。继承着中唐以来军队专业化的趋势，古代政府对庶民人身支配重要方面的兵役制度式微了。如果按照宫崎市定的观点，这项转变背后的社会变革是一个朝向泯灭身份制的社会。随着中古门第的衰落，豪族对部曲的支配方式亦为之结束，而代之以地主和佃农的生产关系。这种新兴的生产关系的社会基层是大量具自由身份的农民。[113] 当然，学界对于宋代以后庄园制度是否不复存在，及农民在租佃制度中所受的剥削程度，还没有一致的结论；[114] 但无论如何，唐宋变革中的军事力量日益离开具国家部曲性质，以屯田制度为基础的世兵制及后来演化为以均田制度为基础的府兵制，而发展为从民间招募的职业化军队是学界所公认的。[115]

北宋承唐末五代之余绪行募兵制，颇受史家诟病。宋代曾为边疆民族征服的经验，令不少中国学者在探研宋代募兵制度时流露出较浓厚的批判性。[116] 当然，学者对募兵制度尖锐的批评源于宋代士大夫的见解，认为军队招揽大量市井游手，以致军纪骄惰，战斗力亦随之下降。后世继承这种观点，将北宋的积贫积弱归咎于募兵制度。其实宋代作为一个中央集权的国家，以政府掌握大量税收来招募军队，实远较具世兵制及国家部曲性质的府兵制接近现代概念，视之为近世的特征，并无不可。西方从中古迈向近世时也出现以募兵，甚至雇佣兵为国防力量的经验。然而宋代当时国家付出金钱招募的对象只是个体士兵，而不是成建制、已经具有战斗力的军队。如果设一支军队的整体战斗力经过兵种合成及协同作战训练，应大大超出其所有个体成员战斗力的总和，那么训练的好与坏，应该比士兵来自哪一个社会阶层更具有决定性影响。由于专业军队需要长期训练，不容易替补，宋人对于战斗风险存在一定顾虑，是可以理解的，不必一定要归咎于其背弃了"寓兵于农"的传统。

结　论

从以上对北宋"积弱"的内在及外在两种近乎决定论的讨论，可以发现他们本身在各自的解释体系中仍存在一些有待补充的环节。他们不能取代多层次的战略分析架构，但这些理解模式之间是处于互补，而不是互相排斥的关系。有关北宋开国政策的讨论有助于对宋初长线的大战略加深理解，如果这些策略得到贯彻执行，宋人似乎可以减低战斗风险和战役的组织风险。至于边疆民族占有野战优势的说法，在技术层次上是成立的，但不能抹杀从事立体战略分析的必要性。如何将"开国政策"的积重难返及"步骑不敌"的战斗风险落实在战役层次的运作上，是这些理解模式中较受忽略的环节，而这也成为本书以战役为叙述纵线的主要原因。

注 释

[1] 孙武:《孙子·九地篇》。

[2] Edward N. Luttwak, *The Grand Strategy of the Roman Empire: From the First Century to the Third* (Baltimore and London: The Johns Hopkins University Press, 1976).

[3] 班固:《汉书》(北京：中华书局，1962 年)，卷四〇《陈平传》，页 2049。

[4] Richard Rosecrance and Arthur Stein (eds.), *The Domestic Bases of Grand Strategy* (Ithaca: Cornell University Press, 1993).

[5] 蒋复璁:《宋代一个国策的检讨》，载《大陆杂志》，第 9 卷，第 7 期（1954），页 21—40 ;赵铁寒:《关于宋代"强干弱枝"国策的管见》，收入宋史座谈会（编）:《宋史研究集》(台北：台湾编译馆，初版 1958 年，再版 1980 年)，第一辑，页 450—453。在通史式著作中发扬其说者有傅乐成:《中国通史》(台北：大中图书公司，1972 年增订四版)，页 538—541。

[6] 司马光（撰），邓广铭、张希清（点校）:《涑水记闻》(北京：中华书局，1989 年)，卷一，页 11。

[7] 聂崇岐:《论宋太祖收兵权》，载《燕京学报》，第 34 期（1948），页 85—106。

[8] 堀敏一:《五代宋初禁軍の發展》，载《东洋文化研究所纪要》，第 4 期（1953）；中译本，堀敏一（撰）、张其凡（译）:《五代宋初禁军之发展》，收入陈乐素（编）:《宋元文史研究》(广州：广东人民出版社，1988 年)，页 270—304。Wang Gungwu, *The Structure of Power in North China during the Five Dynasties* (Kuala Lumpur: University of Malaya Press, 1963), pp. 47–84. 富田孔明:《后梁侍卫

亲军考》，载《龙谷史坛》，第 92 期（1988），页 32—49。齐勇锋：《五代禁军初探》，载《唐史论丛》，第 3 期（1987），页 15—230。张其凡：《五代禁军初探》（广州：暨南大学出版社，1993 年）。

[9] 石垒：《五代的兵制》，载《幼狮学志》，第 1 卷，第 2 期（1962），页 1—40；第 3 期（1962），页 1—42。齐勇锋：《五代藩镇兵制和五代宋初的削藩措施》，载《河北学刊》，第 4 期（1993），页 75—81。李昌宪《五代削藩制置初探》，载《中国史研究》，第 3 期（1982），页 102—110。李昌宪：《宋代安抚使考》（济南：齐鲁书社，1997 年），页 7—19。

[10] 丁则良：《杯酒释兵权考》，载《人文科学学报》，第 3 卷，第 1 期（1945），页 15—39，认为此事纯属传闻，不足置信。近年持怀疑说的尚有徐规、方建新：《"杯酒释兵权"说献疑》，载《文史》，第 14 辑（1982），页 113—116；徐规：《再论杯酒释兵权——兼答柳立言先生》，收入《第二届宋史学术研讨会论文集》（台北：1995），页 85—96。反驳质疑论者有柳立言：《"杯酒释兵权"新说质疑》，载《大陆杂志》，第 80 卷，第 6 期（1990），页 265—272；柳立言：《敬答徐规先生再论杯酒释兵权》，载《宋史研究通讯》，28：2（1996），页 28—29。

[11] 李延寿：《北史》（北京：中华书局，1974 年），卷十八《任城王澄传》，页 657。刘昫等：《旧唐书》（北京：中华书局，1975 年），卷一百三《郭虔瓘传》，页 3188。

[12] 王曾瑜：《宋朝兵制初探》（北京：中华书局，1983 年）。

[13] 曾瑞龙：《内政导向与野战取向：北宋初年战略文化的二重性》，于历史语言研究所主办"中国历史上的军事与社会"研讨会上宣读，（2000）。

[14] 李焘（1115—1184）:《续资治通鉴长编》(北京:中华书局,1979 年)
（以下简称《长编》), 卷二一, 页 484—485。

[15]《长编》, 卷四, 页 81—82 ; 卷五, 页 134—135。

[16]《长编》, 卷二〇, 页 462。

[17]《长编》, 卷四, 页 82—85。

[18]《长编》, 卷二七, 页 612—613。

[19] 近年日本学者对兵马都监所做的研究有友永植:《宋都監探原考
（1）—唐代の作營都官》, 载《別府大學紀要》, 第 37 期（1996）,
页 28—39 ; 及友永植:《宋都監探原考（2）》, 载《アジア歷史文
化研究所報》(別府大学), 第 14 期（1997）, 页 1—16。

[20] 其实北宋是过度"强干弱枝", 积弱而亡, 还是违反了"强干弱
枝"的格局, 京城守备力量不足而致失败, 学者也有不同的意见。
参罗球庆:《北宋兵制研究》, 载《新亚学报》, 第 3 卷, 第 1 期
（1957）, 页 169—270。

[21] 曾瑞龙、赵雨乐:《唐宋军政变革的研究述评》, 未发表论文, 宣读
于宋史系列讨论会（一）"近百年宋史研究回顾与反思：制度篇",
浙江大学中国古代史研究所, 2001 年 11 月 3—6 日。

[22] 唐长孺:《唐代的内诸司使》, 载《魏晋南北朝隋唐史资料》, 第
5—6 辑（1983—1984）, 页 1—11, 1—9。友永植:《唐·五代三班
使臣考——宋代武班官僚研究（1）》, 宋代史研究会《宋代の社會
と文化》(东京: 汲古书院, 1983 年), 页 29—68。梅原郁:《宋代
の武階》, 载《东方学报》, 56（1984）, 页 217—268。赵雨乐:《唐
宋变革期军政制度——官僚机构与等级之编成》(台北: 文史哲出
版社, 1994 年)。赵雨乐:《唐宋变革期军政制度史研究（一）——
三班官制之演变》(台北: 文史哲出版社, 1993 年)。李锦绣:《唐

代财政史稿》下卷（北京：北京大学出版社，2001 年），页 464—512。

[23] 日野开三郎:《五代史之基调》，收入日野开三郎:《东洋史学论集》冻京：三一书房，1980 年），第 2 册，第三章《五代の武人政治》，页 153—310；第四章《军阀之飞扬跋扈》，页 311—431。

[24] 梁天锡:《宋枢密院制度》（台北：黎明文华事业公司，1981 年）。

[25] 如蒋复璁（注 5），收入《宋史研究集》（台北：台湾编译馆，1958 年一版，1980 年再版），第一辑，页 407—449。赵铁寒（注 5）。

[26] 范镇:《东斋记事》，与宋敏求:《春明退朝录》同本（北京：中华书局标点本，1980 年），卷一，页 1。

[27] 陈锋:《武士的悲哀：北宋崇文抑武现象透析》（西安：陕西人民教育出版社，2000 年），以较通俗的形式讨论了某些武将遭受迫害压抑的例子，如杨业。然而这些例子未必全部反映文武冲突，可能只是元从或藩邸旧部排斥其他系统的武将所致。关于武将之间的派系斗争，参何冠环:《论宋太宗朝武将的党争》，载《中国文化研究所学报》，新刊号第 4 期（1995），页 173—202。何冠环:《论宋太祖朝武将的党争》，载《中国史学》，第 5 期（1995），页 45—62。

[28] 如王云海:《宋太宗的右文政策》，载《河南大学学报》，第 1 期（1986），页 1—10。

[29] Thomas H. C. Lee, *Government Education and Examination in Sung China* (Hong Kong: Chinese University Press, 1985). 有关论述并见李弘祺:《宋代教育散论》（台北：东升出版事业公司，1980 年）。

[30] 刘子健:《略论宋代武官群在统治阶级中的地位》，收入氏著《两宋史研究汇编》（台北：联经出版事业公司，1987 年），页 173—

184。何冠环:《宋初三朝武将的量化分析——北宋统治阶层的社会流动现象新探》, 载《食货》复刊, 卷 16, 第 3—4 期合刊, 12（1986）, 页 19—31。John Richard Labadie, "Rulers and Soldiers: Perception and Management of the Military in Northern Sung China (960–ca. 160)" (Ph.D. dissertation, University of Washington, 1981)。

[31] 顾全芳:《重评北宋重文轻武的历史作用》, 载《学术月刊》, 1984 年 4 月, 页 62—67。

[32] 宋衍申:《是"重武"不是"轻武"——谈北宋的一项基本国策》, 载《光明日报》1985 年 9 月 4 日。

[33] 近年学者开始以互动的角度来观察唐宋变革期的文武关系。Tsang Shui-lung, "War and Peace in Northern Sung China: Violence and Strategy in Flux, 960–1104"（Unpublished Ph.D. dissertation, University of Arizona, 1997）认为宋初三朝逐步将各种军官纳入官僚化体系是防止暴力扩散的重要政策, 而军人政治的结束也是达致和平的必要条件。然而宋人只知防范军人暴政, 却没有预计到文臣知军事之后同样发生分化, 部分文臣如王韶、孙路, 及有文官背景的武臣, 如种谔, 均热衷于对西夏及青唐发动战争, 也要为十一世纪末战争周期的到来负上部分责任。布朗大学方震华（Fang Chen-hua）的博士论文 "Power Structure and Cultural Identities in Imperial China: Civil and Military Power from Late Tang to Early Song Dynasties（A.D. 875–1063）"（Unpublished Ph.D. dissertation, Brown University, 2001）认为由中唐至宋初文武臣僚各自建立其身份认同及专业地位, 唯经过武人专政的五代, 宋人倾向以财帛换取和平, 而文臣亦开始排挤武将, 此种猜疑的状况一直维持到王朝衰亡。

[34]《宋史》，卷一六二《职官二》，页 3798。

[35]《宋史》，卷一百《礼三》，页 2450；卷一二六《乐一》，页 2943。

[36]《宋史》，卷三二八《张璪传》，页 10569。

[37] Fang（注 33）。

[38]《长编》，卷二八，页 637。

[39]《涑水记闻》，卷二，页 24—25。《长编》，卷三六，页 792—796。

[40]《长编》，卷五一，页 1107—1109。

[41] Tsang（注 33），pp. 254—259。

[42] 释文莹:《玉壶清话》（北京:中华书局，1984 年），卷一，页 10。

[43]《涑水记闻》，卷七，页 132—133。

[44] 关于柳开的逸事，散见吴处厚:《青箱杂记》（北京:中华书局，
     1985 年）卷六，页 63—64；《玉壶清话》，卷三，页 29—30；张
     师正:《倦游杂录》，与杨亿:《杨文公谈苑》同本（上海:上海古
     籍出版社，1993 年），页 19—20；江少虞:《宋朝事实类苑》（上海:
     上海古籍出版社，1981 年），卷七四，页 986。

[45] 何薳:《春渚纪闻》（北京:中华书局，1983 年）卷三，页 35；张
     师正:《倦游杂录》，页 20—21。

[46]《宋史》，卷八《真宗纪三》，页 152，卷一〇五《礼志八·文
     宣王庙》，页 2547；卷一百一十四《礼志十七》，页 2710，卷
     二百八十七《陈彭年传》，页 9665。此外，徐松（1781—1848）
     （辑):《宋会要辑稿》（北京:中华书局,1957 年）有《崇儒》一门。

[47] 永瑢:《历代职官表》（台北:台湾中华书局，1966 年），卷五六，
     页 16b。

[48] 清高宗:《清朝文献通考》，收入《十通》（上海:商务印书馆，
     1936 年），卷七八，页 5582。

[49] 清高宗:《御制文三集》, 卷十四《杂著·读史》, 页 1a—b。

[50] 陆游:《渭南文集》, 收入《四库全书》（上海: 上海古籍出版社, 1987 年）, 第 1163 册, 卷二五《书通鉴后》, 页 34。

[51] 陈邦瞻:《宋史纪事本末》（北京: 中华书局, 1977 年）, 卷十二, 页 77。

[52] 王夫之:《读通鉴论》（北京: 中华书局, 1975 年）, 卷三十, 页 939。

[53] 韩国磐:《柴荣》（上海: 上海人民出版社, 1956 年）, 页 58—61。汪槐龄:《柴荣与宋初政治》, 载《学术月刊》, 第 7 期（1980）, 页 63—73。史苏苑:《略论周世宗北征》, 载《郑州大学学报》（哲社版）, 第 1 期（1982）, 页 8—12。陶懋炳:《五代史略》（北京: 人民出版社, 1985 年）, 页 336—338。关于学者对“先南后北”战略的讨论, 尚可参看梁伟基:《近五十年来“宋初统一战略”问题的研究回顾》, 载《新亚书院历史学系系刊》, 第 10 期（2000）, 页 169—173。

[54] 张家驹:《两宋经济重心的南移》（武汉: 湖北人民出版社, 1957 年）, 页 6—8。张家驹:《赵匡胤传》（南京: 江苏人民出版社, 1959 年）, 页 6—8。

[55] 邓广铭:《论赵匡胤》, 载《新建设》, 5（1957）, 页 30—34, 收入邓广铭:《邓广铭治史丛稿》（北京: 北京大学出版社, 1997 年）, 页 449—465。

[56] 马伯煌:《宋初军事行动的经济目的与策略》, 载邓广铭、程应镠（主编）:《宋史研究论文集》（上海: 上海古籍出版社, 1982 年）, 页 350—373。

[57] 徐规、方如金:《评宋太祖的“先南后北”统一战略》, 载邓广铭、

郦家驹主编《宋史研究论文集》（郑州：河南人民出版社，1984年），页 517—534。

[58]《旧五代史》，卷一二八《王朴传》，页 1679—1680。邵伯温：《邵氏闻见录》（北京：中华书局，1983 年），卷一，页 4—5。魏泰：《东轩笔录》（北京：中华书局，1983 年），卷一，页 1。

[59]《长编》，卷一，页 21；卷四，页 89。

[60] 梁伟基：《先南征，后北伐：宋初统一全国的唯一战略（960—976）？》，载《中国文化研究所学报》，新刊号第 8 期（1999），页 73—100。

[61] 伍伯常：《中唐迄五代之战略传统与北宋之统一战略》（香港：香港中文大学历史学部硕士论文，1986 年）。伍氏认为五代北宋之际北方的经济潜力不可轻侮，如宋太祖时主要依赖京东而非淮南漕运，见页 679—685；宋太宗征太原，所调的多为北方诸州的粮草，见页 710—713；而宋初濠、楚一带曾发生饥荒，见页 719—721，故宋军并不一定要以南方经济来支持北方军事。宋太祖取南方诸国，主要是利用在府库中的财宝，见页 699—705。

[62] 有关理论，参 Paul F. Diehl (ed.), *The Dynamics of Enduring Rivalries* (Urbana: University of Illinois Press, 1998), pp. 3–5.

[63] 李华瑞：《关于宋初先南后北统一方针讨论中的几个问题》，《河北大学学报·哲社版》，第 4 期（1997），页 49—55，88。王育济也有类似的看法，参王育济：《宋初"先南后北"统一策略的再探讨》，《东岳论丛》，第 1 期（1996），页 82—89。

[64] 某些学者亦有类似见解，如 Peter Allen Lorge, *War and the Creation of the Northern Song State*，pp. 154.

[65] 李华瑞（注 63）。

[66]《邵氏闻见录》，卷一，页 4—5。

[67] 魏泰（注 58），卷一，页 1。

[68]《东都事略》，卷二三《孟昶传论》，页 405—406 改作"则契丹之患，我当之也"，较为合乎当时情况。

[69] 柳开：《河东先生集》《孟玄喆墓志》，收入王云五主编：《四部丛刊初编》集部（上海：商务印书馆，1965 年），卷一五，页 95。

[70] 袁庭栋、刘泽模：《中国古代战争》（成都：四川省社会科学院出版社，1988 年），页 317—337。

[71] 关于北朝甲骑，参杨泓：《中国古代的甲胄》，收入氏著：《中国古兵器论丛)（北京：文物出版社，1980 年），页 1—78；《骑兵和甲骑具装》，载《中国古兵器论丛》，页 94—104。关于铁浮图，参邓广铭：《有关"拐子马"诸问题的考释》，附录于氏著：《岳飞传》（增订本），（北京：人民出版社，1983 年），页 414—431。

[72]《旧五代史》（北京：中华书局，1976 年），卷三五《明宗纪一》，页 483。

[73]《辽史》，卷八三《耶律斜轸传》，页 1303。

[74]《汉书》，卷四九《袁盎晁错传》，页 2281。

[75] 沈约：《宋书》（北京：中华书局，1974 年），卷五九《张畅传》，页 1601。

[76] Alfred Thayer Mahan, *The Influence of Sea Power upon History, 1660–1805* (Englewood Cliffs, N.J.: Prentice Hall, 1980). David Maclsaac, "Voices from the Central Blue: The Air Power Theorists," in Peter Paret (ed.), *Makers of Modern Strategy: From Machiavelli to the Nuclear Age* (Princeton: Princeton University Press, 1986), pp. 624–647.

[77] 日野开三郎:《五代の馬政と時の馬貿易》, 收入日野开三郎:《东洋史学论集》(东京: 三一书房, 1980 年), 第 10 册, 页 280—380。宋常廉:《北宋的马政》, 载《大陆杂志》, 第 25 卷, 第 10—12 期 (1962), 页 19—22, 19—22, 24—30 ; 林瑞翰:《宋代边郡之马市及马之纲运》, 载《大陆杂志》, 第 31 卷, 第 9 期 (1965), 页 6—13 ; 冯永林:《宋代的茶马贸易》, 载《中国史研究》, 第 2 期 (1986), 页 41—48 ; 江天健:《北宋蜀茶博马之研究》, 原刊《兴大历史学报》创刊号 (1991), 收入宋史座谈会 (编):《宋史研究集》(台北: 台湾编译馆, 1995 年), 第 23 辑, 页 439—478。Paul J. Smith, *Taxing Heaven's Storehouse: Horses' Bureaucrats, and the Destruction of the Sichuan Yea Industry, 1074–1224* (Cambridge, Massachusetts and London: Council on East Asian Studies, Harvard University, 1991). 江天健:《北宋市马之研究》(台北: 台湾编译馆, 1995 年)。

[78] 有关战略的间接手段, 见 Hart, *Strategy* 一书。

[79] 关于农业文明和草原民族的斗争,《剑桥战争史》作了一个非常精辟的论断, 认为:"对步兵们来说, 毫不退缩地抵抗一次骑兵部队的猛烈进攻总是需要艰苦的训练, 强大的凝聚力及超人的自制能力。" 然而 "只有两大文明发明了步兵操练: 中国和欧洲, 而且都进行了两次。第一次是公元前五世纪在北中国和希腊, 第二次是在十六世纪末。此期代表人物中华帝国的戚继光和荷兰共和国拿骚的莫里斯都明确主张恢复传统做法。" Geoffrey Parker, *The Cambridge Illustrated History of Warfare* (Cambridge: Cambridge University Press, 1995), pp.3 ; 中译本, 杰弗里·帕克等 (著)、傅景川等 (译):《剑桥战争史》(长春: 吉林人民出版社, 1999 年),

页 4—5。当然，说中国只有先秦和明代戚继光时才训练步兵方阵是不确的。这种看法显然忽略了唐代李靖的兵法和北宋的《武经总要》都载有大型步骑合成方阵的战术。参曾公亮等（辑）：《武经总要前集》，收入《中国兵书集成》（沈阳：解放军出版社，辽沈书社，1988 年），第 3—5 册，卷七《阵法总说》，页 272—275，316，319。这也可能与唐宋军事史中缺乏西文著作有关。

[80]《长编》，卷二七，页 607。

[81]《资治通鉴》，卷二八四，页 9267—9268。

[82]《长编》，卷五八，页 1284。

[83] 杨亿（口述）、黄鉴（笔录）、宋庠（整理）：《杨文公谈苑》，与张师正：《倦游杂录》同本（上海：上海古籍出版社，1993 年），页 169。

[84] 沈括：《梦溪笔谈》（北京：中华书局，标点本，1975 年），卷二三，页 228。

[85]《宋史》，卷二六四《宋琪传》，页 9126。《长编》，卷二七，页 605—606 略同。

[86]《辽史》（北京：中华书局，标点本，1974 年，全五册），卷三四《兵卫志》，页 399。

[87]《资治通鉴》，卷二八四，页 9288—9289；卷二八五，页 9316—9318；《辽史》，卷八三《耶律休哥传》，页 1300。

[88]《旧五代史》，卷二九至三十《庄宗纪》三至四，页 407—412。《资治通鉴》，卷二七二，页 8891—8901。

[89]《资治通鉴》，卷二七六，页 9017—9019。《旧五代史》，卷五四《王都传》，页 733，卷六四《王晏球传》，页 854—855。

[90]《资治通鉴》，卷二八四，页 9267—9268。欧阳修：《新五代史》，

卷七二《四夷附录一》，页 895。

[91] 勒尼·格鲁塞（Rene Gsousset），魏英邦（译）:《草原帝国》（*L'empire des Steppes: Attila, Gengis-khan, Tamerlan*）（西宁：青海人民出版社，1991 年），页 1—6。James Chambers, *The Devil's Horsemen: The Mongol Invasion of Europe* (New York Atheneum, 1979), pp. 51-69. Robin D. S. Yates, Horses and Cavalry in Chinese History: Some Preliminary Remarks," (unpublished paper presented in the Third International Conference in Sinology, Academia Sinica, June 29–July 1, 2000).

[92] 关于西夏对茶叶的需求，参吴天墀:《西夏史稿》（成都：四川人民出版社，1980 年第一版，1983 年再版），页 184 ; 李华瑞:《夏关系史》（石家庄：河北人民出版社，1998 年），页 318—319 ; 杜建录:《西夏经济史研究》（兰州：甘肃文化出版社，1998 年），页 182—183。关于北宋茶叶的产区，参朱重圣:《北宋茶之生产与经营》（台北：台湾学生书局，1985 年），页 93—108。

[93] 李德·哈特:《战略论》，页 447。

[94] 萧启庆，札奇斯钦:《游牧民族军事行动的动机》，原载《政治大学边政研究所年报》，第 5 期（1974），收入《宋史研究集》（台北：台湾编译馆，1977 年），第九辑，页 485—511。J. Thomas Barfield, *The Perilous Frontier: Nomadic Empires and China* (Cambridge, Massachusetts, Basil Blackwell, 1989), pp. 1-31.

[95] 畑地正宪（著）、郑梁生（译）:《北宋与辽的贸易及其岁赠》，载《食货》，第 12 期（1974），页 400—415。张亮采:《宋辽间的榷场贸易》，原载于《东北师范大学科学集刊》，第 3 期（1957），收入历史研究编辑部（编）:《辽金史论文集》（沈阳：辽宁人民出版社，

1985 年），页 221—226。

[96] 日野开三郎:《五代北宋の歳幣歳賜と推移》，载《东洋史学》，第 5 辑（1952），页 19—41。日野开三郎:《五代北宋の歳幣歳賜と財政》，《东洋史学》，第 6 辑（1952），页 1—26。

[97] ［日］前田正名（著），陈俊谋（译）:《河西历史地理研究》（北京: 中国藏学出版社，1993 年），页 1—12。前田正名（著），李凭、孙耀、孙蕾（译）:《平城历史地理学研究》（北京: 书目文献出版社，1994 年），页 1—22。此外尚有前田正名:《陕西横山历史地理学研究》（东京: 教育书籍社，1962 年），此书笔者未见。申友良:《中国北方民族及其政权研究》（北京: 中央民族大学出版社，1998 年），页 10—12。

[98] 李蔚:《简明西夏史》（北京: 人民出版社，1997 年），页 278—279。杜建录（注 92），页 160—163。

[99] 辽代学术文化及生活，参黄震云:《辽代文史新探》（北京: 中国社会科学出版社，1999 年）。朱瑞熙、张邦伟、刘复生、蔡崇榜、王曾瑜:《辽宋西夏金社会生活史》（北京: 中国社会科学出版社，1998 年）。

[100] 傅海波、崔瑞德（编），史卫民等（译）:《剑桥中国辽西夏金元史》（北京: 中国社会科学出版社，1998 年），页 61—77。伍伯常:《制驭部族: 论耶律阿保机帝业的完成》，载《中国文化研究所学报》，新刊号第 8 期（1999），页 163—194。

[101] 王仲荦:《魏晋南北朝史》（上海: 上海人民出版社，1979 年），页 257—262。

[102]《辽史》，卷七四《康默记传》《韩延徽传》《韩知古传》，页 1230—1234。王明荪:《略论辽代汉人的集团》，原刊《政大边政

年报》，第 11 期（1980），收入王明荪（著）:《宋辽金史论文稿》（台北：明文书局，1988 年），页 63—106。王民信:《辽朝时期的康姓族群——辽朝汉姓氏族集团研究之一》，载《第二届宋史学术研讨会论文集》（台北：1996 年），页 11—23。刘凤翥、金永田:《辽代韩匡嗣与其家人三墓志铭考释》，《中国文化研究所学报》，新第 9 期（2000），页 215—236。

[103] 李蔚:《张元、吴昊事迹考评》，收入李蔚:《西夏史研究》（银川：宁夏人民出版社，1989 年），页 98—114。

[104] 汤开建:《有关铁鹞子诸问题的考释》，载《史学月刊》，第 1 期（1989），页 357—368。

[105] 关于"排城"，见魏收:《魏书》（北京：中华书局，1974 年），卷七三《崔延伯传》，页 1638—1639。关于"步跋子"，见《宋史》，卷一九〇《兵志》，页 4720—4721。

[106] 宫崎市定:《西夏の興起と青白鹽問題》，载《亚细亚史研究》（京都：东洋史研究会，1962—1964），第一册，页 293—310。廖隆盛:《宋夏关系中的青白盐问题》，载《食货》，第 5 卷，第 10 期（1976），页 14—21。李华瑞（注 92），页 324—328。

[107] 关于冉闵，见王仲荦（注 101），页 249—253。关于燕云地区汉人倒戈的隐忧，参《辽史》，卷八三《耶律学古传》，页 1304：
"学古受诏往援，始至京，宋败耶律奚底、萧讨古等，势益张，围城三周，穴地而进，城中民怀二心。"

[108]《辽史》，卷八三《耶律休哥传》，页 1301。

[109]《长编》，卷二〇，页 457—458；卷五七，页 1253。

[110] 曾瑞龙:《北宋对外战争中的弹性战略防御——以宋夏洪德城战役为例》，《史藪》，第 3 期（1998），页 143—172。曾瑞龙:《种朴

（？—1099）与宋哲宗时期对西夏的战略攻势》，宣读于银川宁夏大学主办"中国宋史研究会第八届年会"，1998 年 8 月。

[111] 司马光（撰），邓广铭、张希清（点校）：《涑水记闻》，卷十四，页 283。

[112] 宋常廉：《高梁河战役考实》，载《大陆杂志》，第 39 卷，第 10 期（1969），页 32—39。曾瑞龙：《宋辽高梁河战役考论》，载《大陆杂志》，第 80 卷，第 3 期（1990），页 106—117。亦见本书第二章。

[113] 宫崎市定：《从部曲走向佃户》，收入刘俊文（主编）：《日本学者研究中国史论著选译》，第五卷《五代宋元》（北京：中华书局，1992 年），页 1—71。

[114] 周藤吉之：《宋代的佃户制》，收入刘俊文（主编）：《日本学者研究中国史论著选译》，第五卷《五代宋元》，页 105—165。草野靖：《宋代的顽佃抗租和佃户的法律身份》，收入刘俊文（主编）：《日本学者研究中国史论著选译》，第八卷《法律制度》，页 313—352。

[115] 唐代从府兵制度瓦解走向募兵之途，有关论著甚多，然而这项转变发生在安史之乱前只能算是唐宋军政变革的前奏。经孟彦弘：《唐前期的兵制与边防》，载《唐研究》第 1 期（1995），页 245—276 及黄永年：《对府兵制所以败坏的再认识》，载《中国典籍与文化论丛》（北京：中华书局，1997 年），页 253—268 的论述，从征兵走向募兵的过渡期有进一步向初唐上推的趋势。谷霁光：《泛论唐末五代的私兵和亲军、义儿》，载《历史研究》第 2 期（1984），页 21—34 指唐末五代的私兵部曲，是上承魏晋南北朝私兵部曲而展开，下启宋元明清国家部曲性质的募佣制，反映

了义务兵制转向募佣兵制。谷氏强调自唐末五代所实行的，不是
募兵制，而是以私兵招募形式为主的募佣兵制。所谓募佣兵制，
是与自由募兵制有别的。在募佣兵制下，士兵的应募并非纯为自
愿，他们的依附性和强制性是很强的。例如黥面，即是强制性的
表现。而以财募兵，尤显示当中的卖佣性质。朱瑞熙：《宋代的
刺字和文身习俗》，收入漆侠、李埏（主编）:《宋史研究论文集》
（昆明：云南民族出版社，1997 年），页 265—276 也指出刺字是
征募强制成分的见证。

[116] 邓广铭：《北宋的募兵制度与当时积贫、积弱和农业生产的关系》，
载《中国史研究》，第 4 期（1980），页 61—77，收入《邓广铭
治史丛稿》（北京：北京大学出版社，1997 年），页 75—103 指出
募兵是北宋积贫、积弱的根源。他更认为北宋朝廷供养四方失职
犷悍之徒，含有分化阶级矛盾的意图。王曾瑜《宋朝兵制初探》
认为从征兵演变为募兵，使军队专业化、职业化，应有利于军队
素质的提高。而且，宋代兵制在相当程度上使农民免除兵役，厢
兵也部分地分担了农民和工匠的劳役。但其弊端在于维持一支庞
大而冗滥的常备军，致使宋朝需要担负庞大的军费，形成所谓积
贫的局面，并转而加重人民负担。此外，在招募制下，也造成兵
多而滥的结果，成为宋代军力积弱的原因之一。程民生：《论北宋
骄兵的特点及影响》，载《史学月刊》，第 3 期（1987），页 24—
28 一文指宋代之所以出现骄兵是因为宋朝只管削弱统军将领的
权力，造成了将领对士兵管制放松，士兵骄悍、骄惰之风因而
形成。《北宋募兵制的特征及其矛盾》，载《中州学刊》，第 1 期
（1989），页 121—124 认为宋代招兵不是为了强兵，而是为了消
弭内乱，是守内政策的体现。正因为募兵的来源是"失职犷悍"

之人，是流民、罪犯，品流复杂，宋军需要面对管理的困难。在另一篇题为《简述宋代募兵制的根源及确立》，载《史学月刊》，第 4 期（1990），页 31—35 的论文中，程民生剖析了宋代募兵制之所以能够广泛推行，并得到确立，主因是宋代的商品经济的发达为募兵制提供了物质基础。类似的观点，张德宗：《北宋的养兵政策》，载《河南师大学报》，第 4 期（1982），页 67—73。游彪：《论宋代军队的剩员》，载《中国史研究》，第 2 期（1989），页 135—141 从剩员的问题入手，指剩员是募兵制的产物，以安置军中的老弱残兵。剩员制推行的好处是使雇佣军老有所养，从而削弱他们的潜在反抗因素，稳定社会秩序，军队的战斗力也因为裁汰老弱为剩员而得到改善和提高。其弊处却是大量钱财被耗费于豢养剩员，加深了冗兵、冗食的危机。

第二章 从强权政治到摸索规范: 辽朝南疆大战略的转变

　　本章不打算按照政治、经济、社会、军事的框架来列举宋辽战争的背景。固然，这种传统的认知框架有其全面性的优点，但当我们接触到复杂而多变的史事时将会发现政治、经济、社会和军事的领域密切地交织在一起，而无法分拆。更重要的是，以上那些只是冲突形成的原因，并非必然能解释战争的原因，因为两国发生冲突，未必一定发生战争。冲突可以循外交途径解决，也可能互有顾忌而不敢先发一矢。战争除了经济、政治、社会、军事、宗教及文化等冲突因素外，还需要有一种用暴力来解决冲突的动机。这种动机有长远积渐而成的因素，但也有某种程度的突发成分。这种突发成分还会随着君主专制政体背景下，最高决策权掌握在极少数人手中而增加。因此本章采用动态的、循着冲突的阶段性而展开的论述方法。本章先从比较宏观的角度来看辽朝南疆大战略的转变如何由强权政治到倾向摸索规范，下一章则集中处理宋辽关系中的北汉问题。

　　从长线的战略形势观察，宋辽战争不是突然发生的。辽朝在扩张过程中，与中原王朝的接触逐渐产生了强权政治的内容。随着后周和北宋的相继兴起，两强相遇，加上幽燕和关南双重的领土纠纷，而辽朝又支持北汉，介入了中原王朝之间的战争，那么宋辽的冲突逐渐升级进而爆发战争，似乎也是可以预期的局面。然而结合史实加以详细观察和分析，又可以发现这条冲突升级的阶梯并不是直线发展的。辽朝与中原王朝的冲突展示出两次升级的轨迹：第一次由 915 年后辽朝开始涉足幽州到 946 年进军开封为止；第二次由宋初断断续续攻击北汉引起辽人的介入，到 979 年北汉灭亡、宋辽战争全面爆发为止。第一段冲突升级的时期主要发生在五代，当时宋朝尚未建立，因此一般不纳入宋辽战争的讨论范畴；然而若要了解宋辽战争的背景及冲突形式，这段历史仍然不可忽略。这一段冲突升级的轨迹比较近乎线性发展，由强权政治的产生到使用武力，再发生大规模战争。第二段冲突的发生过程比较断续零碎，从冲突的频率和强度都看不出持续上升的趋势，辽人甚至与宋人讲和。也就是说，自契丹人一度入主中原，除了在对上一个阶段冲突升级较快之外，此后大部分时间双方关系是维持在某一个互有顾忌但冲突不再加剧的地步。至于 979 年宋辽战争在北汉灭亡之后立即爆发，似乎不是辽人所愿意看见的结果。

　　为什么两次冲突升级的模式并不完全一致？为什么第一段冲突升级的轨迹比较近乎线性发展，而第二段则带有较大的突然性？这些问题在高层次的理论层面有什么根据仍有广阔的讨论空间。辽与中原王朝的战争只是一个案例，要寻找普遍性的规律，必须研究更多个案。不过如果说研究个案的目的在于建立假说的话，那么整个十世纪头七十多年，从辽朝兴起到宋辽并立，可以归纳为经历了强权政治到摸索规范的过程。由于规范需要时间来建立，在群雄混战，大家尚未形成一套规范的第一阶段，野心勃勃的雄主肆意纵横捭阖，冲突持续上升。当进入了双方军力大致相当，而版图也不再有剧烈变动的第二阶段，

双方透过互动，不但模塑了约定俗成的习惯和种种不成文规范，
也终于出现了诸如和约等成文规范。

辽朝与中原冲突的强权政治背景

正如现代堪称现实主义大师的摩根索（Hans J. Morgenthau）
强调，国际政治是围绕着被权力所界定的利益而展开的权力
斗争。[1] 继承摩根索的思路但又更为"科学化"的新现实主
义（neorealism）关注的是国际关系中的结构性因素。按照沃
尔兹（Kenneth N. Waltz）的理论，国际秩序的原始状况是一种
无政府状态（anarchy），假设了理性选择是国家行为的主要模
式，那么国际势力平衡就决定了国家的对外姿态。[2] 现实主义
和自由主义，特别是新现实主义和新自由主义的论争，[3] 其中
一个核心在于是否承认规范在国际行为中的重要角色。现实主
义者倾向于认为利益（interest）和实力（capability）是决定国
际行为的主要因素，认为国家应当随势力平衡天秤的微妙变化，
适时改换姿态。与现实主义展开激辩的自由主义者及建构论者
（constructivist）引用社会学的理论，认为人类的行为存在一个
社会化的过程，反复互动而模塑成规范，并不完全按照利益和
势力平衡行事。[4] 对于这种理论上的挑战，现实主义者不断追本
溯源及重新调整其理论体系。[5]

作为科际整合，理论与史实并重的著作，要对任何一个学
派的理论作深入的批评，可能不是十分容易的事情。特别是当
个案建立在古代，亦即还未正式形成严格现实主义学说的时代，
要验证其理论的解释能力，不能不说具有一定的困难。在这种

情况之下，研究者无法假定政治家的行为受到政治学说的影响，而只能假定具有解释能力的学说，其关注的要素和变量具有相当大的涵盖性，因而亦在一定程度上能为当事者所理解并影响其行为。这样的学说可以解释的范围不仅立足于其所提出的特定时空，而且是对过去所发生的一切均有所观照，因而对未来亦发生启迪作用。本章以现实主义和自由主义的争论作为切入点，其用意不在于赞成或反对某个学派，而在于尽量将其关注的要素和变量纳入个案剖析的框架之内，增加其解释深度。

诚然，自由主义者及建构论者对现实主义的批评具有深刻意义；但本章在这一部分引用新现实主义的国际无政府状态概念，并不是一个刻意折中的结果。即如建构论者所同意，规范不是一下子所能形成，也不容易强加于人，它有一个从互动中模塑的过程。在规范还没有普遍形成的时候，也就是相对本章而言的宋辽战争发生之前的七十年间，辽朝还刚刚形成，宋朝还远远没有建立，这时要谈宋辽之间存在任何规范，显然行不通。由于宋辽彼此之间的行为是在互动中摸索着慢慢形成，要讨论宋辽战争的前史，无妨接受现实主义的模式，或至少是强权政治的观点作为解释的开始阶段。

辽朝是中国历史上一个重要的朝代，[6]它开启了金、元及清等外国学者称为"征服王朝"的时代，对中国历史近千年的发展具有重大影响。[7]宋以后中国的政治制度、经济、社会和文化都发生重大变革，和唐朝有很大的不同，而辽朝却在某些方面深受唐文化的影响，如文学、艺术方面。换言之，辽朝是边疆民族结合中原文化的一个变奏。辽朝的兴起适值唐朝东亚大帝国世界秩序的衰落，边疆民族纷纷立国，出现渤海国、南诏大理国、西州和甘州回鹘，即令远据敦煌的汉人节度使也建立了归义军政权。到黄巢之乱后，中原藩镇混战、据地称雄，不论纯粹割据还是具鲜明民族背景的政权，在他们之上更高层次的宗主唐朝政府已名存实亡，再也无法对他们的行为加以约束。因此，当时可以说是处于一种国际无政府状态。辽朝迅即参与中原群雄纵横捭阖的政治角逐，为五代的嬗递发挥了不可低估的影响力。[8]

应当承认，中原并不是辽朝的唯一目标。契丹人所着眼的是一个非常大的地域，其中很多地方在今俄罗斯远东省范围之内。为了经营这样大的版图，契丹人全力南进中原的时间和精力都很有限。然而由于南边的边缘地带又是经济过渡区，拥有数量可观的城市和农业人口，辽朝对南线的安全不能掉以轻心。基本上，契丹人在南线的攻略有三层的战略纵深。对于最内层的卢龙和振武，其中大部分州郡后来被称为燕云十六州，是契丹骑兵经常出入的地方。辽人对进出这些地带的管钥，如辽西走廊、古北口等已经充分掌握。因此，辽朝的大战略是要完全控制这块地方。从十世纪开始到940年代，辽人在这方面的努力可以说是完全成功的。

由卢龙和振武往南至黄河构成第二层的战略纵深，包括镇、定、河东和魏博等重要的藩镇，其帅府所在基本上都是军事性的城市。[9] 926年辽太祖耶律阿保机（872—926，907—926年在位）曾向后唐使者提出割让黄河以北的要求，又说"河北恐难得，得镇、定、幽州亦可也"，但遭拒绝；[10] 而实际上辽军只是偶尔到达这一带，也不能充分掌握进出这些地带的管钥。[11] 因此，辽人是以扶植中原的叛将为傀儡政权，建立缓冲区为主要战略的。这些傀儡政权若不幸覆败，无损于辽军的整体实力；但若其成功，则对契丹人在中原扩大影响力有莫大帮助。第三层战略纵深远及黄河南岸的开封，是契丹人罕能到达的地方。辽军对于进出这些地带的管钥，如杨刘渡、马家渡和澶州等都完全不能掌握，故除了少数由中原军队投降所带来的非常珍贵的机会之外，绝少染指。由于辽人成功地控制一个臣服的开封政权只有短短数年，目前尚不具备充分证据说他们具有一个如此长远及持续性的大战略。相反，更具有普遍性的是，辽朝与南方诸国暗中或公开的关系，起着牵制开封政权的作用。

在唐朝中叶，契丹人开始在东北崛起，[12] 成为唐朝边防压力的一个来源。早期的契丹以部落联盟的形式进行统治，八部共推首领为盟主。[13] 八世纪初期，契丹断续地与唐发生冲突，与唐室较为亲睦的大贺氏被遥辇氏所取替。751 年，范阳节度使安禄山（703—757）起兵六万攻略契丹，遭受惨败，[14] 于是契丹发展成为一股不可忽略的势力。安史之乱（755—763）后，平卢节度使撤退入山东，[15] 契丹完全拥有整个辽东。九世纪中叶，控制漠北的回鹘被黠戛斯所破，造成草原的权力真空。契丹人首先征服了邻近的奚和室韦，然后入侵渤海国，成为东北亚最大的强权。[16]

公元 901 年，迭剌部的耶律阿保机获选任为夷离堇，两年后被推选为于越。[17] 他把握了中原混战的机会，迅速地壮大了契丹的势力。当时中原饱受黄巢之乱，继而藩镇争雄，唐王朝已处于风雨飘摇之中。河南藩镇中实力最雄厚的宣武军节度使朱温（852—912）与源出沙陀民族的河东节度使李克用（856—908）对垒，力争中原的控制权。耶律阿保机运用纵横捭阖的手段，与李克用结盟为兄弟，令李氏得以南向对抗朱温，而阿保机则得以全力经略卢龙。[18] 907 年阿保机被推选为可汗。[19]可以说，契丹与晚唐五代政权的关系一开始就充满强权政治的内容。

在群雄混战之际，中央政府再无力支持东北边防，卢龙节度使辖下的地盘便成为契丹的禁脔。初期，饱历边事的藩帅对契丹还具有一定威慑力，但这种情形却有每况愈下的趋势，双方不止一次兵戎相见。九世纪末，卢龙节度使刘仁恭（卒于 914 年）烧秋草进击，一度打击了契丹的气焰。[20] 可是到他的儿子刘守光（卒于 914 年）为藩帅的时候，则大行暴虐的统治，令契丹得以整顿军力，占领了榆关（今山海关）内的重要据点平州。刘守光为李克用的儿子李存勖（即后唐庄宗）所吞并，幽州由李存勖手下的名将周德威（卒于 919 年）驻防。德威"恃勇不修边备"，[21] 被耶律阿保机围困二百多天。917 年，李存勖以大将李嗣源（即后唐明宗，生于 867 年，926—933 在位，卒于 933 年）为先锋，选择了从易州西北的山路援救幽州。[22] 李嗣源且行且战，并大喊要与天王阿保机角力。[23] 这一次幽州之围虽解，但契丹人的势力已难以遏制。阿保机任用降将卢文进（十世纪初）为卢龙节度使，驻军平州，统领奚骑和汉兵进行日常性抄掠。[24] 921 和 922 年契丹入侵河北，南达镇州，结果又被李存勖击退。[25]

除了军事手段之外，阿保机把握了大战略形势的机遇，他收容了大量来自中原和奚、女真的人口，开垦耕地，发展经济。这些人口中有些是俘虏，但更值得注意的是难民。为了安置这些汉人，阿保机兴筑了许多汉城。[26] 这些汉城大概有四十个，提供了手工业和贸易活动的场所，为契丹人的畜牧经济添上多元化的姿彩。[27] 阿保机又任用汉人官僚如韩延徽、韩知古、康默记，[28] 为日后大量任用汉官开了先例。某些史家称这些现象为汉化，[29] 即被汉文化所同化。然而也有史家只承认这是涵化（acculturation）而非同化（assimilation）。[30] 因此，辽朝是否倾向汉化，尚有值得争论的余地。接纳汉人和汉文化的现象是肯定存在的，但存有实用主义（pragmatism）的成分，似乎以"二元文化"的概念来解释更为稳妥。[31]

随着四出征战大部分都获得成功，阿保机进一步要求更绝对的权力。自 907 年他被选为可汗起，阿保机一直着意加强自己的个人权力。910 年和 913 年，他两次面临任期结束，都无意让出汗位，另选贤能，还屡次强硬地镇压了几个弟弟和亲族发动的叛乱。916 年，阿保机正式称帝，[32] 并宣布长子倍（即图欲，汉名李赞华，899—936）为继承人，确立了父死子继的制度，废除了部落的世选制。918 年，阿保机着手建设第一座京城——上京，城中有孔庙、道观、官署、驿舍等。[33]

在历次与中原的短暂和平阶段中，阿保机不遗余力地经营北疆。908 年，他进攻了室韦；910 和 911 年，他镇压了奚人的暴动，次年更进攻了阻卜。在李存勖致力建立中原的霸权之际，阿保机也在西部和北部大事扩张。919 年，他征服了乌古。在 924 年至 925 年，他大举远征漠北，控制了阴山地区和鄂尔多斯东北角。926 年，阿保机倾力进攻渤海国。渤海是一个集权国家，拥有五京、十五府和六十二州，分布着大量的农业人口。阿保机征服渤海后，改称它为东丹国，封自己的长子倍为国王，尽量避免更动其原来的统治结构，维持一个灵活的双轨统治。[34]

926 年，阿保机在他功业的顶峰逝去。他一手完成了部落联盟向有组织政权的变革。他确立双轨统治的模式，既控制着漠北与东北诸部落，又容纳了来自南境的汉人，兴筑城郭，作为政治和经济中心，初步建立了帝国的规模。

阿保机死去后，其继承人倍并未能成功地继位。耶律倍熟习汉文，精通绘画，并收藏汉文典籍达万卷，[35] 可是这对契丹贵族而言并没有很大的吸引力。阿保机的妻子述律后在宫廷中很有影响力，还拥有自己的宫帐和军队。她不赞成由倍继承皇位，而尽力拥护次子德光（902—947）。[36] 德光在 921 年和 922 年入侵河北和 924 年的西征中表露其领导才能。[37] 连串宫廷斗争的结果使耶律倍放弃了角逐帝位的权利，退居于渤海，继续当他自己的东丹王。可是德光继位后，也就是辽太宗，却将渤海的都城和人口大量迁徙到辽阳，也就是后来的东京。耶律倍深感不能自安。930 年，他浮海到了中原，开始了流亡生活。[38] 辽人所扶植的卢龙节度使卢文进于阿保机死后，也率部十万南归中原，其中大多是汉人。[39]

这时中原的政权也处于动荡不安之中。经过十七年的血战，李存勖终于在 923 年消灭朱温所奠基的后梁政权，建立后唐，庙号庄宗。李存勖的胜利是把握了后梁在黄河防务上的一个漏洞，渡河从郓州急攻当时称为大梁的开封，而获得成功。[40] 可是他自己也在三年之后的一次兵变中被杀，乱军拥护李嗣源为皇帝，是为明宗。李嗣源从邺城起兵，也是透过一个快速突击袭取开封，然后进军洛阳。[41]

明宗在位期间是五代一个比较稳定的时代。然而 928 年，契丹在河北所支持的定州节度使王都（卒于 928 年）起兵反对后唐，为契丹介入中原的事务提供一个机会。[42] 王都一向持模糊的政治立场，似乎打算在中原混战的局面中自立一隅，或至少恢复中唐河朔三镇的半独立状态。后唐派来大将王晏球领兵攻打定州，辽军出动奚帅秃馁以万骑族来援，后来又再起一次五千骑、一次七千骑增援，都几乎全军尽没。[43] 此役无疑证明了中原仍有一定军事实力，也是契丹以分化中原地方将领结合军事行动策略的一次挫败，但它的主力并未受创。

明宗死后，其继承人在位仅仅五个月，就被明宗的养子潞王李从珂（即后唐末帝，885—936，934—936 年在位）所推翻。从珂从凤翔起兵，收买了前来围城的军队，然后挺进关、洛，如入无人之境。[44] 深知中原局势陷于混乱的耶律倍，这时也写信给德光，请他进军中原。[45]

经略中原

中原的机遇来自于后唐明宗的女婿，河东节度使石敬瑭（即后晋高祖，892—942，936—942 年在位）。石敬瑭也是沙陀人，和李从珂一直都是明宗的得力助手。李从珂当上皇帝之后，开始猜忌石敬瑭，打算将他调往山东任职。936 年，石氏起兵反抗，招来一支在张敬达（卒于 936 年）率领下的后唐大军包围。[46] 在判官桑维翰（898—947）的建议之下，石敬瑭转而向契丹请求军事介入，并约以卢龙一道及雁门以北诸州相赠。[47] 耶律德光率领五万骑兵，越过雁门边界，到达石敬瑭所据守的太原。德光先以弱卒诱使后唐的军队出击，重创其步兵，进而包围其大军于晋安寨。晋安寨内外消息断绝，令李从珂大为忧虑。终于，晋安寨的守军杀死号称"张生铁"的张敬达，然后投降。[48]后唐政权迅速土崩瓦解。

辽朝成功的军事介入是一个重要的标志。在此之前，契丹人的大战略是利用中原藩镇混战的机会，将一些中原将领招揽到他们的阵营，以扩大其影响力；而这一次他们终于将其中一位推上宝座。德光封石敬瑭为后晋皇帝，而石敬瑭承认自己为德光的儿子，公开地表示臣服于契丹，其实他比耶律德光还要年长。[49]他提出以巨额的岁币来赎回在作战过程中被契丹占据的幽、蓟、云、应等地，可是遭到拒绝。经过屡次谈判后，后晋唯有承认契丹拥有幽、蓟、瀛、莫、涿、檀、顺、云、应、寰、朔、蔚、新、妫、儒、武等十六州，也就是所谓"燕云十六州"的割让。[50]这十六州大致上相当于卢龙、振武二镇的版图，后来宋人习惯于称前者为"山前"，后者为"山后"。卢龙、振武的割让，其实是对契丹逐步蚕食中原领土的一种正式确认。早在阿保机时代，契丹已敲开了榆关大门，进占平州、营州；[51]后来石敬瑭向契丹求援时，也发现契丹部落近在云、应，[52]所以割让十六州在很大程度上只是将军事占领合法化的程序。辽人得到幽州后，在原来卢龙节度使的统兵体制上又加上了契丹军事统御机制，使之互相牵制。[53]无疑，契丹正式得到中原的东北角，吸纳了更为大量的农业人口，并将幽州发展成南京，云州发展成西京，确实是具有深远意义的事情。

契丹进一步关注南方的政治形势。早在 915 年吴越国就曾派使者到契丹，希望保护他们在渤海和高丽的贸易利益，而契丹则寻求和东南亚和印度洋世界展开通航的可能。南唐和契丹也建立了关系，他们建立一个对抗开封政权的联盟。[54]

当 942 年石敬瑭病死，契丹和后晋的关系就出现变化。晋出帝石重贵受到大将景延广（892—947）等人的影响，以臣事契丹为耻，改称孙而不称臣。景延广还进一步没收契丹商人的财物，宣称契丹人若入侵，他有"十万横磨剑相待"。[55] 被激怒了的耶律德光，此时又受到降将，也就是赵德钧的儿子赵延寿（卒于 948 年）的怂恿，于是发卢龙、山后军合共五万人大举进攻，并应允事成之后让赵延寿当中国皇帝。[56] 契丹军越过雁门，受到河东守将刘知远（即后汉高祖，生于 895 年，947—948 年在位，卒于 948 年）的力拒，战果不大。[57] 然而在河北，契丹主力得到晋将杨光远（卒于 945 年）的倒戈呼应，比较轻易地抵达黄河北岸，双方围绕着几个黄河渡口进行非常激烈的争夺战。944 年年初在戚城，由符彦卿（898—975）等人率领的三支晋军部队，一度陷入契丹的包围，结果晋出帝亲率禁旅前往解围。在马家口，一支试图抢渡的契丹骑兵被晋军击溃，损失惨重。[58] 初次尝到晋军猛烈抵抗的契丹人，这时一改对汉人的怀柔政策，反为大肆杀掠平民，换来后晋军民更强烈的愤恨。[59] 于是契丹合十余万众大举进攻澶州，晋出帝亦倾力相拒，双方在城下自东而西，横列大阵，互有胜负。原来以为晋军不堪一击的耶律德光，这时也赞叹晋军"何其多也！"他先率精骑冲击晋军中坚，继而又左右略阵，晋军坚守阵地，"万弩齐发，飞矢蔽地"。契丹兵稍为退却，又再集中兵力攻击大阵东翼，同样无法得手。德光唯有分两路收兵，沿途大掠而回。[60]

契丹退兵后，晋出帝也罢免景延广，以挽回一点人望。他重新起用父亲所信赖的桑维翰秉政，一方面平定杨光远，另一方面招揽了府州的守将折从阮（892—955），让他牵制辽的西翼。[61] 可是晋军喘息的时间并不太长，是年冬季耶律德光再度南侵。945 年春，契丹大掠邢、洺、磁三州，以及相州，晋军先遣部队在榆林店陷入重围。晋军布阵力战，杀伤相当。到黄昏时分，数万救兵杀到，辽军于是退兵，攻陷祁州之后北还。[62]

这时晋出帝发动一个反击，命令诸将尾随契丹主力，并攻陷了满城和遂城。耶律德光本已从古北口出塞，听到这个消息，立即拥八万余骑掉头南进。[63] 晋军结阵退至阳城白团卫村，被契丹军追上，便四面布下鹿角，据寨坚守。契丹军切断了晋军粮道，晋军面临断水断粮。这时耶律德光下了歼灭晋军，然后进军开封的决心，下令铁骑下马，拔除鹿角，又顺风纵火，以助兵势。[64] 同时晋军寨内也召开了紧急的军事会议。都招讨使杜重威（卒于 948 年）主张等风势稍缓，再决定怎样行动。都监李守贞（卒于 949 年）却认为在风沙中出击反而是有利的事情。符彦卿亦宣称宁愿决一死战，于是拥精骑出西门决战。当时风势更强，天色昏暗，符彦卿率领一万骑兵横冲契丹大阵。李守贞亦命步兵齐出，拔除鹿角，向前追击二十余里。辽军铁骑下马后一时间不能再上，大败而逃，[65] 散兵退至阳城东南，稍能恢复阵列，晋军骑兵又追到。耶律德光弃车而遁，乘坐一头骆驼逃离战场。返抵幽州后，他对各酋长施以杖刑，以惩罚他们兵败之罪。[66] 契丹太后述律氏（879—953）开始倾向和平，向德光说"汝今虽得汉地，不能居也"。[67]

晋军的严峻形势虽然稍告舒缓，但事实不容许他们过分乐观。杜重威坐镇恒州（即镇州），经常以备边为名，没收人民财富，中饱私囊。遇上小规模，即如数十骑契丹军的扰边，他都不敢出战，渐渐缘边城郭变成废墟，人民流离失所。[68] 聚啸于定州西北狼山的强盗孙方谏（893—954）、孙行友（902—981）兄弟，集结了大量流民，向契丹靠拢。[69]桑维翰劝晋出帝向契丹请和。契丹开出来的条件是要景延广、桑维翰亲自奉使，并割让镇、定两道。后晋朝廷觉得条件太苛刻，没有再谈下去。据后来耶律德光所透露，当时只要晋使再继续接洽，和平是可以达成的。[70]946年下半年，赵延寿诈称向开封投降，请晋军接应。晋出帝以杜重威为帅，李守贞为副，尽出禁军从征，一度取得瀛州。知道契丹军大举南下，杜重威退守恒州中度桥。契丹军争桥不胜，两军相持。直接攻击不能得手，契丹人改变计划断晋军粮道。晋军先锋企图突围入恒州，又得不到杜重威协力而失败。契丹军于是包围晋营，杜重威率部投降，晋军立即土崩瓦解。[71]德光派降将张彦泽率二千骑南取开封，斩关而入，晋出帝开宫门投降。张彦泽纵兵大掠。[72]耶律德光终于一尝征服中原的美梦。

　　这时德光面临两项选择。他可以立一个降将如赵延寿、杜重威之类为中原皇帝，正如他之前所应允他们一样；但他也可以自己君临天下。结果他选择了后者。在某些方面，他对于自己作为中原皇帝的资格显得特别关心，可是在另一些场合，他又表现出不愿受汉族文化的制约。比如当晋人献上传国玉玺时，他看到雕琢手工不够传闻中那般精巧，便怀疑是赝品。然而当有关部门提出要用太常仪卫来迎接他进汴京时，他以身在军旅的理由而拒绝了。[73]在面对汴京居民惊呼逃避的时候，他表现"我亦人也"的风范，但继而他强调"我无心南来，汉兵引我至此耳"，则有点欲盖弥彰的意味。[74]他处死张彦泽，也只能暂时解除人们的疑惑。[75]到他正式入宫上朝时，才正式穿上中国衣冠，行汉人朝仪，对百官说"自今不修甲兵，不市战马，轻赋省役，天下太平矣"。[76] 可是另一方面他又废汴京为汴州，设防御使，显示他不想久居于中原。他又想尽诛晋兵，幸而得到赵延寿力谏，以兵力不足，吴、蜀将会入侵为由劝止，只将其家属变成人质。不久，契丹军恢复称为"打草谷"的剽掠方式，以维持补给，又搜括京城财富，令人民上下不安。[77]《耶律琮神道碑》记载："皇帝饮马汴河，屯兵梁苑，嗣晋伏罪，大□□□□。□（斯）时乃发仓廪，开府库，搜宝器，取珍玩，子女、玉帛、药草、羽毛，难得之货，雾集云屯，稀代之宝，山高岳积。"反映出辽军四出搜刮的状况。[78] 德光为了收拾民心，接受大臣劝谏，大赦天下。这时一向维持半独立状态的河东节度使刘知远在太原起兵，各地也相继爆发了反抗契丹人的动乱，多则数万人，"少者不减千百"，四处攻陷州县。德光感到难以立足，说"我不知中国之人难制如此！"[79] 947年夏天来临之前，德光借词天气转热，率部出塞，不料行至栾城，就病发身亡。据宋将侯章忆述，"当辽主疾作谋归，有上书请避暑嵩山者"，[80] 可见德光在开封时身体已出现问题。

　　无可否认，耶律德光对于中国文化具有相当认识，可是他没有全盘汉化的意图。如果他正式当起中原的皇帝，他会面临治理庞大农业人口的问题，和置身于复杂的中央和藩镇间的利益冲突。可是他似乎也了解到中原巨大的经济和军事潜力，使他不放心将幅员广大的领土交给一些同样具有政治野心的降将来治理，结果还是要亲自尝试统治中原的各种困难，也招来挫折。耶律德光在政治上可以称为一个权术家，他取得卢龙、振武，继而短暂地征服中原，很大程度上是利用了中原王朝的内部矛盾。从强权政治的角度来看，辽朝逐步在三层战略纵深中相继取得战果，其成就不可忽视。从历次交锋的往绩来看，契丹的军力显然占有上风，但并没有凌驾于中原王朝的绝对优势。耶律德光曾一再轻视晋军的实力，而遭遇不如意的战果。他在外交上纵横捭阖的才能似乎高于军事上的指挥艺术，可是这种才能在面对统治一个幅员广阔，具有悠久传统的地区，需要频繁的文化互动时，其局限性就显露了出来。在国际无政府秩序的状态中，他的才华横溢；但是当他要面临亲手结束这种状态，建立主导性的国际秩序时，他却未能给出富有前瞻意义的答案。辽代的二元文化继续在实用主义的立场探索其与中原的关系应如何定位。

　　总括自900年至947年辽朝与中原的关系，可以看到一个军事冲突逐步升级的过程。辽朝的南疆由一个次要的侧翼慢慢变成比较重要的战场。阿保机早期与中原的接触主要在维持一个吸收农业劳动人口的窗口，为其经营北疆提供一个安全的后方。然而为确保，甚至扩大这块地盘，阿保机后来只有出动主力进攻幽州。耶律德光在取得幽燕之后，仍然继续在南线保持活跃的前线指挥。辽军的攻击纵深也由第一层的幽燕地区开始扩展至第二层的河东、镇、定和魏博，在攻势的最高潮，甚至波及第三层而达黄河南岸的汴京。在晋出帝与契丹关系恶化之后，战争每年持续地进行着，每隔数月就发生一场会战。契丹人由鼓励吸纳汉族的移民，开始改为掳掠，甚至屠杀新近占领地方的汉人，平民大量地沦为契丹人使用暴力的对象。辽太祖和太宗都是非常出色的权术家，懂得分化敌人的阵营，收买其叛将，纵横捭阖，使中国北方成为强权政治的斗兽场。然而德光入主中原的失败标志着这种行为模式有反思的必要，而辽朝与中原的关系也就由冲突升级走向持续对立。

对立中摸索规范：雄州和议（974）

国际关系的建构论者相信国家不可能追求无穷的利益。相反，它应该界定何谓利益，而规范在这个界定利益的过程中发挥着过滤的作用。与已经充分发展的现实主义理论不同，研究国际政治中规范的作用，是一个新兴而较有挑战性的方向。规范的功能是告诉人们应从事哪种行为而不应从事另一些行为，因而道德、法律、风俗、习惯、往例等等都属于规范。norm分为regulative norm和constitutive norm两种，而现代中文对norm的翻译"规范"中"规"和"范"两字分别代表了这两重含义。前者是一些规条，反映着规范的外延含义；后者则概括了规范一词的内涵，指特定社会范畴内基于历史背景和文化接触而形成一些共享的假设，了解这种假设的个体从事合乎这种假设的行为，并预期别人做出相称的回应。因此，规范界定了利益和适当的行为，也成了对外政策的中介变数。[81]

退出中原后的契丹人面临如何重新界定其利益的问题。述律太后告诫耶律德光，说"尔今虽得汉地，不可居也"的话，[82]可见领土作为利益的价值，存在相对标准。947年后辽朝的大战略并没有很大的变动空间。它既不实行全盘汉化，以有利于问鼎中原，也不放心让一二降将去扩展地盘，那么在其间战略的出路就比较狭窄。直接武力攻取的战略可能得不偿失，而挑拨分化的间接路线成果也是有限，那么基本上维持现状，而对中原作有限度介入就成了一个理性选择。为了达成有限的政治目标，辽廷扶植北汉作为牵制中原的一枚棋子，但不全力支持其夺取中央政权。辽人履行对北汉的军事援助，以延缓中原的统一，但基本上不将冲突扩大到河北地区，以免冲突恶化。

辽世宗（917—951，947—951 年在位）是耶律倍的儿子，统治期间只有四年，内部政情不稳。世宗首先受到述律太后所支持的叔父李胡（卒于 960 年）的挑战，[83] 继而又受到大臣叛乱的威胁。可是世宗正式将帝国分为南面和北面两套系统，南面统治汉人和渤海人，北面统治契丹人、回鹘人和其他部族，具有非常重要的意义。[84] 自 949 年至 951 年，世宗连续向中原发动掠夺战争，他本人也在 951 年的南征中被自己的堂兄弟所杀。太宗的长子耶律璟被立，是为穆宗（生于 931 年，951—969 年在位，卒于 969 年）。穆宗沉迷醉乡，被称为"睡王"[85]。可是契丹在世宗和穆宗在位期间没有很大的军事成就，也不能完全归咎于帝王的能力。在周世宗统治期间，开封方面对燕南发动过一次攻击，夺回了关南地区，但在宋太祖统治期间，没有再发生规模较大的进攻。零星战祸对双方平民的生计继续构成负面影响，不但中原百姓苦于钞寇，辽朝幽燕地区也民不聊生，因而出现《耶律琮神道碑》所描述那种哀鸿遍野的境况。

宋军也在加强边备，但不主动对辽挑衅。961 年，宋太祖敕令缘边诸州禁止人民越辽境盗马，以免滋生边事。[86] 964 年刘光义（后更名刘廷让）领兵赴潞州，[87] 及李汉超（卒于 977 年）为关南兵马都监，[88] 都意味着宋军在北线采取积极防御。965 年契丹抄掠易州居民，"上令监军李谦升率兵入其境，俘生口如所略之数，俟契丹放还易州之民，然后纵之"[89]。当年宋军在南线势如破竹，用兵六十六天就消灭了后蜀，但紧接着就发生全师雄之乱，经年未能平定。966 年年初辽军又进犯易州，被宋军击退，宋太祖于是下令关南兵马都监及雄、霸、瀛、莫等州刺史"校猎于幽州境上，以耀威武"。[90] 契丹将于延超、[91] 横海节度使桑进兴皆降宋。[92] 同时，安国军节度使罗彦瓌（卒于 969 年）及西上阁门副使田钦祚（927—987）亦大破北汉军于静阳寨，斩首千余级。[93] 然而未几北汉复取辽州。[94] 宋太祖为了强化北方防务，又派出张美（918—985）为横海军节度使，镇守防线最东端的沧州。[95]

随着这一连串的人事任命，宋太祖在北方构筑的防线开始形成。宋人记载：太祖时以李汉超镇关南，马仁瑀（933—982）戍瀛州，韩令坤（923—968）镇常山，贺惟忠（卒于 973 年）戍易州，何继筠（921—971）领棣州，张美镇横海，以抵抗契丹；郭进控西山，武守琦（卒于 970 年代）戍晋州，李谦溥（915—976）守隰州，李继勋（卒于 977 年后）镇昭义，继续围困北汉。[96] 实行前沿分段防御的部署。由于他们的官阶很多都还没有达到节度使的级别，而他们所戍守的防区也多属防御州和刺史州，因此史家一般没有形容他们为藩镇。其实这批将领在太祖一朝享有颇大特权，几乎形同藩镇，史称："所部州县莞榷之利悉与之，资其回图贸易，免所过征税，许令召募骁勇以为爪牙，凡军中事悉听便宜处置；每来朝，必召对命坐，赐以饮食，锡赍殊异遣还。由是边臣皆富于财，得以养士用间，洞见蕃夷情状，时有寇钞，亦能先知预备，设伏掩击，多致克捷。故终太祖之世无西北之忧，诸叛以次削平，武功盖世。"[97] 其中郭进控西山凡二十年，李汉超在齐州十七年，[98] 何继筠守棣州超过十年，[99] 贺惟忠在易州亦十余年，委任甚专。[100] 李谦溥于960 年前已经主理隰州防务，曾于 970 年由隰州移戍济州，但由于继任者不称职，宋太祖再以李谦溥为隰州巡检使。[101]《辽史》记载 969 年"高勋奏宋将城益津关，请以偏师扰之"，[102] 也反映出宋人在大修边备的一个侧面。

和北宋后来在河北的防御体系相比，宋太祖时期北边的前沿防御是非常富有特色的。它只作州一级，而不像宋太宗以后作路一级的军区配置，更没有北宋中叶以后河北四路和陕西五路时而作大军区的战略协同。州的正面和纵深都很有限，且绝大部分的州都在前沿，看不到纵深梯次，在其上面也不清楚有没有更高层的战区协调机制，和后来河北四路作前后两梯次战略配置有很大不同。这样的布势，由于作战正面被不同部队分割得太零碎，而每一个防区的纵深又非常有限，因此不适合大型机动战。尽管这样的战略在战区的划分上非常呆板，但由于宋太祖手上握有十余万禁军主力作为预备队，他们投入任何一个战场，都可以令敌我形势发生可观的变化，因此不能一概视为消极防御。加上李汉超等将领在战术上都有充分的自主权，中央尽量不干预其战术上的运作，而他们也都具有随机应变的才智，在应付辽军日常抄掠及低强度冲突时仍是绰绰有余。不妨这样看，宋军在北边的前沿防御在战役法方面的单调特征，被战略上和战术上的富有弹性中和了。总的来说，宋太祖在北边的前沿防御似乎是以宋辽之间只发生低强度，尽管可能是高频度的武装冲突为前提的，他似乎也不准备和辽军进行大型机动战。

在实力对比的平衡支持之下，宋辽双方进一步寻求更广义的外交规范。974 年宋辽开展第一次议和，维持的时期虽然只有短短数年，但却为后澶渊之盟的对等关系树立了规范。[103] 由于这项和约是辽将耶律合住致书宋雄州守将孙全兴（卒于 981 年）所带动，二人又亲自在雄州北门外面谈磋商，[104] 后来得到两国政府的承认，互通国书，因此可以称之为"雄州和议"。

到底宋辽哪一方首先发起讲和？双方有不同的记载。《辽史》记载"宋遣使请和，以涿州刺史耶律昌术加侍中与宋议和"。[105] 据《辽史·耶律合住传》，合住当时为涿州刺史西南兵马都监，应与耶律昌术为同一人，亦即宋人记载中的耶律琮，其神道碑毁于 1971 年，有残拓本存世。[106] 然而据宋人的说法，发起和议的正是耶律琮。"契丹涿州刺史耶律琮致书于权知雄州内园使孙全兴，……全兴以琮书来上，上命全兴答书，并修好焉。"[107] 学者一般相信耶律琮发起和议的可能性较大，[108] 盖因其书信内文称"臣无交于境外，言则非宜；事有利于国家，专之亦可"，及"琮以甚微，敢干斯义，远希通悟，洞垂鉴详"，[109] 如果和议由宋人发起，则不必这样措辞。

然而《辽史》所载"宋遣使请和"一事是保宁六年（974）三月，而宋人收到耶律琮书信时在当年十一月，因此也不能排除宋人最先从口头上提出讲和的可能性。从战略形势而言，宋人为了孤立北汉，争取与辽改善关系，可能成为这次议和的动机。此外，宋人当时正在部署进攻南唐，为防兵力受到牵制，与辽达成和议，也具有外交上的迫切性。《辽史》记载耶律合住"镇范阳时，尝领数骑径诣雄州北门，与郡将立马陈两国利害，及周师侵边本末，辞气慷慨，左右壮之。自是，边境数年无事，识者以为合住一言，贤于数十万兵"[110]。指的应该就是正式通书前的会面，可惜确实日期无考。至于当年宋人记载"契丹军器库副使石重荣，东头供奉官刘琮来降"，会否与讲和有关，还是偶然巧合，则不易判定。[111]然而无论如何，雄州和议就是这样在地方将领的互动中展开。

　　辽人为何选择孙全兴为展开谈判的对象？当时关南兵马都监李汉超、戍守瀛州的马仁瑀都是备受重视的武将；但宋辽和议竟透过名不见经传的孙全兴来展开，不能不说是比较奇怪的事情。孙全兴《宋史》无传，宋太宗时征交趾担任主将，因未得朝旨，擅自回军被处死，[112]其生平没有完整的记载。970年雄州刺史侯仁矩卒，孙全兴知雄州应该就在此时。[113]据《宋史·孙行友传》，五代北宋之际担任义武节度使的孙行友，有子孙全照、侄孙全晖（十世纪下半）等，与孙全兴姓名、年代相近。孙行友与其兄孙方谏在五代后期辽朝与中原的关系中担当了微妙的角色。孙氏兄弟本来是尼姑孙深意（十世纪初）的族人，在战乱中围绕着狼山佛舍展开聚众自保的计划，进而将势力扩展至易、定。虽然孙氏兄弟的割据具有地方主义色彩，但由于易、定是契丹人从幽燕南进中原的战略要途，孙氏兄弟的政治立场至关重要。辽太宗入主中原时得过孙方谏的协助，但后来又想直接控制定州，孙方谏一怒之下，退保狼山。此后孙氏兄弟盘踞易、定，至宋太祖初年才被中央以武力威慑之下，解除节钺。[114]当然以目前有限史料，尚无法证明孙全兴与孙方谏、孙行友兄弟存在血缘关系；但如果孙全兴是孙氏兄弟的族人，而辽人选择他来作为展开谈判的对象，亦非不能理解。易、定是契丹取得幽燕后与中原接境的缓冲地区，契丹人与孙氏早有渊源。虽然这种关系没有另一缓冲地区的河东刘氏那样具有持续性，但比之于李汉超、马仁瑀等完全出身于开封禁军系统的将领，实在不可同日而语。孙全兴后来获罪被诛，使其生平史料不能广泛流传，实在是研究宋辽关系者的一大损失。

据宋人所载，耶律琮书信有几点主要内容。首先是谈判者的身份，耶律琮强调作为地方官员的身份，本来不适合从事外交活动，但由于宋辽讲和对国家有莫大利益，因此决定承担这一重任。继而，他提出一种南北共存的世界秩序，来作为和议的合理根据，"切思南北两地，古今所同，曷常不世载欢盟，时通赟币？"既然南北共存是应有的常态，那么过往彼此之间的战争就应视为失衡状况下的异态，对双方都没有好处。"往者晋氏后主政出多门，惑彼强臣，忘我大义。干戈以之日用，生灵于是罹灾。"耶律琮谴责晋出帝受到景延广的怂恿，导致战争，这当然代表契丹人含有片面性的理解。然而无论如何，他强调辽、宋之间并没有宿仇，"今兹两朝本无纤隙，若或交驰一介之使，显布二君之心，用息疲民，重修旧好，长为与国，不亦休哉！"[115] 值得注意的是，"南北两地""两朝""一介之使""二君之心"都是对等术语，显示辽人并没有视宋廷为后晋、北汉之流。

雄州和议为此后数年的宋辽对等关系树立了规范。和对后梁、后唐和后周一样，雄州和议后辽人形容北宋的使者为聘使，亦因为宋辽之间并没有宗藩关系。《辽史》975 年分别载"宋遣使来贺"，"遣郎君矧思使宋"，"宋遣使来聘"，"宋遣使来贺天清节"，"宋主匡胤殂，其弟炅自立，遣使来告"，及"遣萧只古、马哲贺宋即位。"[116] 宋人亦记载契丹使者"克妙骨慎思来聘"，宋太祖亲自接见和赐宴，并对宰相说："自五代以来，北敌强盛，盖由中原衰弱，遂至晋帝蒙尘，亦否之极也，今景慕而至，乃时运使然，非凉德能致。"[117]

　　传统史家多将宋人形容为备受侵略的一方，这种多少有一种汉族为中心的偏见的认知，可能受到民族主义的思维模式辗转加强，而很少受到质疑。然而不少史料记载，辽人也难以防止来自中原军队的抄掠。宋初高阳关县治的迁徙，反映了辽人在以往后周军队侵扰之下如何退避三舍。[118]当然，直接地记载宋军抄掠辽民的例子也不少，如965年契丹抄掠易州居民，"上令监军李谦升率兵入其境，俘生口如所略之数，俟契丹放还易州之民，然后纵之。"[119]969年宋军围太原时，马仁瑀曾率兵大掠辽境，获"生口、牛羊数万计"。[120]田锡后来批评："今北鄙驿骚，盖亦有以居边任者，规羊马细利为捷，矜捕斩小胜为功，起衅召戎，实由此始。"[121]承认了宋军的抄掠行径。

　　辽人备受宋军侵扰的困苦可能构成雄州和议的动机。《耶律琼神道碑》写出议和前夕，涿州一片哀鸿遍野的苦况："况琢郡也，地迫敌封，境连疆场。盗贼公行，天疠时降，内奸殊冗，出入难虞。雀角□□情□由是民心难一，诈伪不端。道□逍遥，聚散无常，豺狼满野，蛇虺盈郊。□□（唾毒）乡川隳残井邑。边人畏惧，斥候日警，夫妇男女，不遑启处。"[122]在碑志史料中，这种惨况容有夸大成分，但如与《辽史·耶律合住传》中的记载对看，则辽人渴望和平似非虚言。[123]有趣的是雄州和议后的次年，"契丹云州节度使遣人致书瀛州愿与防御使马仁瑀通好，仁瑀以书来上。"[124]这条史料看似很难解释，因为辽人既通书孙全兴策动和议，而和议也事实上确立了，何必再通书马仁瑀求通好呢？然而如果了解到雄州和议由地方将领促成的性

质，问题就迎刃而解。马仁瑀在缘边诸将中比较有可能制造边
衅。[125] 很可能，辽人在成功地达成和议之后，意识到马仁瑀可
能不守规范，因而进一步寻求他的合作。

然而雄州和议既由地方将领促成，规范的建立是否因而亦
带有地域性，则为一个不容易解答的问题。首先应当强调，规
范的建立和内部诉求存在很大的关系，不完全是外交事务，而
讲和合乎宋辽双方内部整治的利益。[126] 然而对冲突的克制态度，
逐步互通贸易或至少对走私活动在某一程度上的默许，都是在
河北边界逐步建立起来的行为取向。当然，宋辽除了河北之
外并没有太多接壤的地方，然而这不代表在其他地方，双方就
没有互动场合。几乎每一次宋军出兵攻打北汉的心脏地带，辽
军都施以援手，一再出现数万人以上的对抗局面。换言之，双
方似乎因河北和河东不同场合而出现两套行为模式。在与河北
毗邻的河东，亦即双方没有直接接壤的地方，只要宋军一有异
动，危及作为缓冲地区的北汉，辽军即会介入，由北汉进行的
代理战（proxy war）升级为局部地区冲突。然而这样的冲突很
少波及河北，969 年的嘉山之役是很罕见的例外。在河北，小规
模的冲突经常发生，但很少出现五六万人规模的冲突，田钦祚
"三千打六万"是唯一仅见的特例。为了共同的利益，宋辽双方
都采取克制态度。有趣的是，在战略正面保持克制，防止冲突
一发不可收拾，但在侧翼则保持代理战和有限度军事介入的姿
态，在国际政治而言并不罕见。[127] 毋庸置疑，由于河北是战略
正面，因此在这个地区建立的规范应带有较大的主导性。当然，
由于双方的政策还很具弹性，雄州和议虽是一个里程碑，但并
不能排除走回头路的可能性。

雄州和议后不及五年，宋辽关系即发生剧烈变化。宋人统一南方之余，开始可以全力解决北方问题；北汉终于在979年被消灭，宋辽之间在河东的缓冲地带消失；而开封也经历了由宋太祖到宋太宗的领导层交接，河北、河东前沿地带也面临人事重组。这些都是宋辽之间出现的不明朗因素。

976年，开封的领导层发生激烈的变动，宋太祖驾崩了，由其弟晋王光义（即宋太宗）继位，史家多相信幕后发生所谓篡弑阴谋。[128]这次领导层更换对宋辽关系带来什么影响，在当时而言不易推断，因宋太宗在即位以前，很少发表对辽政策的言论。然而由于他即使不是亲手杀死其兄，至少也透过激烈的权力斗争来得到帝位，为了进一步巩固其权位，需要大量撤换宋太祖时握兵的武将。[129]另一方面，太宗也可能需要建立显赫的武功来强调个人权位的合法性。这些都成为未来宋辽关系的不明朗因素。

如果宋太祖在976年之后数年仍然在位，局势会否发生很大的不同？宋辽关系会否朝着更为规范化的方向发展，而不至于发生激烈冲突？还是宋太祖为了完成统一，其战略取向不会和宋太宗存在根本的分别？应当承认，在古代少数人掌握政权的状况下，规范的社会化过程不够彻底，应该较诸近代国家容易受到人事变迁的影响。宋太祖曾说"幽燕未定，何谓一统？"[130]显示他的长远战略目标仍是要收回幽燕，这是毋庸置疑的。问题是宋太祖打算用什么手段，他在不同场合说过侧重点不同的话。王辟之《渑水燕谈录》曾经记述宋太祖末年存在一种想法，就是用银绢去赎回幽燕故土。王氏记载：

太祖初讨平诸国，收其府藏贮之别库，曰封桩库，每岁国用之余皆入焉。尝语近臣曰："石晋割幽燕诸郡以归契丹，朕悯八州之民久陷夷虏，俟所蓄满五百万缗，遣使北虏，以赎山后诸郡；如不我从，即散府财，募战士，以图攻取。"会上即位，乃寝。后改日左藏库，今为内藏库。[131]

叶梦得《石林燕语》也有类似记载，用银绢去赎回幽燕故土，但企图赎回的不只山后八州，而是"以赎幽、燕故土；不从，则为用兵之费，盖不欲常赋横敛于民"[132]。尽管叶书属于私家著作，而某些学者对其可信性表示怀疑，[133]这是宋初的一个比较清晰地记载对外政策取向的史料。这段记载的主要目的在追溯内藏库的起源，不在于论述宋辽关系，有关宋太祖打算赎回幽燕故土的话，属于侧面露出的讯息，很可能反映出某种程度的事实。根据这项记载，宋太祖有一个战略取向的优先次序——外交途径解决最为优先，但也做两手准备，必要时使用武力。

在另一个场合，亦即 970 年年底田钦祚"三千打六万"一役，宋太祖却发表过比较乐观，也非常富于积极攻略意味的言论。"捷奏至，上喜，谓左右曰：'契丹数扰边，我以二十匹绢购一契丹首，其精兵不过十万，只不过费我二百万匹绢，则契丹尽矣。'自是益修边备。"[134]以上言论的内容旨趣和王辟之、叶梦得的记载大相径庭。在这里完全看不到任何妥协或和平解决的讯息，其目标不仅限于经略幽燕，甚至还提出即使要消灭契丹人，也不是没有可能的事。更饶有趣味的是，以上李焘的记载似乎本于官方史料，和王辟之及叶梦得所载具有一定得自传闻的成分不同。因此，宋太祖应该考虑过对辽摆强硬姿态的可能性。特别是 970 年代中叶，随着南方诸国的次第消灭，宋太祖的选择相对上减少，对辽的姿态转趋强硬，并非意料之外的事情。因此不能排除宋太祖会采取和后来宋太宗同一口径的姿态。

当然，在讨论以上两种说法哪一个比较可靠之余，也不能排除宋太祖可能在不同场合下说过不同的话。根据自 960 年以来宋辽历次冲突的记录，辽军在河北一向很少使用六万骑规模的兵力，这一役可以被解读为宋辽爆发激烈冲突的先兆，可能令一向持克制态度的宋太祖下定决心使用武力。然而王辟之提及由于太祖、太宗的领导层交接，最后赎回幽燕的计划没有付诸实行，那么此项记载很可能是出于开宝末年。至少，以上史料具有一个共同点，宋太祖似乎以财帛为中心来计算战略资源。如果他了解战略资源转化的意义，那么维持一种弹性，既希望不用武力而达到目标，但也作了使用武力的准备，也不完全是自相矛盾的一回事。

与此构成对比的是，当宋太宗即位后发现这个库藏，他惊叹道："此金帛如山，用何能尽，先帝每焦心劳虑，以经费为念，何其过也！"[135] 这段饶有意义的记载说明了不同领导人对战略资源的估量容易有所出入。宋太祖苦心经营来积累资源，宋太宗却认为那是花不尽的金山，那么他在衡量战略形势时可能得出和宋太祖有异的结论，也就不足为奇了。

结　论

辽朝兴起的历史本身可以说是一部强权政治的历史。乘着黄巢之乱，中原藩镇割据，辽朝早期的统治者把握机会迅速吸收劳动人口，扩充实力，扩大版图。辽人并多番透过分化对方的阵营来壮大自己，他们在这个过程中获得的幽燕之地为后来的宋辽关系遗留了历史问题。然而强权政治遗留的历史问题不代表必须以强权政治的方式解决，契丹人在 947 年退出开封之后，并非没有转而寻求建立规范，与中原王朝共存的途径。事实上随着中原王朝日趋巩固和集权化，契丹人愈难寻求分化敌人的机会，并从中捞取好处。战争的危险仍然存在，但它的高峰期已然过去，五代契丹经略中原所引发的大规模战争并没有延续到宋代的必然性。后来 979 年至 1004 年的宋辽战争是由于宋人不能接受持续对立现状，坚持要收回幽燕的失地而引起的，并不是辽人南侵的直接结果。

辽朝经略中原到宋辽在雄州第一次讲和的历史，体现着从纵横捭阖、极度不稳定的国际无政府状态，走向相对稳定的两极化国际秩序。宋辽持续对立似乎不完全是势力平衡的结果，而是在互动中逐渐形成一些规范。雄州和议具有由地方将领策动的特色，也将宋辽界定为南北两个对等的政权。固然，雄州和议受到双方一些不明朗因素的增加而只能短暂地发挥作用，但它却为宋辽在 1005 年的澶渊之盟树立了规范。

注 释

[1] 这种斗争的本质不仅来自不同参与者之间的竞争，也是人性之中无限度追求权力的特质所展现。因此，他将政治现实主义作为理想主义和乌托邦的对称。他称现实主义为一种科学的观点，可以用来透视政治家背后的把戏。也正如后来沃尔兹（Kenneth N. Waltz）所指出，在摩根索来说，追逐权力不是为达目的所采取的必然手段，它简直就是目的本身。

[2] Kenneth Waltz, *Theory of International Politics* (Boston: McGraw-Hill, 1979).

[3] David A. Baldwin (ed.), *Neorealism and Neoliberalism: The Contemporary Debate* (New York: Columbia University Press, 1993). Charles W. Kegley Jr., *Controversies in International Relations Theory: Realism and the Neoliberal Challenge* (Rowman & Littlefield, 1998).

[4] John Gerard Ruggie 批评沃尔兹的学说无法解释国际政治的各种变数，参 John Gerard Ruggie, "Continuity and Transformation in the World Polity: Toward a Neorealist Synthesis," in Robert O. Keohane (ed.), *Neorealism and Its Critics* (New York: Columbia University Press, 1986), pp. 131–157；而 Richard Ashley 主要从政治哲学的角度批评，指出新现实主义是国家中心主义、实证主义、功利主义和结构主义等等或已沦为过时，或互相矛盾的学说的产物。参 Richard K. Ashley, "The Poverty of Neorealism," *International Organization*, 38:2（1984），pp. 225–286. 值得一提的是 Robert O. Keohane, David A. Baldwin 和 Charles W. Kegley Jr. 先后所编关于新现实主义和新自由主义论战的专集，极有助于厘清双方立场和拓展视角，参

Keohane, ibid.; Baldwin（ed.）（注 3）及 Kegley Jr.,（注 3）。David A.
Baldwin 一书的中译本，大卫·A．鲍德温（主编）、萧欢容（译）：
《新现实主义和新自由主义》（杭州：浙江人民出版社，2001 年）。
此外，Peter J. Katzenstein (ed.), *The Culture of National Security: Norms
and Identity in World Politics* (New York: Columbia University Press,
1996）一书也认为相对于利益和势力平衡而言，国际安全策略中的
文化要素是长期遭受低估并需加以重视的。

[5] Benjamin Frankel, *Roots of Realism* (London: Frank Cass, 1996) 及
Realism: Restatements and Renewal (London: Frank Cass, 1996).

[6] 作为契丹人所建立的帝国，辽朝的名号存在一定的复杂性，冯家
升:《契丹名号考释》，载《燕京学报》，第 13 期（1933），页 1—48
已尝试考证。近来刘浦江:《辽朝国号考释》，载《历史研究》，第
6 期（2001），页 30—44，又做出更重要的修订。大抵在 938 年以
前，契丹人还未将其政权正式定位为中国的王朝，故尚未有辽朝的
称号。可能是由于获得了燕云十六州后，出于二元政治的需要，契
丹人开始以辽为国号。然而"大辽"称号的使用很多时候都集中在
燕云地区或和汉人有关的场合；至于在其他场合，"契丹"仍是被
普遍使用的称号。本书在很多地方仍维持辽的称号，主要是由于涉
及的内容大都和燕云地区有关。

[7] Karl A. Wittfogel and Feng Chia-seng, *History of Chinese Society:
Liao (907–1125)* (Philadelphia: The American Philosophical Society,
1946). 田村实造:《中國征服王朝の研究》上、中,（京都：京都大
学东洋史研究会，1964—1971）。竺沙雅章:《征服王朝の時代》（东
京：讲谈社,1977 年）。岛田正郎:《遼朝史の研究》（东京：创文社,
1979 年）。

[8] 卢逮曾：《五代十国对辽的外交》，载《学术季刊》，第 3 卷，第 1 期（1954），页 25—51。邢义田：《契丹与五代政权更迭之关系》，载《食货》复刊，第 1 卷，第 6 期（1971），页 296—307。王吉林：《辽太宗之中原经营与石晋兴亡》，载《中国历史学会史学集刊》，第 6 期（1974），页 29—90，收入宋史座谈会（编）：《宋史研究集》（台北：台湾编译馆，1976 年），第 8 辑，页 55—138。任崇岳：《略论辽朝与五代的关系》，载《社会科学辑刊》，第 4 期（1984），页 109—115。张国庆：《辽代契丹皇帝与五代北宋诸帝的结义》，载《史学月刊》，第 6 期（1992），页 26—32。蒋武雄：《辽与五代政权转移关系始末》（台北：新化图书有限公司，1998 年）。蒋武雄：《辽与后梁外交几个问题的探讨》，载《东吴历史学报》，第 5 期（1999），页 31—48 及《辽与后唐外交几个问题的探讨》，载《东吴历史学报》，第 6 期（2000），页 35—63。

[9] 李孝聪：《论唐代后期华北三个区域中心城市的形成》，载《北京大学学报哲社版》，第 2 期（1992），页 55—65 借用了地理学的区位理论（location theory）论述了定州、镇州和魏州的重要性，从地缘角度说明了这三个河朔藩镇帅府的兴起。

[10]《资治通鉴》，卷二七五，页 8989。

[11] 辽军南侵的具体路线，《辽史》，卷三四《兵卫志上》，页 398 载："皇帝亲征，留亲王一人在幽州，权知军国大事，既入南界，分为三路，广信军、雄州、霸州各一，驾必由中道，兵马都统、护驾等军皆从。……至宋北京，三路兵皆会，以议攻取。及退亦然。"以上史料所指的是宋初时候的路线，五代时辽军实际上多取道镇、定。事实上即使在宋代，辽军南侵取路雄、霸的例子亦不多，980 年瓦桥关之战是一个例外，参第五章。北宋中叶，包拯概括辽军

南侵的主要道路为三条："中则梁门、遂城，南入镇、定；西则雁门、句注，南入并、代；东则松亭、石关，南入沧州。"似较得当。参包拯（撰）、杨国宜（整理）：《包拯集编年校补》（合肥：黄山书社，1989 年），卷二《天章阁对策》，页 106。

[12] 关于契丹人的起源，学者大多认为出于鲜卑系统，也有认为其后族萧氏出于回鹘。参冯家升（注 6）。王民信：《契丹民族溯源》，载《新时代》，第 11 卷，第 6、7 期（1971），页 25—28、32—34。王民信：《契丹古八部与大贺遥辇迭剌的关系》，载《史学汇刊》，第 4 期（1972），页 120—135。李符桐：《回鹘与辽朝建国之关系》（台北：文风出版社，1968 年）。赵振绩：《契丹族系源流考》（台北：文史哲出版社，1992 年）。于宝林：《契丹古代史论稿》（合肥：黄山书社，1998 年）。

[13] 傅海波、崔瑞德（著），史卫民等（译）：《剑桥中国辽西夏金元史》（北京：中国社会科学出版社，1998 年），页 51—60。

[14]《资治通鉴》，卷二一六，页 6908。

[15] 刘昫：《旧唐书》（北京：中华书局，1975 年），卷一二四《侯希逸传》，页 3534。

[16] 金渭显：《契丹的东北政策——契丹与高丽女真关系之研究》（台北：华世出版社，1981 年）。林荣贵：《辽朝经营与开发北疆》（北京：中国社会科学出版社，1995 年），页 42—46,48—50。傅海波、崔瑞德（著）（注 13），页 61。

[17] 傅海波、崔瑞德（著）（注 13），页 66。

[18] 阿保机本与李克用约渡河取汴、洛，其后不果，有关考证参陈述：《阿保机与李克用盟结兄弟之年及其背盟相攻之推测》，载《史语所集刊》，第 7 本第 1 册（1936），页 79—88。

[19] 关于此点，《辽史》和新、旧《五代史》的说法不同。参《新五代史》，卷七二，页 886；《旧五代史》，卷一三七，页 1827—1828；《辽史》，卷一，页 2。这里是采用了傅海波、崔瑞德（著）（注 13），页 66—67 的综合意见。

[20]《旧五代史》，卷一三七《外国一契丹传》，页 1827。

[21]《资治通鉴》，卷二六九，页 8813。

[22]《资治通鉴》，卷二七〇，页 8816—8817。

[23]《旧五代史》，卷三五《明宗纪一》，页 485—486。

[24]《资治通鉴》，卷二七〇，页 8818。

[25]《旧五代史》，卷一三七《外国一契丹传》，页 1829。

[26] 姚从吾：《说阿保机时代的汉城》，载《国学季刊》，第 5 卷，第 1 期（1935），页 53—78。

[27] 辽朝的多元经济，参陈述：《契丹社会经济史稿》（北京：生活·读书·新知三联书店，1963 年）。岛田正郎（注 7），页 367—419。韩茂莉：《辽金农业地理》（北京：社会科学文献出版社，1999 年），页 1—141。

[28]《辽史》，卷七四《康默记传》《韩延徽传》《韩知古传》，页 1230—1234。王明荪：《略论辽代汉人的集团》，原刊《政大边政年报》，第 11 期（1980），收入王明荪（著）：《宋辽金史论文稿》（台北：明文书局，1988 年），页 63—106。王民信：《辽朝时期的康姓族群——辽朝汉姓氏族集团研究之一》，载《第二届宋史学术研讨会论文集》（台北：1996 年），页 11—23。刘凤翥、金永田：《辽代韩匡嗣与其家人三墓志铭考释》，载《中国文化研究所学报》，新第 9 期（2000），页 215—236。李锡厚：《试论辽代玉田韩氏家族的历史地位》，收入中国社会科学院历史研究所宋辽金元史研究室

（编）:《宋辽金元史论丛》（北京：中华书局，1985年），第一辑，页251—266。

[29] 姚从吾:《辽金元史讲义》，收入姚从吾（著）:《姚从吾先生全集》（台北：正中书局，1972年），页5—11。尹克明:《契丹汉化略考》，载《禹贡》，第6卷，第3—4期（1946），页47—60。

[30] Wittfogel and Feng（注7）；中译本，Karl A. Wittfogel（著）、苏国良（译）:《中国辽代社会史（907—1125）总述》，收入台湾大学历史学系（编）:《亚洲研究译丛》（台北：台湾大学历史系亚洲译丛编译委员会，1971），第3、4集合订本，页1—37。另一中译本，魏特夫:《中国社会史——辽（907—1125）：总论》，收入王承礼（主编）:《辽金契丹女真史译文集》（长春：吉林文史出版社，1990年），页1—95。有关涵化的讨论，见页8—9。

[31] 诚然，契丹人确有不少吸纳汉文化的表征，如以汉字为通行语言。在建筑艺术上，辽代寺塔也反映浓厚的中原风格，如大同华严寺和应县木塔都是典型的例子。可是辽朝也存在一些契丹的文化风俗，没有被汉文化所融和，如“捺钵”制度就是一例。斡鲁朵也是具有鲜明契丹特色的制度。辽朝虽然有五京，但皇帝从不长期停留在任何一个京城，而是四处巡狩，这反映出源远流长的游牧传统。另外，辽军没有正规的补给制度，粮草要靠军人四出“打草谷”，也是草原民族掠夺性战争遗留的痕迹。参陈明达:《应县木塔》（北京：文物出版社，1980）。山西云冈石窟文物保管所编:《华严寺》（北京：文物出版社，1980）。杨若薇:《契丹王朝政治军事制度研究》（北京：中国社会科学出版社，1991年），页2—90。姚从吾:《说契丹的捺钵文化》，收入姚从吾:《东北史论丛》（台北：正中书局，1959年），页1—30。姚从吾:《契丹人的“捺钵生

活"》，收入凌纯声等（著）:《边疆文化论集》（台北：中华文化出版事业委员会，1953），页57—83。傅乐焕:《辽代四时捺钵考》，载《历史语言研究所集刊》，第10本（1943），页223—347；收入傅乐焕:《辽史丛考》（北京：中华书局，1984年），页36—172。《辽史》卷三四《兵卫志》，页397。刘浦江认为契丹人并未感受到汉文化的威胁，故虽然汉化程度低，但仍可"因俗而治"，不致强迫汉人改从胡俗，参刘浦江:《试论辽朝的民族政策》，收入刘浦江（著）《辽金史论》（沈阳：辽宁大学出版社，1999年），页35—57。此外，武玉环:《契丹民族の時代観》，关西学院大学人文学院:《人文論究》，第46卷，第1期（1996），页55—66。

[32] 傅海波、崔瑞德（著）（注13），页68—69。伍伯常:《制御部族:论耶律阿保机帝业的完成》，载《中国文化研究所学报》，新第8期（1999），页163—193。

[33]《辽史》，卷三七《地理志一》，页441—442。

[34] 林荣贵:《辽朝经营与开发北疆》，页42—46。

[35]《辽史》，卷七二《义宗倍传》，页1211。

[36]《辽史》，卷三五《兵卫志中》，页401—402；卷七一《后妃传》，页1200。

[37]《辽史》，卷三《太宗本纪上》，页27。

[38]《辽史》，卷七二《义宗倍传》，页1210。

[39]《资治通鉴》，卷二七五，页8994。

[40]《资治通鉴》，卷二七二，页8891—8898。《旧五代史》，卷二九《庄宗纪三》，页407—408。

[41]《资治通鉴》，卷二七四，页8969，8972。《新五代史》，卷八《晋高祖纪》，页77—78。

[42] 关于辽太宗经略中原，参王吉林：《辽太宗之中原经略与石晋兴亡》载《中国历史学会史学集刊》，第 6 辑（1974），页 29—90，收入宋史座谈会（编）：《宋史研究集》（台北：台湾编译馆，1976 年），第 8 辑，页 55—138。王明荪：《契丹与中原本土之历史关系》，收入王明荪（著）（注 28），页 1—32。邢义田（注 8）。蒋武雄：《辽与五代政权转移关系始末》（注 8）。

[43]《资治通鉴》，卷二七六，页 9017—9024，9027。《旧五代史》，卷五四《王都传》，页 733；卷六四《王晏球传》，页 854—855；卷一三七《契丹传》，页 1832。

[44]《资治通鉴》，卷二七六，页 9107—9116。《旧五代史》，卷四六《末帝纪上》，页 628—629。

[45]《辽史》，卷七二《义宗倍传》，页 1211。

[46]《资治通鉴》，卷二八〇，页 9141—9145。

[47]《资治通鉴》，卷二八〇，页 9146。《旧五代史》，卷八九《桑维翰传》，页 1162。《新五代史》，卷二九《桑维翰传》，页 319。

[48]《资治通鉴》，卷二八〇，页 9148—9159。《旧五代史》，卷一三七《契丹传》，页 1833。《新五代史》，卷三三《张敬达传》，页 360—361，卷七二《四夷附录一》。

[49]《旧五代史》，卷一三七《契丹传》，页 1833。据《旧五代史》，卷七五《高祖纪一》，页 978，晋高祖生于 892 年，时为四十四岁。据《辽史》，卷三《太宗本纪上》，页 27，辽太宗生于 902 年，时为三十四岁。

[50] 姚从吾：《从宋人所记燕云十六州沦入契丹后的实况看辽宋关系》，收入《大陆杂志史学丛书》，第二辑第 3 册，页 7—12。王育伊：《宋史地理志燕云两路集证》，载《禹贡》，第 3 卷，第 7 期

（1935），页 26—35 ；王育伊：《石晋割赂契丹地与宋燕云两路范围不同辨》，载《禹贡》，第 3 卷，第 9 期（1935），页 10—12 ；侯仁之：《燕云十六州考》，载《禹贡》，第 6 卷，第 3—4 期（1946），页 39—45 ；陈乐素：《宋徽宗收复燕云之失败》，原载《辅仁学志》，第 4 卷，第 1 期（1933），收入陈乐素：《求是集》（广州：广东人民出版社，1986 年），页 46—100。

[51]《新五代史》，卷七二《四夷附录一》，页 892。《辽史》，卷二《太祖纪下》，页 18，卷四十《地理志四》，页 500—501。

[52]《资治通鉴》，卷二八〇，页 9143。

[53] 高井康典行认为辽人对南京的统治在某种程度上承袭了藩镇体制，但又加插了契丹部队。他对辽代南京留守、南京统军司及南京侍卫亲军马步军都指挥使司的关系作了考索。他认为南京留守所统的是相当于原卢龙节度使的衙军系统，南京统军司所统的是契丹皮室军，而南京侍卫亲军马步军都指挥使统领神武、控鹤等禁军，三者互相牵制。参高井康行：《遼の燕雲十六州支配と藩鎮體制》，载《早稻田大学大学院文学研究科纪要别册·哲学史学编》，第 21 册（1995），页 113—125。

[54] 关于吴越国的外交政策见 Edmund Henry Worthy, "Diplomacy for Survival: Domestic and Foreign Relations of Wu Yueh, 907–978," in Morris Rossabi, (ed.), *China among Equals: The Middle Kingdom and Its Neighbors, 10th–14th Centuries* (Berkeley and Los Angeles, California, and London, England: University of California Press, 1983), pp. 17–44.

[55]《资治通鉴》，卷二八三，页 9242—9243，9253。《旧五代史》，卷一三七《契丹传》，页 1834。

[56]《资治通鉴》，卷二八三，页 9256。《辽史》，卷四《太宗本纪下》，页 53。《新五代史》，卷七二《四夷附录一》，页 896。

[57]《资治通鉴》，卷二八三，页 9263。

[58]《资治通鉴》，卷二八四，页 9265—9266。《旧五代史》，卷一百九《李守贞传》，页 1437。《新五代史》，卷七二《四夷附录一》，页 895。《辽史》，卷四《太宗本纪下》，页 54。

[59]《资治通鉴》，卷二八四，页 9266。

[60]《资治通鉴》，卷二八四，页 9267—9268。《新五代史》，卷七二《四夷附录一》，页 895。《辽史》，卷四《太宗本纪下》，页 54 略有不同，谓辽军突击晋军东偏，"众皆奔溃，纵兵追及，遂大败之"。《旧五代史》，卷八二《少帝纪二》，页 1088 亦承认东面失利，但继而"时有夹马军士千余人，在堤间治水寨，旗帜之末出于堰埭，敌望见之，以为伏兵所起，追骑乃止。"

[61]《资治通鉴》，卷二八四，页 9270—9278。《旧五代史》，卷一二五《折从阮传》，页 1647。

[62]《资治通鉴》，卷二八四，页 9280—9283。《旧五代史》，卷八二《少帝纪二》，页 1099—1100。《旧五代史》，卷九五《皇甫遇传》，页 1260。《辽史》，卷四《太宗本纪下》，页 55。

[63]《资治通鉴》，卷二八四，页 9283—9288。

[64]《资治通鉴》，卷二八四，页 9288—9289。《辽史》，卷四《太宗本纪下》，页 55—56。

[65]《资治通鉴》，卷二八四，页 9289—9290。《宋史》，卷二五一《符彦卿传》，页 8838。《辽史》，卷四《太宗本纪下》，页 56。《新五代史》，卷七二《四夷附录一》，页 895。

[66]《资治通鉴》，卷二八四，页 9290。《辽史》，卷四《太宗本纪下》，

页 56。

[67]《资治通鉴》，卷二八四，页 9293。《旧五代史》，卷一三七《契丹传》，页 1834。《新五代史》，卷七二《四夷附录二》，页 903。

[68]《资治通鉴》，卷二八四，页 9292。《旧五代史》，卷一百九《杜重威传》，页 1434。

[69]《资治通鉴》，卷二八五，页 9303—9304。《旧五代史》，卷一二五《孙方谏传》，页 1649—1650。《宋史》，卷二五三《孙行友传》，页 8871—8872。《辽史》，卷四《太宗本纪下》，页 57。

[70]《资治通鉴》，卷二八四，页 9294。《旧五代史》，卷一三七《契丹传》，页 1834。

[71]《资治通鉴》，卷二八五，页 9306—9318。《旧五代史》，卷九五《王清传》，页 1261—1262；同卷《梁汉璋传》，页 1262—1263；卷一百九《杜重威传》，页 1434—1435；同卷《李守贞传》，页 1439。《新五代史》，卷七二《四夷附录一》，页 895。《辽史》，卷四《太宗本纪下》，页 57—58；卷七六《赵延寿传》，页 1248；同卷《高模翰传》，页 1248—1249。

[72]《旧五代史》，卷九八《张彦泽传》，页 1307。

[73]《资治通鉴》，卷二八五，页 9324—9325。《新五代史》，卷七二《四夷附录一》，页 896—897。

[74]《资治通鉴》，卷二八六，页 9328。《新五代史》，卷七二《四夷附录一》，页 897。

[75]《资治通鉴》，卷二八六，页 9328—9329。《旧五代史》，卷九八《张彦泽传》，页 1308。

[76]《资治通鉴》，卷二八六，页 9330。《新五代史》，卷七二《四夷附录一》，页 897—898。

[77]《资治通鉴》，卷二八六，页 9331—9335。《旧五代史》，卷一三七《契丹传》，页 1836。《新五代史》，卷七二《四夷附录一》，页 898。王明荪认为德光的进军中原含有经济掠夺的目的，参王明荪（注 42）。

[78] 向南：《辽代石刻文编》（石家庄：河北教育出版社，1995 年），页 58。

[79]《资治通鉴》，卷二八六，页 9338—9346。

[80]《宋史》，卷二五二《侯章传》，页 8859。

[81] Peter J. Katzenstein (ed.), *The Culture of National Security: Norms and Identity in World Politics* (New York, Columbia University Press, 1996), pp. 451–497。

[82]《资治通鉴》，卷二八四，页 9293。

[83]《辽史》，卷七七《耶律安搏传》，页 1260。

[84] 契丹官制，参岛田正郎：《遼朝官制の研究》（东京：创文社，1978）。高井康典行察觉到东丹国及后来东京道隶属北面官系统，因而认为传统以来视渤海人与汉人在辽朝具有同等地位，及其有关的游牧 / 农耕二元文化解释，都有重新检讨的必要。其说见高井康典行：《東丹國と東京道》，收入早稻田大学东洋史恳话会：《史滴》，第 18 期（1996），页 26—42。

[85]《资治通鉴》，卷二九〇，页 9463。《新五代史》，卷七二《四夷附录二》，页 903—904。

[86]《长编》，卷二，页 55。

[87]《长编》，卷五，页 126。

[88]《长编》，卷五，页 139。

[89]《长编》，卷六，页 160。

[90]《长编》，卷七，页166。

[91]《长编》，卷七，页169。

[92]《长编》，卷七，页173。

[93]《长编》，卷七，页167。

[94]《长编》，卷七，页183。

[95]《长编》，卷八，页190—191。

[96]范镇：《东斋记事》，与宋敏求：《春明退朝录》同本（北京：中华书局，标点本，1980年），卷一，页1。《长编》，卷十七，页385引《国史论》及《祖宗故事》《经武圣略》。《宋史》，卷二七三《何继筠等诸传论》，页9346—9347。

[97]《长编》，卷十七，页384。

[98]《长编》，卷十七，页385。

[99]《长编》，卷十二，页269云何继筠"居北边前后二十年"。960年时他已经是棣州守将，到病卒时仍判禄州，李焘同页注文已做出考证。

[100]《长编》，卷十七，页304。

[101]《长编》，卷十一，页248；卷十三，页283；卷十四，页302。《宋史》，卷二五五《杨廷璋传》，页8904。

[102]《辽史》，卷七《穆宗纪下》，页84。

[103]参聂崇岐：《宋辽交聘考》，《燕京学报》，第27期（1940），页1—51，有关这次议和，页2，注3。傅乐焕：《宋辽聘使表稿》，载《历史语言研究所集刊》第14本（1949），页57—136，收入傅乐焕：《辽史丛考》（北京：中华书局，1984年），页179—285。陶晋生：《宋辽关系史研究》（台北：联经出版事业公司，1984年），页17—22。

[104]《辽史》，卷八六《耶律合住传》，页 1321。

[105]《辽史》，卷八《景宗纪上》，页 94。

[106] 耶律昌术即耶律合住，参傅乐焕（注 103），页 59。其生平见
《辽史》，卷八六《耶律合住传》，页 1321。郭奇:《耶律琮神道
碑》，收入陈述（辑校）:《全辽文》（北京：中华书局，1982 年），
页 84—86；亦见向南（注 78），页 59。

[107]《长编》，卷十五，页 328。

[108] 参聂崇岐（注 103），页 2，注 3。陶晋生（注 103），页 19。

[109] 徐松（辑）:《宋会要辑稿》（北京：中华书局，据前北平图书馆
影印本复制重印，1957 年），《蕃夷一》，页 7673。彭百川:《太平
治迹统类》（扬州：江苏广陵古籍刻印社，1990），卷二《太祖经
略幽燕》，页 3a—b。《宋会要辑稿》作"远布通悟"，不及《太平
治迹统类》作"远希通悟"较易理解。杨亿:《杨文公谈苑》，页
166 作"兵无交于境外，言即非宜"，并赞其"文采甚足观"。按
"兵无交于境外"似乎是宋人弭兵论的一种表述方法，耶律琮这
里用的是《春秋》"大臣无私交"的典故，应该以"臣"字为当。

[110]《辽史》，卷八六《耶律合住传》，页 1321。

[111]《长编》，卷十五，页 322。

[112] 有关作战经过，见《长编》，卷二一，页 476，480；卷二二，页
491。

[113]《长编》，卷十一，页 241—242。

[114]《旧五代史》，卷一二五《孙方谏传》，页 164—950；《新五代史》，
卷四九《孙方谏传》，页 560；《宋史》，卷二五三《孙行友传》，
页 8872。《长编》，卷二，页 52。

[115]《宋会要辑稿》，《蕃夷一》，页 7673。《太平治迹统类》，卷二《太

祖经略幽燕》，页 3a—b。

[116] 卢逑曾：《五代十国对辽的外交》，载《学术季刊》，第 3 卷，第 1
期（1954），页 25—51。《辽史》，卷八《景宗纪上》，页 94—96。

[117]《长编》，卷十六，页 337。《太平治迹统类》，卷二《太祖经略幽
燕》，页 3b 略同。

[118]《长编》，卷十一，页 253："瀛之高阳旧属契丹，与定之博野相
邻，博野人数侵扰之，乃于东北三十里置行县。周世宗既克三
关，行县实迩边徼，距州治绝远，民诉其不便，转运使以闻。辛
未，徙行县归旧治。"这条史料反映辽人的南疆欠缺安全。

[119]《长编》，卷六，页 160。

[120]《长编》，卷十二，页 266。

[121]《长编》，卷二二，页 498。

[122] 郭奇：《耶律琮神道碑》，收入，陈述（辑校）（注 106），页 86。

[123]《辽史》，卷八六《耶律合住传》，页 1321："尝领数骑径诣雄州
北门，与郡将立马陈两国利害，及周师侵边本末，辞气慷慨，
左右壮之。自是，边境数年无事，识者以为合住一言，贤于数
十万兵。"

[124]《长编》，卷十五，页 351。

[125]《长编》，卷十七，页 385："时瀛州防御使马仁瑀监霸州军，仁
瑀虽兄事（李）汉超而多自肆，擅发麾下兵入敌境略夺生口、羊
马，由是二将交恶。上恐生边衅，即遣使赍金帛赐汉超及仁瑀，
令置酒和解，寻徙仁瑀知辽州。"虽然这条史料说的是 976 年前
后的事情，但可以说明马仁瑀比较暴烈的性格，可能一向以来对
辽人存在威胁。有趣的是，宋太祖采用置酒和解的方法来处理这
次不服从节制的事件，而不采用强硬手段，反映了边将还是具有

很大的自主性。

[126] 有关宋人内政主导的思维，见本书第四章。

[127] 冷战时期，美苏在东西德边界均保持克制，但在中东则各自扶植
盟国进行代理战，双方更在越南及阿富汗出现不同程度的军事介
入，就是这种状况的写照。

[128] 此事正史不载，首见于文莹《续湘山野录》。按文莹所载，宋太
祖逝世当晚，曾屏退左右，与晋王对饮。烛声中太宗时而做出逊
避之状，最后太祖以斧戳雪，对太宗说："好做！好做！"然后就
寝。当晚太宗亦在宫中留宿。次日清晨即传出太祖死讯，其遗体
似乎有被洗过的痕迹。李焘参照了《涑水记闻》，认为宋太宗当
夜不在宫中，而是借宦官王继恩（卒于999年）通风报信之助，
抢先于太祖之子德芳（959—981）之前抵达宫中，于枢前即位。
由王继恩对太宗说"事久，将为它人有矣"，及宋皇后（952—
995）看见太宗时愕然的表情，可以窥见宋太宗似乎不是宋太祖
指定的继承人。参文莹：《续湘山野录》（北京：中华书局，1984
年），页74；《涑水记闻》，卷一，页18—19。李焘又进一步参考
了蔡惇《夔州直笔》和王禹偁《建隆遗事》的记载修成《长编》，
卷十七，页378的一段记事。《建隆遗事》称太祖临终时，亲口
对赵普说传位晋王，但李焘指出当时赵普不在相位，宋太祖无可
能对他托付后事。学者对此事的考证，倾向于太宗弑兄或篡位的
说法，参张荫麟：《宋太宗继统考实》，载《文史杂志》，第8期
（1941），页26—31。谷霁光：《宋代继承问题商榷》，载《清华
学报》，第1期（1941），页87—113。陈登原：《国史旧闻》（北
京：中华书局，1962年），第二册，卷三二《宋太祖兄弟》，页
257—259。邓广铭：《宋太祖太宗皇位授受问题辨析》，收入邓广

铭:《邓广铭治史丛稿》（北京：北京大学出版社，1997 年），页
475—502。汪伯琴:《宋初二帝传位问题的剖析》，载《大陆杂
志》，第 32 卷，第 10 期，（1966），页 309—316。顾吉辰:《烛
影斧声辨析》，载《黄淮学刊》（社科版），第 1 期（1989），页
33—39；邓广铭:《试破宋太宗即位大赦诏书之谜》，载《历史研
究》，第 1 期（1992），页 119—125。李裕民:《揭开斧声烛影之
谜》，载《山西大学学报》（哲社版），第 3 期（1998），收入李
裕民:《宋史新探》（西安：陕西师范大学出版社，1999 年），页
16—29。倾向质疑文莹及有关传闻的说法，参刘洪涛:《从赵宋
宗室的家族病释"烛影斧声"之谜》，载《南开学报》（哲社版），
第 6 期（1989），页 56—64。刘子健:《宋太宗与宋初两次篡位》，
载《中国史研究》，第 1 期（1990），页 156—160。侯扬方:《宋
太宗继统考实》，载《复旦学报》（社科版），第 2 期（1992），页
67—70。王育济:《宋太祖传位遗诏的发现及其意义》，载《文史
哲》，第 2 期（1994），页 35—42。有关研究概况评述，参陈伟
基:《烛影斧声与金匮之盟》，载《新亚书院历史学系系刊》，第
10 期（2000），页 174—180。

[129] 例如一向"病瘖"，不能说话的杨信，据说忽然在病危的时候恢
复说话能力。在这段时间之内，宋太宗曾前往探视，"信自叙遭
逢，涕泗横集，且叩头乞严边备"。翌日杨信就去世了。《长编》，
卷十九，页 429。李裕民认为宋太宗把握了宋太祖第三次进攻北
汉，大将党进等握兵在外的机会，杀害太祖。事后党进、杨信、
李继勋等宋太祖亲信的将领都在数年间先后被罢去兵柄或逝世，
参李裕民（注 128）。至于宋太宗收买将士及掀起军队中连串人事
斗争的过程，参蒋复璁:《宋太宗晋邸幕府考》，载《大陆杂志》，

第 30 卷，第 3 期（1965），页 14—23；何冠环:《论宋太宗朝武将的党争》，载《中国文化研究所学报》，新刊号第 4 期（1995），页 173—202；及何冠环:《论宋太祖朝武将的党争》，载《中国史学》，第 5 期（1995），页 45—62。

[130]《涑水记闻》，卷一，页 6。

[131] 王辟之:《渑水燕谈录》，卷一，页 3。

[132] 叶梦得:《石林燕语》（北京：中华书局，1984 年），卷三，页 33。

[133] 李华瑞:《关于宋初先南后北统一方针讨论中的几个问题》，载《河北大学学报·哲社版》，第 4 期（1997），页 49—55，88。李氏的考证旨在说明宋太祖对辽采取审慎态度，与本章论点无根本矛盾。况且《长编》，卷十九，页 436 亦有类似记载，惟"五百万"作"三五十万"。李焘详细考证了封桩库应为左藏库之误。

[134]《长编》，卷十一，页 252。《太平治迹统类》，卷二《太祖经略幽燕》，页 2—3 及《宋朝事实》，卷二十《经略幽燕》，页 316—317谓绢二十匹为三十匹，总数亦增为绢三百万匹。

[135]《长编》，卷十九，页 436。

第三章　以北汉问题为核心的宋辽军事冲突

对于研究早期的宋辽关系者来说，北汉问题是一个相当特殊，但又具有深远意义的课题。宋辽战争的爆发固然是五代时契丹经略中原的许多遗留问题所造成，如幽燕地区的领土纠纷，但这些因素本身并没有立即引起战争。除了长远积累下来的种种冲突和领土纠纷之外，北汉问题一直是贯穿着宋辽之间时缓时紧的关系的主要线索。北汉是契丹经略中原进程当中支持的一个扈从政权，它的存在阻缓了中原的统一，也间接巩固燕云地区的安全。[1]宋人对北汉的战争，是统一战争的组成部分。[2]然而，由于北汉长期受到契丹的支持，宋人在扫除统一障碍之余，又很容易负起引发对辽战争的风险。因此宋人对北汉的战略，并不完全由统一战争的本质而决定；相反，它交错着呈现国际战略的议题。

在传统的框架中，宋太祖的政策被理解为"先南后北"。近年来学界对于后周和宋初是否存在一脉相承的"先南后北"战略，及其具体内容是什么，学者相继提出不同意见。本章认为尽管宋人对先取得南方财源怀有较大期望，北汉仍是冲突的焦点。宋辽围绕着北汉进行了三个周期的争持。在前两个周期，冲突在上升了一个阶段之后，双方都没有加大赌注。北汉最后在宋军的强大攻势下灭亡，强烈预示着宋辽两国继而发生战争的可能性。可以说，北汉的角色在十世纪中国北方的局势而言举足轻重。

本章没有按照正义战争（just war）的标准来评价宋人何以负起引发对辽战争的风险，主要是由于这方面的讨论空间存在颇大的相对性。虽然宋人为统一的目标而进行对北汉的战争，目前很少受到质疑；但至于宋辽战争的正义性如何判定，则主要是采用哪一个标准来衡量正义的问题。如果采用民族主义，特别是以汉族为中心的观点，那么宋人坚持消灭北汉及收回幽燕失地而负起战争的风险，可谓具有较强的理据。然而若相信超越某一民族利益立场的外交规范才是评价的最后标准，则辽朝透过割让而获得幽燕之地，存在一定的法理基础。在974年宋辽雄州和议的过程中，宋人对幽燕之地的态度亦颇为模糊。目前比较清楚的是，宋太祖在对内的场合一再强调收回幽燕的重要性，但至于契丹人是否收到这个讯息，则不容易断定。可能宋太祖仅视雄州和议为一个权宜之计；但也可能宋人曾提出强硬抗议，只是由于耶律琮和孙全兴在雄州北门外的会谈没有被记录下来，而令后世无法知其本末？换言之，目前不容易判断宋人经略幽燕是经过外交斡旋无效，而迫不得已发动的战争，还是虽具有一定利益立场，但在争取其利益的过程中采用突然袭击手段的战争。总的来说，宋辽战争的正义性很大程度上系乎评价的标准和模式。

本章的重心放在冲突的规模上，认为双方的政治目标对军事冲突的规模实施了颇为严谨的制约。若我们相信战争是政治在另一种方式的延续，那么军事目标必然也反映着政治目标。本章以宋辽环绕着北汉的存亡而爆发的军事冲突为观察个案，凸显了短暂并具有地域特征的军事冲突，如何反映着政治目标在时间上的阶段性及空间上的封闭性，而这些制约的消失如何令战争全面爆发。

战争爆发的模式：理论框架

战争的爆发，一般来说可以归纳为两种模式：一种是战争突然全面爆发的模式；另一种是冲突螺旋上升（escalation），逐渐演成全面军事对抗的模式。战争突然爆发的理论在很大程度上从战役法的角度思考，强调在战争爆发的最早期阶段就投入决定性的战略资源，可以充分发挥兵种兵器的效益。这种说法也得到如"巴巴罗萨"作战计划（Operation Barbarossa, 1941）及 1973 年苏伊士运河之役等杰出战例的支持。[3] 从对战争突发性的假设，引申出战略欺骗（strategic deception）的研究。一般来说，高度中央集权的决策核心比较容易承受从和平急剧地转入战争状态的过程，也较能在这个过程中保持机密。[4] 固然，现代的战略理论具有鲜明的时代性，在古代的军备条件未能在瞬间破坏敌军的反击能力时，先制攻击的具体效益不能和现代同日而语，也没有大规模报复（massive retaliation）的能力。可是，古代中国并不缺乏战争突然爆发的战例，如 755 年的安史之乱、1081 年的宋夏战争和 1125—1127 年的宋金战争，都是最佳例证。在这些战例中，攻方都是在战争爆发的最早期阶段就投入决定性的战略资源，而战役层次的思维得到优先考虑，也同样和现代理论没有本质上的分别。事实上，《孙子》所谓"攻其无备，出其不意"的说法，是传统兵法上先制攻击效应的理论基石。[5]

相反，冲突螺旋上升的模式假设双方的决策者不愿意看见战争全面爆发，战争只是在不得已时的最后解决方法。在冲突的最早期阶段，双方只投入非常有限的兵力，从事有限度目标的军事冲突。随着怀有较大期望但空手而回的一方加大注码，对方亦被迫相应行动，冲突于是辗转升级，最终双方都全面动员其战略资源，演成大战。[6] 不过，由于假设双方都具有起码的理性，所以也不排除冲突在达到某一层次之后，可以逆向地降温。

正如亨利·基辛格（Henry A. Kissinger）所说，有限度战争（limited war）是非常政治性的行为，不能完全按照军事本身的逻辑来行事。因此，只有当冲突完全失控的时候，战争才会全面爆发。基辛格认为有限度战争基本上是政治行为，不能将军事利益的考虑无穷地扩大。他将有限度战争分为四种模式，即：（1）次等国家之间的战争；（2）强国与非其敌手的小国，且不大会引起别的大国干涉的战争；（3）大国与有大国在背后撑腰的次等国家之间进行的战争；及（4）大国之间冲突的初级阶段。[7] 依这种分类法，宋辽在河东和河北发生的军事冲突属于不同的类别。在河东，宋对辽所支持的北汉的战争，可以归入第（3）种类别。在河北，由于不存在缓冲地带，宋辽的军事冲突有可能发展为第（4）种类别，但双方亦可能因高度察觉冲突的危险性，而将其规模维持在比较有节制的水平。冲突的不同类型也反映在辽军使用兵力的不同规模上。在河东，几乎每一次宋军的大型进攻，辽朝都会派遣数万人不等的援军；但在河北，辽军出动的兵力很少超过六万人的水平，其攻击纵深也很有限。换言之，在两国接壤的地方，冲突的水平较低；但在没有接壤地方，冲突的水平反而较高。这突显了北汉问题的复杂性。

本章认为自 960 到 970 年代初，宋辽围绕着北汉展开角逐，北汉在某种程度上虽可被理解为冲突的火药库，但它同时又是吸收冲突张力的缓冲地带，双方在有限度冲突的互动中开始层累地形成一种无言的规范，合乎所谓有限度战争的定义。总之，北汉的存在并没有令宋辽战争爆发，相反，它的消失令武装冲突丧失规范。

冲突的升级与克制：第一个周期（960—967 年）

十世纪中叶，辽朝与中原的关系在经历了一段强权政治的阶段之后，接着出现持续对抗的局面。947 年契丹人撤出开封之后，不再有大规模经略中原的行动。冲突并没有螺旋上升为长期全面战争。相反，它维持在一个稳定水平。对北汉施以军事援助，就成为辽朝的一个现实政治路线的产物。北汉的特殊背景本来不容易与辽建立良好关系。统治河东的刘知远本来是将契丹驱逐出中原的一个主要人物，可是他建立的后汉政权（947—950）寿命只有三年。知远死后，大将郭威（即后周太祖，904—954，951—954 年在位）发动兵变，建立后周（951—960），刘知远的弟弟刘崇（卒于 955 年）在河东维持了后汉的余脉，史称北汉。由于河东领土和军力有限，因此刘崇师法了石敬瑭的故智，向辽求援。辽朝也许考虑到牵制后周的战略利益，抹去和刘氏的旧嫌而加以援助。然而这种援助也许只是基于阻延中原统一的考虑，目前没有充分证据说契丹人愿意像扶植后晋那样，支持北汉入主开封。[8]

954 年郭威死去，其义子柴荣继位，是为后周世宗（生于 921 年，954—959 年在位，卒于 959 年）。刘崇闻讯向契丹借兵万余骑，合北汉兵三万，自团柏谷挺进潞、泽，周世宗也亲自统领禁旅迎战。刘崇越过潞州不攻，直趋泽州，而"兼行速进"的周军也自泽州北进，两军相遇于高平的巴公原，北汉兵大败。[9] 后周军乘势包围太原，并取得石、沁、忻、代等州。契丹以三千骑反击，周世宗命令符彦卿领兵拒战。两军在忻口交锋，周军蒙受很大伤亡，大将史彦超（卒于 954 年）战死，周世宗唯有下令解围撤退。[10] 然而北汉经此一役，已丧失重大的军力，以后只能采取守势，辽朝虽支持北汉，也只是让它作为牵制中原的一枚棋子。战争的主动权落入了后周方面。

959 年，周世宗打算着手恢复失地。他以赵匡胤为先锋，北取瀛、莫二州，瓦桥、益津、淤口三关，还准备进攻幽州，但因为世宗的突然病亡，军事行动中止。当时辽臣刘景（约 921—988）指出"河北三关已陷于敌，今复侵燕，安可坐视！"[11] 可是据《新五代史》记载，辽穆宗认为"此本汉地，今以还汉，又何惜耶？"[12] 自此所谓关南地区又成为后周的领土。辽失关南，燕云只余十四州，因此一直打算收回。后来澶渊之盟和关南誓书的交涉中，辽一再提出割让关南的要求，就是这个缘故。因此，宋初面对的北方领土纠纷是很错综复杂的事情——双方都认为损失了领土。在双重的领土纠纷下，取代后周的宋太祖赵匡胤为了避免战争，显得小心翼翼，他下令诸将严守边界，不得侵轶对方。

宋初大战略的制订者宋太祖和赵普都担心和辽朝发生军事冲突的可能性，赵普曾经顾虑消灭北汉以后，"则边患我独当之"，[13] 以往学者多利用这条史料论述"先南后北"战略的制订，其实换另一角度来看，赵普的言论也反映了宋初领导层对宋辽终必发生战争的潜在忧惧。同样，宋太祖也认为攻下北汉以后，河东防线将会备受压力，[14] 可能是融会了赵普意见的结果。有记载说李汉超掠民女为妾，百姓上诉，宋太祖说"汉超所取，孰与契丹之多？"[15] 似乎也反映着宋人面对着契丹随时进行掠夺战争的可能性。

　　然而，宋辽之间最棘手的问题是北汉。自高平会战之后，北汉对宋室已不构成严重威胁，但它的存在一直是一个很大的隐忧。为了彻底铲除北汉，宋人必须冒与契丹发生军事冲突的风险。结果宋初的北疆呈现一种奇特而紧张的状态——在宋辽边界，双方都小心避免爆发全面战争；但在攻打北汉的时候，宋军就多次与契丹的援兵交锋。宋太祖夺取帝位的陈桥兵变，本身就在辽与北汉联军入侵的阴影下发生。"镇定二州言契丹入侵，北汉兵自土门东下，与契丹合"，当时"主少国疑，中外始有推戴之议"。[16] 宋太祖黄袍加身之后，镇州却报称契丹与北汉军都不战而退。[17] 以镇州为帅府的成德节度使郭崇（908—965）"闻上受禅，时或涕泣"，还深恐宋廷派来的监军会罗织他的罪名，[18] 可知他不是宋太祖的同党，合谋捏造边报的嫌疑不大。960 年年初，辽及北汉在战线的其他地段亦确有异动，"北汉诱代北诸部侵掠河西"，在定难军节度使李彝兴（卒于 967 年）增援麟州之下引退。[19] 辽军则进掠棣州，回师时遭到刺史何继筠追击。[20] 因此，辽与北汉曾因周世宗之死而计划合兵，继因宋太祖黄袍加身而退兵，都属有迹可循。强有力军事领袖的登场，使敌人不敢轻犯，在古代世界而言并不是陌生的事情。

　　同年发生的昭义节度使李筠（卒于 960 年）之变，北汉的角色再度显得重要。李筠原来是后周用来遏制北汉的主将，管辖潞、泽二州的咽喉通道。然而陈桥兵变之后，李筠急于反宋，唯有向北汉乞援。零星的史料指出，李筠虽然按照"敌人的敌人就是朋友"的思路，但其兴复周室的立场相当坚定，他请北汉主刘承钧（926—968）挥军南下，但却"请无用契丹兵"，谒见刘承钧时他又"自言受周氏恩，不忍负之。而北汉主与周，世仇也，闻筠言，亦不悦"。[21] 由此可见，李筠的举兵并不完全考虑现实政治以势力平衡为依归的取向，而是有强烈身份角色的认定，没有像河东刘氏那般容易由辽朝的对手演变成扈从者。相反，宋太祖则害怕敌人们联成一体，因此采用速战速决的战略，命令前军部署石守信（928—984）"勿纵筠下太行，急引兵扼其隘"。[22] 结果李筠被困于泽州，城破时赴火而死。由于宋太祖当时的地位尚未稳固，恐怕李筠举兵引发连锁反应，带来不可预知的后果，他高度重视这场战役。在出征途中，宋太祖亲自下马搬石头，激励了群臣及六军争相开路。[23] 文臣赵普亦穿上甲胄从征。[24]

　　值得注意的是，当时宋太祖尚未确定"先南后北"的战略，在平定李筠之后，就想用兵北汉，因而召见了他的老上司忠武军节度使兼侍中张永德。可是张永德认为"太原兵少而悍，加以契丹为援，未可仓卒取也。臣愚以为每岁多设游兵，扰其田事，仍发间使谍契丹，先绝其援，然后可图。"[25] 张永德虽然没有讨论南方的局势，但很明显，他看到契丹对北汉的军事承诺，是宋军不大可能很快在北方取得可观进展的主要原因，而他们之间密切关系的终止，才是宋军能够获致决定性胜利的先决条件。从这个角度而言，张永德的言论可说定下宋军在北方大部分时间进行低强度而高频度冲突的战略节奏。与此约略同时，宋太祖也召见了在华州卓有治绩的团练使张晖，"上既诛李筠，将事河东，召晖入觐，问以计策。晖曰：'潞泽疮痍未瘳，军务浩兴，恐不堪命。不若戢兵育民，俟富庶而后图之。'上慰劳遣还。"[26] 张晖从内政主导的思路来主张缓图北汉，与张永德的理趣略有不同，但主张是完全一致的。[27]

由于围堵战略需要不停骚扰北汉的农耕，宋军出动的规模虽不大，但战况仍相当激烈。宋将李继勋率部焚掠北汉的平遥县，但晋州守将荆罕儒（卒于 960 年）在焚掠汾州草市之后战死于京土原，一度引起宋太祖的震怒。[28] 然而此时宋太祖急于平定淮南节度使李重进（卒于 960 年），没有进行大规模的报复，只是利用位于北汉侧后的府州、麟州等地的土著领袖折氏和杨氏进行牵制，二者均成功地击退了北汉的进攻。[29] 基于同样的思路，宋太祖对出身于党项大姓的代州刺史折仁理也进行了安抚。[30] 不少迹象显示，围堵政策的确生效，自 961 年开始有北汉军官变节，[31] 宋军亦陆续俘获北汉人户，安置内郡。[32] 北汉虽然发动多次突击，都被击退。[33] 962 年，宋军开始修筑跨越太行山的道路，为大举进攻做好准备。[34]

在即位后的第二年，宋太祖一方面重整禁军的人事架构，即具有争议性的所谓"杯酒释兵权"事件；另一方面则极力将河北强藩大镇置于直接控制之下。960 年镇、定二藩的节帅是郭崇和孙行友，均非太祖心腹。961 年，宋太祖以侍卫亲军都指挥使韩令坤出镇成德，[35] 继而又削夺义武节度使孙行友的兵权。[36] 孙氏兄弟有教唆契丹入主中原的嫌疑，又借宗教力量来聚集信众，因此成为宋代中央集权政策所要除去的目标。[37] 962 年猛将何继筠获任命为关南兵马都监。[38] 963 年朝廷又令泾、原、邠、庆州不得补蕃人为缘边镇将，[39] 都意在强化北方的边备。

963 年宋军在南线开始一连串攻势，慕容延钊和李处耘席卷荆、湖，未遭遇强大抵抗。宋太祖继而打算窥取后蜀，但他对于北汉的压力并未为之减轻。安国节度使王全斌、西山巡检使郭进和客省使曹彬率兵入北汉境内抄掠，获数千牲口；后来三将更进而攻下乐平县。[40] 这样，军事冲突开始升级，北汉在辽朝援军的支持下向平晋军发动反击。当时已升为洺州防御使的郭进和曹彬一起率步骑万人赴援，但北汉随即退兵，并未爆发大战。宋太祖为了强调对郭进的信任与支持，特别提醒派驻郭进帐前的亲军御马直必须谨慎奉法。[41] 另一方面，宋将李谦溥也在晋州方向发动了抄掠作战。[42]

在这样频密的军事冲突之下，双方发生了第一场大战，也就是辽州之战。虽然很少史家会将这场战役算是宋辽的第一场战役，但如果李焘的记载无误，则宋人对北汉无止境的抄掠，终于导致宋辽两军兵戎相见。965 年初，宋昭义节度使李继勋以步骑万余人攻略北汉辽州，击败了北汉的一支援军，辽州守军三千向宋投降。于是北汉请来契丹六万援军反击，而李继勋亦集结郭进、曹彬所部六万人迎战，大破敌军于辽州城下。[43] 宋辽之间结果并未因此一战而爆发全面冲突，但事态的严重性不容低估。自北宋建国以来，这是第一次宋辽之间五万人以上的冲突。由于关于这一役的历史记载相当零散，目前要对战争并未继续升级的原因加以全面推断，尚有困难；但就广泛的背景而言，辽廷对于中原的有限目标，应属于可以接受的解释。

特别需要指出的是，辽和北汉之间也存在暗涌。辽人对于北汉的态度不够以往"恭顺"，开始公然责备，而北汉内部的政治斗争引起大臣段恒（或作段常，卒于 963 年）被诛，出身隐士的郭无为（卒于 969 年）代而秉政的变动，也引起了契丹人的警惕，两度拘执其使者，北汉往贺正旦生辰和端午节的使者均被执，因此辽对北汉并非无条件支持。[44] 甚至 965 年刘承钧的儿子刘继文（949—981）亲自出使，亦被执，"自是文武内外官属悉以北使为惧，而抱负才气不容于权要者，乃多为行人矣。"[45]

960 年至 967 年的宋辽冲突的规模反映了双方的有限目标和手段。辽朝君主似乎已充分吸收了支持石敬瑭为中原之主，但不能长期控制后晋的教训，他们也不复有入主中原的雄图伟略。这样，扶植北汉作为牵制中原的一枚棋子，但不全力支持其夺取中央政权，就成为一个有限的政治目标。在这样的政治制约下，军事目标和手段也变成非常克制。辽人履行对北汉的军事援助，但基本上不将冲突扩大到河北地区。与辽朝的战略相对应，宋人也持同样的态度。宋太祖对北汉的政策颇为强硬，在大举进攻之前，先于外围实施围堵。虽然宋军在攻略河东时不惜与辽军一战，但在河北则尽量保持克制。

第二个周期（968—974）

968 年北汉发生继承危机，引来宋军大举进攻，开始了冲突的升级与克制的第二个周期。据说宋太祖曾向刘承钧挑战，说二人大可匹马周旋于怀、洛川，决一胜负，见后者不允，乃透过谍者声言，"开尔一路以为生"。[46] 宋太祖是否这样信守承诺，很难凭片面史料来证实；然而 968 年刘承钧去世，宋太祖便发

大军北征，以昭义节度使李继勋为主将，党进为副，曹彬为都
监，何继筠为先锋。刘承钧无子，其义子刘继恩（935—968年）
及刘继元（卒于991年）均为刘崇的外孙，冒姓刘，因此可以
想象宋太祖出兵，有乘北汉继承危机从中取利的用意。新即位
的北汉主刘继恩旋即为供奉官侯霸荣（卒于968年）所杀，[47]
宰相郭无为平定叛乱，立刘继元，继元向契丹求援。与此同时，
宋将何继筠击破北汉枢密使马峰（904前—984）的大军于洞
过河，直逼太原城下，但不久契丹派出救兵，李继勋等唯有退
兵。[48] 这一次宋辽并未正式交锋，但契丹军事介入作为具有高
度危险性的因素，已不容低估。

　　宋太祖很可能了解到单凭李继勋的兵力不足以完成任务，
因此他在969年年初大举亲征。自宋太祖即位，平定李筠、李
重进后，这是他第一次出征。在路过相州时，他召见了彰德军
节度使韩重赟，制订了围城打援的策略，先解决契丹援兵。此
后他在潞州逗留了十多天，直至李继勋完成对太原的包围，他
才到城下督战。李继勋在向太原的推进过程中，北汉派出刘继
业（后更名杨业）和冯进珂率部于团柏谷迎战，二将自知众寡
不敌，退回太原，李继勋于是围城。宋太祖抵达城下之后，命
党进、李继勋、赵赞（923—977）和曹彬四将分从东、南、西、
北四个方向筑寨逼近城堞，又决汾水灌城。刘继业率百多名骑
兵冲击东寨，党进挺身出战，将他击败。刘继业只好躲藏在城
壕中，待城上垂下吊索登城获免。

　　这时辽朝援军已逼近太原城北的石岭关，宋太祖派出惯常
打头阵的何继筠为石岭关部署，并给他精骑数千增援。当时天
时暑热，可能影响了辽军的临阵表现。结果何继筠大破辽军，

斩首千余级。另一支辽朝的援兵从镇、定路进兵，直扑宋军的侧翼，然而宋军早有准备，当辽军到达定州嘉山，发现宋军旗帜，打算退却时，就受到韩重赟的截击。

据李焘的记载，宋太祖早料到辽军会从这一路赴援，他对韩重赟说："彼意镇、定无备，将由此路入。卿可为朕领兵倍道兼行，出其不意破之。"[49] 这说明宋辽的紧张关系虽有领土纠纷等环节，但冲突的形式却仍具带有因北汉问题而来的地域性。河北到目前为止都不是宋辽冲突的主要地带，而镇、定二州也没有进入高度戒备状态。辽军这出乎意外的行动被宋太祖算中而失败，因而制约了冲突进一步向河北蔓延的可能性。此外，辽廷适处于穆宗被刺，景宗（948—982，969—982 年在位）即位的过渡期，《辽史》没有特别记载此事。

若宋军的运气较佳，他们当可利用北汉宰相郭无为动摇的立场来捞取便宜。郭无为出身武当山隐士，曾向周太祖郭威军前自荐，被形容为"纵横之士"。目前尚没有确实的证据说他和开封政权是否存在某种不可告人的密切关系，然而他跟着就投靠北汉，立即得到重用，963 年受辽廷信任的枢密使段恒被诬获罪而死之后，郭无为独揽大权，引起辽人不满，这些事情都很不寻常。[50] 在宋军开始围城的时候，辽朝使者正好前来册立刘继元为帝，郭无为乘着朝会引刀自刺，散布悲观言论。继而他又声称出战，打算向宋军投降，但因天气恶劣，中途折返。此后郭氏公然鼓吹投降，结果被刘继元所杀。[51] 无论如何，郭无为被杀令宋军失去了提早令太原结束抵抗的机会。

事实上宋军在围攻太原城的时候承受大量伤亡。赵赞在督战时，足部被弩矢贯穿受伤。内外马步军都军头王廷义（卒于

969 年）在乘小舟载强弩攻城时，被流矢射中脑部而死。殿前指挥使都虞候石汉卿（卒于 969 年）中箭，坠水溺死。殿前东西班都指挥使李怀忠（卒于 978 年）中箭垂危。殿前诸班卫士叩头请求急攻，但宋太祖不忍心浪费这支精心训练，"以一当百"的亲兵，说"我宁不得太原"。[52] 由于宋军"顿甘草地中，会暑雨，多被腹病"，[53] 辽军又再一次发兵来救，宋太祖听了太常博士李光赞（十世纪下半）的谏言，决定退兵。退兵前，宋太祖又接受了薛化光（十世纪下半）的谏言，作了恢复围堵战略的部署。[54]

宋军退兵时稍为混乱，宋人自己亦不讳言，[55]《辽史·耶律屋质传》则大书击败宋兵。[56] 耶律屋质（917—973）位居北院大王，是契丹名将。可是宋人却记载来援者为南院大王，有马数万匹。"时契丹遣其将南大王来援，屯于太原城下，刘继业言于北汉主曰：'契丹贪利弃信，他日必破吾国。今救兵骄而无备，愿袭取之，获马数万，因藉河东之地以归中国，使晋人免于涂炭，陛下长享贵宠，不亦可乎？'北汉主不从。南大王数日北还，赠遗甚厚。"[57] 当时位居南院大王的是耶律挞烈（约900—979），然而《辽史》本传只记载了去年出兵援太原一事，而没有记载是役。可能是宋人误将北院当作南院，也可能南北二王都来了，而先前被何继筠击败的是南院的部队，辽人讳败不书。无论如何，从刘继业的话可以看出，这一次契丹援军达数万骑之谱。若说契丹人贪利，可能反映了一定事实；但如果他们遭受嘉山、石岭关之败，仍派出南院大王将数万骑来援，似乎看不出如何"弃信"。刘继业主张袭击辽军，本身也有背信弃义之嫌，不过这番说话也再一次证明辽和北汉潜在矛盾，北汉部分将领不甘心做契丹人的傀儡。不过辽军再也没有往南进击，扩大冲突，只逗留了数天便退兵。相反，当年陆续有契丹吏民投奔宋室，如辽涿州刺史和丰州地方首领降宋，宋人并记载契丹十六族归附。[58] 宋太祖也放松走私幽州及河东矾的禁令。[59]

970 年年底，宋辽边界发生一宗相当特殊的事情，就是田钦祚（卒于 986 年）所谓"三千打六万"的遭遇战。战役最后结果是田钦祚奇迹一般地全师而还，但也不能说有很大战果。[60] 撇开夸大战果的可能性不说，最奇怪的是辽军出动六万骑这一点。据《辽史·兵卫志》，辽军在没有任命都统的情况下也可以动用六万骑，所以六万骑绝非一个偶然数字。[61] 然而自北宋建国至此，辽军在河北从未出现这样规模的兵力集结。969 年韩重赟嘉山之役，辽军兵力失载；其余何继筠、李汉超等均不时与辽军交锋，但没有看见这样规模的兵力。理解所谓"三千打六万"的记载有两个可能性：其一是六万人从来都是辽军在南线的常规部署，只是这一次田钦祚在众寡悬殊的情况下取得一定战果，因此受到史臣的特别重视。另外一个可能性是辽军首次在这一带出动六万人的规模，代表着宋辽冲突可能加剧的先兆。如果当时辽人加大赌注，全面战争未必没有爆发的可能。然而契丹人继而只是在 971 年年初稍为进犯易州，亦遭击退，就没有再发生更高强度的冲突。[62] 当时距辽穆宗于 969 年被臣下行刺而死，[63] 辽景宗即位的政权交接期不及一年，可能是辽人没有再大举南侵的原因。[64] 970 年契丹归还北汉使节刘继文等，和太原的关系也略为改善。[65]

以后几年宋辽关系出现令人瞩目的发展。当 974 年辽将耶律琮通书雄州守将孙全兴，谋求议和的时候，宋太祖就允准了。
和约中不清楚有没有包括北汉问题解决的方案，是规范可能不
全面的地方。然而无论如何，契丹经略中原的重大危机已成为
历史。自耶律德光去世至此已二十七年，宋辽当然有可能重新
发生全面冲突，但保持现状似乎是大家共同采取的政策。李焘
记载："契丹将通好于我，遣使论北汉主以强弱势异，无妄侵伐。
北汉主闻命恸哭，谋出兵攻契丹，宣徽使马峰固谏乃止。"[66] 刘
继元的想法固然是非理性的，不过站在北汉的立场，辽通好于
宋，确实是对北汉政权合法性的一大打击。大概刘继元自知日
渐受辽人离弃而绝望，因而有将"军中子弟自十七以上皆籍为
兵，尽括民马"的过激举动，并大举进攻晋州，可是仍遭宋军
击退。[67]《辽史》亦记载北汉频频以"宋事来告"，[68] 虽然双方
讨论的详细内容已不可能得知，但辽宋雄州议和引起了北汉的
焦虑，是完全可能的事势发展。如果上述的估计和事实相去不
远，那么雄州和议虽或对北汉的命运未着一词，但对河东的局
势发展并非完全没有影响。北汉已在担心辽朝这个强大的奥援，
或在未来的战争中作壁上观。

在 968 至 974 年，双方发生多次冲突，辽军一再出动数万
人以上的兵力，战斗也远较上一阶段激烈。在 969 至 970 年间
冲突的高峰期，辽军的兵锋开始波及河北，但也没有很大的胜
负。辽军两度进击距离边界约 100 公里的河北重镇定州，据宋
方记载，其中一次达六万人的规模。沧州、棣州一带，辽军亦
偶有抄掠行动。至于在黄河以南，辽军则几乎绝迹。如果从现
实利益的角度而言，河东崎岖的地形并不是对辽军的战术特点
有利的因素。相反，辽军应向河北平原镇、定一带发动牵制性

进攻，才能将其战术优势发挥到最高水平。然而他们很少这样做，所以辽军的行为不能完全用军事利益来解释，而似乎是受到某种规范的制约。目前固然由于史料的缺乏，无法断言这一定是一个政治考虑的结果，但从其军事行动的规律而言，辽军在这一带采取较低的军事姿态，与其有限的政治目标足以互相印证。结果在双方缘边将领策动的情况下，宋辽建立了外交关系，沿边局势再次走向比较平稳的局面。这意味着，在双方互动的作用下，其关系发展的可能性是双向的，而冲突螺旋上升并非必然的趋势。

北汉灭亡与宋辽战争的爆发

976 年，宋太祖又向北汉发动进攻，以侍卫马军都指挥使党进为河东道行营马步军都部署，宣徽北院使潘美为都监。另外宋军亦从汾州、沁州、辽州、石州、忻州、代州等方向展开攻击。[69] 正在宋军主力节节胜利的时候，宋太祖驾崩了，宋太宗继位，攻势中止。

979 年，宋太宗向北汉发动第四次，也是最后一次进攻。[70] 宋太宗刚即位，就曾私下对其弟弟说"太原我必取之。"979 年正月，宋太宗特地征询枢密使曹彬的意见，问道："周世宗及我太祖皆亲征太原，以当时兵力而不能克，岂城壁坚完不可近乎？"曹彬答道："世宗时，史超（应即史彦钊）败于石岭关，人情震恐，故师还。太祖顿兵甘草地中，军人多被腹疾，因是中止，非城垒不可近也。"太宗问："我今举兵，卿以为何如？"曹彬道："国家兵甲精锐，人心忻戴，若行吊伐，如摧枯拉朽耳，何有不可哉。"宰相薛居正等提出较有保留的意见，认为："昔世宗起兵，太原倚北戎之援，坚壁不战，以致师老而归。及太祖破敌雁门关南，尽驱其人民分布河、洛之间，虽巢穴尚存，而危困已甚。得之不足以辟土，舍之不足以为患，愿陛下熟视之。"然而宋太宗非常重视曹彬的意见，觉得"今者事同而势异，彼弱而我强。昔先帝破此敌，徙其人而空其地者，正为今日事也"。[71]

事实上，由于强弱悬殊，漳、泉的割据势力于978年献出版图，吴越国主钱俶（929—988）也献出辖下所管十三州，户五十五万，兵十一万多，南方全部平定。[72]相反，北汉则由于本身版图有限，兵力不多，经宋军多年围堵战略的打击之下，户口被俘掠而逐渐流失，所统十州由唐代时二十七万多户，一百四十八万口，变成只剩下三万多户，兵力由十多万锐减为三万多，陷入平均每户养一兵的窘境。[73]972年，北汉财用不足，文武百官减俸，人民开始要输赡军钱。[74]然而北汉君臣并不因局势艰难而团结，大将刘继钦（卒于973年）、卫俦（卒于973年）皆成为政治斗争的牺牲品，吐浑军因而失去斗志。[75]鉴于局势日益严峻，北汉于977年分别向辽借粮及告急，辽人于是向河东方面提供了粮草和战马。[76]

宋太宗在用兵河东之前，似乎尽量不让辽人发现任何异动。"契丹在太祖朝，虽听沿边互市，而未有官司。是月，始令镇、易、雄、霸、沧州各置确务，命常参官与内侍同掌，辇香药、犀、象及茶与相贸易。"[77]从976年登基到979年，宋太宗前后多次派出使者进行告哀，致送先帝遗物，贺正旦之类日常外交活动。[78]然而其中977年辛仲甫（927—1000）使辽时，发生一些不寻常事态。当他抵达边界的时候，听到传言说朝廷准备攻打北汉，"迟留未敢进"，后来得到诏旨，才放胆前进。在会见辽景宗时，他被问及宋军中像党进那样骁勇的武将还有多少，又几乎被拘留。不过辽人似乎意在试探其底线，而不是真的想挑衅，在辛仲甫的严词抗议之下，将他放回。[79] 978 年，辽使耶律虎古（卒于 983 年后）使宋，则察觉宋军正在积极备战，似乎准备对河东有所图谋。由于燕王韩匡嗣（卒于 981 年）认为虎古的话不可信，辽景宗没有采取有效措施。到后来宋军果然用兵北汉，辽景宗才如梦初醒，称赞虎古有先见之明。[80]

979 年年初，宋太宗决意出师，先派常参官筹办军需前往太原，继而任命潘美为都招讨制置使。由于强弱悬殊，宋军在出师之前，已预先分配太原攻城地段，河阳节度使崔彦进攻城东面，彰德军节度使李汉琼（927—981）攻城南面，桂州观察使曹翰攻城西面，彰信军节度使刘遇（919—985）攻城北面。城西面正当刘继元宫城，防守严密，宋太宗特别夸奖曹翰"卿智勇无双，城西面非卿不能当也"。另外，宋太宗还任命八作使郝守濬充西面壕寨都监，而禁军大将马军都虞候米信（928—994）和步军都虞候田重进也都分别出任行营马步军都指挥使。继而宋太宗又任命云州观察使郭进为太原石岭关都部署，以备截击辽军。[81]

辽人听闻宋军有不寻常举动，以挞马长寿（十世纪下半）出使询问。据《辽史》记载，宋人的措辞相当强硬，说："河东逆命，所当问罪。若北朝不援，和约如旧，不然则战。"于是辽景宗派南府宰相耶律沙（卒于 988 年）为都统，冀王敌烈（卒于 979 年）为监军，又命南院大王耶律斜轸（卒于 999 年）率部从征，"枢密副使耶律抹只督之。"[82] 大战一触即发。

二月，宋太宗亲率禁军主力从开封抵达澶州，过黄河到大名府，然后折向西到洺州，接见郭进，再取道邢州北上，在三月初抵达镇州。随着主力北上，宋军在外围收紧包围圈，向北汉隆州、孟县、沁州、汾州、岚州先后展开攻击。[83]

这时契丹援军已逼近石岭关，辽人称之为白马岭，主将耶律沙发现前路为一条大涧所阻，对岸有宋军，打算等耶律斜轸后军抵达才出击，但是冀王敌烈和耶律抹只都主张急击，耶律沙无奈地同意。不料当先锋的冀王敌烈渡涧未半立即被宋人狙击，兵溃，敌烈父子及耶律沙之子等五将战死，幸而耶律斜轸率后军赶到，万箭齐发，宋人才收兵不追。[84] 据宋人的记载，这一战决定了北汉的命运。"郭进言契丹数万骑入侵，大破之石岭关南。于是北汉援绝，北汉主复遣使间道赍蜡书走契丹告急，进捕得之，徇于城下，城中气始夺矣。"[85] 郭进打了一场胜仗，然而不久就和都监田钦祚发生冲突，离奇死亡。[86] 宋太祖在河东、河北前沿部署的诸将，至此大部分身故。

围城的最初阶段，北汉还力争主动，企图冲击宋军，但遭米信击退。接着北汉的外围据点开始失守。在太原以北，宋府州守将折御卿（958—996）攻破北汉的苛岚军和岚州；在太原以南，宋将解晖（十世纪末）攻陷隆州。其部将袁继忠（938—992）非常勇敢，率众先登。袁氏曾监隰州外围城寨，在宋人对北汉实施围堵作战中立了不少功劳。在这种有利形势下，宋太宗率领大本营由镇州前往太原，在汾水以东驻扎。[87]

宋太宗抵达太原城下，立即四面巡视攻城器具，和手诏劝论刘继元投降。他还出动一些能抛掷利剑于身上而不受伤的剑士，在城下献技，以动摇北汉军的士气。与此同时，宋军出动精锐部队攻城，天武军校荆嗣（卒于1014年）奋勇登城，"手刃数贼，足贯双箭，手中炮，碎齿二"，受伤而退。宋太宗为了激励士气，又亲冒矢石，环甲上前线指挥，还对进谏的人说："将士争效命于锋镝之下，朕岂忍坐观！""诸军闻之，人百其勇，皆冒死先登。凡控弦之士数十万，列阵于乘舆前，蹲甲交射，矢集太原城上如猬毛焉。每诏给诸军箭数百万，必顷刻而尽。"[88] 可见宋军攻城时铺天盖地的气势。

宋太宗甚至打算前往城下攻城洞子督战。当时大将李汉琼率众攻城，"矢集其脑"，大概由于头盔的保护，重伤仍然力战。宋太宗亲自替他敷药，并表示要到洞屋慰劳士卒。李汉琼一边哭泣一边说，太原已危如累卵，必可攻下；洞屋中矢石如雨，他宁愿死也不让皇帝犯那样大的险。[89] 李汉琼的话固然是一种愚忠的表现，但也揭示出宋太宗的作战手法偏向于高风险。宋太宗早年倾向身先士卒，激励士气以增强攻击力的指挥风格，如果遇到意外——其实严格来说往往概率很高，属意料之内的危险，便可能欠缺弹性而难以应变。这一点在数月之后的高梁河战役中就充分表露了出来。

宋太宗听取了李汉琼的谏言，没有前往洞屋，但他继续加紧督战，终于攻陷了城西南角的羊马城。北汉宣徽使范超（卒于979年）出降，被宋军误加擒杀。继而北汉马步军都指挥使郭万超（十世纪末）亦出降。发觉北汉大势已去，宋太宗扬言次日将与诸将在城中进膳，并亲自草诏劝降。次日宋军展开总攻击，"士奋怒，争乘城，不可遏。上恐屠其城，因麾众少退"。

这时一向退休养病在家的北汉大臣马峰紧急求见刘继元，劝他投降。刘继元见大局已无可挽回，唯有上表投降。尚在苦战的刘继业收到刘继元投降的讯息，也结束抵抗，向宋军投降。正在据守外围州郡的北汉军都纷纷归降。[90]

太原的投降，标志着断断续续近一个世纪的宣武对河东的战争正式落幕。自884年朱温在上源驿谋杀李克用不果，两军结下深仇以来，两大阵营屡易其主，但太原一直成为最坚强地抵抗开封政权的堡垒，不论当时开封仅作为宣武军节度使的帅府，还是号称正统的中原王朝的首都。然而此刻，这种抵抗已经由于其财政和军事资源完全耗尽而终结。宋太宗为了巩固其胜利成果，立刻下令毁掉太原城，将居民徙往新城。"尽焚其庐舍，民老幼趋城门不及，焚死者甚众。"[91]朝廷不再设置节度使于并州，而新任并代都部署的潘美也只得将军队移往太原以北的三交口屯驻。[92]宋太宗似乎相当重视毁掉太原的象征意义，而没有设法将它变成在未来对辽战争中更坚强的堡垒。也许在宋太宗的战略构思中，赢得宣武对河东战争的象征意义，并使以后再无任何潜在敌人可以盘踞此城，比对辽战争中维持一个要塞更为优先。也可能在他心目中，将要发生的宋辽战争不会演成持久战，宋军也不会屈居守势。只有这样，才可以理解他何以一方面急于毁掉太原的防御设施，另一方面又要立即进攻幽州。

有趣的是辽人的态度。虽然由于史料的局限性，目前无法对辽朝的动向作太多揣测，但依局势的发展分析，当时存在几个可能性：（一）因北汉灭亡的信号而进入全面战争状态，向河东、河北的宋军进行大型机动作战的准备；（二）因石岭关之败，积极备边，采取不主动挑衅，但仍保持高度警觉的态度；（三）接受北汉灭亡的事实，力图与宋人改善关系。《辽史》没有记载辽人采用哪一个对策；然而事实上，自石岭关之战至太原投降近两个月，辽军并无行动。《辽史》虽然记载除了耶律沙诸将外，并诏大同军节度使耶律善补（卒于 986 年后）以本路兵南援，[93] 但这支军马到底是会合了耶律沙的部队而一并在石岭关遭受重创，还是因耶律沙兵败而不敢有所行动，史无明文。可以肯定的是，辽廷收留了出奔的刘继元堂弟刘继文，但并没有为他组织流亡政府，只封他为彭城郡王，他后来也病死在辽国。[94] 后来宋军进攻幽州，初期节节得胜，辽景宗还责怪部下没有加强边备，"不严侦候"。[95] 种种迹象显示，辽人似乎没有准备向宋军报复，甚至连边备也不能说有很大的增强，因此可能是采取最后一个对策。

据宋人张齐贤的分析，辽军本来有在北汉灭亡后采取较积极姿态的可能性。张齐贤这篇奏疏是宋代弭兵论的重要文献，提出著名的"契丹不足吞，燕蓟不足取"等"先本后末"之论，然而这里主要打算分析奏章开头，较少为学者论及的对契丹军情分析的一段文字。他说：

> 自河东初降，臣即权知忻州，捕得契丹纳米典吏，皆云自山后转般以援河东。以臣料，契丹能自备军食，则于太原非不尽力，然终为我有者，盖力不足也。河东初平，人心未固，岚、宪、忻、代未有军寨，入侵则耕牧尽失，扰边则守备可虞，而反保境偷生，畏威自固。及国家守要害，增壁垒，左控右扼，疆事甚严，恩信已行，民心已定，

乃于雁门阳武谷来争小利，此其智力可料而知也。[96]

值得注意的是，作为提倡弭兵论的重要人物，张齐贤在这里完全是以实力对比和"智力"作为权衡利害的准则，从这里也许可以窥见宋代弭兵论双重标准之一斑，亦说明张氏不想将弭兵的论据建立在实力不足的基调之上。然而无论如何，张齐贤对辽人在战略上的被动姿态的批评，应该如何理解呢？应该指出，张氏对辽军的评价存在某种程度的误解，过分偏重在后勤因素，而其实契丹人的战斗力并非建基在"自备军食"。相反，辽人"自山后转般以援河东"，可能是反映了北汉军队向辽军借粮的情况。不过更为重要的是，张齐贤的话反映出辽军在北汉灭亡之后可能采取的克制态度。姑莫论这是否由于辽军尚未准备好战争，事实上他们并没有进入冲突辗转升级的模式，也没有因他们支持了数十年的北汉政权被消灭，而向宋军进行更高层次的军事报复。张齐贤理解这种态度为畏懦，是一种以强权政治为中心，因而带有偏见的言论。至于他本人是否真的存在这种认知上的偏差，还是故意以这些言辞来取悦君王，则非在此所能深究。

当时宋辽两国是否已经处于战争状态？如果按照宋人后来的解释，"既交石岭之锋，遂举蓟门之役"，[97]辽人既派兵来救河东，宋辽的和平即已破裂，因此宋军立即北上取幽州，在道义上无须为战争的爆发承担责任。"不然则战"是相对"和约如旧"来说的，而"和约如旧"，是以"北朝不援"来做条件的。宋人传达给挞马长寿的讯息，以至挞马长寿在辽廷的报告，后来据以写入史书的讯息都很清楚。也许，宋太宗的政策无妨视为一种威慑（deterrence），即辽人如有所举动，战争恐怕就难以避免。

　　然而问题并不如此简单。尽管只要辽人出兵，则和约不复存在的讯息已很清楚，但若辽人要据此对未来军事冲突的强度和形式做出判断，则仍存在一定的模糊地带。"不然则战"的意义可能指如果辽人强要支持北汉，那么宋军就不惜与契丹援军交战的意思，而不必一定指宋辽战争全面爆发。辽廷对这句话的解读亦可能有出入，他们可能认为两国之所以发生战争危机，是由宋人坚持统一河东这个议题出发的，只要他们承认北汉灭亡的事实，不再追究或报复，边患仍可以消弭于无形。他们也可能想象军事冲突像以往一样，基本上只在河东进行，亦即回到十年前宋太祖亲征太原时的状况，料不到宋军会大举进攻幽州，因此没有在边界上进行积极防御。

　　宋人尴尬的处境可能也不亚于辽人。宋太宗这一次不惜以其兄小心谨慎地建立的宋辽关系为赌注，大举进攻河东，万一这一役又像开宝二年（969）那样在太原的坚城之下无功而还，那么不能抹杀的是，宋辽战争仍可能同时爆发。后世看到的是宋太宗成功地消灭北汉，为了收回幽燕割让地而发动战争，从民族立场评价，可能还觉得是正义之师；然而如果将事实理解为不管宋人是否能取得河东，只要辽人继续支持北汉并派出援军，战争就立即爆发的话，负这样的战争风险是否值得，可能就需要重估。由于史料所限，宋太宗心中的想法已不可能确知。根据多年后所追述，当时他年少气锐，在进军幽州途中，就那样骑着马下水渡过桑干河，而不取道桥梁。[98] 如果宋太宗晚年的记忆没有随着战局的逆转而扭曲，那么一时意气，可能是令宋太宗急于经略幽燕的心理因素。

宋人除了过度乐观，也可能存在忧患的心理背景。如果宋人有理由将外交政策向威慑的方向定位，那么辽朝在未来的可见时段也很可能积极准备战争。从河东到沧州存在一条漫长的边界，宋军若失去主动，地位便会更为堪虞。这种长线忧患很容易滋生以战役取向为优先的心态，令冲突升级为战争。由于既已向辽摆了强硬姿态，如果全面战争早晚要发生，以战役突然性来赢取早期阶段的胜利，似乎会是一个具有吸引力的选择。这样，崔翰在军事会议上重要的一句话，"此一事不容再举，乘此破竹之势，取之甚易，时不可失也"，[99] 就可作两面观了。如果说势如破竹是一个对形势乐观的比喻，那么令人有点费解的是，为何说"此一事不容再举"呢？难道这次失之交臂，进军幽州的机会以后不会再来吗？这并不是乐观的心态所能解释。很可能宋军在进军幽州前夕，其内部存在相当复杂的心态，平定河东所带来统一在望的乐观心态只是一个层面，其背后也可能存在一种安全困境，即由于过分强硬的态度而被迫提早进入战争状态，又因而将战役取向的优先加以提升，最后遂进入全面战争的境地。由于事后发现辽军的姿态非常克制，也许可以说，宋辽战争的爆发除了长远积累下来的种种利益冲突和领土纠纷之外，也可能存在一定策略错配的成分。

结　论

政治学所谓"囚徒困境"（the prisoners' dilemma）理论认为两个被隔离的囚徒会为了自身获得减刑而率先检举对方，这个处境为国际安全的议题中军备竞赛和冲突升级的现象提供了解释。[100] 然而本章以宋辽环绕着北汉而爆发的军事冲突为观察中心，却看不到这个结论的必然性。虽然宋辽最终还是紧接着北汉的灭亡而发生战争，但近二十年断断续续的军事冲突并没有呈现辗转升级的线性发展。如果那样的话，两国的战争用不着到979年，可能在965年，968年，969年，或970年就已爆发。当时宋军为了消灭契丹所支持的北汉，已冒上了和辽人兵戎相见的风险，而辽军亦已出动数万人不等的兵力。可是局势并未继续恶化，其主要原因是双方的有限政治目标对军事进行了制约。在作为缓冲地带的河东，冲突随着宋军对北汉的军事威胁的增减而升降。每当宋军攻击北汉的重要州郡或围攻太原，辽军就会介入；但辽廷对北汉的扈从程度并不完全满意，也没有全力支持它夺取中原政权。因此，冲突不但没有扩大和蔓延，双方在互相接壤的地段反而较为克制。到北汉灭亡，双方的有限目标的政治内容已不复存在，宋辽关系因而出现较大幅度的波动，便成为可以预期的事情。宋太宗为了阻止辽军援救北汉，向辽廷宣示了使用武力的决心，结果非常不幸，宋军虽然取得了石岭关之战的军事胜利，但其外交威慑却失败了。宋军不管是否攻下太原，他们都必须在可见的未来再度面对与辽军发生军事冲突的可能性。

从这个有限的案例看来，囚徒理论可商榷之处，不在于现代的囚徒心态是否能适用于古代那样简单。主要问题所在，似乎是囚徒理论所建基的博弈论（game theory）是建立在短线的筹算基础上，对于长线的解释能力可能不足。历史上两个毗邻的政权长期处于隔离状况的例子毕竟不多，像宋、辽近二十年围绕着北汉而展开政治和军事角力，很难假设为分隔在两个密室的囚徒。相反他们或多或少都存在一些互动。更何况，囚徒在困境之中互相检举对方，是一种处于警察和司法机构高度强制性（highly coercive）状况下的行为，未必能说明国际无政府状态（international anarchy）下的取向。事实上在宋、辽之上已再没有更高层次的国际机构行使类似警察的权力，两个政权都有制订政治及军事目标的空间，他们之间彼此的合作或至少不挑衅的行为，不会受到来自第三者的制裁。双方的行为规范也是在互动中约定俗成，而绝少为外来势力所强加。因此，"囚徒困境"的理论纵然吻合某些局部状况，它对960至979年全盘局势的解释能力，仍属有限。事实上，自960至979年的宋辽关系一直在互动中调整，北汉的存在并没有令冲突失控。相反，北汉的灭亡令宋辽关系失去了原来有限度战争的政治内涵，冲突于是一下子失去规范，进入了没有回旋余地的状况。

注　释

[1] 关于契丹经略中原，参陈述:《阿保机与李克用盟结兄弟之年及其背盟相攻之推测》，载《历史语言研究所集刊》，第 7 本第 1 册（1936），页 79—88。卢逮曾:《五代十国对辽的外交》，载《学术季刊》，第 3 卷，第 1 期（1954），页 25—51。邢义田:《契丹与五代政权更迭之关系》，载《食货》复刊，第 1 卷，第 6 期（1971），页 296—307。王吉林:《辽太宗之中原经营与石晋兴亡》，载《中国历史学会史学集刊》，第 6 期（1974），页 29—90，收入宋史座谈会（编）:《宋史研究集》（台北:台湾编译馆，1976 年），第 8 辑，页 55—138。任崇岳:《略论辽朝与五代的关系》，载《社会科学辑刊》，第 4 期（1984），页 109—15。张国庆:《辽代契丹皇帝与五代北宋诸帝的结义》，载《史学月刊》，第 6 期（1992），页 26—32。蒋武雄:《辽与五代政权转移关系始末》（台北:新化图书有限公司，1998 年）。

[2] 李裕民、蒋武雄和伍伯常等学者也分别以论文或单行论著的专章加以讨论。参李裕民:《宋太宗平北汉始末》，原载《山西大学学报》，第 3 期（1982），页 86—94，收入李裕民:《宋史新探》（西安:陕西师范大学出版社，1999 年），页 65—81；伍伯常:《中唐迄五代之战略传统与北宋之统一战略》（香港:香港中文大学历史学部硕士论文，1986 年），第二章；前引蒋氏专著第五章。

[3] Barton Whaley, *Codeword Barbarossa* (Cambridge, Mass: M.I.T. Press, 1973). Russel H. S. Stolfi, "Barbarossa: German Grand Deception and the Achievement of Strategic and Tactical Surprise against the Soviet Union, 1940–41," in Donald C, Daniel and Katherine L. Herbig (eds.), *Strategic Military Deception* (New York:

Pergamon Press, 1982), pp. 195–223，苏伊士运河之役，参 Janice Gross Stein, "Military Deception, Strategic Surprise, and Conventional Deterrence: A Political Analysis of Egypt and Israel, 1971—73," in John Gooch and Amos Perlmutter, *Military Deception and Strategic Surprise* (London: Frank Cass & Co., Ltd, 1982), pp. 94–121.

[4] Daniel and Herbig（注3）; Gooch and Perlmutter（注3）; Michael I. Handel (eds.), *Strategic and Operational Deception in the Second World War* (London: Frank Cass & Co., Ltd, 1987), pp. 1–91.

[5] 孙武（著）、曹操等（注）:《十一家注孙子》(上海: 上海古籍出版社，1978年)，卷上《计篇》，页18。

[6] Herman Kahn (1922—1983), *On Escalation: Metaphors and Scenarios* (London: Pall Mall Press, 1965) 将战争升级的阶段分为六个门槛和四十四个阶梯，从政治到军事对立，继而从常规战到核战。当然，在兵种和兵器都没有现在那样专门化的古代，冲突螺旋上升阶梯级数很难如此细分，也是可以预计的事。

[7] Henry A. Kissinger, "The Problem of Limited War," in Charles R, Beitz and Theodore Herman (eds.), *Peace and War* (San Francisco: W. H. Freeman and Company, 1973), pp. 98–108.

[8] 北汉与后周因为争取与辽朝改善关系，一度出现争持角力的状况。后周太祖即位辽朝曾遣使贺登极，亦即承认后周政权之合法地位。参《旧五代史》，卷一一一《周太祖纪二》，页1468。后周亦大撒金钱，据辽人向北汉透露，后周一度应承"约岁钱十万缗"。参《资治通鉴》，卷二九○，页9460。然而契丹人并未因此离弃北汉，继续用武力支持其存在，以期中原两个敌对政权，收牵制之效。比较而言，后周始终较为强大，契丹人不想其力量过于成长，故仍屡

有与北汉合兵，对后周作有限度的战争。参伍伯常（注 2）。

[9]《资治通鉴》，卷二九一，页 9501—9506。《旧五代史》，卷一一四
　　《世宗纪一》，页 1511—1514。《宋史》，卷一《太祖纪一》，页 2；
　　卷二五五《张永德传》，页 8914—8915；卷二七三《马仁瑀传》，
　　页 9345。然而《辽史》，卷九〇《耶律敌禄传》，页 1359 却说："明
　　年，将兵援河东，至太原，与汉王会于高平，击周军，败之，仍降
　　其众。忻、代二州叛，将兵讨之。会耶律挞烈至，败周师于忻口。"

[10]《资治通鉴》，卷二九二，页 9514—9515。《旧五代史》，卷一二四
　　《史彦超传》，页 1631。《辽史》，卷七七《耶律挞烈传》，页 1262。
　　《宋史》，卷二五一《符彦卿传》，页 8839。

[11]《辽史》，卷八六《刘景传》，页 1322。

[12]《新五代史》，卷七二《四夷附录二》，页 904。伍伯常（注 2），认
　　为穆宗并非不守南疆，他在很多场合都调动过军队和任命将领巩
　　燕南防线，所以这句话只宜理解为倔强语，而非代表他存在一套
　　放弃中原的政策，见页 898—904。

[13] 邵伯温:《邵氏闻见录》（北京：中华书局，1983 年），卷一，页 4。

[14] 魏泰:《东轩笔录》（北京：中华书局，1983 年），卷一，页 1。

[15] 欧阳修:《归田录》（北京：中华书局，1981 年），与王辟之:《渑水
　　燕谈录》同本，卷一，页 8—9。

[16]《长编》，卷一，页 1。

[17]《长编》，卷一，页 8。

[18]《长编》，卷一，页 18。《宋史》，卷二五五《郭崇传》，页 8902—
　　8903。

[19]《长编》，卷一，页 10。

[20]《长编》，卷一，页 12。

[21]《长编》，卷一，页 14—15。

[22]《长编》，卷一，页 13。

[23]《长编》，卷一，页 24。《涑水记闻》，卷一，页 8。杨亿（口述）、黄鉴（笔录）、宋庠（整理）:《杨文公谈苑》，与张师正:《倦游杂录》同本（上海：上海古籍出版社，1993 年），页 168。

[24]《长编》，卷一，页 22。

[25]《长编》，卷一，页 20。《宋史》，卷二五五《张永德传》，页 8916。

[26]《长编》，卷三，页 88。

[27] 伍伯常（注 2），认为不应将张晖及张永德言论视作"先南后北"论，因为二人并非严格地将南方和北方的战略优先作一比较，见页 699—705。

[28]《长编》，卷一，页 23，页 26—27。

[29]《长编》，卷一，页 16；卷二，页 41；卷三，页 67。

[30]《长编》，卷二，页 56。

[31]《长编》，卷三，页 70；卷五，124；卷六，页 154。

[32]《长编》，卷三，页 64，66；卷四，页 90；卷五，页 128。

[33]《长编》，卷二，页 56。

[34]《长编》，卷三，页 67。

[35]《长编》，卷二，页 42。

[36]《长编》，卷二，页 52。

[37]《宋史》，卷二五三《孙行友传》，页 8872。

[38]《长编》，卷三，页 72。

[39]《长编》，卷四，页 90。

[40]《长编》，卷四，页 97，页 103。《宋史》，卷二五五《王全斌传》，页 8919；卷二五八《曹彬传》，页 8978。

[41]《长编》，卷四，页 106。

[42]《长编》，卷四，页 110。

[43]《长编》，卷五，页 121。《宋史》，卷二五八《曹彬传》，页 8978。

[44]《长编》，卷四，页 113—114；卷五，页 140；段常之死及郭无为
　　　掌权，99—100。

[45]《长编》，卷六，页 161。

[46]《长编》，卷九，页 205。《宋史》，卷四八二《北汉世家》，页
　　　13936。

[47] 侯霸荣曾投降宋军，见《宋史》，卷二五八《曹彬传》，页 8978；
　　　卷四八二《北汉世家》，页 13937。当时传言侯霸荣之乱的幕后主
　　　谋是郭无为，故他立即杀霸荣灭口。王育济、白钢：《宋太祖遣使
　　　行刺北汉国主考》，载《中国史研究》，第 4 期（1992），页 96—
　　　104 则认为宋太祖是事件的主谋。

[48]《长编》，卷九，页 206—212。《辽史》，卷七《穆宗纪下》，页
　　　86 亦载："知宋欲袭河东，谕西南面都统、南院大王挞烈豫为之
　　　备。……冬十月辛亥朔，宋围太原，诏挞烈为兵马总管，发诸道
　　　兵救之。"同书，卷七七《耶律挞烈传》，页 1262 略同，并说"既
　　　出雁门，宋谋知而退"。

[49]《长编》，卷十，页 217。

[50] 郭无为出身隐士，《长编》，卷一，页 29；段常之死及郭无为掌权；
　　　卷五，页 99—100。

[51]《长编》，卷十，页 218，223。《宋史》，卷四八二《北汉世家》，
　　　页 13944—13945。

[52]《长编》，卷十，页 222，224。

[53]《长编》，卷十，页 224。

[54] 伍伯常（注2），认为围堵北汉的战略，乃出自张永德，而非始于薛化光，见页714—718。

[55]《长编》，卷十，页225—226："我师陷敌者数百人，上遣骁雄副指挥使浚仪孔守正领骑军往救，守正奋击，尽夺以还。北汉主藉我所弃军储，得粟三十万，茶、绢各数万，丧败罄竭，赖此少济。"

[56]《辽史》，卷七七《耶律屋质传》，页1258："保宁初，宋围太原，以（耶律）屋质率兵往援，至白马岭，遣劲卒夜出间道，疾驰驻太原西，鸣鼓举火，宋兵以为大军至，惧而宵遁，以功加于越。"保宁元年当宋开宝二年，应为这一役的记载。

[57]《长编》，卷十，页228。

[58]《长编》，卷十，页232—234。

[59]《长编》，卷十一，页242。

[60]《长编》，卷十一，页252："初，契丹以六万骑至定州，命判四方馆事田钦祚领兵三千御之。上谓钦祚曰：'彼众我寡，但背城列阵以待之，敌至即战，勿与追逐。'钦祚与敌战满城，敌骑少却，乘胜至遂城。钦祚马中流矢而踣，骑士王超以马授钦祚，军复振。自旦至晡，杀伤甚众，夜入保遂城。契丹围之数日，钦祚度城中粮少，整兵开南门突围一角出，是夕至保塞，军中不亡一矢。北边传言'三千打六万'。"《宋史》，卷二《太祖纪二》，页32谓"定州驻泊都监田钦祚败契丹于遂城"；卷二七四《田钦祚传》，页9359记载较《长编》稍略，不载双方兵力，并谓田钦祚为定州路兵马都部署。这些记载有不少疑点。首先，如果辽军动员六万之众，宋太祖会不会只出动三千兵力？既说背城一战，"勿与追逐"，为何田钦祚又从满城追到遂城？看来田钦祚并没有遵从宋太

祖的战略，而辽军似乎意在诱敌深入，令田钦祚军一度陷入险境，

幸而他及时入保遂城，局面得以转危为安。

[61]《辽史》，卷三四《兵卫志上》，页 399。

[62]《长编》，卷十二，页 258。

[63]《长编》，卷十，页 237。《辽史》，卷八《景宗纪上》，页 89。

[64] 伍伯常（注 2），认为辽景宗的政策和穆宗不同，辽穆宗虽对北汉态
度不满但仍给予军事支持，以阻止中原统一。景宗则似乎打算以和
平手段保持中国分裂现状，使宋人与北汉并存，见页 905—990。

[65]《长编》，卷十一，页 240。

[66]《长编》，卷十五，页 330。

[67]《长编》，卷十五，页 329。

[68]《辽史》，卷八《景宗纪上》，页 95—96；卷九《景宗纪下》，页
100。

[69]《长编》，卷十七，页 374—375。

[70] 李裕民（注 2）；蒋武雄（注 1），页 226—234。

[71]《长编》，卷二十，页 442—443。《宋史》，卷四八二《北汉世家
五·刘氏》，页 13939 略同。

[72]《长编》，卷十九，页 427。

[73]《长编》，卷二十，页 452。

[74]《长编》，卷十三，页 293。

[75]《长编》，卷十四，页 311—312。

[76]《辽史》，卷八《景宗纪上》，页 96；卷九《景宗纪下》，页 99。

[77]《长编》，卷十八，页 402。

[78]《辽史》，卷八《景宗纪上》，页 96；卷九《景宗纪下》，页
99。《长编》，卷十八，页 405，414；卷十九，页 436。

[79]《长编》，卷十八，页 405。

[80]《辽史》，卷八二，页 1295。

[81]《长编》，卷二十，页 443。

[82]《辽史》，卷九《景宗纪下》，页 101。

[83]《长编》，卷二十，页 445—447。

[84]《辽史》，卷八四《耶律沙传》，页 1307。

[85]《长编》，卷二十，页 447。《宋史》，卷四八二《北汉世家五·刘氏》，页 13939 略同。

[86]《长编》，卷二十，页 450："田钦祚在石岭关，恣为奸利诸不法事，郭进不能禁止，屡形于言，钦祚憾之。进武人刚烈，战功高，钦祚屡加陵侮，进不能堪，癸酉，遂缢而死。钦祚以卒中风眩闻。上悼惜良久，优诏赠安国节度使。左右皆知，而无敢言者。"《宋太宗实录》，卷四一，页 4 云："事甚暧昧，时皆以为钦祚杀之。"

[87]《长编》，卷二十，页 448—449。《宋史》，卷二五九《袁继忠传》，页 9004。

[88]《长编》，卷二十，页 449—450。《宋史》，卷二七二《荆嗣传》，页 9311。

[89]《长编》，卷二十，页 450。

[90]《长编》，卷二十，页 450—453，459。

[91]《长编》，卷二十，页 453。

[92]《长编》，卷二十，页 460。

[93]《辽史》，卷九《景宗纪下》，页 101。

[94]《辽史》，卷九《景宗纪下》，页 101。文秀:《刘继文墓志》，收入《全辽文》，卷四，页 87—88。

[95]《辽史》，卷八四《萧干传附侄萧讨古传》，页 1309。

[96]《长编》，卷二一，页 484。

[97]《长编》，卷一三五，页 3235。

[98]《长编》，卷三四，页 758。

[99]《长编》，卷二〇，页 454。《宋史》，卷二六〇《崔翰传》，页 9027
略同。

[100] Shaun P. Hargreaves Heap and Yanis Varoufakis, *Game Theory: A Critical Introduction* (London: Routledge, 1995), pp. 146–147.

第四章　内政导向与野战取向：北宋初年战略文化的落差（960—986）

　　这一章开始将视点从国际局势转移到北宋内部，讨论宋人的战略文化深层是否存在强硬军事政策的源头。中心问题有几个，首先是北宋经略幽燕期间，有没有一个具整合性及凝聚力的战略文化？如果有的话，它是否以强硬军事政策作为取向？如果没有的话，它各自的取向是什么？有没有调和的可能？本章的讨论指出北宋经略幽燕期间，不同层次的战略文化取向存在落差，虽然在大战略的层面，宋初文臣大都主张先稳定内部统治，巩固民生，再从事对外经略。可是这种规范并不能有效地整合五代遗留的军事信念和组织文化。北宋经略幽燕期间的军队依然承袭五代以来崇尚野战的传统和急速的军事节奏。这令宋军在一旦使用武力时倾向于快速突击，对准敌军政治中心，发动风险偏高的决定性战役，而未能发挥在持久战中社会稳定及经济较为繁荣的优势。

战略文化：理论框架与解释功能

　　如本书绪论所言，文化如何影响国际社会间的决策和行为，近年日益受到学界关注。过去学界曾普遍相信结构决定行为，是以国际无政府状态（international anarchy）被认为是现实主义行为模式的结构性根源。[1]然而随着结构主义（structuralism）及相关的学说受到挑战，[2]一部分国际关系学者对纯粹以理性及利益来解释决策与行为，已不再感到满足，遂将注意力转到研究文化在决策和行为中的角色，产生了文化与国际关系、[3]文化与谈判、[4]战略文化等研究方向。他们相信文化代表一种价值观、一种既成的习俗，也反映历史传统的一种情感作用。由于文化具有多元性，也存在高位和低位文化的落差，看待国际关系和战略问题不能再以任何一套价值观念为中心，而必须结合历史和文化的具体内容。因此，这些研究方向为历史与其他学科整合发展提供了较多的可能性。当然，在引入战略文化这种跨学科观点的时候，会出现理论与史实如何结合，及相对于传统的军事史而言新的研究方向如何定位的问题。在还不具备坚实个案研究的领域，进行跨学科的整合可能尚有困难；但在前人已取得一定成果的范围，如宋辽战争，此项努力是值得尝试的。

战略文化是一种孕育于二十世纪七十年代末期，至八九十年代逐渐发展的学术观点。七十年代以前大部分的战略学家都相信大战略是最高层次的战略，是战略研究的顶层。柯林斯在1973年的《大战略：原则与应用》一书提出，大战略的定义除传统的政治、经济、社会等因素之外，还包括了意识形态、生活模式、信仰习俗等与国家安全有关的方面。[5]虽然柯林斯的定义曾被批评为杂乱无章，[6]然而这个定义带出了一个议题，就是我们如何为大战略中的文化因素定位。

自七十年代后期，杰克·斯奈德（Jack Snyder）正式使用战略文化一词，就试图探索战略更深层的文化讯息，而这个讯息如果单单放在大战略层次是看不清楚的。[7] 不过，斯奈德仅愿意把文化因素看成战略取向的一个方面，甚至是"当所有途径都失效时的备用解释"，而不肯将文化视为战略取向的主导因素。他还尖刻地警告道："文化的词语会将一柄解剖刀变钝。"[8]二十世纪八十年代的一些研究更为深入，发现到战略文化中的象征意义与实际军事行动的取向之间存在差异。例如不少西方学者发现美国执政当局每每从文化、历史中找寻借口把攻略行为合理化，而不惜造成语言、行动的脱节。[9]

　　不过无论如何，到了九十年代，战略文化研究学者似乎尽量令文化一词拥有具体内容，力求避免"要么就是解释了一切，要么就是什么都没有解释"这一弊端。与其在历史、地理和文化传统中做不着边际的泛论，他们更强调战略文化是一种行为典范（paradigm），去为大战略取向做出指引。据江忆恩（Alastair Iain Johnston）的阐释，这个典范由对使用武力效益的评估、对使用武力频度的评估，及对冲突的零和性质（zero-sum nature）的评估等三个指数构成。如果某个国家在三方面的数值都很高，则表示了该国很可能会使用武力解决纠纷。[10] 卡赞斯坦（Peter Katzenstein）将文化的内涵聚焦到规范和认同两个概念之上，[11] 而勒格罗（Jeffrey W. Legro）和基尔（Elizabeth Kier）则集中研究组织文化，[12] 都是避免将"文化"一词泛指一切。九十年代战略文化研究进一步提醒我们"文化"实际上是国际政治结构、国内军事机制等的一个总运作平台。在过去，这种功能常被刻意贬低，现在则应重新受到关注。至少，战略文化有助于解释那些一般被指为"非理性"的思想行为，最终会加深对不同国家、文化的了解与沟通。[13]

战略文化可以解释什么? 学者从 (一) 文化的差异性; (二) 文化的内在延续性; (三) 规范对暴力的制约; 及 (四) 高位和低位文化的落差等方向展开讨论。作为从冷战时期培养出的理论, 学者普遍地察觉到文化的差异性与战略取向存在不可忽略的关联性。美国与苏联, 中国与日本在战略风格上的强烈对比, 都可以在文化上找到源头。[14] 研究者认为 "文化" 既是一套评价标准 (evaluative standard), 也是一种认知准则 (cognitive standard)。不同种类的 "规范" 以及 "认同" 就是在这个广义的文化平台上运作的内涵, 其存在决定了各个国家、群体该在何种制度下生存、社会制度怎样运作、如何规范与其他群体的关系等等。弄清楚这些文化讯息的头绪, 才能对战略文化有立体的了解。

然而战略文化的目的并不仅仅在于弄清不同国家或文化体系对战略的不同取向。战略文化的一个分支——组织文化的研究方向, 触及了战略文化的内在延续性。按照 "组织文化" 的理论, 沿用的战略可透过军队组织文化和执政者的互动而改变。换言之, 所谓的 "新近经验" (recent experience) 要比源远流长的文化传统更能影响价值观与规范的形成。举例来讲, 假设军队的 "组织文化" 和执政者的互动发生在时段 t, 组织文化的理论便轻而易举地为军事战略在 t+1 的改变提供解释。这样一来, t–1, t–2 … t–n 等一系列变量的重要性就相对次要。因此, 研究军队内部的军事信念的构建, 新近经验至少是不可忽略的一环。由于不同的军队、军种甚至团队各有其独特的成功经验, 这种经验会模塑为军事信念, 影响着未来从事战争的方式。

第二次世界大战中德军较少使用化学武器, 学者认为是和开战初期德军取得一系列常规战役的胜利有关。[15] 本章讨论宋初军队的战术和战役法而上溯到五代，也就是为了顾及这种军事信念的延续性。

战略文化对于不同文明和国家的暴力观也具有独到的解释能力。由于战争是政权之间合法使用暴力的状态，在哪种情况之下容许使用暴力，不同的价值体系给出不同的答案。某些传统具有较明显的非暴力取向，如佛祖本生舍身饲虎的故事，就视现世为漫长轮回过程中的逆旅。连生命也可以捐弃，又何必妄动干戈？可是在更多的场合之下，自卫被认为具有合法性，那样就产生了在一定规范之下的暴力冲突。由于安全是最重要的战略利益，而研究战略文化的学者对界定利益和手段的文化议题具有较严谨的分析架构，他们对暴力的效益、道德对军事手段的制约和暴力的象征意义等问题，都有较新锐的看法。传统中国对暴力的态度，更成为其中的一个焦点。学者环绕着儒家有限度使用武力的规范展开讨论，观察其在社会化的过程中是否得到贯彻。[16] 虽然结论不尽一致，有的学者强调暴力在提供象征理念空间的功能，[17] 有的则重视其如何模塑现实主义的大战略，[18] 他们都对传统中国战略思想的文化背景作了精辟解构。

在这个过程中学者碰到一个更为基本的问题，即一个国家或一个文明是否只存在一种战略文化？有没有高位和低位文化之分？虽然没有自称这是一个战略文化的研究，李普曼（Jonathan N. Lipman）和哈勒尔（Stevan Harrel）的《暴力在中国》（*Violence in China*）是这个范畴一本值得介绍的著作。哈勒尔所提出的文化和反文化的关系，就揭示了两个层次的文化价值观可能出现违异。哈勒尔认为中国文化强调非暴力规范，但在人群社会化有欠圆满时规范会面临失效，民间另类规范及反文化会构成一定阻力，而非暴力规范本身也未能彻底抵制暴力由上而下的使用，是以传统中国社会中仍充满各种各样的暴力。[19] 江忆恩的"文化现实主义"论，更看出战略的象征、理念取向和现实运作呈现"说一套，做一套"的现象，反映着高位和低位文化的落差。虽然中国传统思想时常提到"义战""非攻""耀德不观兵"，但只能算是理想政治（idealpolitik）的产物，作为象征战略（symbolic strategy）—— 将军事攻略合理化的政治托词而存在，与战略实践毫不相干。江氏进一步认为，象征战略及现实战略之间所产生的脱节现象，是透过以"权变"为核心的一系列文化规范不断的协调，令两组本不能共存的战略取向得以并行不悖。[20]

总之，自二十世纪七十年代后期以来，战略文化的研究从开始的涓涓细流，在西方学术界渐渐造成更大的涟漪。在"战略文化"为主导的方向之下，军事史、决策学与一些涉及战争、和平等等的相关研究，都已经受到影响。学者认识到战略不是绝对理性，而是受到文化价值观的过滤。由于文化具有一定持续性，在此基础上产生的军事信念，就成为一个历史的议题。学者初步察觉到战略文化对研究暴力使用的规范能担任较重要的角色，也留意到战略文化在不同层面上取向可能违异，因而对暴力的制约不尽一致。这种发展的持续，可能最终将会改变我们对人类暴力、战争等看法的军事认识论（military epistemology），而"战略文化"也会在条件许可下，发展为一个更成熟的学科。[21]

由于具备观察理性决策的文化内涵的能力，战略文化成为历史与社会科学结合的一个方向。在这个前提下，历史为战略文化提供个案的空间非常广阔。中国历史尤其是这样。和现代西方的现实主义传统有异，中国古代虽然也有强调弱肉强食、纵横捭阖的传统，但战略决策者大都意识到在纯粹的利益关系和实力对比之上，还有一个更高的层次，即所谓"道"。尽管各派思想家对"道"的解释不同，有的强调其作为宇宙规律的角色，有的偏重其反映人心向背的功能，然而无论如何，中国古代似乎触及了对战略的本质的深层思考。由于儒家主张理念政治，当儒家结合法家，形成所谓"表儒里法""阳德阴刑"的整合形式时，战略的利益如何界定，手段应否受道德的制约，就成为重要的议题；而战略文化便可以提供一个具启发性的分析架构。总之，探索战略与规范、伦常及价值观等文化方面的相互关系，在中国存在悠久的历史，因此引进战略文化的理论来分析中国古代的案例，进一步验证其解释能力，是值得注意的一个方向。

比起中国历史上的其他朝代，宋代对儒家理念政治的推崇可说不遑多让。和唐朝胡汉统治集团对外来文化持开放态度有异，宋代以汉族为主的统治者标榜本土文化，有的学者称此种对比为"唐型文化"与"宋型文化"的差别，也有学者指出南北宋之间的转变为中国文化走向内化的契机。[22] 无论如何，宋代文化为中国传统谱出重要乐章。在战略决策上，宋代大部分时间都维持了文官政府的主导角色。宋廷参用文臣为枢密使，又时常征询儒臣以和战大计，亦即在最高决策层中存在军队以外大臣的参与，早已为治宋史者所熟知。[23] 然而不可忽略的是由文官参与构成的决策机制，为战略处境加上了象征主义和理念政治的议题。换言之，用兵必须考虑政治后果，而道义常常穿插在使用武力是否过当的考量当中。因此，宋代的战略取向如何，在面临内政和外交抉择时如何制定优先次序，如能进一步引进战略文化的观点进行分析，所得的结果就可以为更宏观的研究提供基础个案。

本章建基于战役个案研究的基础上，进一步探索理论与史实结合的可能空间。本章认为宋初986年以前的战略文化存在高位和低位的落差。在高位而言，文官政府尝试对武力的使用赋予一定的规范，防止其被滥用。在大战略的取向上，文臣如张齐贤、田锡、赵普等都力持内政优先的主张，意图是防止兵连不解，令人民生计陷于困苦，最终危及王朝的稳定。这种内政主导的大战略反映在"先本后末""安内养外"的观念上，反映了源远流长的儒家理想政治观点，认为"民为邦本"，勤于内治是远夷柔服的先决条件。部分观点更认为内部秩序稳定所带来的社会和经济资源，可以转化为军事动力。

然而不可忽略的是，以上战略取向只反映高层决策受到文官政府的意向影响，而军队内部却承袭着五代的传统而呈现不同的取向。五代北宋之际的军队中存在另一组规范，标榜个人武艺和勇敢行为，具有鲜明的野战取向。在战役法上，热衷于野战的宋军采用了"弹性防御"的模式；当转取攻势时，则偏好运用突然性和使人措手不及的纵深攻击。这些规范的形成与五代的"新近经验"存在千丝万缕的关系，反映了战略文化的延续性。

这两组规范虽不对称，但并非完全没有协调的空间，在一般情况下，大战略仍然规范了战役法，军人纵使好战，也不能肆其所欲。可是这种规范并不全面：一方面，内政主导论者为使用武力预留了空间；另一方面，以儒家为代表的中国中心主义的偏见常常夸大了敌国的内部矛盾，为机会主义（opportunism）的登场铺平了道路。基于这些困难，统治者并非时常能找到适合的人选去进行战略协调。更值得注意的是，两组规范都同样反对持久战，这也解释了经略幽燕期间的宋军，为何一旦动起武来会企图速战速决，而非像宋夏战争那样倾向于繁复的进筑城寨作业。986 年宋军北伐失败，继而又败于君子馆，宋人丧失战略主导权，唯有一心从事其本来在战略优先次序中序位较低的持久战，也转型为长期防御的格局。[24]

对暴力的制约：北宋初年内政主导的大战略

在讨论北宋 960 至 986 年战略文化的特质之前，不可能不对"文化"一词的使用下一些定义。当然，学界对文化的定义及其使用规范有许多讨论，不能在此逐一检讨；但基本而言，文化可以被理解成一系列普遍接受的信念和一套自身成立的依据，它决定行为方式或在特定情况下引发特定反应。也有的学者将文化的具体内容归结为历史、地理和社会的一致性、情感、对环境和生态的价值标准、社会政治体制和行为风格。[25]

北宋初年对战争和战略的文化议题，主要集中在如何以传统的价值观达成对暴力施以制约上。价值观作为文化的一个主要方面，起着对暴力的本质及如何使用暴力的定位功能。当然，这种对暴力的反思，主要在于如何防止滥用暴力，而不在于彻底反对暴力。[26] 因此，换另一个角度来看，986 年以前的弭兵论也可以看成一种内政导向的大战略。它的内容不只是弭兵，而是协调内部统治和国际竞争的大战略。其理论根源，来自儒家的"民本论"，及两汉朝臣对此的一些发挥。论者看到帝王穷兵黩武的负面结果，以及战争对民生的破坏，因此他们对帝王使命的建构以内政的稳定为优先，而收复疆土，耀兵塞外，只是内部安定的结果。他们界定内政的利益，特别是人民的生计为重，因为人民的生计涉及国家的后勤力量。当后勤力量变得脆弱时，朝廷也自然就没有能力东征西讨。内政导向的大战略从宏观的角度观察，看到战略资源可以互相转化。人民的支持，粮草的储积都可以转化为军事动力。如能先稳定内部，在长远的国力竞赛中，宋人可以占有上风。"先南后北"的战略结构就带有这样浓厚的意味。内政优先的取向，固然不反对使用暴力，但却防止了滥用暴力，对和平研究也有一定意义。我们似乎不能因为弭兵论后来未能遏制武力的使用，就将它说得全无价值。

从帝王如何透过弭兵论建构自我形象，可以看清国家领导人的身份认同对国家政策的影响。无独有偶，宋太祖和宋太宗在不同的场合都批评过后唐庄宗这位五代武功最盛的帝王，显示着他们极力要和五代划清界限。宋太祖很关注后唐庄宗"二十年夹河战争，取得天下"，却不能用军法约束部下的经验。[27] 宋太宗则直指"庄宗可谓百战得中原之地，然而于守文之道，可谓懵然矣"。他又说"王者虽以武功克定，终须以文德致治"，反映了他不甘心循五代的旧轨，而决心致力内部安定开创新局。在这种思路之余，就出现了汉武帝（生于公元前 156 年，公元前 140—前 87 年在位，卒于公元前 87 年）、唐太宗（生于 598 年，

626—649 年在位，卒于 649 年）皆不足法的论调。田锡认为"汉武帝躬秉武节，遂登单于之台，唐太宗手结雨衣，往伐辽东之国"，完全是得不偿失。[28] 循着这一路向，张齐贤高唱"五帝、三王未有不先根本者也"的经验，并歌颂宋太宗"真尧舜也"。[29] 连宋太宗在下弭兵之诏时，也引用老子"兵者不祥之器"自况，以古人的智慧作一番感兴。从这里看宋初帝王对自己的角色认同，以及文臣对帝王形象的构建，都力图与上古盛世接轨，而摆脱五代的阴影。与此相应，这些文臣也将自我角色定位到太平盛世的名臣。据赵普所言，内政为主导的大战略可以追溯到汉、唐，[30] 反映着一条角色认同的轨迹。

自我形象既已定位，那么对方的本质是什么？是"禽兽"还是"人"？这是一个相当开放的问题，宋初的大战略倡议者各有不同的理解。赵普鄙视契丹人为"禽兽"，认为"迁徙鸟举，自古难得制之，前代圣帝明王，无不置于化外，任其追逐水草，皆以禽兽畜之。"[31] 可是赵普也同时看到契丹内在的凝聚力。"殊不知蕃戎上下，幽州各致其生涯，……不可以征讨。若彼能同众意，纵幼主以难轻。"[32] 因此，他不像其他论者那样肯定宋室得到人心之后，能动摇辽朝的政治基础。他所说"长令户外不扃，永使边烽罢警，自然殊方慕化，率土归仁，既四夷以来王，料契丹而安往？"[33] 应理解成文化感染的效力，而非围堵政策的成功。相反，张齐贤则视对方为具有初步理性，"固亦择利避害"的"敌人"，而不以禽兽相称。[34] 因此，关于武力冲突的本质，张齐贤看到因小规模冲突升级而发生战争的可能性，主张慎择边将。"自古疆场之难，非尽由于敌国，率由边吏扰而致之，……所谓择卒不如择将，任力不及任人。"[35] 田锡同样指出："今北鄙驿骚，盖亦有以居边任者，规羊马细利为捷，矜捕斩小胜为功，起衅召戎，实由此始。"[36] 可见内政主导的观点不一定需要丑化敌人。

内政导向的大战略论虽然满足了帝王高尚的自我形象，也带有中国中心论的观念，但其对局势的设想却往往建基于一个复杂的形势。其中一种忧虑，就是恐怕舍本逐末，损耗实力，引起潜在敌人的窥伺。李光赞曾说"四方恃险之邦，僭窃帝王之号者，昔与中国为邻，今与陛下为臣矣。蕞尔晋阳，岂须亲讨！重劳飞挽，取怨黔黎，得之未足为多，失之未足为辱。国家贵静，天道恶盈。所虑向来恃险之邦，闻是役也，竭府库之财，尽生民之力，中心踊跃，各有窥觑"，[37] 就道出了这种复杂形势。

容忍帝王怀有私心，内政主导论者力持儒家的民本论，认为国家的基础在乎人民。薛化光认为"今河东外有契丹之援，内有人户供输，窃恐岁月间未能下矣。"[38] 张齐贤也看出"方今海内一家，朝廷无事，关圣虑者，岂不以河东新平，屯兵尚众；幽燕未下，辇运为劳，以生灵为念乎？"[39] 值得注意的是，论者很喜欢用树木来比喻国家。有一次宋太宗问王化基（944—1010）对于边事的意见，王化基作了一个比喻来回答，说："治天下犹植木焉，所患根本未固，固则枝干不足忧。朝廷治，则边鄙何患乎不安？"[40] 相反，薛化光用砍树来比喻。当宋太祖第二次征北汉无功而退时，薛化光进言："凡伐木先去枝叶，后取根柢。"[41]

根据这种观念的过滤，内政主导论者看出战略利益需要界定，也需要排列优先次序。张齐贤对利益的界定很明确，就是"先本后末"。"臣又闻家六合者以天下为心，岂止争尺寸之事，角强弱之势而已乎！是故圣人先本而后末，安内以养外，人民本也，疆土末也。……臣虑群臣所闻，多以纤微之利，克下之术，侵苦穷民，以为功能者，彼为此效，相习已久，至于生民疾苦，见之如不见，闻之如不闻，敛怨速尤，无大于此。"[42]按照这个原则，内部的安定享有战略优先。田锡在讨论到交州之役时也认为："臣闻圣人不务广疆土，惟务广德业，声教远被，自当来宾。……愿陛下念征戍之劳，思用度之广，爱人惜力，无屯兵以费财，修德服荒，无略内以勤远。"[43]虽然这项批评针对的是交州之役，但同样反映出内政优先的取向。田锡继而认为"率义动之众，徇无厌之求，输常赋之财，奉不急之役，是舍近而谋远也。沙漠穷荒，得之无用，櫱芽繁衍，杀之更生，是劳而无功也"。[44]在此更不能不提赵普的名言："今者伏自朝廷大兴禁旅，远伐山戎，驱百万户之生灵，咸当辇运；致数十州之地土，半失耕桑，则何异为鼷鼠而发机，将明珠而弹雀，所得者少，所失者多。只于得少之中，犹难入手；更向失多之外，别有关心。"[45]总之，当对内与对外的利益处于一个困难的选择时，赵普很明显地选择了前者。

除了在理念上宣扬德治爱民之外，内政主导论者也触及现实利益的关键，事实上人民的重要性突出地表现在后勤力量方面。969年李光赞对宋太祖的谏言提到"况时属炎蒸，候当暑雨，倘或河津泛滥，道路阻难，辇运稽迟，恐劳宸虑"，就道出了人民转输的艰苦。[46]同样，李昉也鲜明地道出转饷对人民造成的负担，"其如大兵所聚，转饷是资，且河朔之区，连岁飞挽，近经蹂践，尤极萧然，虽偶荐于丰穰，恐不堪其调发，属兹寒冽，益复罢劳"。[47]赵普在986年所描述的邓州的情况，是最佳写照："量其境土，五县中四县居山，验彼人家，三分内二分是客。昨来差配，甚觉艰辛。伏缘在此直至莫州，来往四百余里，或是无丁有税，须至雇人般量。每酌雇召之资，贱者不下五百，元配二万石数，约破十万贯钱。直如本户自行，费用无多。所较乃是二万家之贯，户出此十万贯之见钱，所以典桑卖牛，十闻六七，其间兼有鬻男女者，亦有弃性命者。"[48] 张齐贤甚至指契丹和宋人同样有转输粮草的负担。"自河东初降，臣即权知忻州，捕得契丹纳米典吏，皆云自山后转般以援河东。以臣料，契丹能自备军食，则于太原非不尽力，然终为我有者，盖力不足也。"[49] 虽然这项论断是否充分反映了当时的客观形势，尚需进一步论定；但重要的是，张齐贤用了和宋人相同的考量标准来分析辽朝的国力，这代表他相信人民作为后勤力量核心这一法则具有一定普遍性。

正如统治者应维持民力，不使衰竭，打击对方的经济基础和后勤力量就成为全面使用武力的前奏。如王朴在《平边策》中认为南唐"知我师入其地，必大发以来应，数大发则必民困而国竭"。[50] 薛化光主张削弱北汉的整体国力，就要迁徙其人民，"宜于太原北石岭山，及河北界西山东静阳村、乐平镇、黄泽关、百井社，各建城寨，扼契丹援兵；迁其部内人户于西京、襄、邓、唐、汝州，给闲田使自耕种，绝其供馈，如此不数年间，可平定矣"。[51] 相反，要在国际竞争之中占取先机，首先要防止人力资源的衰竭。田锡就批评宋太宗动辄劳师动众，"前岁俶扰边陲，亲迁革辂，今兹张皇声势，颇动人心。若狎狁来侵，六龙凤驾，烽烟既息，万乘方归，是皆失我机先，落其术内，劳顿耗敝，可胜言乎？"[52]

据某些内政主导论者的理解，来自人民的支持这一种政治资源，可以转化为军事资源。被认为对宋初大战略的形成具有颇大影响力的王朴，其实也是一个内政主导论者。王朴就深信只要统治者得到民心，敌国的人民会充当向导和提供情报。他甚至将这种民心的表现，提升到"天意"的层面来了解。通常学者引用《平边策》，大都是从"攻取之道，从易者始"开始，很少会留意到策文的开头，亦同样作了一番有关言论，强调内部整治是积极对外政策的重要支柱，而一个稳定的文官政府是建立武功的前提。王朴说：

> 唐失道而失吴、蜀，晋失道而失幽、并，观所以失之由，知所以平之术。当失之时，莫不君暗政乱，兵骄民困，近者奸于内，远者叛于外，小不制而至于大，大不制而至于僭。天下离心，人不用命，吴、蜀乘其乱而窃其号，幽、并乘其间而据其地。平之之术，在乎反唐、晋之失而已。必先进贤退不肖以清其时，用能去不能以审其材，恩信号令以结其心，赏功罚罪以尽其力，恭俭节用以丰其财，徭役以时以阜其民。俟其仓廪实、器用备、人可用而举之。彼方之民，知我政化大行，上下同心，力强财足，人和将和，有必取之势，则知彼情状者愿为之间谍，知彼山川者愿为之先导。彼民与此民之心同，是与天意同；与天意同，则无不成之功。[53]

王朴指出中原王朝之失去吴、蜀、幽、并，是由于内部政治不安，要收复失地，在乎反其道而行之，注重内政，任用贤才，累积财富，争取人心。他力持儒家的民本论，认为人心是天意的一个表征，能得到人心，就没有不能克服的困难。李昉同样具有这个观念，认为"况幽蓟之壤，久陷敌人，慕化之心，倒悬斯切，今若拥百万横行之众，吊一方俟后之民，合势而攻，指期可定。"李昉估计"俟府藏之充溢，洎闾里之完富"，有助于将来用兵。[54]故严格而言李昉的言论并不属于反战论。张齐贤在980年的上疏也精警地论列了边防与经济力量的互补关系，"边鄙宁则辇运减，辇运减则河北之民获休息矣。民获休息，则田业增而蚕织广，务农积谷，以实边用。"他没有李昉那样乐观，但也提到"尧舜之道无他，广推恩于天下之民尔。推恩者何？在乎安而利之。民既安利，则远人敛衽而至矣。"[55]赵普亦提到"四海咸归于掌握，十年时致于雍熙，唯彼蕃戎，岂为敌对？"[56]

基于这个原因，内政主导论者大多看到长线的战略优势，经过一段时间的休养生息，宋的整体国力将可超越契丹。张齐贤说："若缘边诸寨抚御得人，但使峻垒深沟，蓄力养锐，以逸自处，宁我致人，李牧所以称良将于赵，用此术也。"[57]田锡强调"伏愿申饬将帅，谨固封守，还所俘掠，许通互市，使河朔之民，得务三农之业，不出五载，可积十年之储。"[58]赵普说"聊为一纵之谋，别有万全之策"，"有道之事易行，无为之功最大"，也是指此。[59]

当然，内政导向的大战略也存在一些局限性和盲点。张齐贤等对资源转化的分析太偏重后勤力量，而较少顾及前沿部队的战力能否始终保持在高水平的问题，同时也没有厘清内政是外交的必要条件还是充分条件等等。此外，内政主导论者因站在宋朝政府立场，没有将非暴力提升为一种国际解决冲突的规范，事实上如李昉等论者主张缓图，而并不反战。然而总的来说，他们描绘了一幅长线乐观的图景，对纾缓暴力的使用有所贡献。[60] 不过若论到宋初的大战略为何仍有时呈现积极的攻略取向，单检讨内政主导论的局限性是有欠全面的。弭兵论的有欠彻底只能解释宋太宗和战不定的取向，但不能解释战争发生时所取的形态。要解释这一点，就接触到另一个源头的战略文化。刚才讨论的一个大战略层次的文化取向，源头来自儒家思想，甚至可能带有一点道家的影响；但以下要观察的是基层的、军队中形成的文化。这种文化从单对单战斗，到团队的组织和战役法，都存在连贯性，却与大战略层次上"先本后末"的内政主导论欠缺互相承接的关系。

战略文化的落差：五代宋初军队的野战取向

学界现时说的战略文化，往往指"大战略的文化"或暴力的文化价值观，然而不可忽略的是基层的军事信念，从战术到野战战略，都有可能渗透着文化价值。何况价值观只是文化的一个方面，目前学者对于文化的理解往往较为宽广，诸如习俗、风格及建制等均可列入文化的讨论范围之内。[61] 如果从习俗、作战风格及建制来理解宋初 960 至 986 年的战略文化，则必须接触到另一个源头，即军队内部的组织文化。宋的军队承袭自五代，而五代的军队又来自唐的藩镇，因此厘清唐宋变革期间军队的习俗、作战风格及建制相当重要。[62]

自唐以来，军队成为一个开放的职业，投身士卒的人来自各个阶层，基本上没有社会背景限制，[63] 而武艺的强弱，就成为判别其高下的一个相对上客观的标准。在军队中，世家子弟不一定存在优势。虽然五代宋初也形成了一些显赫的将门，如符存审（862—924）、符彦超（卒于934年）、符彦饶（卒于937年）、符彦卿父子，[64] 及何福进（888—954）、何继筠、何承矩祖孙三代，[65] 但毕竟出身行伍而有材武者仍多。符存审就曾说："予本寒家，少小携一剑而违乡里，四十年间，位极将相，其间屯危患难，履锋冒刃，入万死而无一生，身方及此，前后中矢仅百余。"[66] 周太祖郭威"形神魁壮，趣向奇崛，爱兵好勇，不事田产。……尝游上党市，有市屠壮健，众所畏惮，帝以气凌之，因醉命屠割肉，小不如意，叱之。屠者怒，坦腹谓帝曰：'尔敢刺我否？'帝即割其腹。"[67] 这件事可以看到民间好勇斗狠风尚之一斑。[68] 宋初军队的野战取向来自五代尚勇好斗之风，本来是军事生态学上汰弱留强机制的产物。军官的选拔凭的是个人武艺，这反映在宋代军队排连和堆垛子的制度上。[69] 如果制度具有起码的公正及公平，则意味着军官大多拥有较佳的武艺，属于正常现象。加以作战中军功的晋升，也要凭该单位获得首级的多寡而定，这令军官与其所统辖该队的士卒具有荣辱与共的关系，而崇尚武艺也成为军队中的一种集体的组织文化。

胡族血统及其所濡染的文化传统，也是军队中好勇斗狠风尚的来源。李克用的沙陀军来自漠北，"唐自号沙陀，起代北，其所与俱皆一时雄杰趫武之士，往往养以为儿，号'义儿军'"，其中李嗣恩（卒于917年）是吐谷浑人，李存信（862—902）出自回鹘部落。[70] 李嗣源小名邈佶烈，[71] 后来做了皇帝，也自称"臣本蕃人，岂足治天下！"[72] 还有很多所谓"代北人"，正史的传记中没有明确地记载他们的族属，但相信也很可能是内徙胡族之后，或胡汉混种，如李存孝（卒于 894 年）"代州飞狐人也。本姓安，名敬思"。[73] 安重荣（卒于 942 年），小字铁胡，朔州人。[74] 安从进（卒于 942 年），"振武索葛部人也"。[75] 宋初还有党进、呼延赞、米信等边疆民族的将领。[76] 至于府州折氏，也具有胡族血统。[77]

五代的军队中标榜个人的武艺和勇敢，表现为斗将的现象。在李克用的沙陀军中李存孝是最以勇猛见称的，连朱温阵中素称骁将的邓季筠，也被存孝舞矛擒之。[78] 来自山东的夏鲁奇（882—931），最好斗将，征讨幽州时，常与刘守光部下单廷珪（卒于 912 年后）、元行钦（卒于 926 年）单打独斗，两军士卒"皆释兵而观之"，[79] 出现古典小说中常见的斗将场面。梁末独力支撑大局的王彦章（863—923），也是被夏鲁奇"单马追及，枪拟其颈"而就擒。[80] 可是"铁枪"王彦章也是大名鼎鼎的勇将，"为人骁勇有力，能跣足履棘行百步。持一铁枪，骑而驰突，奋疾如飞，而佗人莫能举也，军中号王铁枪"。欧阳修就写过一篇《王彦章画像记》，记载他的英雄事迹如何为乡里小儿所传颂。[81]

即使契丹的入侵，也未能尽令中原的猛将失色。符彦卿、高行周都以擅野战闻名。唐庄宗被乱兵所杀，符彦卿、王全斌和何福进等十余人激战至最后一刻。[82] 阳城一战，符彦卿横领万骑冲辽军大阵，[83] 而令契丹人丧胆。契丹人每逢马匹生病不肯进食，"必唾而祝曰：'此中岂有符王邪？'"当述律太后知道耶律德光从中原撤军，而没有带同符彦卿时，也失望地说："留此人中原，何失策之甚也？"[84]

值得注意的是武艺和谋略的互存关系。周德威本来属于比较有谋的将领，"常务持重以挫人之锋，故其用兵，常伺敌之隙以取胜"。柏乡会战，李存勖靠他的以逸待劳之计击败王景仁（卒于 915 年后）。可是他却也时常卖弄武艺，曾舞槊擒"陈夜叉"、单廷珪等猛将，[85] 后来做到幽州节度使时，也"恃勇不修边备"，导致契丹的入侵。[86] 何时需要谋略来解决问题，何时不得不逞匹夫之勇，在周德威身上好像看不出一个行为规律。这反映出一个有谋略的人处身在尚勇好斗的群体中角色认同的吊诡。相反，凡事都采谋略为主导的角色，却不容易得到众望。刘鄩（857—920）算是一个杰出的人物，他师承《六韬》，"涉猎史传"，用兵以奇变为主，"一步百计"。[87] 他凭着智取兖州，一战成名，后来不得已降梁，着素衣一袭，乘毛驴一口，充分展示儒将本色。[88] 可是在决定性的魏博之战中，他上为君王所疑，下亦不为众将所服，因此有"一杯之难犹若此，滔滔河流可尽乎"之叹。[89] 在李存勖的眼中，刘鄩"长于袭人，短于决战"，欠缺了一份过人的胆色。[90]

由后唐开始，注重勇武的风尚影响到军事领袖的身份界定，他除了要是一个举足轻重的决策者之外，还必须是一名武艺超凡的勇士。这两种身份之间潜在矛盾，经常参与白刃格斗提高了战斗风险，将个人生命作赌注也可能令苦心策划的战略付诸流水。可是在沙陀军中，战斗似乎是一名军事领袖值得承担的风险，否则他很可能不具备作为领袖的资格。李存勖的一生印证着这个身份认同的历程，也被塑造为个人英雄主义者。他早年已颇具战略眼光，曾劝李克用摒弃小怨，与叛将刘仁恭合力拒梁。[91] 可是当他继位时，周德威、李嗣昭（卒于 922 年）等大将都拥兵在外，他唯有力战以树立个人威信，"十指上得天下"。[92]"帝锐于接战，每驰骑出营，（符）存审必扣马进谏，帝伺存审有间，即策马而出，顾左右曰：'老子妨吾戏耳！'"[93]明宗李嗣源也是一个典型的斗将，他批评诸将"公辈以口击贼，吾以手击贼"，其率领的"横冲都"威名远播。[94]在讨刘守光一役，他单挑元行钦，七次射中对方，而"行钦拔矢而战，亦射明宗中股"。[95]在917年救幽州一役，为先锋的李嗣源高呼要和阿保机角力。[96]明宗的义子王从珂和女婿石敬瑭都胆色、武艺过人。李存勖曾称赞从珂："阿三不惟与我同齿，敢战亦相类。"[97]石敬瑭曾经凭过人的武艺，在重围中救出李存勖，因而得到唉酥的荣誉。"唉酥，夷狄所重，由是名动军中"。[98]

到五代末年和宋初，这种情况开始发生一些转变。周世宗没有沙陀血统，对于白刃格斗也开始不感兴趣。宋太祖重新界定君主作为战略决策者，而非战斗参与者的角色。[99]他用师荆湖，继取西川，都只是居中策划，没有参与军事行动。可是对于关键性的敌人，如北汉和辽，他们都一再发起亲征，还常常参加战斗。周世宗亲征高平，"自引亲兵犯矢石督战"，丝毫不敢退缩。[100]宋太祖水灌太原一役，亲自指挥"水军乘小舟载强弩进攻其城"，扈从的禁军将校王廷义、石汉卿皆中箭死，[101]反映了宋太祖尚未离开五代的组织文化。[102]宋太宗在高梁河遭辽军击溃，多年后却大言"往则奋锐居先，还乃勒骑殿后"，[103]未尝不是五代风尚的一些余绪。

不过纵使后周和北宋对皇帝的身份认同开始向中国传统回归，军队中对个人武艺和胆色的崇尚依然持续。宋初的名将党进，就具有边疆民族血统。他在982年围攻太原一役，击败了

"素称无敌"的杨业，令后者要缒城而上获免。[104] 后来辽朝使者还专门问到，像党进这样勇猛的将领还有多少。[105] 呼延赞也是一位武艺高强的将领，他"挥铁鞭、枣槊"，又作破阵刀，降魔杵，戴铁角巾，"两旁有刃，皆重十数斤"。[106] 稍后成名的田敏（十世纪末至十一世纪初）也是武艺出众，唐河之战，"敏以百骑奋击，敌惧，退水北，遂引去"。[107] 1000 年，田敏在北平寨附近袭击辽军大帐，令辽圣宗留下深刻印象，"问（萧）挞览曰：'今日战者谁？'挞览曰：'所谓田厢使者。'契丹主曰：'其锋锐不可当。'遂引众去。"[108] 总之，个人武艺作为带兵官的一项身份认同，一直是宋初军队组织文化的一部分。

　　随着宋初集权统治的加强和强调军纪的重要，宋太祖和宋太宗提拔了一些能够严格执行纪律，而不突出个人英雄主义的武将。这种措施为宋军的组织文化带来新的转变。这个转变的典型人物是曹彬。曹彬不像其他武将那样好结交，品格中正不阿，为人廉洁，因而得到宋太祖的赏识。王全斌伐蜀一役，诸将多受贿赂，军纪大坏，只有曹彬保持廉洁。后来太祖取南唐，太宗经略幽燕，都以曹彬为主帅。曹彬对宋军的战术和战役法缺乏建树，但他身体力行，讲求仁厚、廉洁、奉法的为将之道，与儒家的礼义伦常建构了一道相容空间，令他在宋初享有崇高地位。[109] 田重进也是一个廉洁而低调的人，他在太祖末年很多军官都收受晋邸的礼物时，断然拒绝同流合污，说："为我谢晋王，我知有天子矣。"后来宋太宗当上皇帝，"爱其忠朴"对他青眼有加。田重进事实上颇能打仗，第二次幽州之役，就只有他一路屡战屡胜，而又全军而还。[110] 崔翰虽属有谋擅战的类型，但他同样不标榜白刃格斗，而着重维持军纪。"翰分布士伍，南北绵亘二十里，建五色旗号令，将卒望其所举，以为进退，六师周旋如一。"宋太宗就认为"晋朝之将，必无如崔翰者。"[111]王超（卒于1005年后）也是一位讲求整齐划一的排阵专家。在999年的一次校阅中，他手执五方旗，能令二十万人的大阵进退自如。"步骑交属亘二十里，诸班卫士翼从于后……初举黄旗，诸军旅拜。举赤旗则骑进，举青旗则步进。每旗动则鼓噪士噪，声震百里外，皆三挑乃退。次举白旗，诸军复再拜呼万岁。有司奏阵坚而整，士勇而厉。"[112]在澶渊之役中，他指挥的定州大阵的去向，曾被认为举足轻重。[113]宋太宗和宋真宗在藩邸的时候，都各自培养了一批"谨厚"而奉法的军官，[114]他们对宋初军事力量的组织文化之影响力不可低估。若没有足够证据说这是一个反英雄主义（anti-heroism）的潮流，至少可以说这是一个非英雄主义（non-heroism）的动向。[115]

讲求服从命令，减少突出个人的组织文化，和五代遗留的英雄主义传统很容易产生摩擦，特别是在两次皇室继承权出现纠纷，衍生出激烈的派系斗争的时候更是如此。[116]可是值得注意的是，新的组织文化只起着减少恃匹夫之勇的作用，并没有整个扭转五代以来崇尚野战的战役取向。两种取向的协调，出现注重结阵而战的趋向。列阵既是强调团队的传统，也预设了野战的取向，相对上是两方面都可以接受的作战方式。当然要注意的是，在这里"野战"兼容了"列阵"，是作为"守城"的相对概念来使用的，即如周德威所谓"镇、定之士，长于守城，列阵野战，素非便习"。[117]这和后来岳飞（1103—1142）和张所（十二世纪初）对话所说的不一样，在后者而言，"野战"是"列阵"的反义词。[118]另外一点要说明的是，在传统的"强干弱枝"观点的影响下，要求将领按阵图列阵而战反映了君主约束武将的作战自由，可是对阵图本身的研究却薄弱得很。[119] 其实阵的使用，是古代军队的基本战术，[120] 君主颁赐阵图，可能为了力求将战术尽善尽美，不一定带有政治目的。《武经总要》的作者反驳一种认为按阵图布阵是庸将的说法，举出诸葛亮（181—234）和马隆（卒于290年）都奉行八阵图为例，"今谓二人为庸将可乎？"《武经总要》的作者也反驳另一种观点，认为士卒出身市井，只需掌握简单的金鼓进退方法，"粗明三四"，不必遍知繁复的阵法，便能"乘便奋锐，猎敌争胜"。相反，他们提出专业的观点，觉得：

> 若乃提兵十万，深入贼境，大军在前，坚城未下，欲战则胜负未决，欲攻则利害难知。自非整饬车徒，部分营垒，或先据地之要害，或先扼敌之襟喉，蛇蟠月偃，中权后切，畴能收万全之胜哉？祇如平原大野，深林险道，前兵后泽，乘高趋下，顿兵拥众，呼吸俟命，若不素练施设，敢问何以处之？然后知议者之言，粗而不精也。[121]

当然此书是北宋中叶的作品，但从其一再引用宋太宗和宋真宗的军事训论，可知它在一定程度上反映了宋初的军事信念。[122]

宋太宗时期宋军多作前后两阵的部署。宋琪曾建议"前军行阵之法，马步精卒不过十万，自招讨已下，更命三五人蕃候，充都监、副戎、排阵、先锋等，临事分布，所贵有权。追戎之阵，须列前后，其前阵万五千骑，阵身万人，是四十指挥。左右厢各十指挥，是二十将。……阵厢不可轻动，盖防横骑奔冲。

此阵以都监领之，进退赏罚，便可裁决。后阵以马步军八万，招讨董之，与前阵不得过三五里，展厢实心，有常山之势，左右排阵分押之，或前阵击破敌人，后阵亦禁其驰骤轻进，盖师贞之律也"。[123] 在满城会战和陈家谷战役，宋军都采用前后两阵的部署，前者获得成功，后者则由于天气恶化，李继隆后阵退兵而失败。[124] 宋真宗时期的阵形梯次更多，据《武经总要》所载，一组纵深梯次的方阵包含步骑十余万人，大阵"常满十万人"，前后分别有约三万骑组成的前阵和约两万人组成的后阵，加以掩护，左、右两翼各有拐子马阵。这相信反映了宋真宗时代的情况。前阵之前一段距离，还有主要是骑兵组成的先锋阵和策先锋阵，"遏其奔冲"。[125]

　　崇尚野战的取向也反映在兵器的选择上。一般来说，射程兵器，特别是强弩，是五代和宋初的军队所倚恃的武器。晋出帝澶州之役，万弩齐发，飞矢蔽地，辽军无法突破。[127] 杨业在陈家谷战役时说过，他若败回，"则以步兵强弩夹击救之，不然者，无遗类矣。"[127] 杨业的话有点奇怪，似乎在他心目中，步兵和强弩才是主力，足可对付辽军的追骑，以致他发现潘美撤走了这路援兵，立即拊膺大恸。是什么原因令步兵和强弩如此举足轻重？可能和陈家谷的地形有关，但尚待进一步研究。然而君子馆战役也有类似的线索，当时"天大寒，我师不能彀弓弩，敌围廷让数重"。按以上宋方记载，"不能彀弓弩"和被围败绩似存在因果关系。若果宋军能张开弓弩，战果会否改写？是一个未知之数。顺带一提，多年后澶渊之役，辽统军萧挞览也是中床子弩而死的。当时"契丹……抵澶州北，直犯大阵，围合三面，轻骑由西北隅突进。李继隆等整军成列以御之，分伏劲弩，控扼要害。其统军顺国王挞览，有机勇，所将皆精锐，方为先锋，异其旗帜，躬出督战。威虎军头张瑰守床子弩，弩潜发，挞览中额陨，……敌大挫龃退却不敢动。"[128] 此役大名府的守将孙全照也以用弩手驰名，"全照素教蓄无地分弩手，皆执朱漆弩，射人马洞彻重甲，随所指麾，应用无常"。[129] 以上例证指出，宋人的强弩似乎是对付辽军骑兵的有效武器。

可是在另外一些情况下，也可看出五代和宋初的军队对近身肉搏的战技也是非常注重的。在 928 年的曲阳之战，王晏球命令骑兵全部"'悉去弓矢，以短兵击之，回顾者斩！'于是骑兵先进，奋棁挥剑，直冲其阵，大破之，僵尸蔽野，契丹死者过半"。[130] 宋琪所策划的"平燕之计"中，也规定"每指挥作一队，自军主、都虞候、指挥使、押当，每队用马突或刃子枪一百条，余并弓箭、骨鈌，其阵身解镫排之，候与戎人相搏之时，无问厚薄，十分作气，枪突交冲，驰逐往来，后阵交进。敌若乘我，深入阵身之后，更以马步人五千，分为十头，以撞竿、铠弩俱进，为回骑之舍也"。[131] 这里可以看出一个多兵种配合近距战斗的构想。宋太宗所制的《平戎万全阵图》也规定了拒马、枪、剑、床子弩、步弩、棹刀、小牌、团牌、骨鈌等兵器的混合使用。[132] 咸平二年的高阳关之战，傅潜"麾下步骑凡八万余，咸自置铁梃、铁锤，争欲击敌。"[133] 自置铁梃、铁锤一事，可见宋军与契丹铁骑肉搏的决心。

闭壁自守的情况不是没有，但大部分都是在众寡悬殊，或新经败创的局面下进行的。正如宋琪所说，"近边州府只用步兵，多屯弩手，大者万卒，小者千人，坚壁固守，勿令出战。彼以全国兵甲，此以一郡貔貅，虽勇懦之有殊，虑众寡之不敌也"。[134] 具体的事例如：君子馆战役之后，"河朔震恐，悉料乡民为兵以守城，皆白徒，未尝习战阵，但坚壁自固，不敢御敌"；[135] 唐河之役，宋太宗下令坚壁清野。[136]1004 年，辽军大举进攻关南，李延渥（卒于 1017 年后）也组织了著名的瀛州城防战。他以"礌石巨木击之，皆累累而坠"，据说契丹方面的死伤达三万人。[137]

可是在一般情况下，宋军不愿放弃野外的制动权。970 年契丹六万骑南侵，太祖命田钦祚："彼众我寡，但背城列阵以御之，敌至即战，勿与追逐。"可是田钦祚在满城初战得胜，却追奔至遂城，被契丹人围困一夜，次日突围入保塞，"军中不亡一矢，北边传言'三千打六万'"。[138] 端拱元年（988）的唐河之役，袁继忠违反宋太宗的诏令，和李继隆一起出击，说"契丹在近，今城中屯重兵而不能剪灭，令长驱深入，侵略它郡，谋自安之计可也，岂折冲御侮之用乎！我将身先士卒，死于敌矣。"[139] 就反映了这种取向。高阳关之战，傅潜（卒于 1017 年）畏懦，"闭门自守，将校请战者辄丑言詈之。……朝廷屡间道遣使，督其出师，会诸路兵合击。其都监秦翰及定州行营都部署范廷召等屡促之，皆不听。廷召怒，因诟潜曰：'公性怯，乃不如一妪耳！'"[140] 可见即使在 986 年后，宋军的野战取向仍然强烈。

这种野战取向反映在防御战中，就形成了弹性防御（elastic defense）。弹性防御是战略间接路线在防御战的体现。它不直接保卫领土，而是采取机动战的模式，以击败敌军为保卫领土的手段，因此也称为机动防御（mobile defense）或积极防御（active defense）。在战术和战役法上，弹性防御主张以一支能迅速调动的野战力量为核心，透过迂回、遮断、夹击、包围等手段在野战中打击敌人的军事力量。宋太祖时北边曾采用前沿防御，但自太宗开始，采用弹性防御的个案大为增加。979年满城会战，宋军采取"会兵设伏夹击之"的战役法。[141] 980年，辽军十万入侵雁门，潘美"令杨业领麾下数百骑自西径出，由小径至雁门北口南向与美合击之，敌众大败"。[142] 宋真宗时，镇、定、高阳关三路都部署司辖下的先锋阵和策先锋阵，便负担与敌游斗，"深入以牵其势"，"挠其心腹"，伺机"腹背纵击"的任务。[143] 寇准为澶渊之役所设定的战役计划，也强调各支部队随敌军的主攻方向而分合和调节正面，务求集中兵力，掎角相应，而并非死守边界。当然，寇准已考虑到皇帝安全，认为"扈从军士，不当与敌人争锋原野以决胜负"，但其余部队，则不妨"仰求便掩击"。[144] 由于战马数量有限，影响机动力，各单位欠缺适当的指挥权限，令弹性防御未能作最大的发挥。[145] 无独有偶，和北宋背景相近的拜占庭帝国，也具有弹性防御的取向，反映在尼基弗鲁斯二世（Nicephoros Phocas II）口述，其部将笔录的《前哨战》（*Skirmishing*）一书中。[146] 可见弹性防御的采用，并非偶然的产物。[147]

在攻势作战中，五代的传统擅长运用突击，而这种传统具有经济、政治和地理因素。五代政权的经济基础脆弱，在长期战争中苦于支绌。923年唐庄宗渡河灭梁前夕，"租庸副使孔谦暴敛以供军，民多流亡，租税益少，仓廪之积不支半岁"。[148] 后晋抵抗契丹，首尾三年，军储亦非常紧张。"朝廷因契丹入寇，国用愈竭，复遣使者三十六人分道括率民财，各封剑以授之。"[149] 政权合法性基础薄弱，军队的士气波动很大也是一个重要的变数。五代的军队秉承河朔故事，"变易主帅，有同博易"，[150] 这种现象后来蔓延到禁军，出现"天子，兵强马壮者当为之，宁有种耶"的说法。[151] 只要首脑被推翻，其肢体亦迅速瓦解。加以从地理上而言，许多藩镇和十国的地盘大都比较狭少，防御的纵深有限，很容易被急速的突击所冲垮。

这些军事上的弱点却为奇袭的战略提供了机会，令奇袭成为五代军事传统中富有特色的方面。903 年朱温往凤翔迎唐昭宗，王师范"分遣诸将诈为贡献及商贩，包束兵仗，载以小车"，同时袭击汴、徐、兖、郓、齐、沂、河南、孟、滑、河中、陕、虢、华等州。[152] 刘鄩取兖州一役，派人自水窦入城，里应外合，充分显示了名将本色，连对手朱温也称赞他"量何大耶？"[153] 915 年刘鄩和李存勖对峙河上，忽然晋军发现他的军营只剩下"结蒭为人，缚旗于上，以驴负之"，原来刘鄩全军都偷袭太原去了。[154] 刘鄩后来未能击败庄宗，主要是长途跋涉，"马死殆半"，机动力不足，每次都落了后着，[155] 但他奇袭的战略仍是弥足珍视。923 年庄宗渡河取大梁，纳郭崇韬所言："降者皆言大梁无兵，……长驱入汴，彼城中既空虚，必望风自溃。"[156] 当时"段凝限于水北"，[157] 因此王彦章成擒，即注定了后梁覆亡的局面。926 年邺都兵变，李嗣源被乱兵拥戴，其部将石敬瑭即引兵再一次奇袭大梁。庄宗闻讯立即知道"吾不济矣！"[158] 唐明宗死后，义子王从珂发动凤翔兵变，在围城中收买禁军归附，沿途长驱，又一次夺取帝位。[159] 杜重威中渡桥兵变，耶律德光派张彦泽斩关入汴，还号称"遣奇兵直取大梁，非受降也"。[160]

宋太祖对这种战役法绝不陌生。在 956 年后周向南唐发动的攻势中，赵匡胤就负担纵深遮断的任务，"倍道袭清流关，……跃马麾兵涉水，直抵城下"，生擒南唐大将皇甫晖。[161]

据王铚的记载，赵匡胤在此役认识当时正在做学究的赵普。赵普援以奇计，说："今关下有径路，人无行者，虽晖军亦不知之，乃山之背也，可以直抵城下。方阻西涧水大涨之时，……诚能由山背小路率众浮西涧水至城下，斩关而入，彼方战胜而骄，解甲休众，必不为备，可以得志。所谓'兵贵神速，出其不意。'若彼来日整军而出，不可为矣。"太祖听从了这条奇计，果然突袭成功。[162] 这条记载的可信性很有疑问，已有史家指出。[163] 可是这条史料也反映出宋人对突然袭击，纵深遮断之崇尚，所谓"不惟中断寿州援，则淮南尽为平地。自是遂尽得淮南，无复障塞。世宗乘滁州破竹之势，尽收淮南，李景割地称臣者，由太祖先擒皇甫晖，首得滁州阻固之地故也。"[164] 这段话渲染太祖的军功是不成疑问的，但从另一角度看，它亦反映着宋人对达成军事突然性的信念。

赵普在另一些场合的确说过兵贵神速的话，可能是空穴来风，未必无因。960 年宋太祖即位后发生李筠之乱，大将向拱"劝上急济河，逾太行，乘贼未集而击之"。赵普亦言："贼意国家新造，未能出征，若倍道兼行，掩其不备，可一战而克。"[165] 继而李重进的叛变，赵普同样认为："李重进守薛公之下策，昧武侯之远图，凭恃长淮，缮修孤垒。无诸葛诞之恩信，士卒离心。有袁本初之强梁，计谋不用。外绝救援，内乏资粮，急攻亦取，缓攻亦取。兵法尚速，不如速取之。"[166] 由此可见赵普主张用兵宜速不宜迟。他后来不赞成经略幽燕，主要是恐怕高风险的军事作业，和担心战争旷日持久，这和他用兵尚速的主张是没有根本矛盾的。

对于这急速的军事节奏，宋太祖麾下诸将也是非常熟悉的。

慕容延钊取荆湖，李处耘"将轻骑数千倍道前进"，高继冲"遽闻大军奄至"，措手不及，只好出迎，"比继冲与延钊俱还，而王师已分据冲要"。李处耘继续进击，"日夜趣朗州"，并以恐怖手段来制造混乱。他"择所俘体肥者数十人，令左右分食之，少健者悉黥其面，令先入朗州。……所黥之俘得入城，悉言被擒者为王师所啖食。贼众大惧，纵火焚州城，驱略居民，奔窜山谷。举戍，王师入朗州"。[167] 李处耘的手法极为残暴，不足为法，但也可以算是一种心理战。当恐怖手段和快速进军相配合时，足可瓦解敌人的斗志。王全斌入蜀也是一连串奇袭的结果。初时宋军取兴州，逐北过三泉，蜀军焚毁栈道，退保葭萌关。王全斌与崔彦进分兵一修栈道，一取罗川，蜀军大败，又退守剑门。[168] 王全斌召开军事会议，有部将指出"有狭径，名来苏"，可取此路奇袭，迂回到剑门以南。王全斌便以史延德分兵偷取来苏径，并亲自领兵攻关。此举出乎蜀军意外，合战大败，成都投降。[169] 王全斌用兵六十六日就消灭了后蜀。潘美取南汉相对上采取了比较迂回的路线。他在取得贺州、韶州、英州之后，曾一度将兵锋转向桂州、连州。这可能是考虑到粮道的安全问题。然而在若干次的战斗中，他和转运使王明都使用急击的战术。在过地势险要的泷头的时候，汉主请缓师，他反而加速进军。[170]

明白了这个传统，崔翰在平定北汉之后主张速取幽州的话，"乘此破竹之势，取之甚易，时不可失也"，[171] 就可以理解。宋军在高梁河战役，是运用了五代好尚奇袭的战役法来对付辽这样的大国，没有考虑客观环境的改变，结果招来失败。[172] 雍熙三年（986）宋太宗再举取幽州，也是采用掩人不备的战略。不过他多加了一条间接路线，[173] 以东路的曹彬持重缓行，吸引辽军的注意力，制造机会给西路潘美、杨业进行快速突击。[174]
此役的失败并未令宋军的战役法做出太大改变，是年年底，刘
廷让、李继隆在关南集结兵力，"数万骑并海而出，……声言取
燕"，[175] 又招来君子馆战役的丧败。[176] 连场大败之余，太宗起
用文臣柳开知宁边军，柳开"结客白万德，使说其酋豪，将纳
质定誓，以为内应，掩其不备，疾趋直取幽州"。[177] 此事因柳
开调任而作罢，但亦可见他还没有离开构成军事突然性的思路。
这个例子也可以说明组织文化在军队中的根深蒂固。

战略协调的可能性

以上论证了宋初两种战略文化脱节而并存的事实。当然，
这还很不足够。这两种战略文化彼此的关系，也是需要观察的
要点。然而，论题在这里遇上一个理论上的疑点，亦即战略各
层次的关系及战略文化之间可否兼容的问题，好像还欠缺有系
统的论述。传统的战略研究多半都指出大战略统摄各层次战略
的特性，如李德·哈特（Liddell Hart）、约翰·柯林斯（John
Collins）等。[178] 爱德华·鲁特瓦克（Edward Luttwak）尝试用
辩证的观点去分析战略各层次的互相渗透的关系。他将战略比
喻为一座大厦，而战术和战役法等层次的胜败，都必须最终渗
透到大战略层次，才能影响全局。[179] 这种分析在理论上承认了
战略层次之间存在互动。可是从文化角度研究暴力和战略的学
者，似乎不甚确定这一点。哈勒尔和江忆恩都没有谈及文化取
向的兼容空间和大战略的协调机制的存在。哈勒尔强调文化和
反文化的冲突，仿佛规范之间完全无法协调；而江忆恩更形容

大战略取向和战役法存在脱节（disjuncture），也好像抹杀了兼容的可能性。不过在引进更新的理论之前，我们没有理由排除二者发生关系的可能性。换言之，战略是否协调，应视乎大战略如何对战役法施以制约；而战役法如何在大战略所容许的范围内寻找兼容空间，也似乎是进一步观察的重点。

内政导向和野战取向的战略文化的关系，可以从两者共同排拒的取向谈起，就是持久战的可能性。持久战其实可能是一种值得考虑的选择，因为它似乎可以发挥中原王朝的物质优势。然而田锡认为"无使旷日持久也"，[180] 而崔翰则以为"时不可失也"。两者虽然立场有异，前者是从战争劳民伤财的预设来加以发挥，而后者则属对五代以来战争形态，用兵势如破竹的一种回响，但他们同属于对持久战的否定。换言之，两种取向之间的关系，表现在他们都共同排斥第三种取向上。

内政导向和野战取向的另一种可能的关系，就是江忆恩的"文化现实主义"模式。这是一个值得注重的方向。在这里，文化的象征和理念取向和现实战略两不相干——儒家理想主义不能抑制帝王的穷兵黩武，而大战略也不能制御战役法的优先选择。"权变"的观念成了协调两组规范的中介。事实上，"先本后末"论者大多强调从实力对比的变化来调节和战关系。田锡以为政策必须富于弹性，指出"夫动静之机不可妄举，动谓用兵，静谓持重。应动而静则养寇以生奸，应静而动则失时而败事"。[181] 赵普也曾经用过比较理论化的概念来说明："臣又闻圣人不凝滞于物，见可而进，知难而退，理有变通，情无拘执。"他看到战略决策可能受感情影响的潜在危险，因此特别提醒统治者要权衡力量对比的变化来融通，不可拘执。不过赵普认为宋军在军事实力上不如辽国，因此主和。他说："北狄则弓硬马肥，转难擒制；中国则民疲师老，应误指呼。"[182]

　　然而无论如何，两层次的战略文化存在互动关系的可能性也是不可低估的。在这种互动关系之中，内政主导论者容忍在局部战场长期使用武力，或者在一段休养生息的阶段之后大规模用兵，而军队中的战役法也随着大战略的要求而调节脚步。986年以前的内政主导论有一种与现实主义妥协的倾向，没有排除使用武力的可能性，如李光赞便认为："传曰：'邻之厚，君之薄也。'岂若回銮复都，屯兵上党，使夏取其麦，秋取其禾，既宽力役之征，便是荡平之策。"[183] 很明显，李光赞心目中的国际利益是具有零和性质的。宋室的愈趋稳定，便等如北汉的日渐倾危。因此，他要求宋太宗采取稳健的政策，先固根本，不要着急于眼前胜负。可是他并没有主和的意味。相反，他主张加强围堵，来达致最终的胜利。李光赞的言论表明，当宋军掌握了战略主动，将战争带到敌国领土的时候，内政主导也可以呈现为极具侵略性的政策。李昉的言论鼓吹慎重缓图，但同样不排除使用武力，主张"善养骁雄，精加训练，严敕边郡，广积军储，讲习武经，缮修攻具，……期岁之间用师未晚。"[184] 田锡同样主张使用武力的可能性不可忽视。他指出："今范阳坚壁，窃据封疆，獯鬻荐居，不修朝贡，若烦再驾，固当用兵，虽禀宸谋，必资武力。"[185] 这显示出他仍然视武力为政策的必要后盾。这些都是向现实政治预留动武地步的痕迹。

　　少数论者甚至指控鼓吹北伐的人为小人，但无法在理论上排除机会主义的影响。既然内政主导论者也承认在实力充裕之后不排除动武，那么帝王又如何能有效地判断用兵的时机？赵普的《谏雍熙北伐疏》中说得最透彻："臣又窃料陛下非次兴兵，恐因偏听，其奈人多献佞，事久防微。大凡小辈，各务身谋，谁思国计？或承宣问，皆不实言，尽解欺君，尝忧败事？得之则奸邪获利，失之则社稷怀忧。昨者直取幽州，未审谁为谋者？必无成算，俱是诳言。……伏望官家寻其尤者，特正奸人之罪，免伤圣主之名。"[186] 在札子中，他又再一次强调："此盖两省少直言之士，灵台无有艺之人，……乞诛罔上之辈流，便作抽军之题目。"[187]

不过同时也要看到另一种趋向，就是急促的战役法也确实逐步向慎重缓图的大战略靠拢，只是这个过程颇为漫长，而其成效存在起伏。969 年的太原之役是宋军第一次遇到需要减慢节奏的情况。出师之时，宋太祖命曹彬、党进领兵先赴太原，又命韩重赟"倍道兼行，出其不意"对付契丹援兵，仍是一派激进的姿态。结果韩重赟在定州嘉山击败了辽军，而何继筠在太原以北的石岭关也击败了另一支辽军，可是太原却久攻不下。宋太祖甚至运用决水淹城之计，命"水军乘小舟载强弩进攻其城"，也未能得逞。[188] 由于宋军屯兵甘草地中，"会暑雨，多被腹病，而契丹亦复遣兵来援"，这时宋太祖接触到战役法与大战略的方面，他接纳了太常博士李光赞的劝谏，提议暂时回銮京师，但仍屯军上党，"使夏取其麦，秋取其禾"。换言之，李光赞主张减低武力冲突的强度，但仍维持较高的频度，使对方不能休养生息。宋太祖将这项建议征询过赵普，后者也赞成。此外宋太祖也接纳了薛化光的主张，从经济上扼杀北汉，俘掠人户，"绝其供馈，如此，不数年间，自可平定"。在这里宋太祖接纳了长期使用武力的政策，但其前提是不可对国内的经济和社会安定带来负面影响，正如李光赞所说"既宽力役之征，便是荡平之策"。[189] 从这里可以看出宋初大战与战役法的协调，一般来说宋军不会放弃速战速决的信念，持久战仍然是需要避免的，但若能将战争范围局限在敌占区或其邻近的有限地区，不会带来全国性的民生困扰和经济负担，则仍属可采。

平南唐一役也可以看到宋太祖如何协调大战略和战役法。和历代取江南一样，宋军早已控据上游，可以从荆湖、广南进兵，没有横越长江的困难。何况本来自南唐归宋的落第士人樊若冰，已量度过采石江面的宽狭，宋军据此事先造成浮梁，"不差尺寸"，完全符合一举渡江的战役要求。[190] 可是宋太祖考虑到"王全斌平蜀多杀人"，[191] 不符合社会和经济的优先考虑，遂特地任用谨厚的曹彬，诫之以"切勿暴略生民，务广威信，使自归命，不须急击也"。[192] 曹彬事实上也做到这种协调的角色。"王师围金陵，自春徂冬，居民樵采路绝，兵又数败，城中夺气。曹彬终欲降之，故每缓攻。……先是，上数因使者论曹彬以勿伤城中人，若犹困斗，李煜一门切勿加害。于是，彬忽称疾不视事，诸将皆来问疾，彬曰：'余之病非药石所愈，须诸公共为信誓，破城日不妄杀一人，则彬之疾愈矣。'诸将许诺，乃相与焚香约言。既毕，彬即称愈。乙未、城陷。"[193] 曹彬在当时负有盛名，和这种协调能力不无关系。相反，曹翰屠江州，"死者数万人，取其尸投井坎，皆填溢，余悉弃江中"，[194] 虽然同样打了胜仗，但不符合宋的大战略利益，受到较低的评价。

不过曹彬这次协调的成功，是以宋军拥有优良的战力为前提的，是以纵然缓攻，仍然可以得手，又不至于破坏经济生态。可是当对手是辽军的时候，宋军没有必然的野战优势，要拿捏得准确就不容易。雍熙三年的经略幽燕一役，曹彬本来受命持重缓行，令辽军不暇回援山后，可是他很快就"进壁于涿州东，复与敌战，李继隆、范廷召等皆中流矢，督战愈急，敌遂败，乘胜攻其北门，克之。"[195] 在《辽史》的记载中，曹彬的行动也确实达致了突然性，辽军需要"诏趣东征兵马以为应援"。[196] 然而"彬至涿州留十余日，食尽乃退师至雄州，以援供馈"，步伐开始乱了，"而彬所部诸将闻（潘）美及（田）重进累战获利，自以握重兵不能有所攻取，谋画蜂起，更相矛盾，彬不能制，乃裹五十日粮，再往攻涿州。"[197] 很明显，曹彬部下诸将仍是速战速决那种观点，曹彬结果未能协调诸将的矛盾，直接导致了失败，他南征北讨的军事生涯也画上句号。这一次用兵，宋军战役法和大战略的分歧完全暴露。

　　总的来说，宋初 986 年以前的战略崇尚速决战，战役法倾向于运用突然性，当大战略需要拖慢战争的节奏时，成败便取决于协调的空间和技巧。若协调失败，各战略层次的机制就会各行其是，提高了作战的风险。速决战观念的影响在宋辽战争之后仍然持续，宋琪讨论西夏的边事，就认为只要令李继迁出来布阵会战，一天之内就可以解决所有问题。[198] 曹光实用轻骑掩袭李继迁于地斤泽，[199] 种谔（1027—1083）取绥州，破铁城，[200] 又主张以鄜延九将兵直取灵武，"兵尚神速，彼未及知，师已及境矣"，[201] 都是崇尚军事突然性的余绪。当然，宋夏战争中也因应慎重缓图的大战略，以及前沿防御的需要，发展出进筑城寨为中心的战役法。举凡筑横山，开熙河，进筑天都山，都是有关成果。这反映出大战略和战役法的文化互动仍属可能，只是其过程相当漫长，而且艰巨。

结　论

本章将战略文化的理论引进军事史的研究，其目的是有利于观察文化价值的相对性。基于其非中心主义的立场，战略文化理论认为战略并非纯粹理性的产物，而是与意识形态、价值观、习俗、风尚息息相关。在追溯战略的结构性原因这个硬核之外，也提供了另一个角度看到战略背后的规范和本位认同这些软性因素，既"战略"，也"文化"，似乎是研究军事史的学者值得关注的方向。当然，本章所得的初步结论还未能代表一种具普遍化意义的诠释，其目的仅在提供一条思路，以待日后在这个领域上进一步的拓展。

宋初的大战略取向一再从保境安民的一个极端跳到大张挞伐的另一个极端，其外交政策反复的表层反映着深层战略文化的落差。如下页表一所示，北宋986年以前战略各层次存在脱节和错配。从左至右各栏为各战略所需要由低至高的武力强度，从上至下各列为战略由最高至最低各层次。宋人虽有以德怀远等理念政治及先本后末、先南后北等内政主导的大战略，倾向低强度冲突，但战略的基层却缺乏主张守城或各种阵地战和消耗战的素养。相反，宋军基层的战略大都倾向高强度和高风险的战斗。

在大战略的层面，宋初文臣大都主张从内政入手，稳定内部统治，尤其是防止滥用暴力，以巩固民生的基础。可是这种规范并不全面，因为它未能赋予军队一种全新的组织文化。宋初的军队依然承袭五代以来崇尚野战的传统和急速的军事节奏。这令宋军在一旦使用武力时倾向于突然袭击，及对准敌军政治中心，发动决定性战役。

表一

战略层次 ＼ 武力强度	低	中	高
大战略	以德怀远、先本后末		
战区战略	先南后北	来则御敌，去则勿追；强性防御	
战役法			先发制人、纵深突破
战术			崇尚野战
个体战斗			英雄主义、斗将

　　这种战略文化的落差可否提高到"反文化"或"说一套，做一套"的层次去理解呢？关键在于如何考虑二者互动和调和的可能性。目前很难否定这两重来自不同源头的战略文化存在协调空间。事实上高位和低位文化都出现向对方的立场妥协，或调节步伐的趋向。然而协调落实到具体的作业上是否成功，很大程度上要看领导者的军事智慧。要达致两种文化的全面融和，似乎并非二十五年宋辽战争所能完成的历史任务。

　　当然，从文化观点来看战略，其目的不是要评价哪些战略是正确的，哪些是不正确的，因为我们无法将一套评价标准强加给另一个不同的文化体系。但是可以指出的是，不同的战略文化承担的风险有所不同。北宋 986 年以前两组战略文化规范共存的事实，体现了内部政治风险偏低，但战斗风险（combat risk）和组织风险（organizational risk）都偏高的特征。这种特征基本上勾画出历史发展的方向——宋太宗企图以武力经略幽燕，遭遇严重的挫折；而北宋王朝却大致稳定，享受了一个多世纪的经济繁荣。下一章开始讨论战略文化的内在失调，如何导致北宋一连串的军事灾难。

注　释

[1] Kenneth Waltz: *Theory of International Politics* (Reading, Mass.: Addison-Wesley, 1979). Robert Powell, "Anarchy in International Relation Theory: The Neorealist-neoliberal Debate," *International Organization*, 48: 2 (1994), pp. 313—344.

[2] John Gerard Ruggie, "Continuity and Transformation in the World Polity: Toward a Neorealist Synthesis," in Keohane (1986), pp. 131—157. Richard K. Ashley, "The Poverty of Neorealism," *International Organization*, 38: 2 (1984), pp. 225—286. Robert O. Keohane (ed.), *Neorealism and Its Critics* (New York: Columbia University Press, 1986). Stephen Walt, "The Renaissance of Security Studies," *International Studies Quarterly*, 35 (1991), pp. 211—239.

[3] R. B. J. Walker, "The Concept of Culture in the Theory of International Relations," in Jongsul Chay (ed.), *Culture and International Relations* (New York: Praeger, 1990), pp. 3—17. William Zimmerman and Harold K. Jacobson, *Behavior, Culture, and Conflict in World Politics* (Ann Arbor: University of Michigan Press, 1993). Peter J, Katzenstein (ed.), *The Culture of National Security; Norms and Identity in World Politics* (New York: Columbia University Press, 1996).

[4] Raymond Cohen, *Negotiating across Cultures: International Communication in An Interdependent World* (Washington, D.C.: United States Institute of Peace Press, 1997). Guy Olivia Faure and Jeffrey Z. Rubin (eds.), *Culture and Negotiation: The Resolution of Water Disputes* (Newbury Park, Calif.: Sage Publications, 1993)；中译本，［法］居伊·奥立维·福尔、［美］杰弗里·Z·鲁宾（主编）、联合国教科

文组织翻译组（译）:《文化与谈判：解决水争端》(北京：社会科学文献出版社，2001)。

[5] John Collins, *Grand Strategy: Principles and Practices* (Annapolis, Maryland: Naval Institute Press, 1973), pp. 1–5.

[6] 钮先钟:《战略研究入门》, 页 28—29。

[7] Jack Snyder, "The Concept of Strategic Culture: Caveat Emptor!," in Carl G. Jacobsen (ed.), *Strategic Power: USA/USSR* (New York: St. Martin's Press, 1990), pp. 3–9.

[8] 同上，页 6。

[9] Reginald Stuart, *War and American Thought: From the Revolution to the Monroe Doctrine* (Kent, Ohio: Kent State University Press, 1982). Bradley Klein, "Hegemony and Strategic Culture: American Power Projection and Alliance Defense Politics," *Review of International Studies*, 14 (1988), pp. 133–148. 这种观点对二十世纪九十年代的学者如江忆恩仍维持较大的影响力，见 Alastair Iain Johnston, *Cultural Realism: Strategic Culture and Grand Strategy in Chinese History* (Princeton: Princeton University Press, 1995).

[10] Johnston (注 9), pp. 148–151.

[11] Peter Katzenstein, "Introduction: Alternative Perspectives on National Security," in Katzenstein(注 3), pp. 1–32, Ronald L. Jepperson, Alexander Wendt, and Peter Katzenstein, "Norms, Identity, and Culture in National Security", in ibid., pp. 33–75.

[12] Jeffrey W. Legro, *Cooperation Under Fire: Anglo-German Restraint During World War II* (Ithaca: Cornell University Press, 1995). Elizabeth Kier, *Imagining War: French and British Military Doctrine*

Between the Wars (Princeton: Princeton University Press, 1997). 又见 Elizabeth Kier, "Culture and Military Doctrine: France between the Wars," *International Security*, 19: 4 (Spring 1995), pp. 65–93.

[13] Ken Booth, "The Concept of Strategic Culture Affirmed," in Jacobsen (ed.)（注 7）, *USA/USSR* (1990), pp. 121–128.

[14] Colin Gray, "National Styles in Strategy: The American Example," *International Security*, 6: 2 (1981), pp. 21–47, Jacobsen (ed.)（注 7）. Fritz Gaenslen, "Culture and Decision Making in China, Japan, Russia, and the Aunited States," *World Politics*, 39:1, 78–103. Ken Booth and Russell Trood (eds.), *Strategic Cultures in the Asian Pacific Region* (Houndmills, Basingstoke, Hamshire: MacMillan Press Ltd. and New York: St. Martin's Press, 1999).

[15] Legro（注 12）. 关于组织文化与军事信念，参 Kier, *Imagining War*（注 12），又见 Kier, "Culture and Military Doctrine"（注 12），pp. 65–93.

[16] Jonathan Lipman and Stevan Harrel (eds.), *Violence in China: Essays in Culture and Counterculture* (New York: State University of New York Press, 1990). Mark Edward Lewis, *Sanctioned Violence in Early China* (Albany: State University of New York Press, 1990).

[17] Jonathan R. Adelman and Chih-yu Shih, *Symbolic War: The Chinese Use of Force, 1840–1980* (Institute of International Relations, Chengchi University, Taipei, 1993).

[18] Johnston（注 9）。

[19] 在哈勒尔所撰写的序言中，他指出暴力存在有两个前提，首先是冲突，然后是使用暴力来解决冲突的动机。他首先分析了暴力的结构因素，比如家庭冲突、阶级斗争、种族仇怨、教派动乱和两

性冲突等。其次分析了社会上标榜诉诸武力来解决上述各种冲突的主观动因。这些动因包括规范的失效、规范之间的冲突及反文化（counterculture），以及政府的行为超乎规范等三方面。据哈勒尔的分析，规范的意义含有一个社会化（socialization）的过程，但是在人们在受教育成长的社会化过程却常常是不圆满的，因此有时感情会盖过理智，愤怒会战胜克制，尤其在感受到丢脸和遭受挑衅的情况下更是这样。至于在复仇的循环中泥足深陷，又或是借醉行凶之类，就更是家喻户晓的暴力动因。更进而言之，哈勒尔谈到中国文化虽有强烈的非暴力取向，但也应看到民间或地方上存在另类规范，甚至反文化。回族相对于汉族，秘密教派相对于佛、道，都可能代表另类取向。至于民间流行的戏曲和章回小说，更充斥大量武打场面作为娱乐元素，起着反文化的作用。最后，哈勒尔分析到代表正统和权威的官方，其实并不抵制暴力，由上而下的暴力是合法的。Stevan Harrel, "Introduction," in Lipman and Harrel（注16），pp. 1–21.

[20] Johnston（注9）。江氏的结论指出，中国战略文化与西方现实政治（realpolitik）强调军事优势的战略文化基本上同出一辙。换句话说，"文化现实主义"可以存在于不同文化领域之内，"强权政治"（power politics）的传统不只是西方的专利，在中国历史上也同样可以找到。这和一般认为中国文化以道德法纪制约暴力、反对穷兵黩武、爱好和平的说法大相径庭。当然江氏的观点在概念上仍存在漏洞。《文化现实主义》一书解释明代的大战略处于战争边缘典范（parabellum paradigm），证据是奏章中经常鼓吹伏击、夜袭之类的战术攻击手段。至于这种战术手段如何能说明大战略具有侵略取向，却欠缺精确的说明。从理论上分析，一个国家的大战

略取向能否从其军队的战术中看出，也是一个需要小心处理的问题。当然，如果使用广义的战略定义，战术可以被理解为战略之一种，但江忆恩要观察中国传统中的大战略取向是否存在侵略或使用武力的倾向，而战术按照我们一般理解，却是预设武力冲突已经发生时，如何运用成序列和机动的战斗单位进行战斗的指引。换言之，战术所针对的只是"如何"，而不存在"应否"使用武力的问题。

[21] 关于二十世纪九十年代战略文化研究的特征，详见曾瑞龙、郑秀强:《九十年代的"战略文化"理论：一个拓展中的学术领域》, 载《暨南学报（哲社版）》, 第 4 期（2002）, 页 1—12。

[22] 傅乐成:《唐型文化与宋型文化》, 原载《台湾编译馆馆刊》, 第 1 卷，第 4 期（1972）, 收入傅乐成:《汉唐史论集》（台北：联经出版事业公司，1981 年）, 页 339—382。柯睿格（著）、陶晋生（译）:《宋代社会：在传统之内的变迁》, 收入约翰·海格尔（编）、陶晋生（译）:《宋史论文选集》（台北：台湾编译馆，1995 年）, 页 1—12。James T. C. Liu, *China Turning Inward: Intellectual Political Changes in the Early Twelfth Century* (Cambridge, Massachusetts: Council on East Asian Studies, Harvard University, 1988). Peter K. Bol, *"This Culture of Ours": Intellectual Transitions in T'ang and Sung China* (Stanford, CA: Stanford University Press, 1992).

[23] 梁天锡:《宋枢密院制度》（台北：黎明文华事业公司，1981 年）。

[24] 曾瑞龙:《向战略防御的过渡：宋辽陈家谷与君子馆战役，986—987 A.D.》, 载《中国文化研究所学报》, 新刊号第 5 期（1996）, 页 81—111。

[25] A. Kroeber and C. Kluckohn, *Culture: A Critical Review of Concepts*

and Definitions (New York: Random House, 1963）一书列举了一百
多种文化的定义，此处不能尽录。

[26] 这些反思的言论，被称为"弭兵论"或"反战论"。弭兵论的本
质，被认为是一种和"强干弱枝"配套的外交政策，具有文饰
军事失败的功能，和主张慎重缓图的言论。陈芳明:《宋初弭兵
论的检讨，960—1004》，收入《宋史研究集》（台北：台湾编译
馆，1977 年），第九辑，页 63—98 一文，强调弭兵论和"强干
弱枝"政策的兼容性。站在巩固中央、削弱地方的立场上，达
致疆场和睦，弭兵息战，的确是一个有助于中央政府稳定的取
向。当然要补充的是，这不是唯一的选择，中央政府同样可以运
用相对上集中的资源和强大的军力，采取积极的对外姿态。王赓
武则认为弭兵论是一种象征性的饰词，来掩盖战力不足的事实，
参 Wang Gungwu, "The Rhetoric of a Lesser Empire: Early Sung
Relations with Its Neighbors," in Morris Rossabi (ed.), *China Among
Equals: The Middle Kingdom and Its Neighbors, 10th-14th Centuries*
(Berkeley: University of California Press, 1983), pp. 47–65. 不过在
主张这种看法之余，也不可忽略和平是社会上一个广泛的要求，
主张和平的言论，并非中央政府的官员所能垄断。参本书第 7 章。
此外王明荪:《宋初的反战论》，收入邓广铭、漆侠（编）:《国际
宋史研讨会论文选集》（保定：河北大学出版社，1992 年），页
478—489 注意到宋初弭兵论往往包含慎重缓图的策略，反战立场
不彻底，对非暴力形式的抗争也缺乏一种有系统的阐述，因此认
为它对人类追求和平的历程不能说有很大贡献。

[27]《长编》，卷十二，页 274—275。

[28]《长编》，卷二二，页 499。

[29]《长编》，卷二一，页485。

[30]《邵氏闻见录》，卷六，页49。

[31]《邵氏闻见录》，卷六，页48。

[32]《邵氏闻见录》，卷六，页51。

[33]《邵氏闻见录》，卷六，页50。

[34]《长编》，卷二一，页484。

[35]《长编》，卷二一，页484。

[36]《长编》，卷二二，页498。

[37]《长编》，卷十，页224—225。

[38] 范镇：《东斋记事》，与宋敏求：《春明退朝录》同本（北京：中华书局，标点本，1980年），卷一，页1。《长编》，卷十，页225略同。

[39]《长编》，卷二一，页484。

[40]《宋史》，卷二六六《王化基传》，页9184。

[41]《东斋记事》，卷一，页1。《长编》，卷十，页225略同。

[42]《长编》，卷二一，页485。

[43]《长编》，卷二二，页496。田锡：《咸平集》，收入《四库全书》（上海：上海古籍出版社，1987年），第1085册，卷一，页16b—17a略同。

[44]《长编》卷二二，页499。

[45]《邵氏闻见录》，卷六，页49。

[46]《长编》，卷十，页225。

[47]《长编》，卷二一，页483。

[48]《邵氏闻见录》，卷六，页51。

[49]《长编》，卷二一，页484。

[50]《旧五代史》，卷一二八《王朴传》，页1680。

[51]《东斋记事》，卷一，页 1。《长编》卷十，页 225 略同。

[52]《长编》，卷二二，页 498。

[53]《旧五代史》，卷一二八《王朴传》，页 1679—1680。

[54]《长编》，卷二一，页 483。

[55]《长编》，卷二一，页 484—485。

[56]《邵氏闻见录》，卷六，页 48。

[57]《长编》，卷二一，页 484。

[58]《长编》，卷二二，页 498—499。

[59]《邵氏闻见录》，卷六，页 51。

[60] 综合米歇尔·霍华德（Michael Howard）和杰弗里·布莱尼（Geoffrey Blainey）的研究，长线忧虑和短线乐观的心态是国际暴力发生的诱因。参 Michael Howard, *The Causes of War* (London; Temple Smith, 1983), pp. 7–22. Geoffrey Blainey, *The Causes of War* (New York: Free Press, 1973), pp. 35–56.

[61] Edgar H. Schein, *Organizational Culture and Leadership* (San Francisco: Jossey-Bass Publishers, 1992). Geert Hofstede, *Cultures and Organizations: Software of the Mind* (New York: Mcgraw-Hill, 1997).

[62] 有关唐宋变革期军政制度研究状况，参曾瑞龙、赵雨乐：《唐宋军政变革的研究述评》，浙江大学历史系主办宋史系列学术研讨会宣读论文，2001 年 11 月 1—3 日。

[63] 何冠环：《宋初三朝武将的量化分析》，《食货》，第 16 卷，第 3—4 期（1986），页 19—31。

[64]《旧五代史》，卷五六《符存审及子彦超传》，页 755—760；卷九一《符彦饶传》，页 1208。《新五代史》，卷二五《符存审及子彦超、彦饶传》，页 263。《宋史》，卷二五一《符彦卿传》，页 8837—8840。

[65]《旧五代史》，卷一二四《何福进传》，页 1627—1628。《宋史》，卷二七三《何继筠并子承矩传》，页 9326—9333。

[66]《旧五代史》，卷五六《符存审传》，页 759。

[67]《旧五代史》，卷一一〇《周太祖纪一》，页 1448。

[68] 详见林瑞翰：《五代豪侈暴虐义养之气》，原载《大陆杂志》，第 30 卷，第 3—4 期（1965），页 4—9，17—22，收入《大陆杂志史学丛书》第 2 辑第 2 册《唐宋附五代史研究论集》，页 288—300。

[69] 苗书梅：《宋代官员选任和管理制度》（开封：河南大学出版社，1996 年），页 72—77。

[70]《新五代史》，卷三六《义儿传序》，页 385，《李嗣恩传》及《李存信传》，页 390。

[71]《资治通鉴》，卷二七二，页 8895。《新五代史》卷六《明宗纪》，页 53。

[72]《新五代史》，卷六《明宗纪》，页 66。

[73]《新五代史》，卷三六《李存孝传》，页 391。

[74]《旧五代史》，卷九八《安重荣传》，页 1301。《新五代史》，卷五一《安重荣传》，页 582。

[75]《新五代史》，卷五一《安从进传》，页 586。关于安、康二姓蕃将流入中国的过程，参章群：《唐代蕃将研究》（台北：联经出版事业有限公司，1986 年），页 189—199。

[76]《宋史》，卷二六〇《党进传》，页 9018；卷二七九《呼延赞传》，页 9488；卷二六〇《米信传》，页 9022。关于米氏的起源，参章群（注 75），页 199。

[77] 畑地正宪（著）、郑梁生（译）：《五代北宋的府州折氏》，《食货》复刊，第 5 卷，第 5 期（1975），页 29—49。戴应新：《折氏家

族史略》（西安：三秦出版社，1989 年）。李裕民：《折氏家族研究》，《陕西师范大学学报》（哲学社会科学版），第 27 卷，第 2 期（1998），页 55—68，收入李裕民（著）:《宋史新探》（西安：陕西师范大学出版社，1999 年），页 168—197。

[78]《新五代史》，卷三六《李存孝传》，页 392。

[79]《新五代史》，卷三三《夏鲁奇传》，页 357。《旧五代史》，卷七十《夏鲁奇传》，页 927。

[80]《旧五代史》，卷七十《夏鲁奇传》，页 928。《新五代史》，卷三二《王彦章传》，页 349。

[81]《新五代史》，卷三二《王彦章传》，页 347。另参欧阳修:《王彦章画像记》，收入《欧阳修全集·居士集》（北京：中国书店，1986年），卷三十九，页 272—273。

[82]《旧五代史》，卷一二四《何福进传》，页 1627。《资治通鉴》，卷二七五，页 8975。《宋史》，卷二五一《符彦卿传》，页 8837，卷二五五《王全斌传》，页 8919。

[83]《资治通鉴》，卷二八四，页 9289—9290。

[84]《宋史》，卷二五一《符彦卿传》，页 8840。《长编》，卷十六，页 342 略同。

[85]《旧五代史》，卷五六《周德威传》，页 749—753。《新五代史》，卷二五《周德威传》，页 260—262。

[86]《资治通鉴》，卷二六九，页 8813。

[87]《旧五代史》，卷二三《刘鄩传》，页 307；卷二八《庄宗纪二》，页 386。《新五代史》，卷二二《刘鄩传》，页 227。

[88]《旧五代史》，卷二三《刘鄩传》，页 307—309。《新五代史》，卷二二《刘鄩传》，页 225—226。

[89]《新五代史》，卷二二《刘鄩传》，页 227 ;《资治通鉴》，卷二六九，页 8796 略同。

[90]《资治通鉴》，卷二六九，页 8793。

[91]《旧五代史》，卷二七《庄宗纪一》，页 366。《新五代史》，卷二八《庄宗纪上》，页 38。

[92]《资治通鉴》，卷二七二，页 8910。

[93]《旧五代史》，卷二八《庄宗纪二》，页 392。

[94]《旧五代史》，卷三五《明宗纪一》，页 482—483。

[95]《新五代史》，卷二五《元行钦传》，页 270。

[96]《旧五代史》，卷三五《明宗纪一》，页 485—486。

[97]《旧五代史》，卷四六《末帝纪上》，页 625。《新五代史》，卷七《废帝纪》，页 71 略同。

[98]《新五代史》，卷八《高祖纪》，页 77。《旧五代史》，卷七五《高祖纪一》，页 978 略同。

[99] Edmund Henry Worthy, "The Founding of Sung China, 950−1000: Integrative Changes in Military and Political Institution" (Ph.D. dissertation, Princeton University, 1975).

[100]《资治通鉴》，卷二九一，页 9505。

[101]《长编》，卷十，页 222。

[102] 柳立言:《从御驾亲征看宋太祖的创业与转型》，收入田余庆（编）:《庆祝邓广铭教授九十华诞论文集》（石家庄：河北教育出版社，1997 年），页 151—160。

[103]《长编》，卷三四，页 758。

[104]《宋史》，卷二六〇《党进传》，页 9018。

[105]《宋史》，卷二六六《辛仲甫传》，页 9180。

[106]《宋史》，卷二七九《呼延赞传》，页 9488—9489。

[107]《宋史》，卷三二六《田敏传》，页 10533。

[108]《宋史》，卷三二六《田敏传》，页 10534。

[109] 史学关于曹彬的评价，因重视其品格抑武功而有异，前者参柳立言:《宋初一个武将家族的兴起——真定曹氏》，刊于历史语言研究所编，《中国近世社会文化史论文集》(台北: 历史语言研究所，1992 年)，页 40—50。后者参张其凡:《庸将负盛名——略论曹彬》，刊于邓广铭，徐规等 (编):《宋史研究论文集》(杭州: 浙江人民出版社，1987 年)，页 507—527。

[110]《宋史》，卷二六〇《田重进传》，页 9024—9025。

[111]《宋史》，卷二六〇《崔翰传》，页 9026。

[112]《宋史》，卷一二一《礼二十四》，页 2830 ；卷二七八《王超传》，页 9465。

[113]《长编》，卷五八，页 1284—1285。

[114] 蒋复璁:《宋太宗晋邸幕府考》，原载《大陆杂志》，第 30 卷，第 3 期 (1965)，页 14—23，收入 "大陆杂志史学丛书"，第 2 辑第 2 册《唐宋附五代史研究论集》，页 105—113。

[115] John Keegan, *The Mask of Command* (New York: Penguin Books, 1988).

[116] 何冠环:《论宋太祖朝武将的党争》，《中国史学》，第 5 期 (1995)，页 45—62。何冠环:《论宋太宗朝武将的党争》，《中国文化研究所学报》，新刊号第 4 期 (1995)，页 173—202。

[117]《旧五代史》，卷五六《周德威传》，页 751。

[118]《宋史》，卷三六五《岳飞传》，页 11376。

[119] 毋庸置疑，宋以前如晋楚城濮、鄢陵诸战；下至五代柏乡、莘县诸战，均有结阵而战者，见谷霁光:《古代战术中的主要阵形——

方阵》，原载《江西社会科学》，第 1 期（1982），收入周銮书等（编）：《谷霁光史学文集》，第 1 卷，《兵制史论》（南昌：江西人民出版社、江西教育出版社，1996 年），页 486—512。至于吴晗：《阵图与宋辽战争》一文指出阵图代表着皇帝制御武将的意愿，乃一政治史，而非军事史的诠释。本章认为宋人鼓吹结阵而战除了具有政治史的意义之外，亦具有军事史上的脉理可寻。宋辽战争中斗将现象较为希见，及宋初二帝所提拔将领类型的转变，均为注重结阵趋势的反映。按吴文仅一札记式文章，初期刊登于具政论性质之《新建设》（1954），后收入《吴晗史学论文集》（北京：人民出版社，1988 年），第 3 册，页 87—96。自该文后学界即不见再有系统性论述，能否奉为定案，亦非无可商榷。

[120] 谷霁光（注 119），页 486—512。袁庭栋、刘泽模：《中国古代战争》（成都：四川省社会科学院出版社，1988 年），页 468—504。

[121] 曾公亮等（辑）：《武经总要前集》，收入《中国兵书集成》（沈阳：解放军出版社，辽沈书社，1988 年），第 3—5 册，卷七《阵法总说》，页 272—274。

[122]《武经总要前集》，卷七，页 275，316，319。

[123]《长编》，卷二七，页 606—607。

[124]《长编》，卷二七，页 625。

[125]《武经总要前集》，卷七《本朝常阵制》，页 311—319。

[126] 司马光：《资治通鉴》（北京：中华书局，1956 年），卷二八四，页 9267—9268。

[127]《长编》，卷二七，页 622。

[128]《长编》，卷五八，页 1286—1287。

[129]《长编》，卷五八，页 1284。

[130]《资治通鉴》，卷二七六，页9019。此役的过程另见《旧五代史》，卷五四《王都传》，页733；卷六四《王晏球传》，页854—855。

[131]《长编》，卷二七，页606—607。

[132]《武经总要前集》，卷七《本朝平戎万全阵法》，页279—282。

[133]《长编》，卷四五，页972。

[134]《长编》，卷二七，页606。

[135]《长编》，卷二八，页631。

[136]《长编》，卷二九，页656—657。

[137]《长编》，卷五八，页1279。

[138]《长编》，卷十一，页252。

[139]《长编》，卷二九，页657—658。

[140]《长编》，卷四五，页972。

[141]《长编》，卷二〇，页458。

[142]《长编》，卷二一，页473。

[143]《长编》，卷五四，页1195—1196；卷五七，页1266；卷五八，页1275，1277。

[144]《长编》，卷五七，页1266—1267。王得臣：《麈史》，收入《知不足斋丛书》（台北：兴中书局，1964年），第12册，卷上，页2b—3b略同。

[145] 曾瑞龙：《北宋对外战争中的弹性战略防御——以宋夏洪德城战役为例》，载《史薮》，第3期（1998），页143—172。

[146] Nicephors Phokas II (912–969), *Skirmishing,* in Dennis, George T, *Three Byzantine Military Treatises* (Washington D.C.: Dumbarton Oaks Research Library and Collection, 1985), pp. 137–239.

[147] 曾瑞龙：《北宋及拜占庭帝国的弹性防御战略初探》，收入张其凡、

陆勇强（编）：《宋代历史文化研究》（北京：人民出版社，2000年），页223—250。

[148]《资治通鉴》，卷二七二，页8892。

[149]《资治通鉴》，卷二八四，页9271。

[150]《旧五代史》，卷六二《孟方立传》，页827。

[151]《旧五代史》，卷九八《安重荣传》，页1302。

[152]《资治通鉴》，卷二六三，页8590。

[153]《旧五代史》，卷二三《刘鄩传》，页309。

[154]《旧五代史》，卷二三《刘鄩传》，页310。

[155]《资治通鉴》，卷二六三，页8792。

[156]《资治通鉴》，卷二七二，页8894。

[157]《资治通鉴》，卷二七二，页8897。

[158]《资治通鉴》，卷二七四，页8872。

[159]《资治通鉴》，卷二七九，页9106—9115。

[160]《资治通鉴》，卷二八五，页9325。

[161]《资治通鉴》，卷二九二，页9538。

[162] 王铚：《默记》（北京：中华书局，1981年），卷上，页1—2。

[163] 邓广铭：《赵匡胤的得国及其与张永德李重进的关系》，载《东方杂志》，第41卷，第21期（1945），页46—49认为《默记》的记载翔实可信。然而郑世刚：《〈默记〉中有关滁州之战记载的辨析》，《中国史研究》，第3期（1982），页111—113加以批评。张其凡：《赵普评传》（北京：北京出版社，1991年），页22—24虽然认定宋太祖和赵普相识在滁州，但赵普并非学究，而是新上任的滁州军事判官，对滁州之战也不能算有很大贡献。

[164]《默记》，卷上，页2。

[165]《长编》，卷一，页 16。

[166]《长编》，卷一，页 27。

[167]《长编》，卷四，页 85—87。

[168]《长编》，卷五，页 137—138。

[169]《长编》，卷六，页 143—144。

[170]《长编》，卷十一，页 250，254；卷十二，页 259—260。

[171]《长编》，卷二十，页 454。

[172] 参见本书第五章。

[173] B. H. Liddell Hart, *Strategy* (London: Faber and Faber Ltd., first print in 1954; second revised edition, New York: Praeger, 1967).

[174]《长编》，卷二七，页 617。

[175]《辽史》，卷八三《耶律休哥传》，页 1301。

[176] 参见本书第八章。

[177] 王辟之:《渑水燕谈录》卷九，页 111。

[178] Hart（注 173），pp. 335–336. John M.Collins, *Grand Strategy: Principles and Practices* (Annapolis, Maryland: Naval Institute Press, 1973), pp. 14–15.

[179] Edward Luttwak, *Strategy: The Logic of War and Peace* (Cambridge, MA, and London, England: The Belknap Press of Harvard University Press, 1987) pp. 208–230.

[180]《长编》，卷二二，页 499。

[181]《长编》，卷二二，页 498。

[182]《邵氏闻见录》，卷六，页 49—50。

[183]《长编》，卷十，页 225。

[184]《长编》，卷二一，页 483。

[185]《长编》，卷二二，页 496。《咸平集》卷一页 15b—16a 略同。

[186]《邵氏闻见录》，卷六，页 50。

[187]《邵氏闻见录》，卷六，页 52。

[188]《长编》，卷十，页 217—222。

[189]《长编》，卷十，页 224—225。

[190]《长编》，卷十五，页 321—322，327。

[191]《邵氏闻见录》，卷一，页 4。

[192]《长编》，卷十五，页 324。

[193]《长编》，卷十六，页 351—352。

[194]《长编》，卷十七，页 370—371。

[195]《长编》，卷二七，页 608。

[196]《辽史》，卷十一《圣宗本纪二》，页 120。

[197]《长编》，卷二七，页 612—613。

[198]《长编》，卷三五，页 769。

[199]《长编》，卷二五，页 586；《宋史》，卷四八五《夏国传上》，页 13986。

[200] 宋人对铁城之役记载的舛异，参曾瑞龙：《赵起〈种太尉传〉所见的六逋宗之役（1077A.D.）》，载《中国文化研究所学报》，新刊号第 9 期（2000），页 163—190。

[201]《长编》，卷三一二，页 7569。

第五章　僵化军事信念指导下的
高梁河战役（979）

对于战略文化的研究者来说，高梁河战役也许是一个很好的例子，说明军事信念的偏狭性。军事信念往往由军事经验累积而成，而过去的成败就成为未来的指南针。久而久之，军事信念成为战略的基本假设。可是在战略决策中不可忽略的是，决策者必须清晰地了解到军事信念是从历史经验和文化背景层累地形成，一旦战略议题进入了一个崭新的历史框架，原来构成那种军事信念的主客观环境改变了，战略的基本假设就不得不重新检讨，否则就有可能遇上军事灾难。1915年英军在加里波利（Gallipoli）登陆的失败，根源在盲从西线阵地战的模式，是一个典型的例子。1950年美国第八集团军在长津湖战役遭受挫败，也反映出美军无法适应志愿军作为新的对手。[1]因此军事信念的相对性和偏狭性，是一个经常需要警惕的方面。

如果我们相信对军事信念过分倚赖的危险，不单发生在现代，也发生在古代的话，那么高梁河战役就是一个值得研究的案例了。宋太宗及其大将崔翰都企图以五代的战争方式来解决问题，透过急速而深入的进击，一举打垮对手，收取幽燕，事实上他们也几乎成功。可是辽军的总体战力和后备兵员都比五代地方政权充裕，令宋太宗被迫在没有胜算的情况下接受会战。这时耶律休哥迂回侧击的效力发挥作用，加上较早时候宋太宗将作为预备队的曹翰部派去攻城，宋军侧后空虚的情况完全暴露，败局一发不可收拾。透过对高梁河战役的研究，可以让我们对军事信念的延续性和偏狭性加深了解。此外，对是次战役的若干问题，如太宗曾否和辽军交锋，学术界一度发生疑问。[2]为此，本章重新考证这场战役，以及评论双方在战略和战术上的得失。

"促师夺燕"：五代战略文化的余绪

公元976年，宋朝开国君主赵匡胤去世，其弟光义继位。太祖一生并未统一中国。北方的河东仍在北汉手中，卢龙、振武两藩（习惯上称为燕云十六州）则为契丹盘踞。除此之外，陕西高原上由吐蕃、党项和五代藩镇的残余分子构成的势力仍然存在，与传统所谓"大一统"的局面仍有一段距离。宋太宗继位，即于979年击降北汉，文士对此颇加歌咏，如范杲（十世纪末）曾扣马进诗，谓"千里版图来浙右，一声金鼓下河东"。[3]然而统一战争不久就遇到挫折，高梁河战役开始了宋辽二十多年的大规模战争，宋不能胜辽，不但未能收复燕云，而且使整个北中国的政治军事，走向鼎峙的形势。故此，高梁河战役可说是历史转折的一大契机。979年的夏天，宋太宗消灭了北汉之后，就在军事会议上提出乘胜北伐，收复幽州的设想。大将中除殿前都虞候崔翰赞成外，大都不愿意立即北伐，只是没有人公然反对，直取幽州的计划就决定下来。[4]

要正确评价太宗急袭幽州的战略，并不容易。崔翰认为"此一事不容再举，乘此破竹之势，取之甚易，时不可失也"，

似有道理；可是元人修《宋史》，却以此为冒失。[5] 陆游认为
"兵已弊于四方，而幽州卒不成功。故虽得诸国，而中国之势终
弱。"[6] 后人已知事情发展的结果，评价古人的得失难免有欠公
允。战争的胜负本由多重因素构成，宋军战败的结果，实未足
以说明当初的战略构想必属错误。

按照崔翰的主张，急袭幽州有很大好处。当时宋军新破辽
师于石岭关，继而消灭北汉，两战皆胜。若乘着"破竹之势"
直取幽州，辽能否及时派出有力部队驻防幽州，也就很成问题。
加上宋军的部队是现成的，省却了征调、集结的时间，只要粮
草能及时转输幽州方向，是有条件达致战役突然性的。

征诸史实，宋军急速推进，在时间方面确占优势。太宗御
营在六月十九日到达易州边境的金台驿，没有多停留，立即向
纵深推进，次日抵达辽东易州，即歧沟关。作为先头部队的
日骑（即后来的捧日）东西班在刘仁蕴（十世纪末）、孔守正
（939—1004）指挥下，在半夜抵达歧沟关外，孔守正亲自跃过
重重障碍物，直抵吊桥，说服关使刘禹投降。孔守正入城受降
未几，立即把城交给后续部队，"而己赴行在，时契丹兵在涿州
东，守正与傅潜率殿前东西班驰击之。"[7] 投降的辽将姓名，《宋
史·太宗本纪》写作刘宇，还说宋军留兵一千守城。[8] 由孔守正
马不停蹄的向纵深挺进，可知当日宋军兵势之锐。尤其是孔守
正把歧沟关交托后军，立即"而己赴行在"一句很可玩味。由
于天亮以后就发生涿州会战，很难想象他作为先头部队的军官，
竟退向后方御营，然后又居然赶得及稍后发生的涿州会战。可
能合理的解释是在他接收歧沟关的时候，宋太宗的御营已经超
越了他。孔守正在交代完毕后不是向后，而是向前追及御营。

虽然没有更多资料证明这一点，但如果这项推测和事实没有很大出入，则殿前司精锐部队快速突进的势头就可见一斑了。

宋军紧接着就在涿州遇上较强的抵抗。按宋人记载，太宗是在二十日抵达歧沟关，则孔守正取关之夜必在十九日晚上。次日孔守正重新追上并回复了前锋的位置，跟着便发生涿州会战。《宋史·太宗本纪》说御营是在二十一日抵达涿州的，大概孔守正的日骑东西班赶上来之后，就和傅潜指挥的殿前东西班会合，向前来迎战的辽军"分两阵驰击之，逐北二十里"，辽军五百人投降。善于取悦宋太宗、日后青云直上的傅潜把敌尸及器甲加以展示，太宗看后非常"嘉叹"。那样说，辽军的损失数字应当不少了，只是没有具体记载下来。涿州的其余守军在会战失败后就马上投降了。从宋方记载首降的是判官刘厚德来看，辽朝任命的刺使或守将不是战死就是逃走了。孔守正跟着和高怀德、刘廷翰（923—992）等大将一起追击辽兵，直抵桑干河。[9]

二十三日天亮前，太宗率部抵幽州城下，由边境至此日刚好四日四夜。[10] 辽人约于六月二十日，才知宋军入境，[11] 在短短数天内，难以派出主力赴援。宋人宣称，二十三日昼间，太宗亲率禁军于城北击破万余辽军。辽方记载，这支部队的指挥官是北院大王耶律奚底（卒于986年后）和统军使萧讨古（卒于982年）。[12] 万余的辽军，显然不是十万宋师的对手。[13]

辽的大部分援军此后才陆续抵达。耶律学古（卒于982年后）部在六月二十五日前赶到，来得及在宋军围城前进城守御。耶律沙、耶律斜轸和萧干（卒于986年）的援兵都来得稍迟，进不了城。[14] 斜轸甚至退往清河，与奚底合军；后来又再退往得胜口。[15] 这时的战略形势对宋军有利，他们在敌军齐集之前击败奚底的偏师，令分批抵达的辽军陷入逐次使用兵力的不利局面，不能在幽州城下集结，反被逼回外围，幽州城就岌岌可危了。在此种情势下，宋军前锋部队的活动范围颇为广阔。大将马仁瑀"率禁兵击契丹于卢龙北，契丹兵奔溃"；[16] 另一不知名的将领，则追赶辽兵至得胜口。[17] 这正说明了宋军在幽州战场上占有优势。

从开战至此，宋军在战役法方面似颇足称道。从在歧沟关取得初段突破开始，然后涿州会战和沙河会战，宋军都在一个初期的战术胜利之后，立即插入强有力部队向纵深推进，从而打乱了辽军会师幽州的构想。此外，孔守正夜取歧沟关，太宗"二十三日，未明，次幽州城南"，[18] 都说明宋军曾一再乘夜行军，否则《太宗本纪》应作二十二晚或二十三日抵幽州才对。辽军措手不及，完全陷入混乱，从辽景宗责备耶律奚底和萧讨古的话可以看得出来，后者被责以"不严侦候"，乃至"遇敌即败"，[19] 可见宋军确实达致了战役的突然性。

辽军收缩回外围，固可避免进一步损失，但却将战役主导权拱手让与宋人了。宋军在纵深上得以扩大其影响，而其吏民就公然降宋。辽东易州刺史刘宇、涿州守军、幽州铁林都指挥使右湘王李札卢存、山后八军瓷窑官、知顺州刘廷素和知蓟州刘守恩都举部，率左右投归宋营。一般军民更为踊跃，数百成群的归附，里面甚至有渤海人。[20] 宋人记载，六月二十八日，幽州百姓"以牛酒迎犒王师"。[21] 可以发现，宋军的攻势已产生明显的政治效果，辽在幽蓟一带的统治近乎瓦解。

幽州于是变成孤垒。在宋方有力的政治攻势下，幽州军民中有一部分打算翻迎宋师。《辽史》耶律学古传说，"宋军围城，招胁甚急，人怀二心"，守将韩德让束手无策，唯学古能"以计安反侧"，稳定局面。[22] 幽州自古属中原领土，宋军又大举压境，其军民相率降附，实不足为奇。当然，人民的政治取向这种因素若作为一种大战略筹码来衡量的话，则必须有相应的军事形势始能发生激烈质变；而大纵深的战役突破是产生这种状况的催化剂。若非其失败的结局，高梁河战役几乎可以树立这方面的楷模。相反，七年后宋太宗在第二次经略幽燕时放弃了大纵深突破的构想，却竟仍对人民的倒戈相迎存有较大期望，似乎昧于军事和政治的密切关系。总上而言，公元979年，宋人乘敌未备，迅速进军幽州，在政治、军事上皆挟有强大声势，后世评论此役，实不宜抹杀此点。《辽史》谓宋军一度有三百余人登城，当时"辽亦岌岌乎危哉！"[23] 绝非毫无道理。

后世有一种错误看法，认为急袭幽州，是由于太宗误信了书生之言。王得臣《麈史》记载：

> 富郑公（弼）为予言：永熙（太宗）讨河东刘氏，欲领师乘胜收复蓟门，始咨于众。参知政事赵昌言对曰："自此取幽州，犹热鏊翻饼矣！"殿前指挥使呼延赞争曰："书生之言，不足尽信，此饼难翻！"[24]

这条史料中赵昌言（945—1009）和呼延赞的官职都有问题。[25] 赵昌言当时登第未久，太宗不可能征询其意见。[26] 更严重的错误，在于认为"热鏊翻饼"的设想是书生之言，出来反驳的又正是老于军伍的呼延赞，这个强烈对比，令人对书生误国的印象更为深刻。

可是，从战争史的角度来观察，所谓"热鏊翻饼"正是五代最流行的战略，而非纸上谈兵的空话。五代作战资源比较缺乏，加以军心士气受政局不稳定的影响，也比较容易动摇，主战役遭受失败的一方在纵深上重新组织强烈抵抗的可能性相对上低，而利用侧翼动作来挽救败局的例子比较少。战胜的一方纵使没有全局优势，但若立即展开纵深突破，在对手未能恢复战力之时插入其政治重心，可谓屡应不爽，哪里是书生凭空想出来的？

后唐庄宗灭梁一役，急渡杨刘而"直取大梁"，是这种战役法的典范。当时郭崇韬（卒于 926 年）劝庄宗"但请留兵守邺，保固杨刘，陛下亲率六军，长驱倍道，直指大梁。汴城无兵，望风自溃。"李嗣源亦有类似见解："宜急趋汴州。……若昼夜兼程，信宿可至。"[27] 同光末年李嗣源在魏博举兵，抢据夷门，[28] 他死后李从珂兵变凤翔，席卷关洛，[29] 都是踵其故智，利用纵深突破来一举扭转战局。反而违背，或没有条件执行这个战役法的，就常常失败，如李守贞败于郭威，李筠败于赵匡胤，都是如此。"始，李守贞以禁军皆尝在麾下，受其恩施。……谓其至则叩城奉迎，可以坐而待之"，遂失去制胜机会。[30] 宋太祖命石守信等讨李筠："勿纵筠下太行，急引兵扼其隘，破之必矣！"[31] 此项战役法在五代末年仍沿袭不替，赵匡胤初露头角的高平会战，周世宗就采取了"兼行速进"，在潞泽山地决战的战役构想。后来征南唐，太祖又踵其故智，擒皇甫晖，一战成名。"上（周世宗）命太祖皇帝倍道袭清流关。皇甫晖等陈于山下，方与前锋战，太祖皇帝引兵出山后，晖等大惊，走入滁州，欲断桥自守，太祖皇帝跃马麾兵涉水，直抵城下。"可见太祖之擅于急袭。[32] 五代名将刘鄩亦擅长战略奇袭，唐庄宗评论刘鄩"长于袭人，短于决战"。[33] 赵普在主张讨伐李重进一役也说过，淮南急攻亦取，缓攻亦取，"兵法尚速，不如速取之！"总之，宋初去五代未远，战略思维仍受其影响。固然，凡战略，战术等对抗性策略，都应该随着客观环境，敌我形势而灵活变动，没有永远正确的定律。可是，当批评宋太宗或崔翰"促师夺燕"的战略决策时，重点应该在说他们不晓因时制变，不去想想以辽朝兵马之众，是不是一个突然袭击之后就无还手之力？相反，若将他们说是受了外行书生的影响，便可能把问题的性质混淆。当时宋军面临与辽国对抗的长期战略任务，在战略及战役法上仍存在五代那些短期行为的余响，因而军事决策存在冒险倾向，是问题的关键。反而，若把文武关系不协调，及文官干涉军事专业的恶果提升到那样重要的层次，就会看不清高梁河一役致败的真相。后世以宋代积弱问题归咎于文人知军事，而赵昌言又确喜欢谈兵说阵，大概就是招来误解的原因。

士气问题

据李焘的记载，宋军将士不愿北征，原因在于不满太宗没有颁下军赏。"围攻太原累月，馈饷且尽，军士罢乏。会刘继元降，人人有希赏意。而上将伐契丹，取幽蓟，诸将皆不愿行，然无敢言者。"[34] 结果出师时，就有部分将士行动迟缓，太宗怀疑他们意图抵制，要行军法，幸而大将赵延溥（938—987）加以劝谏，说"陛下巡幸边陲，本以外寇为患，今敌未殄灭，而诛谴将士，若图后举，谁为陛下戮力乎？"赵延溥的谏言重点在于不要丧失军心，太宗听后就不了了之。[35] 包围幽州后，宋军再度表现出战意怠懈。大将曹翰看见士卒掘地得蟹，就说蟹是"解"的意思，是"不可进拔之象"。[36] 负责围攻城西的大将孟玄喆（938—992），部下也士气低落。柳开的《孟玄喆墓志》说"晋平，上促师夺燕。公卫环燕壁西偏。众怠莫克，遽旋。"[37] 这里明确地说，宋军由于士众怠慢，不能一举攻克幽州。

原来宋太宗命将出征河东之前，"先遣常参官分督诸州军储赴太原"。第一批诏发邢、贝、铭、泽等州军储，第二批发齐、汝、蔡等州军粮。宋太宗车驾出发前，又诏发曹、单、滑、潍、滨、淄、青、郓、同、耀、华等州及京兆、河南、大名府军储。三月，宋太宗驻镇州，又命发安、复、唐、邓、商、坊、徐、宿、衮、海、密、蔡州军储赴太原。石岭关战役后，又命大臣"驰传督诸州供军刍粟"，继而又命发河南郓、济、博、棣、泽、潞、怀、汝、同、华、虢等州军储赴太原。[38] 似乎由于宋军在统一战争的期间除了南唐一役外，大都只经历了短促的战斗，各地方州郡仍有一定储粮，没有大举向民间征粮的记载。以上征发军储的范围，总共涉及三府四十一州次，其中郓、汝、同、华、泽、蔡六州前后重复征发。淮河以南的州郡或由于路途遥远，或由于在统一战争中的创伤未能复完，基本上置身事外。此外，没有计算在内的应该是储存在开封和镇州的军粮。宋太宗率领十余万大军出征，不可能不带军粮；中途停留在镇州一个多月，也很可能消耗了当地一些军储。只是这些军需可以在即时筹措，用不着专门派人出外调发，可能因此没有留下相应的记载。由二月宋太宗开始北上，到五月太原投降，为时三个多月，"馈饷且尽，军士罢乏"，实在不足为奇。

不少论著都批评太宗不肯赏军，引致士气低落。[39] 然而将士求赏，亦无非五代的滥调。唐庄宗因不能满足部下的欲壑，而遭出卖；[40] 宋太祖对此引为深戒，他曾评论唐庄宗"二十年夹河战争取得天下，不能用军法约束此辈，纵其无厌之求，……诚为儿戏！"[41] 反对滥赏本来是救弊之策，但太原之赏不失为合理，太宗竟不颁下，确乎不能体察下情。可是太宗似有苦衷。攻陷太原之际，补给已很紧张，后来要另调军粮以备进军幽州。"六月七日，诏发衮、郓、齐、魏、贝、博、沧、镇、冀、邢、滋、洺、德、易、定、祁、瀛、莫、雄、霸、深、赵等州及乾宁、保寨（塞）等军刍粟赴北面行营，分遣使臣督之，将有事于幽蓟也。"[42]

此外，某些记载对于这场纠纷的恶果亦过度渲染。王铚《默记》说"而我师以平晋不赏，又使之平幽，遂军变"，[43] 并无多少根据。高梁河战役当晚，太宗逃离战场，诸将"不知上所在"，故确有拥立燕王德昭的打算，但未几中辍。[44] 事后太宗只贬斥了石守信、刘遇和史珪三将。[45] 德昭忧惧自杀，"时上以北征不利，久不行太原之赏，议者皆以为不可。王乘间入言之，上大怒曰：'待汝自为之，未晚也！'王惶恐，……取割果刀自刎。"[46] 然而对于赏赐士卒一事却未见如何处理。[47] 总体来说，太宗没有在第一阶段作战，即消灭北汉之后发下军赏，然后马上发动第二阶段作战，进军幽州，是牺牲了将士的利益，置内部的隐忧于不顾而去乘敌人之隙。这样，他虽然赢得先发制人的战略优势，但代价实在高昂：他若不能迅速决胜，军队中士气不振的弱点就将表露无遗。

会战的发生

自六月二十三日宋军击败奚底后，辽师退屯清河。[48]
二十五日，宋军围城，定国军节度使宋偓（926—989）攻南面，
河阳节度使崔彦进攻北面，彰信节度使刘遇攻东面，定武军节
度使孟玄喆攻西面。另外，又以潘美知幽州行府，但与上述四
将似无直隶关系。[49]预备队由曹翰、米信率领，部署在幽州东
南面，"以备非常"。[50]太宗的指挥部设在城西华严寺，[51]但他
经常往来督战。二十六日，他督视城北崔彦进部攻城；[52]三十
日，又再一次亲督诸战。大将赵延进（927—999）受命督造炮
具，仅用八天竣工，即获赞赏。[53]七月六日，辽援军大举反攻，
当时太宗正在幽州西北方督战，于是首当其冲。[54]

此后的战况发展，宋朝官方记载即含糊其辞。《长编》谓：
"上以幽州逾旬未下，士卒疲顿，转输回远，复恐契丹来救，遂
下诏班师。"[55]李焘在史学上素具声誉，至今某些学者仍深信此
说，认为事情的结果是太宗主动班师，双方并未交锋。[56]相反，
《辽史》却多处提及击败宋兵的过程。这些记载或仅被视为追击
的战果，似可商榷。《景宗本纪》记载：

> 七月癸未，（耶律）沙等及宋兵战于高粱河，少却。休
> 哥、斜轸横击，大败之。宋主仅以身免，至涿州，窃乘驴
> 车遁去。甲申，击宋余军，所杀甚众。[57]

辽军在头一天的会战击败宋太宗，次日才追击宋军的余部，
过程十分清晰，《耶律休哥传》也将会战和追击分开来写，"遇

大敌于高梁河，与耶律斜轸分左右翼击败之，追杀三十余里，斩首万余级。休哥被三创。明旦，宋主遁。休哥以创不能骑，轻车追至涿州，不及而还。"和本纪一样，这里亦将两日的战情分开来写。[58]换言之，不能说只有追击，没有会战。

其实，宋人私家记载中多承认战败。《默记》引述宋神宗的话："太宗自燕京城下军溃，北虏追之，仅得脱。"[59]王铚之辞，或不足信；但司马光《涑水记闻》也说："上以北征不利，久不行太原之赏。"[60]杨亿《李继隆墓志》大书"会戎人救至，我师不利，仓卒之际，即议班旋，车驾宵征，诸将皆去"，[61]明言先失利，后班师，与《辽史》记载相符。这条史料的作用，以往论著皆未提及。[62]

再说，官方宣称的班师理由，实有掩饰之迹。"幽州逾旬未下，士卒疲顿，转输迴远"，表面上很是合理；可是《长编》又说太宗叫赵延进督制炮具，"期以半月成"，[63]足见原来的构想，连造炮也要半个月，根本没预算在十天之内攻下幽州。"逾旬未下"，实在不成理由，只能看作事后讳饰。事实上，赵延进只用八天时间就完成作业，而得到嘉奖。[64]若以围城后立即施工来计算，六月二十五日加八日，即七月三日，距离七月六日的会战不过三天！若非突遭败绩，是什么原因令太宗在短短数天之内信心大失？李焘对此亦有怀疑，乃在述及班师一事后加注，引述江休复《杂志》，说耶律休哥"自官军南，席卷而北"，认为此事"当考"。[65]他无疑是宋代史家中较为审慎的，其他如王称《东都事略》、曾巩《隆平集》、徐松《宋会要辑稿》皆不书战败。[66]王禹偁《宋偓神道碑》连围攻幽州的事也不提。[67]《宋史》崔彦进、刘遇、宋偓、崔翰、孟玄喆和曹翰的传，皆含糊其辞，[68] 其根据的国史、实录，大抵亦有隐讳。至于《李继隆传》，也看不到"我师不利"那几句，似已遭删削。[69] 次年的瓦桥关之战，宋人亦讳言战败。[70] 雍熙北伐惨败之后，又连遭重创，官方史书始公然承认失败。[71] 综合而言，宋辽高梁河会战确曾发生。宋朝官方虽欲隐瞒此事，但漏洞仍多；元人修《宋史》，于太宗纪大书"帝督诸军及契丹大战于高梁河，败绩"，[72] 十分正确。

至于说宋军"转输回远"，虽然可能是事实，但粮道大抵应畅通无阻。《宋太宗实录》记载："车驾北征，（孙）承祐以橐驼负巨斛贮水载鱼以随之。至幽州南村落间，日已旰，西京留守石守信与其子驸马都尉保吉洎近臣数十人尚未食，适遇承祐，承祐即令设幄于野，旋令脍鱼，穷极水陆，人咸异之。"[73] 石守信督前军，尚且悠闲如此，宋军粮道不继的说法，似乎有讳饰的成分。

战术失误

太宗亲自指挥前线，此点颇受劣评。[74] 甚至他本人晚年的时候，对此亦不以为然。993 年（淳化四年）十一月，即太宗去世前三年左右，曾与吕蒙正谈话，自言："朕往岁既克并、汾，观兵蓟北，方年少气锐，至桑干河，绝流而过，不由桥梁。往则奋锐居先，还乃勒兵殿后，静而思之，亦可为戒。"[75] 当时他亲率殿前将士，位于全军最前列，当先抗击辽军；而充当预备队的曹翰、米信部，则远在幽州城东南方。

皇帝是万乘之尊，安危关乎国运，这样冒险是否有价值？

他也是指挥的核心，若有不测，全军可能因之瓦解；再则，将士们多不愿意北征，皇帝的角色一旦消失，仗就很难打下去。然而如此批评，何异于事后孔明？五代风气尚武，君主常直接指挥战斗，唐庄宗甚至参与白刃战，"十指头上得天下"；[76]明宗、废帝与晋高祖石敬瑭，皆擅格斗。明宗微时"常与诸将会，诸将矜炫武勇，帝徐曰：'公辈以口击贼，吾以手击贼。'众惭而止。"这事反映出军队中崇尚个人武艺的风气。废帝从珂亦以格斗知名，唐庄宗曾称赞他："阿三不惟与我同齿，敢战亦相类。"石敬瑭亦以擅格斗受庄宗敬重，"梁将刘鄩急攻清平，庄宗驰救之，兵未及阵，为鄩所掩，敬瑭以十余骑横槊驰击，取之以旋。庄宗拊其背而壮，手啖以酥。啖酥，夷狄所重，由是名动军中。"[77]其他事迹如晋出帝御敌澶州，[78]周世宗督战高平，[79]虽然没有亲自冲锋陷阵，但都有冒险成分。五代军人尚勇，如无过人之勇，怎能受士卒拥戴？高梁河战役距离五代不过十九年，以当时军队的传统来看，宋太宗指挥前线实甚自然。

随着辽军云集幽州外围，大战已迫在眉睫。辽景宗于六月三十日诏谕耶律沙、耶律奚底和萧讨古以"军中事宜"，[80]大概已做出反击的决定。七月初，辽军耶律沙、耶律奚底、萧讨古等部已抵幽州外围，耶律斜轸于得胜口击败宋军一支别动队，亦赶来参战。[81]最后到达的是耶律抹只和耶律休哥部。抹只指挥的是奚部兵，协同休哥的五院军作战，二将似在同一时间抵达。[82]七月六日，耶律沙率领辽军自西北进向幽州城，与宋太宗部相遇于高梁河。[83]开战后，耶律沙一度遭宋军击退，[84]形势对辽方不利。然而当宋军推进之际，耶律休哥率部从最右翼迂回，借着西山掩护，切入宋军后方，虚张声势；[85]另一侧的耶律斜轸亦从侧翼横击过来，形成钳形夹击。"及高梁之战，与耶律休哥分左右翼夹击，大败宋军。"[86]

像历史上的鄢陵、垓下等战例一样——中路节节胜利的一支军队，一旦遇上两翼夹击，很容易迅速崩溃。春秋时代的晋楚鄢陵会战，晋军创出左右两翼突破战术。"苗贲皇言于晋侯曰：'楚之良，在其中军王族而已，请分良以击其左右，而三军萃于王卒，必大败之。'"[87]垓下之战，"淮阴侯将三十万自当之，孔将军居左，费将军居右，……项羽之卒可十万。淮阴先合，不利，却。孔将军，费将军纵，楚兵不利，淮阴侯复乘之，大败垓下。"其过程几与高梁河战役同出一辙。[88]宋军在这种情况下亦不例外，纷纷败退。辽将耶律抹只，萧干和萧讨古皆率部奋战，反败为胜。[89]

宋人对休哥的侧翼攻击，印象特深。江休复形容休哥"太宗自并幸幽，乘敌无备。契丹主方猎，遁归牙帐，议弃燕蓟，以兵守松亭、虎北口而已。于越（休哥）时为舍利郎君，契丹国中、亲近无职事者呼为舍利郎君，请兵十万救幽州。并西山、薄幽陵，人夜持两炬，朝举两旒。选精骑三万，夜从他道，自官军南，席卷而北"。[90]辽景宗是否曾经一度决定放弃燕蓟，以宋人的传闻，可能不足取信，而休哥的兵力达十万之谱，也可能失于夸大。然而以上记载对休哥的进军路线却记载得非常清晰，他是绕道西山，切入宋军侧后方，宋人在此打击下损失惨重。王巩云："太宗皇帝自并州乘胜直趋幽燕，虏空山后遁。……有舍利郎君于越者请：'得兵五千骑，以当王师，不成，退处未晚。'从之。乃骑持一帜，由间道邀我归路，周环往来，昼夜不绝。帝疑救兵大至，宵归定州，王师多没，今号其奇兵云‘于越军’。"其提及休哥的兵力与江休复所载大相径庭，但所运用的战术则一。[91]宋人归路被截，休哥一击就足以决胜。

　　宋常廉认为太宗设置预备队的位置不当，以致会战前夕，要从东部调兵，最少有十几里路远。[92]太宗对西山小路疏于防范，自属战术失误。但问题若如此简单，那么宋太宗和拿破仑并无两样——在滑铁卢（Waterloo）战役将快天黑之际，普鲁士军突然从侧翼杀到，使他措手不及——这戏剧性的失败，大可归咎于不幸。然而太宗原已设置预备队。当休哥虚张声势地"自官军南，席卷而北"，屯驻于幽州东南的曹翰、米信部即施以截击。当然，高梁河位于幽州西北，曹翰部偏处东南，不易迅速投入主战场，但休哥的偏师既绕途切入宋军后方，自南向北卷扫，与曹翰部相距不应太远，仍有截击的可能。奇怪的是，预备队并无表现。太宗不但没有责备曹翰，次年还因别的功劳而升他做威塞军节度使。[93]曹翰的部队，当时在什么地方？《宋史》记载：

　　　　又从征幽州，率所部攻城东南隅，卒掘土得蟹以献。翰曰："……彼援将至，不可进拔之象。况蟹者解也，其班师乎？"已而果验。[94]

　　可见，在辽援军将到之时，曹翰正在攻城。《辽史》说宋兵"围城三周，穴地而进"；[95]曹翰部下掘地得蟹，也足为穴地攻城之明证。"初，命诸将攻城，桂州观察使曹翰与洮州观察使米信率兵屯城之东南隅，以备非常。"[96]大概，太宗本来是命曹翰以防备突发事故，后来急欲破城，就动用了预备队去进攻；不料发生会战，一时无法调动预备队，当后方出现危机时就无法挽救。比起对西山的疏忽，这个失误无疑更大。

宋军的败退

太宗孤军奋战，但败局已定，唯有退出战场。七月六日晚上，太宗带着箭伤向西南方的涿州奔驰。他的战马"碧云霞"，是著名的千里良驹。"太宗朝，府州折御卿贡马特异，格不甚高而日行千里，口旁有碧纹如云霞，因目曰'碧云霞'。上征太原，往来乘之，上下山岭，如履平地。……上崩，悲鸣不食，骨立，人不忍视。"可见此马到太宗死时仍在。[97]可是辽人记载，宋太宗在高梁河战败，逃到涿州就"窃乘驴车遁去"。[98]有名种坐骑不要，反换乘缓慢的驴车，可见伤势不轻。王珪《高琼神道碑》记载与此相合："太宗自幽州引兵还，闻敌兵盛至，留王（高琼）夜作引龙真乐于御营。迟明，王度车驾已还，……于是众与王转战至行在。"[99]太宗留下卫队，让高琼（935—1006）来做替身，自己则秘密潜逃。这揭示出太宗知道自己跑不快，才使用掩人耳目的伎俩。皇帝中箭一事，官方史料不便记载，只有王铚《默记》明确地指出，当时"北虏追之，仅得脱。凡行在服御、宝器尽为所夺，从人、宫嫔尽陷没。股上中两箭，岁岁必发。"[100]后世学者或以为孤证难信，[101]但《长编》显示，太宗曾掀起衣服，以伤口示寇准，[102]又宠幸卖药郎中侯莫陈利用（卒于988年后）、屡次造庙求福，日常起居也必备盐汤等，都是曾经中箭的蛛丝马迹。[103]

无独有偶，耶律休哥在会战中亦身遭三创，和太宗一样不能骑马，"轻车追至涿州，不及而还。"[104] 否则太宗能否逃脱，也成疑问。宋人说休哥的见解是"'受命救幽蓟，已得之矣！'遂不甚争利。"[105] 似乎未明白个中底细。

太宗走了，但大军还在城下。"军中虚惊，南北之兵皆溃散，而诸将多不知车驾所在。"[106] 有人提议拥立太祖长子德昭为皇帝，"会知上处，乃止。"[107] 这场流产的军士拥立，再次说明皇帝在军中的角色何等重要。

宋军撤退的情况十分混乱。天亮后，辽"击宋余军，所杀甚众，获兵仗、器甲、符印、粮馈、货币不可胜计"。[108] 幽州守将耶律学古也下令军民呐喊助战。"会援军至，围遂解。学古开门列阵，四面鸣鼓，居民大呼，声震天地，旋有高梁之捷。"这里说事件发展的先后过程，颇与《景宗纪》《休哥传》不合；但学古是城中守将，确有先解了围，后来才知有高梁之捷的可能。[109] 幽州之围，至此完全解除。据宋宦官阎承翰报告，"大军不整，南向而溃"，全无纪律。殿前都虞候崔翰在边界的金台驿单骑伫候，安抚溃兵，军心乃重新稳定。[110] 太宗欲究治溃兵，但结果并无执行。[111]

私人记载常偏重描述某些人物能处变不惊，虽有夸饰之嫌，但情有可原，当时场面混乱，似无人能顾及全局，惊悸之余，难求客观。杨亿《李继隆墓志》谓当时"车驾宵征，诸将皆去"，大局已不可收拾，先锋将李继隆率领残部，"敦阵整旅，长驱而归。引弓之民，纷布左右，惮其严整，不敢邀击"，[112] 总算保存了部队回来。王珪《高琼神道碑》也说高琼当夜在御营权充太宗的替身，次日率部突围，和太宗会合。太宗欲诛溃兵，高琼即加以谏止。"于是众与王（高琼）转战至行在，而六班率不至。及见王，数加劳存之。太宗欲诛六班，王曰：'陛下晨夕兼行，令不密下，主将之罪也。今勇士皆以材武选，从下太原，有功未赏，尽诛之，可乎？'"[113] 吴曾《能改斋漫录》称高琼积德为福，所以孙女做到太皇太后。[115] 战败师溃，能保存部队的将官总会受到赞扬。此外，王铚《默记》又提及吴越降王钱俶（929—988）曾指挥殿后部队，掩护太宗脱险。"上与所亲厚夜遁。时（俶）掌后军，有来报御寨已起者，凡斩六人。度大驾已出燕京境上，乃按后军徐行，故銮辂得脱。"[115] 这事别无旁证，难以骤信。不过《宋史》钱守俊传提及"又从征范阳，师还，道遇敌，战于徐河，夺马百匹"。[116] 殿后的也许就是这人，后来被讹传为降王钱俶。

关于宋军的损失，《辽史》说头一天斩首万余，次日"所杀甚众"，[117] 宋人则无记载。然而宋人在数月后的满城会战，一次投入八万大军，[118] 主力似尚健在。辽军的损失，二史惜无记载；但从休哥身负三创来看，战死的一定不少。辽人扭转危局，已很庆幸，故《辽史》中将休哥媲美古时的名将。[119]

此役对宋军的主要打击，不在兵员，而在统御能力。太宗以后只能徒然自夸"往则奋锐居先，还乃勒骑殿后"，[120] 事实上再没有亲上前线。然而他又不肯把作战全权赋予将领，而企图以预定的战略、战术来间接指挥战役，甚至连布阵的方法都要事先预定。大将的权威不振，执行作战计划的能力也连带受了影响。某些将领看出丧失灵活性的危害，坚持"阃外之事，将帅得专"，一再违抗节制。太宗愈想统筹全局，就总是适得其反。这是高梁河战役后宋军的指挥系统产生的问题，不久之后发生的满城会战，宋军虽然得胜，但内部的危机已表露无遗。

从十世纪军事的发展大势来看，高梁河战役尽管发生在宋初，却是最后一场"五代的"战役。作为其指导思想的战略奇袭，大纵深突破的战役法，以及继之以皇帝直接指挥的战术决战，都具有浓厚的五代色彩。可是宋辽两军在高梁河畔恶斗的结果，也正式宣告了五代的战争已成历史陈迹。以上曾经在藩镇及地方政权之间，中央和叛将之间的战争中屡试不爽的作战手段，如今被用来对付辽这个在政治和军事上都相对稳定的大国。虽然这些作战手段在早期也收到相当效果，但情况不同的是：辽朝广阔的领土，为抵消宋军早期的强大攻势提供了足够的回旋余地，而其强大的增援能力也足以挑战，及重夺宋军的战役主导权。最后，耶律休哥一个令人瞠目的侧击，使宋军不知所措。因此宋军将士纵有很多优秀表现，这个败局的铸成亦非偶然。总之，从宏观角度看，高梁河体现了战争形式的新陈代谢。

任何军事信念都在特定时空环境下存在一个形成过程，可是当这种信念形成之后，它就以一个战略文化的形态被保存着，对未来的战略发生影响。固然，成功的经验容易塑造良好的传统，但是决策者也要了解，这种军事信念是在一些特定环境中形成的，对它们的偏狭性一定要保持警惕，否则就会重蹈宋军"乘此破竹之势，取之甚易"的覆辙。

当然，如果还要责怪宋太宗思想跟不上时代步伐，那么辽人也不完全能预知新时代的来临。紧接着的满城会战中，辽军统帅韩匡嗣不听耶律休哥的谏言，相信宋军真的会如五代那样弃甲投降。可见政治史上的五代早已成为过去，人心中的"五代"却需要战云的洗擦始能尽落。

以下以西方战争史家李德·哈特一言结束本章：

　　无论是一个国家或是一支军队，假使他的头脑麻痹了，那么全体也会很快随之而崩溃。[121]

注　释

[1] Eliot Cohen and John Gooch, *Military Misfortunes: The Anatomy of Failure in War* (New York: The Free Press, 1990), pp.133—63, 165—95.

[2] 宋常廉:《高梁河战役考实》，载《大陆杂志》，第 39 卷，第 10 期（1969），页 26—36 ；傅乐焕:《关于宋辽高梁河之战》，收入氏著《辽史丛考》（北京：中华书局，1984 年），页 29—36。

[3]《渑水燕谈录》，收入"唐宋史料笔记丛刊"，与欧阳修《归田录》同本（北京：中华书局，1981 年），卷七，页 83。

[4]《长编》卷二十，页 454。

[5]《宋史》，卷二六〇《崔翰传》，页 9028。

[6]《渭南文集》，第 1163 册，卷二五《书通鉴后》，页 3—4。

[7]《宋史》，卷二七五《孔守正传》，页 9370—9371。

[8]《宋史》，卷四《太宗本纪一》，页 62。

[9]《长编》，卷二十，页 454—455。《宋史》，卷二七五《孔守正传》，页 9370—9371 ；卷二七九《傅潜传》，页 9473。唯《孔守正传》说此役"令契丹自是不敢近塞"，似有失夸饰。

[10] 参见《长编》，卷二十，页 454 ；徐松（辑）:《宋会要辑稿》（北京：中华书局，据前北平图书馆影印本复制重印，1957，全八册），《兵七》，页 6873 ;又《蕃夷一》，页 7675 ;《宋史》，卷二七九《傅潜传》，页 9473。

[11]《辽史》，卷九《景宗纪下》，页 101 谓:"甲子，……宋主来侵。"又云丁卯日，宋军破耶律奚底、己巳日围幽州。《宋会要辑稿》，《蕃夷一》，页 7675 ："二十三日，……（契丹）凡万余众屯于城北，帝亲督兵乘之，斩首千余级。…… 二十五日，命诸将分兵攻城。"可知辽六月丁卯日即宋二十三日，己巳日即二十五日，甲子日当

为二十日，下同。

[12]《宋会要辑稿》《蕃夷一》，页 7675。又《辽史》，卷八四《萧干传附侄萧讨古传》，页 1309。

[13] 曾巩:《元丰类稿》（上海：中华书局，据明刊本校刊，1936），卷四九，页 2，载"太宗伐刘继元，驾前之兵盖十余万"，平定之后即北伐，兵力应相差不远。

[14] 关于辽各路援军抵达战场的日期，兹略加考订如下:《辽史》，卷八三《耶律学古传》，页 1304 :"学古受诏往援，始至京，宋败耶律奚底、萧讨古等，势益张，围城三周，穴地而进，城中民怀二心。"学古在二十五日前已抵达，殆属无疑。常征（著）:《杨家将史事考》（天津：天津人民出版社，1980），页 39 谓穴地进城者是学古，对文义似有误解；且宋兵围城甚急，辽师若能在城外穴地入城，岂不正中宋兵下怀？至于耶律沙的参战，始见于丁丑日，即奚底战败后十日。《辽史》，卷九《景宗纪下》，页 101 :"丁丑诏谕耶律沙及奚底，讨古等军中事宜。"

[15] 同上，《耶律斜轸传》，页 1303 :"北院大王耶律奚底与萧讨古逆战，败绩，退屯清河北。斜轸取奚底等青帜，军于得胜口以诱敌，敌果争赴。斜轸出其后，奋击败之。"斜轸抵达战场的日期似不迟于沙等，唯其退往得胜口，故不预诏论之列。

[16]《宋史》，卷二七三《马仁瑀传》，页 9346。

[17]《辽史》，卷八三《耶律斜轸传》，页 1303。

[18]《宋会要辑稿》，《蕃夷一》，页 7675。又《长编》，卷二十，页 455 略同。

[19]《辽史》，卷八四《萧干传附侄萧讨古传》，页 1309。

[20]《长编》，卷二十，页 455—457。

[21]《宋会要辑稿》,《蕃夷一》, 页 7675。

[22]《辽史》, 卷八三,《耶律学古传》, 页 1304。

[23]《辽史》, 卷八三, 参看《耶律学古传》《耶律休哥传》及论赞部分, 页 1299—1305。

[24] 王得臣（撰）:《麈史》（收入王云五主编,《丛书集成初编》（上海: 商务印书馆, 1937, 第二〇八册）卷上, 页十二。

[25] 赵昌言的确做过参知政事, 但当时甫登第未久。呼延赞则从未当过殿前指挥使。二人生平具见《宋史》, 卷二六七《赵昌言传》, 页 9194—9198；卷二七九《呼延赞传》, 页 9488。

[26] 关于赵的登第年份, 宋人记载颇有分歧。荒木敏一氏尝加考辨, 见氏著《宋人科举制度研究》（京都: 京都大学东洋史研究会, 1969）, 页 318。

[27]《旧五代史》, 卷五七《郭崇韬传》, 页 765；卷三十《庄宗纪四》, 页 411—412。

[28]《资治通鉴》, 卷二七四, 页 8968—8969。

[29]《资治通鉴》, 卷二七九, 页 9106—9115。

[30]《资治通鉴》, 卷二八八, 页 9397。

[31]《长编》, 卷一, 页 13。

[32]《资治通鉴》, 卷二九二, 页 9538。

[33]《资治通鉴》, 卷二六九, 页 8793。

[34]《长编》, 卷二十, 页 454。又《宋史》, 卷二六〇《崔翰传》, 页 9026 略同:"诸将以为晋阳之后, 师罢饷匮, 刘继元降, 赏赍且未给, 遽有平燕之议, 不敢言。"

[35]《长编》, 卷二十, 页 454。

[36]《宋史》, 卷二六〇《曹翰传》, 页 9015。《长编》, 卷二十, 页 457

略同。

[37] 柳开:《河东先生集》，收入王云五主编:《四部丛刊初编》集部
（上海: 商务印书馆，1965 年），卷一五，页 95。

[38]《长编》，卷二十，页 443—452。

[39] 关于此役的专门论著，宋常廉（注 2）;傅乐焕（注 2）;于亮度:《辽
宋高梁河战役及其战场》，收入北京历史考古丛书编辑组编:《北京
文物与考古》（北京，1983 年，总一辑），页 247—257。此外，通
论性著作有类似论点者有张荫麟:《北宋的外患与变法》，收入汉学
研究室编:《宋辽金元史论集》（台北: 汉声出版社，1977 年），页
11—22；姚从吾:《辽朝史》，收入《姚从吾先生全集》（台北: 正
中书局，1971 年），第二集，甲部，页 172；蒋复璁:《宋澶渊之
盟的研究》，收入氏著《宋史新探》（台北:正中书局,1966 年初版,
1975 年再版），页 117。

[40]《资治通鉴》，卷二七四，页 8970—8973。

[41]《长编》，卷十，页 274。

[42]《宋会要辑稿》，《兵七》，页 6873。

[43] 王铚（撰）、朱杰人（点校）:《默记》，收入《唐宋史料笔记丛
刊》，与王栐:《燕翼诒谋录》同本（北京: 中华书局，1981 年），
卷上，页 5。

[44] 司马光（撰）、邓广铭、张希清（点校）:《涑水记闻》（北京: 中
华书局，1989 年），卷二，页 36。

[45]《长编》，卷二十，页 457。佚名编:《宋大诏令集》（北京: 中华书
局，1962 年，全一册），卷二○三《责石守信制》，页 755 : "乃者
戎路亲征，援之师律，军政益坏，我武不扬，职汝之由。"

[46]《涑水记闻》，卷二，页 36。

[47] 田锡:《咸平集》，收入王云五主编:《四库全书珍本四集》（台北:
台湾商务印书馆，1973 年，第二二八至二二九册），卷一，页
15—16 :"诸军之心皆望赏赐，……经今二载，所谓逾时。"又《长
编》，卷二十，页 462 :"文武官预平太原者皆迁秩有差，初行赏
功之典也。"大概只以官员为行赏对象，并未遍及士卒。

[48]《辽史》，卷八三《耶律斜轸传》，页 1303。

[49]《长编》，卷二十，页 456。又《宋会要辑稿》，《兵七》，页 6873
记载较详:"二十五日，命诸将分兵攻城。定国军节度使宋延渥
（即宋偓）部南面，尚食使侯昭愿副之；河阳节度崔彦进北面，内
供奉官江守钧副之；定武军节度孟元诘（玄喆）西面，闲既副使
张守明副之。命宣徽南院使潘美知幽州行府，度支判官奚屿、户
部判官杜载并为行府判官。"从潘下属两位判官都属财政业务来
看，他管的是幽州行府的行政工作。潘美官衔较高，排名反在四
将之下，当非攻城军的总司令。

[50]《长编》，卷二十，页 457。

[51]《宋史》，卷二六四《宋琪传》，页 9124 :"其桑干河水属燕城北
隅，绕西壁而转。大军如至城下，于燕丹陵东北横堰此水，灌入
高梁河。高梁岸狭，桑水必溢。可于驻跸寺东引入郊亭淀，三五
日间弥漫百余里，即幽州隔在水南。"可见驻跸寺在高梁河畔，位
于幽州西北。否则便不能东引河水，使幽州隔在水南。至于驻跸
寺，路振记载:"自幽州北，……出北安门，道西有华严寺，即太
宗皇帝驻跸之地也。"见氏著《乘轺录》，收入赵永春编:《奉使辽
金行程录》（长春:吉林文史出版社，1995 年），页 16。

[52]《长编》，卷二十，页 456—457。又参见《宋会要辑稿》，《兵七》，
页 6873 ;《蕃夷一》，页 7675。

[53]《长编》，卷二十，页 456："诏索炮具八百，期以半月成。右龙武
　　将军顿邱赵延进督工造之，八日而毕。上亲按试，甚悦。"

[54]《长编》，卷二十，页 457。

[55] 同上注。又《宋会要辑稿》，《蕃夷一》，页 7675："以士卒疲顿，
　　转输迥远，且虞戎至，遂诏班师。"同书，《兵七》，页 6874。王
　　称:《东都事略》（收入赵铁寒主编:《宋史资料萃编》第一辑，台
　　北：文海出版社，1967 年，全四册），卷三《太宗本纪》，页
　　92："六月庚辛，北征，次幽州。秋七月，甲申，班师。"作者不
　　书班师理由，似出于省略但或有微词，亦未可知。

[56] 宋常廉（注 2）；傅乐焕（注 2）。程光裕:《宋太宗对辽战争考》，
　　收入王云五主编:《人人文库》特二二四册（台北:台湾商务印书
　　馆，1972 年），48—655，则仅具列有关史料。

[57]《辽史》，卷九《景宗纪下》，页 102。

[58]《辽史》，卷八三《耶律休哥传》，页 1299；同书，卷八四《耶律
　　沙传》，页 1307："宋乘锐侵燕，沙与战于高梁河，遇耶律休哥及
　　斜轸等邀击，败宋军。宋主宵遁，至涿州，微服乘驴车，间道而
　　走。"与本纪、休哥传的记载一致，唯于太宗败走的时间微有差异
　　而已。宋常廉认为："休哥传上的次序，并非史事依此发生，只是
　　写了叙述上的方便。"史文若将数天战事合成一段写，可以说是为
　　了方便；但事实正好相反，景宗本纪、休哥传和沙传都把会战和
　　追击分开两日记载，没有混为一谈。宋氏的理由是太宗曾在"敌
　　人附近静住一夜"，见宋常廉（注 2）。

[59]《默记》，卷中，页 20。

[60]《涑水记闻》，卷二，页 36。

[61] 杨亿:《武夷新集》，收入王云五主编，《四库全书珍本八集》（台

北：台湾商务印书馆，1978年，第一四四至一四七册）卷十，页 19—20。

[62] 傅乐焕、宋常廉、程光裕、于亮度皆未提及《李继隆墓志》。墓志 史料虽或涉夸饰，但间亦可补正史之阙。宋常廉即力引《高琼神 道碑》为证。杨亿为李继隆所作的墓志，主旨在于褒扬李氏功绩， 然而侧面披露了宋军的败状，与《辽史》及《默记》等史料吻合， 宜属可信。

[63]《长编》，卷二十，页456。

[64] 同上注。

[65]《长编》，卷二十，页457。

[66] 同注52。又曾巩：《隆平集》，收入赵铁寒主编：《宋史资料萃编》 第一辑（台北：文海出版社，1967年，全二册），卷二《行幸》， 页78。

[67] 王禹偁：《小畜集》，收入《四部丛刊初编》集部（上海：商务印书 馆，1965年，第四十四册），卷二八，页191。

[68]《宋史》，卷二六〇《曹翰传》《崔翰传》《刘遇传》，页9013— 9028；卷二五九《崔彦进传》，页9006—9007；卷二五五《宋偓 传》，页8905—8907；卷四七九《孟玄喆传》，页13881—13882。 以上各传皆讳言战败，唯刘遇传提及失律被责一事，见页9012。

[69] 同注58："太宗因其兵锋，遂讨幽蓟，命公与郭守文领期门之师 当前茅之任，与敌斗于胡翟河之南，大挫其锐。会戎人救至，我 师不利，仓卒之际，即议班旋。车驾宵征，诸将皆去。唯公敦阵 整旅，长驱而归。引弓之民，纷布左右，惮其严整，不敢邀击。" 《宋史》，卷二五七《李处耘传附子继隆传》，仅提及继隆破敌于胡 卢河，以下即削去。

[70]《长编》，卷二一，页481，注云："敌据雄州，他书皆不详，独荆嗣传有此事，今且删修附见，更当考之。"足见宋人亦讳言战败。

[71] 雍熙以前，宋军之大败仅高梁、瓦桥二役，史书皆含糊其辞。至987年（雍熙四年），始载："春正月。初，曹彬及刘廷让等相继覆败，军亡死者，前后数万人。缘边创痍之卒，不满万计，皆无复斗之。"见《长编》，卷二十八，页631。

[72]《宋史》，卷四《太宗本纪一》，页63。《宋会要辑稿》、《长编》、《隆平集》和《东都事略》都无此语。这句话不像国史、实录原有文句，大概为元人所增。

[73] 钱若水等:《宋太宗实录》残本，（古籍出版社据傅氏藏园本校刊）卷三四，页4a—b。

[74] 宋常廉（注2）。

[75]《长编》，卷三四，页758。

[76]《资治通鉴》，卷二七二，页8910。

[77]《旧五代史》，卷三五《明宗纪》，页483；卷四六《末帝纪上》，页625。《新五代史》，卷八《晋高祖纪》，页77。

[78]《资治通鉴》，卷二八四，页9268。

[79]《资治通鉴》，卷二九一，页9505。

[80]《辽史》，卷九《景宗纪》。

[81]《辽史》，卷八三《耶律斜轸传》，页1303。

[82]《辽史》，卷八三《耶律休哥传》，页1299："帝命休哥代奚底，将五院军往救。遇大敌于高梁河，与耶律斜轸分左右翼击败之。"同书，卷八四《耶律抹只传》，页1308："宋乘锐攻燕，将奚兵翊休哥击败之。"

[83] 关于战场的地名，《辽史》皆大书高梁河。宋方根本讳言战败，对

战场地名更无记载。唯宋琪曾论及幽州附近水道，可知高梁河在幽州西北，经幽州北门外流向东南，参见注 48。又于亮度一文对战场地理考之颇详，足资参考，见于亮度：《辽宋高梁河战役及其战场》，收入北京历史考古丛书编辑组（编）：《北京文物与考古》（北京，1983 年，总一辑），页 247—257。

[84]《辽史》，卷八四《耶律沙传》，页 1307。

[85]《辽史》，卷八三《耶律休哥传》，页 1299。

[86]《辽史》，卷八三《耶律斜轸传》，页 1303。

[87] 左丘明（传）、杜预（注）：《春秋经传集解》（北京：文学古籍刊行社，1955 年）卷十三，页 26。

[88] 司马迁：《史记》（北京：中华书局，标点本，1959 年，全八册），卷八《汉高祖本纪》，页 378—379。

[89]《辽史》，卷八四《耶律抹只传》，页 1308，同卷《萧干传附侄萧讨古传》，页 1309。

[90]《长编》，卷二十，页 457 注引江休复《杂志》。

[91] 王巩：《闻见近录》，收入《笔记小说大观》第二十一辑第一册（台北：新兴书局，据上海文明书局石印本影印，1978 年），页 898。

[92] 宋常廉（注 2）。

[93]《辽史》，卷二六〇《曹翰传》，页 9015。

[94] 同上注。又《东都事略》，卷二八《曹翰传》，页 456 略同。释文莹：《玉壶清话》，与《湘山野录》《续录》同本（北京：中华书局，1984 年），卷七，页 67 略同。

[95]《辽史》，卷八三《耶律学古传》，页 1304。

[96]《长编》，卷二十，页 457。

[97]《渑水燕谈录》，卷八，页 96。《玉壶清话》，卷八，页 76 亦有类

似记载。

[98]《辽史》，卷八四《耶律沙传》，页 1307。

[99] 王珪:《华阳集》，收入王云五主编，《四库全书珍本四集》（台北:
台湾商务印书馆，1973 年，第二四三至二四五册），卷四九，页二。
宋常廉（注 2）以此作为重要证据，主张太宗自动班师之说。然
而碑文明言，太宗"闻敌兵盛至"而逃走，是"自幽州引兵还以
后"的事情，并不能证明没有交战。宋氏又认为太宗既在敌前静住
一夜，则当日是否曾被打败，值得怀疑。观碑文含意，在敌前度
过一夜的是高琼，太宗打算连夜逃走，才留下他来做掩护。

[100]《默记》，卷中，页 20。

[101] 宋常廉（注 2）；傅乐焕（注 2），皆持此说。

[102]《长编》，卷三八，页 818:"初，参知政事寇准自青州召还，入
见，上足创甚，自发衣以示准曰:'卿来何缓？'准曰:'臣非诏
不得至京师。'"其发衣一事，表示伤口必在腿部较上的位置，与
《默记》所谓股中两箭吻合。

[103] 何冠环:《宋太宗箭疾新考》，载香港中文大学《中国文化研究所
学报》，第 20 卷（1989），页 33—58。

[104]《辽史》，卷八三《耶律休哥传》，页 1307。

[105]《长编》，卷二十，页 457 注引江休复《杂志》。

[106] 吴曾:《能改斋漫录》（上海: 上海古籍出版社，标点本，1960 年
第一版，1979 年新一版），卷十二，页 364。

[107]《涑水记闻》，卷二，页 36。

[108]《辽史》，卷九《景宗纪下》，页 102。

[109]《辽史》，卷八三《耶律学古传》，页 1304。

[110]《长编》，卷二十，页 457。

[111] 王珪：《华阳集》，卷四九《高琼神道碑》，页 2。

[112] 杨亿：《武夷新集》，卷十《李继隆墓志》，页 19—20。

[113] 王珪：《高琼神道碑》。

[114] 吴曾（注 106 ）。

[115]《默记》，卷上，页 5。

[116]《宋史》，卷二八〇《钱守俊传》，页 9503。

[117]《辽史》，卷九《景宗纪下》，页 102。

[118]《宋史》，卷二七一《赵延进传》，页 9300 ："太平兴国中，太军平并州，讨幽蓟，皆为攻城八作壕砦使。……及班师，命与孟玄喆、药可琼留屯定州。辽人扰边，命延进与崔翰，李继隆将兵八万御之，赐阵图，分为八阵，俾以从事。"

[119]《辽史》，卷八三《耶律休哥传》，页 1305。

[120]《长编》，卷三四，页 758。

[121] 李德·哈特（著）、钮先钟（译）：《战略论》（台北：军事译粹社，1955 年），第二章，页 17。

第六章　弹性战略防御的构建与
满城会战（979）

在长达二十五年的宋辽战争中，介乎高梁河（979）和歧沟关（986）两大决战之间存在一个战略上的相持阶段。这个阶段主要由满城会战（979）和瓦桥关（980）之役构成。这两场战役，宋军一胜一败，虽然都只带来战术性结果，但前者体现了宋军主动展开弹性防御的成功，后者则反映了不能从事弹性防御而失败的结果。[1]在满城会战中，宋军展现了鲜明的野战取向，以主力于正面接受会战，而以一部分兵力迂回敌后，发动夹击，整个战役构思表现为弹性防御的形式。由于战场的特殊地形影响，辽军被拥进西山坑谷，造成较大的伤亡，而宋军机动力不足的缺陷，则得以暂时掩盖。此外，比较重要的一个关键，是为了达致弹性防御，各支部队的协调问题。协调得以解决，成了胜利的前奏。透过满城会战这个微观个案，可以看到宋军弹性防御的战略是如何构建，及其需要解决的问题。

何谓弹性防御？

在传统的战争年代，也就是还未出现核战争的现代战略防御模式之前，防御战的形态可分为三种，就是前沿防御（forward defense）、纵深防御（defense in depth）和弹性防御

（elastic defense）。前沿防御是思维最直接的一种防御战略，其要义是拒敌于国门之外。若国家的政治目的是保卫领土不受敌军侵略，这是最简捷的一种途径。前沿防御能比较直接地体现出国家保卫领土的决心。中国古代的长城和罗马帝国的长城，都是前沿防御的标志。秦、汉和明代都企图以长城这条坚固的防线，把国土与入侵者阻隔开来。[2]某些国家在地理上欠缺纵深，不得不把兵力分布在前沿，也构成前沿防御的动机。此外，军队的组织文化也是某些国家奉行前沿防御的因素，比如伊丽莎白·基尔（Elizabeth Kier）在近年的研究指出，两次大战间的法国就是由于三年兵役制转型为一年兵役制，士兵的训练不足以进行攻击动作，故只能采取前沿防御战略。[3]不过说这是一种保卫领土的途径，并不代表一定能成功地达到目的。前沿防御在军事上有很多缺点。它要求强化前沿阵地的抵抗能力，尽量减少漏洞的出现，其结果很容易导致平均分布兵力。若对方能集中优势兵力于一点，就有可能突破守军的坚强防线。更危险的是，遇到敌军突破缺口之后进行大纵深进击，切断补给和交通路线，守军就可能迅速崩溃。法兰西在1940年惨败于纳粹德国，就是前沿防御失败的最佳例子。法军恃着马其诺防线（Maginot Line）坚不可摧，忽略了德军集中兵力从阿登山地（Ardennes）大纵深突破的可能性，结果一败涂地。[4]

纵深防御比前沿防御优胜的是：它并不把主力分布在前沿；相反，它组成防御纵深，令敌人向国家腹地推进时受到持续的抵抗。这种持续的抵抗不仅是物质上的，也是心理上的。成功的纵深防御能令敌人体会到，占领每一寸土地都要付出高昂的代价。这种体会的深刻程度，也有可能改变敌人对侵略的看法，起着武装劝止（armed dissuasion）的作用。而且，由于敌军深入腹地，势必影响百姓的生活，守军在进行抵抗时将会受到百姓支持，因此必要时也组织百姓进行抵抗活动，这就是为什么有时纵深防御的战略会和人民战争、游击战争的概念相配合的原因。南宋末年筑山城守蜀，[5] 以及抗日战争时采用的焦土抗战战略，都似乎可以看成纵深防御的例子。在民族主义高涨的年代，纵深防御给予国际的弱势社群对抗强权的决心，对国际安全带来一定正面作用。可是真正有组织的纵深防御不易进行，很多情况下抵抗力量可能陷入敌后成为孤岛，冒丧失补给，被敌人各个击破的危险。即使抵抗能成功地持续，也很有可能演成旷日持久的消耗战，令作战双方都蒙受巨大损失。即使在平时的状况下，纵深防御也有令人忧虑的一面。它假设了国家随时会遭受入侵，对于社会安定和经济发展而言，并非正面因素。过于迫切的战备，也会影响投资者的信心。因此，先进国家对纵深防御常常持一种保留的态度。况且，过于向民众宣传敌军入侵的可能性，会激生排外情绪，所以也可能会挑衅潜在的敌人。

与前沿防御和纵深防御不同，弹性防御把保卫一个国家和直接保卫它的领土从概念上划分清楚。弹性防御的战略认为一支军队不需要直接保卫国土，而只需击败敌军就足以达成保卫国土的目的。弹性防御在战役法上的特点是以一支能迅速调动的野战力量为核心，寻找敌军入侵时暴露的破绽加以反击，其具体手段包括迂回、遮断（interdiction）、夹击、包围等。弹性防御又称为机动防御，不过在现代战争中"机动"有时是"机械化"的代义词，一旦将它使用在古代战争中，容易引起混淆，不如用弹性防御一词的意义明确。弹性防御不要求人民无限量的支持，也无须冒家园糜烂的风险，但强大的野战力量、适当的纵深和各部队之间的高度协调，务求步调一致，是进行弹性防御的必要条件。[6]

弹性防御的构想符合二十世纪战略家李德·哈特对"间接路线战略"（strategy of indirect approach）的诠释。李德·哈特认为从希波战争（490 B. C.—484 B. C.）到"六日战争"，大部分决定性会战的胜利都是由间接路线战略达致，亦即先颠覆了敌军的平衡，然后再实施一个措手不及的打击。[7]李德·哈特认为：

> 沿着敌人自然期待的路线采取行动，结果足以巩固敌人的平衡，因而也增强了他的抵抗力量。战争也和摔跤一样，假使不先使敌人自乱步骤和自动丧失平衡，而企图直接把敌人弄翻，结果只会把自己搞得精疲力竭——用力愈大则输得愈惨。……在多数战役中，首先使敌人在心理上和物质上丧失平衡，常常即足以奠定胜利的基础。[8]

当这个原则用在防御战上，就构成了不直接保卫领土，而尽量集结野战部队进行机动战，寻找机会切入敌军弱点的战役法。当然，李德·哈特的断言，是将包含了弹性防御在内的所有间接路线战略当作一个客观真理来看，而本章则只强调其作为历史条件的产物。[9]

在弹性防御的模式当中，由于主力部队具备较强的野战能力，因此必要时也可以展开先制攻击（preemption）。基于这一点，江忆恩认为"防御"很多时候是一种饰词。弹性防御与攻势作战的分别很微细，采用机动防御其实也可能潜在攻击取向。

他指出明代对蒙古进行的机动防御和毛泽东军事思想中的运动战元素，都在某种程度上带有攻击性。[10] 这种意见有一定启发性，但还需要详细研究战役法和大战略这两个不同战略层次的关系，[11] 观察两者是否必然存有相同的取向，以及万一出现违碍的时候如何协调，才能下定论，否则很容易出现"在自己领土上对别人进行侵略"的谬误。[12]

宋初弹性战略防御的构建

战略的形成有赖理性的思考，诸如战场的广袤，交通线的疏密，兵种的构成，都成为这种理性思考的要素。可是所谓理性的诠释，在不同文化中带有相对性，而理性决策也容易受到军事信念（military doctrine）的渗透。所以在战略的构建过程中，理性和文化、习俗、价值观的取向常常交互出现，形成一个互动的平台。[13] 在宋代来说也不例外，战略并非纯粹理性的产物，而是与各种观念和规范息息相关。

首先需要指出，前沿防御在宋初本来具有一定的发展空间。宋人注重内部整治，似乎容易体认到透过一条坚固的防线，把国土与入侵者阻隔开来的必要性和迫切性。钱若水（960—1003）便曾提出前沿防御的构思，认为"来则掩杀，去则勿追"，[14] 端拱初年，契丹寇边，张洎（933—996）上奏，"以练兵聚谷，分屯塞下，来则备御，去则勿追为要略"。[15] 田锡认为"汉武帝躬秉武节，遂登单于之台，唐太宗手结雨衣，往伐辽东之国，率义动之众，徇无厌之求，输常赋之财，奉不急之役，是舍近而谋远也。"他强调"伏愿申饬将帅，谨固封守，还所俘掠，许通互市，使河朔之民，得务三农之业，不出五载，可积十年之储。"[16] 可见前沿防御能营造一个安全空间，合乎农业社会的基本利益。

事实上，宋太祖开国初年似乎曾经一度属意于前沿防御。范镇称："太祖时，李汉超镇关南、马仁瑀守瀛州、韩令坤常山、贺惟忠易州、何继筠棣州、郭进西山、武守琪晋阳、李谦溥隰州、李继勋昭义、赵赞延州、姚内斌庆州、董遵诲环州、王彦升原州、冯继业灵武，榷之利，悉以与之，其贸易则免其征税。故边臣皆富于财，以养死士，以募谍者，敌人情状，山川道路，罔不备见而周知之。故十余年无西、北之忧也。"[17] 可是宋太祖一朝，宋辽战争从未全面爆发，诸将所应付的可能只是契丹日常的抄掠。至于北汉和党项，对于宋的边防都没有很严重的威胁。

本来兴筑长城是达到前沿防御的直接手段，可是宋代却没有筑长城的理念。学者认为，客观上，辽和西夏对中国的典章文物、城邑之制殊不陌生，有比较明确的领土观念。宋人若有所兴作，也很容易"起衅召戎"，而未竟全功。主观方面，宋人广泛地宣扬"恃德不恃险"的论调，认为地理上的界限不足以为王朝提供安全的保障，因此对于兴筑长城之类的前沿防御战略欠缺重视。[18] 最根本的原因，是宋人认为不值得付出巨大的人力物力，导致王朝的社会基础发生动摇。例如 989 年，河北西路招置营田使樊知古（943—994）奏请修城木五百余万、牛革三百万。宋太宗不以为然，说："万里长城岂在于此？""所请过当，不亦重困吾民乎？"[19] 朱台符（956—1006）也批评："至于秦筑长城而黔首叛，汉绝大漠而海内虚，逞志一时，贻笑万代，此商鉴不远也。"[20] 值得注意的是，前沿防御和战略攻势本应是不同的战略取向，可是在朱台符的眼中，筑长城和绝漠进击都不过是一逞人主意欲的事情。这个问题也可以提升到风险角度来理解。无论弹性防御还是筑长城都要承担风险。弹性防御所要承担的是战斗风险，军队可能在野战中被击败。筑长城所要承担的是社会不安，民心思变。可是北宋的统治者宁可选择前者而不愿选择后者，这种对风险的选择正反映了文化的取向。

五代的对辽战争展现着强烈的野战取向。和东晋南朝主要采用坚壁清野的历史经验不同，后唐和后晋的军队抵抗契丹主要都宁愿承担野战风险，而甚少倚恃坚城。这种取向的文化根源，可能和五代军队中存在一定数量的沙陀人和其他各种胡人有关。早在晚唐时，李克用率沙陀军破黄巢（卒于884年），继而争霸中原。其子后唐庄宗李存勖继承了沙陀军，后来在征战期间不断收编蕃、汉部队，冠以内外蕃汉马步军种种名号。其中最精锐的"横冲军"名将李嗣源，借兵变得位，手下名将如石敬瑭、药彦稠（卒于934年）、康义诚（卒于934年）等亦为胡人。[21] 石敬瑭和他的部将刘知远，后来分别建立后晋、后汉二朝，都出自这个系统。

更加重要的是，五代军队的野战取向曾经带来一定战果，足以构成一种成功的军事经验。后唐时王晏球围定州，曾以符彦卿、高行珪左右夹击为契丹先锋的王都，"自曲阳至定州，横尸弃甲六十余里"，又再破契丹于唐河，"追击至满城，斩首二千级，获马千匹"。[22] 944年，景延广曾令"诸将分地而守，无得相救"，似乎具有纵深防御的意图，但很快晋出帝就打破了这个规定，亲自率兵往戚城救符彦卿和高行周。[23] 其后出帝还亲自和耶律德光周旋于澶州，契丹主"自将兵十余万"，两军"互有胜负"，"帝亦出阵以待之。契丹主望见晋军之盛，谓左右曰：'杨光远言晋兵半已馁死，今何其多也！'"[24] 在同年的马家口之战，正在渡河的契丹军队遭到后晋兵反击，"晋兵薄之，契丹骑兵退走，晋兵进攻其垒，拔之。契丹大败，乘马赴河溺死者数千人，俘斩亦数千人。"[25] 阳城之战，双方反复进退，虽然约八万的契丹军一度包围了晋军大阵，但刚好遇到风沙，晋兵逆风而战，一时攻其无备。符彦卿"拥万余骑横击契丹，呼声动天地，契丹大败而走，势如崩山。"[26] 这些例子都可见后晋御契丹不乏成功的战例，其要义是集中主力机动作战，随着敌军主攻方向而调节正面，捕捉敌军弱点，策动反击而制胜。这种经验融会在宋琪的军事信念当中，正如他在986年所做的检讨："是以开运中晋军犄戎，不曾奔散。三四年间，虽德光为戎首，多计桀黠，而无胜晋军之处。"[27] 后晋最后败于契丹，主要是杜重威变节的结果，和战略的关系不大。

北宋从五代继承了强烈的野战取向而总结出弹性防御的模式，是很自然的发展。北宋继承了五代的职业兵制，具备一支常备军，提供了弹性防御所必不可少的野战力量，没有临时点集农民，欠缺校阅的毛病。以往史家诟病募兵制度带来士兵良莠不齐，作风骄惰，训练不足等等问题，认为不及唐代府兵制度为可靠，也要为宋代的积贫、积弱负上责任。[28] 可是随着近年唐史研究的日趋深入，府兵的优越性已渐渐失去取信能力。史家逐渐相信，府兵并非唐代与边疆民族长期战争的主力，其为骁果、健儿及各种形式的常备军所取代，不但合乎专业化的趋势，也是隋唐之际很早期就发生的转变。[29] 宋代募兵良莠不齐，作风骄惰，训练不足，到底属于募兵制度本身不可避免的问题，还是执行上的人为偏差令组织文化不够健全，看来还有深入讨论的必要。[30] 至少在宋初来说，禁军还是相当强劲。"太祖起戎行有天下，收四方劲兵，列营京畿，以备宿卫，分番屯戍，以捍边圉。"[31] 韩琦（1008—1075）亦言："祖宗以兵定天下，凡有征戍则募置，事已则并，故兵日精而用不广。"[32] 无论如何，宋代的兵制保证了有一支长期在役的野战力量，对于采用弹性防御的战略是正面因素，这一点至少可以认定。

　　除了文化和组织建制因素外，从一些功能上的因素如战场地理的角度，也可以理解宋初为何采用弹性防御。自石晋失去燕云，北方的国防线似乎不大适合进行前沿防御。自白沟河迤东以至沧州，地形低洼，不适合骑兵进出，后来宋军在此基础上经营塘水，构成一道天然防线，是较易达前沿防御的地段。[33] 西路河东代州有雁门之险，受太行、吕梁山脉的屏蔽，也比较易守难攻。有问题的是整条防线的中央地段，即易州、满城、遂城、保塞等处，适合进行哪一种防御模式，颇为值得研究。过去的研究喜欢强调这一段中央战线，是契丹骑兵如入无人之境的地方，但需要指出的是，契丹骑兵大举进出深、祁，直扣唐河，是易州、满城一线在端拱二年（989）失守，[34] 保州、威虏军、遂城、唐兴口同时受到威胁的结果。端拱二年以前，易州作为战线的突出部，对徐河、唐河起着屏蔽作用。更为值得指出的是，由于这条战线一左一右都是不容易进攻的地段，辽军的攻势多半会从中央地段发起，带有很高的可预期性（predictability）。事实上自 979 年至 1004 年，辽军总共对河北发动过十次大规模入侵，除了瓦桥关之战（980）和雄州之战（995）外，[35] 其余八次全部是从中央战线发起的。[36] 基于这一点，宋军则可以预先加以部署，主动地组织防御。沈括（1031—1095）就曾指出这个地段的西部，即定州、西山、北平寨一段，宋军是可倚西山布阵，另以奇兵设伏、出奇制胜的地方。[37]

在前沿防御、纵深防御和弹性防御三种战略当中，宋人倾向采用以弹性防御为主，而因应自然和人文地理特征，配合其他两种防御的战略。在宋辽和宋夏战争中，宋人在大部分战例中都致力于运用野战部队与敌周旋，务求运用设伏、迂回、遮断、夹击等战术击败对手。宋军通常在定州唐河设大阵，会合镇、定、高阳关三路屯军。在宋辽战争初期，宋军的阵势还比较简单，多数作前后两重阵。据《武经总要》所载，一组纵深梯次的方阵包含步骑十余万人，大阵"常满十万人"，前后分别有约三万骑组成的前阵和约两万人组成的后阵，加以掩护，左、右两翼各有拐子马阵。这相信反映了宋真宗时代的情况。[38] 前阵之前一段距离，还有主要是骑兵组成的先锋阵和策先锋阵。他们负担与敌游斗，"深入以牵其势"，"挠其心腹"，伺机"腹背纵击"的任务。[39] 只有在众寡悬殊，或新经重创之后才会闭壁自守。这种战略带来一定战绩，如满城会战、雁门之捷和羊山之捷等，[40] 但也遭遇指挥权欠集中、协调不足或未能高度集中兵力等问题。军队中骑兵比例不高，影响机动力，也是一个主要的漏洞。

战马的不足是弹性防御的首要问题。前人指出宋军战马数量不及契丹，是北宋对辽战争未能取得决定性胜果的原因，[41]

这项论断原无错误。可是也要指出的是，战马的问题也应该放进弹性防御的框架里讨论。前沿防御或纵深防御这两种防御模式都不要求进行大量机动战，对马匹的需求未必很殷切。正因为北宋采用的是弹性防御，需要进行机动战的机会很多，马匹才显得重要。在一个八万人以上的宋军大阵中，骑兵的比例不到一半，这使得大阵的机动能力比较有限，而骑兵也很想摆脱步兵的羁绊。[42] 在后来的澶渊之役，王超指挥的大阵就未能给予亲征部队快速的支持。[43] 可是宋军的骑兵也不是毫无战绩可言，雁门之役（980）杨业麾下的骑兵，以及羊山之役（1000）的几支宋军骑兵部队都能重创以骑兵为主的辽军。[44] 总之，在弹性防御的处境中，配合对出击时机的讨论，比单纯用兵种来分析胜负更为恰当。

另一个是指挥权限的问题。弹性防御要求一体化的指挥系统，令不同的部队在进退、迂回、伏击的时候能作有机的协调，而不致为敌人逐个击破。正如德国名将曼施坦因元帅所说，"使各级指挥官都尽量保有主动和自足的范围"，是一项领导原则。[45] 宋太祖以郭进控西山，李汉超镇关南，执行的好像是前沿防御而非弹性防御，不过以指挥权限来说，则颇能做到使指挥官保有充分的权限。不过从太宗开始，则逐步削弱边将特权，以致出现田锡所说"况今委任将帅，而每事欲从中降诏，授以方略，或赐以阵图，依从则有未合宜，专断则是违上旨，以此制胜，未见其长"的情况。[46] 各级的指挥官欠缺充分权力去协调各单位的行动，对敌军入侵的反应就不可能保持弹性，其流弊之甚，乃出现以阵图来指挥的局面。

可是对这一点过分强调，也可能会看不到战场上的实际情况。君主透过限制武将的作战手段，来养成一种唯命是从的组织文化，的确具有君主专制的意图。然而在承认这一点的时候，也应该看到过度限制武将的作战自由，与君主的利益并非完全符合。一旦君主做出的指引不合乎战场的实际情况，而遭到变更，是很大程度上可能发生的事情。因为只有打胜仗，或至少避免一场主要的军事失败，才合乎统治者的最终利益。下文将会说到满城会战中，大将赵延进认为"主上委吾等以边事，盖期于克敌矣。……违令而获利，不犹于辱国乎？"[47]就道出了这重意义。

事实上，君主控制武将作战手段这个意图与现实存在多大距离，仍然是不可忽略的一环。大量例证说明：宋军最终的战术动作不一定由方略和阵图所决定；相反，临战时所举行的军事会议，是进行最后拍板的场合。满城会战本身是一个重要例子。宋军将领在会议中推翻了宋太宗的阵图，变阵出击而获得大胜，是一项重要的军事决定。同样，曹彬在第二次经略幽燕时，"而彬所部诸将闻（潘）美及（田）重进累战获利，自以握重兵不能有所攻取，谋划蜂起，更相矛盾，彬不能制，乃裹五十日粮，再往攻涿州。"[48]众所周知，这项决策直接导致了歧沟关之败，可是鲜为人提及的是，这条史料同样说明了军事会议的决定，才是最后影响行动的方案。陈家谷战役前的会议中，杨业提供的佯攻应州的方案被否决，改为直取马邑，也是成败的关键。[49]同样，唐河之战前，宋太宗本来曾下诏固守壁垒，可是在军事会议中，李继隆和袁继忠却决定出战，认为"阃外之事，将帅得专焉"，也说明最终的决定是由军事会议做出。[50]换言之，宋初军事行动的机制除了君主集权之外，还存在另一条解释线索，就是军事会议上如何达成协调。如果军事协调得到诸将的共识，又得到有力的执行，那么作战多半会较为顺利，否则很容易招致失败。协调的需求在宋军采用弹性防御的背景下显得更为迫切。在机动作战中，不同单位的协调是成败关键。

总的来说，北宋对辽的弹性战略防御既表现为一种针对特定时空环境的功能性的思考，也表现为一种具有较高延续性的战略文化。作为一种功能性的思考，弹性防御配合了宋人所拥有职业兵的硬件，以及战线中央地段的复杂形势。职业兵提供了弹性防御所必不可少的野战力量，而战线的中央地段则具有不少伏击、迂回的空间，这些都可以为宋人之所以实行弹性防御下很好的注脚。可是宋人也不是全部具备施行弹性防御的条件。宋军拥有一定比例的骑兵部队，但整体而言，野战部队反应的速度有被步兵拖慢的迹象，对于大纵深作战来说有很大顾虑。这也很可能是宋军虽然以弹性防御为指导方针，但常常不敢制订大纵深作战方案的原因。此外，宋太宗经常对前线指挥进行干预，指挥官能否根据敌情做出灵活敏锐的反应，要视乎军事会议能否达到协调的共识，而这项决策又能否被有力地推行。弹性防御在宋辽战争期间能否发挥威力，很大程度上取决于这项关键因素。

虽然从功能性角度来看，宋人还不完全具备施行弹性防御的理想条件，但我们还是要考虑到战略除了是理性思考的结果外，它还作为一种文化而存在，经验、习俗、惯例和信念都是战略形成的因素。[51]五代抵御契丹的成功经验对宋人存在的影响不可低估。如果我们考虑到宋初的军队在一定程度上是五代军队的延续，那么它采用相沿习用的战略就不足为奇了。

个案研究：满城会战

将满城会战当作宋代一项战术成就的标记，目前还没有太多的论述。和唐代不一样，宋军没有优势的骑兵，在击败敌人以后不容易透过追击来扩张战果，因此很少战役能获得上万首级。满城会战中，宋军斩首一万三百级，俘虏数万人，在宋代而言已是战果非常突出的战役。是役宋军运用了弹性防御的方针，集中两个野战部队在正面，同时以另一个部队切入敌后，在机动战中获得很大的成功。这场胜利说明了宋太宗在战役上的协调必不可少，但却难以遥距干预战术的运作。

满城会战发生于 979 年，是紧接着高梁河战役而发生的。当宋兵从幽州败退之后，辽为了报复，就在年底大举南侵，于是发生了满城会战。[52]辽廷为了这次南侵作了一番准备，命宿将燕王韩匡嗣做都统，南府宰相耶律沙为监军，惕隐耶律休哥、南院大王耶律斜轸、权奚王耶律抹只各率本部兵从征。[53]辽军主力指向满城，另有一支别动队，在大同军节度使耶律善补的指挥下向河东作牵制性攻击。[54]辽军入侵的规模，据《宋史·崔翰传》记载有数万骑，但不知是指全军的总数，还是仅就前军的数目而言。[55]《辽史·兵卫志》有载"若帝不亲征，重臣统兵不下十五万，三路往还，北京会兵，进以九月，退以十二月。"以上记载也指出在不命都统的情况下也会派出骑兵六万。[56]从任命韩匡嗣做都统的迹象看来，辽军入侵的规模有可能达到十余万人的水平。

辽军越过易州，到达徐河以北的满城，就遇上了前来迎战的宋军。宋军的实力，据记载有八万之多。[57]这个数字在宋方

记载中仅一见，但如考虑到宋军平太原曾动员十多万军队，[58]
跟着立即进攻幽州，然后减去高梁河一役的损失，及随太宗返
京的护从禁卫，宋军留在前线的军队是可达八万之谱的。以上
八万大军，只是在徐河正面拒战的主力。在右翼，宋关南屯军
正以迂回的路线向辽入侵军的侧后方进逼。这一路的兵力未知
多少，但若有一二万的话，宋军投入的总兵力将会达到十万人
以上。总之，在满城会战前夕，宋军是集结了相当可观的兵力。

满城属古代督亢之地，多山谷，易守难攻。战国时燕太
子丹以献督亢地图，替荆轲刺秦王制造机会，此点对其地形
之复杂可做一注脚。辽军背靠西山坑谷，古称"天陷"之地。
按《满城县志》所载，在民国初年，此地连马车通行都有困
难。"满城西境多山，运载往来，率用驮骡，远山之地，则用车
马。"[59] 辽军的前面是徐河，虽不是什么战略屏障，但足可界
限骑兵的战术动作。宋人在此集结重兵，辽军前后进退就都有
了问题。反而宋军后方开阔，通向镇、定二州的道路不受威胁。
后来刘廷翰抢占徐河桥头阵地，让李汉琼、崔翰等有充分时间
展开部队，就利用了以上地形的特性。加以宋人沿着古燕、赵
长城设有不少城寨，战场附近满城，及其以东约七十里的遂城，
都是宋军的据点。这一带后来成为宋辽反复争夺的战场，实在
不是偶然的。辽人自周世宗时失了三关后，不能自由进出关南，
从满城入侵已成为了可以预期的途径。传统史家谓宋辽边界无
险可守，实多指 988 年以后辽人吞去易州至满城突出部，而令
徐河防线长期暴露，保塞、唐兴、长城口同时受到威胁的形势。
然而 979 年易州至满城突出部尚在宋人手上的时候，实不能不
承认宋人仍具有凭借战场地形展开兵力的机会。

宋军首先到达徐河抢据滩头，展布兵力的是镇州都钤辖刘廷翰。[60] 徐河在定州北方，但刘氏比驻军定州的大将崔翰来得还要早。当刘部先占桥头阵地时，辽军的先头部队大概也在作同样打算。诚然，大部分史料都偏重记载后来的主战斗，而忽略了争夺桥头阵地的序战，但《宋史·丁罕传》揭示出双方开始时就在桥头接战，丁罕（？——999）在刘廷翰指挥下夺桥有功，使后续部队能顺利展开，也是导致胜利的一个契机。丁罕战后从所属部队的指挥使迁为都虞候。[61] 桥头初捷，由崔翰、李汉琼指挥的镇、定二州屯兵源源抵达，八万大军云集徐河之上，大战已一触即发了。

可是这八万宋军由谁指挥？第一个可能的指挥官是崔翰。《宋史·崔翰传》是提出这种看法的主要依据。据其记载指出，太宗很赏识崔翰在幽州撤退时表现的镇定自若和有条不紊，因而命其知定州，"得以便宜从事，缘边诸军并受节制，军市租储，得以专用。"史文下面又提到辽军入侵时，"翰会李汉琼兵于徐河，河阳节度使崔彦进兵自高阳关继至，因合击之。"[62]《宋史·赵延进传》也提到崔翰打算根据太宗颁下的阵图布阵，"翰等方按图布阵"，[63] 仿佛他就是主帅。《宋史·李继隆传》记述参与战役的将领时，也特别标出崔翰的名字。[64]

可是负责摆阵，却不一定非主帅不可。五代及北宋初年的军队曾在都部署之外专设"排阵使"，就反映了这个事实。赵延进和李继隆的传上提到崔翰，可能仅在于他们反对其按图布阵，而不必定由于崔翰是主帅。相反，在《宋史·孟玄喆传》里，孟玄喆与"军器库使药可琼，深州刺使念金缫，左龙武将军赵延进，殿前都虞候崔翰，四方馆使梁迥，翰林使杜彦圭帅兵屯定州"。[65] 在前引的史料中，崔翰的名字却被混排在一群军官的名单中，看不出有什么显要。更强力的反证，是《长编》中太宗的指令，"命崔翰及定武节度使孟玄喆等留屯定州，彰德军节度使李汉琼屯镇州，河阳节度使崔彦进等屯关南，得以便宜从事"。[66] 那么，得以便宜从事的便不只崔翰一个，李汉琼、崔彦进也都具有同等权力，连一起屯于定州的孟玄喆也榜上有名。换言之，单在定州方面，谁指挥谁，也好像都成了问题。难怪在《孟玄喆传》中，竟有点将崔翰说成一个普通军官的语气了。

担当战役指挥官的另一个可能人选是刘廷翰。《宋史·太宗本纪》提到满城会战时，就大书"刘廷翰破敌于徐河"，而不提及崔翰。[67]《宋史·崔彦进传》也把刘廷翰名列在崔翰之前。[68] 事实上，刘廷翰在战胜后就由云州观察使迁大同军节度使、殿前都虞候，本传上明言是由战功超卓之故。[69]

不过视刘廷翰为主将也有许多不妥。他当时与李汉琼同屯兵镇州，以其镇州都钤辖的权限，也许只可节制钤辖李汉琼，[70] 但对于定州和关南的屯军，就看不出明显的统属关系了。再加上前引《长编》中得以便宜行事的四员大将中，也没有他的份儿，实在是一大疑团。若以上的记载无误，他的作战权限反不如李汉琼。因此，在镇州屯军中，和定州一样，谁指挥谁，也是搞不清楚的。

李焘对于特别错综歧异的史料，常能运用史笔做出巧妙的综合，使其看去不致发生明显的冲突。满城会战便是其中一例，《长编》的行文如下："契丹大入侵，镇州都钤辖，云州观察使浚仪刘延（廷）翰帅众御之，先阵于徐河……李汉琼及崔翰亦领兵继至。"[71] 这样，他标明刘廷翰作为主帅，只是崔翰和李汉琼未抵战场时的事，往下去究竟谁来指挥，就没有加以论断了。我们如过分调和上述岐异的记载，与其硬说刘廷翰是主帅，抑或屈居李汉琼之下，不如承认刘廷翰"先阵于徐河"，夺取桥头阵地，当先破敌之功，是其受到本纪及相关史料特殊注重的主要原因。

　　除了崔翰和刘廷翰之外，没有什么史料显示其他将领可能成为镇、定两路屯军的总指挥官。总上来说，满城会战前宋军内部的指挥隶属关系甚欠明朗。两路屯军之中，镇州方面以云州观察使刘廷翰为驻泊兵马都钤辖，及彰德军节度使李汉琼为钤辖，两人中刘廷翰的指挥权多一"都"字，但李汉琼官阶较高，更有"便宜行事"之权。定州方面，殿前都虞候崔翰和定武军节度使孟玄喆都受命便宜从事。大抵孟玄喆身为后蜀亡国储君而得用为大将，面对着炙手可热的崔翰，恐怕只能规行矩步。然而太宗何以要制造这种表面的敌体势均，仍属耐人寻味。至于从侧翼逼近的关南屯军，则指挥权比较清晰，河阳节度使崔彦进为主将，部下有西上阁门使薛继兴（十一世纪下半），阁门祇候李守斌（十一世纪下半）等一众军官。[72]

　　总的来看，太宗自亲征河东以来，到高梁河战败退出战场，"天子自将"的阶段已不得不告一段落，那么他便应该重新任命一位战区或战役指挥官，来统筹下一步的军事行动，不管那该是攻势还是防御。然而在事实上，指挥权的移交非常含糊。这一方面也许是史料缺乏的缘故，但也不是毫无记载的。再看《长编》的记载：

　　　　戊子，次定州。……庚寅，命崔翰及定武节度使孟玄喆等留屯定州，彰德军节度使李汉琼屯镇州，河阳节度使崔彦进等屯关南，得以便宜从事。上谓诸将曰："契丹必来寇边，当会兵设伏夹击之，可大捷也。"是日，车驾发定州。[73]

这里已经显示出，太宗在离开定州时对边防部署所作出的调整中，并没有任命一位最高的战区或战役指挥官，而让李、孟和二崔四将互不隶属。这样做的效果不言而喻，就是把他本人仍留在最高指挥官的位置上。否则的话，他便不需要在任命的同时，又对作战的手段加以界定一番。换言之，皇帝回去了，指挥体制却维持在亲征的模式当中。

宋太宗对前线指挥的干预是有两个层次的。第一个层次是战役的层次，其核心在于"当会兵设伏夹击之"的构思。"当会兵设伏夹击之"这句话也有两重意义。第一重意义是作为一个广泛的战役指导思想。在这重意义来说"会兵设伏夹击"体现出典型的弹性防御构思，要义在于集中兵力，寻找敌军的弱点打。这种构思不但成为满城会战的指导方针，也贯串起日后雁门、羊山等成功的战例。"当会兵设伏夹击之"的另一重意义是具实指的战役指导方针，体现在刘廷翰、李汉琼、崔翰、和孟玄喆等四将会师于徐河，而崔彦进则出黑芦堤，沿长城口切入辽军侧后的部署上。这个兵力展开的部署，为日后的胜仗打下了基础。从这个层次上看，宋太宗的干预对战役的发展是存在着正面影响的。

可是宋太宗对前线指挥的干预还有另一个层次，就是战术上的干预。皇帝不在军中，却颁下阵图实行遥距指挥。"赐阵图，分为八阵，俾以从事。"[74] 这样做的问题在于，通常最高指挥官交给战区或战役指挥官的指令，单是界定任务本身已很足够，不必对达成该任务的手段也加以界定，否则指挥官采取另类手段去完成任务时，会变成一种违反命令的行为。杨亿《李继隆墓志》上说"朝廷图阵形，规庙胜，尽授纪律，遥制便宜，主帅遵行，贵臣督视"，[75] 无疑是这种境况的最佳写照。

宋人记载，正在辽大队骑兵源源而至的时候，右龙武将军赵延进登高观望敌势，发现辽军声势浩大，"东西亘野，不见其尾。"而同时崔翰等却正按太宗颁下的阵图布阵。"先是，上以阵图授诸将，俾分为八阵，……阵相去百步，士众疑惧，略无斗志。"赵延进看到这种情况，便向崔翰进言："主上委吾等以边事，盖期于克敌矣。今敌势若此，而我师星布，其势悬绝，彼若乘我，将何以济？不如合而击之，可以决胜。违令而获利，不犹于辱国乎？"崔翰答以："万一不捷，则若之何？"赵延进马上说："倘有丧败，延进独当其责。"正当崔翰等尚在犹疑，镇州监军六宅使李继隆趋前说："兵贵适变，安可以预料为定！违诏之罪，继隆请独当之。"于是崔翰等决意改排前后二阵，符合了赵延进"合而击之"的构想，于是"士众皆喜"。[76]

以上这番对话有几个重点。首先，赵延进揭示了目的与手段的关系，指出太宗将战术部署也界定在命令的范围内所引起的不便。真正的作战命令，按赵的说法，不外乎击败敌人而已，是否按照阵图，不是应该关注的重点。再说，太宗的阵图也有兵力分散之弊，执行时有较大的危险性。总之，他的陈词是站在战术指挥官的立场上说的。可是李继隆的说话却不然，他是站在比较原则性的立场上说的。不受预定作战计划的束缚，也确是他一生为将奉行的宗旨。后来君子馆之役中的雪夜退军，和唐河会战的背城一击，[77] 都是这种指挥性格的产物。崔翰的态度也很可注意。他对待赵、李二人的质疑，主要的反应是责任问题，而没有在战术的判断上维护皇帝，也许在他心中也不以太宗的八阵为然。从高梁河战败后，他在金台驿单骑止溃一事，[78] 可知此人并非没有胆色和威望。

宋方的记载说到排好阵，接下去就打胜仗了，没有详细说阵是怎么排的。当然，由于数据的缺乏，现在没有可能完整无缺地将满城之战的阵势再现，不过，从战术层次来说可以初步解答两个问题：（1）"前后相副"的重要性；（2）谁在前，谁在后。

首先是关于第一个问题，阵，以现实的观点来看，是一种战术队形。按照古典的兵法，阵有很多种类和名色，如偃月、雁行之类，但是以布势的大致走向而言，可分横向和纵向两大类。横向布势是指向左右两翼展开兵力，纵向布势是指前、后方向编成一定梯次。[79] 纵向和横向布势，是野战的基本战势，他们在历史上的荣枯兴替，与兵器、兵种和指挥系统的演变息息相关。

横向布势是较普遍运用的战术布势。横向布势有三个优点：第一，它占领战场空间较为方便，尤其是河岸、土坡、平原等。第二，它没有很繁复的战术动作，基本上要求部队能够做到横向对齐，对于没有严格协同训练的部队来说堪称实用。在魏晋南北朝，对于临时拼凑成军的群雄而言，如高欢（496—547）、宇文泰（507—556）等，这几乎是唯一的选择。北朝末年重要的战役，如东西魏沙苑（537）、河桥（538）、邙山（543）三战，都作横向布势。[80] 第三，横向布势可将骑兵在两翼展开，发挥其高度的机动性能，对拥有骑兵优势的一方，最能发挥其优势，以求从侧翼迂回或突破对方阵列。因此，它是隋唐最流行的战术布势，唐太宗霍邑之战（617），[81] 就是其中典范。在安史之乱中，唐朝为了敉平叛乱而借来的回鹘精骑，也是用来充当侧翼突破的矛头，这从新店之战（757）可以看得出来。[82]

将部队按纵队前后布列，虽然在两翼没有很大的机动余地，但是中央的主干也相应增强了。从原理上说，这种阵势的最大好处是：由于各部队分列前后，并非一开始就全面投入战斗，指挥官可以根据战情的变化，灵活地控制战斗的剧度——从前哨战、主力战到投入预备队，或者适时退出战斗。因此，进退皆便，攻守态势的转换比较灵活，是纵深梯次阵列的主要特点。许洞（约976—约1017）《虎钤经》说："敌阵长心薄者，我军当自坚其阵，先以劲兵力冲敌阵之心，力困则益兵进之。"[83] 就说出了中央突破战术中"前后相副"的必要性。

关于第二个问题，亦即谁在前，谁在后的问题，似乎比较困难，但也不是无可解答。《宋史》记载这场战役，在命名上颇有歧异，在不同的传记上有的叫作徐河之役，有时叫作满城之役，甚至将战场定在遂城的。这种歧异当然带来很多研究上的不便，但是换另一个角度，这种歧异却恍然成为解开谜底的关键。为什么同一场战役，在不同的传记上出现不同的地名？在我们去想史料传写过程中出现的谬误之前，首先应当想到不同的传主或许正是在不同的地点，或其邻近地区作战。也就是说，我们不应忽略从战场地名的差异记载，可以找到宋军兵力部署的大致方位的可能性。

首先看第一组史料，《宋史·李汉琼传》："太原平，改镇州兵马钤辖。契丹数万骑寇中山，汉琼与战于满城，大败之，逐至遂城，俘斩万计。"[84]

《宋史·刘廷翰传》："太宗北伐，既班师，上以边备在于得人，乃命廷翰、李汉琼率兵屯真定，崔彦进屯关南，崔翰屯定州。冬，契丹果纵兵南侵。廷翰先阵于徐河，……崔翰、李汉琼兵继至，合击之，大败其众于满城。"[85]

《宋史·李继隆传》："后为镇州都监，契丹犯边，与崔翰诸将御之，……败之于徐河。"[86]

《宋史·太宗本纪》："镇州都钤辖刘廷翰及契丹战于遂城西，大败之。斩首万三百级，获三将，马万匹。"[87]

这一组史料来自镇州驻泊兵主将的记载。《太宗本纪》为何没有提及崔翰等人，大概是因为刘廷翰从遂城发出的捷报最先抵达开封，史官马上写成日历之类为修史预备的原始资料，因此变成侧重刘廷翰的记载。最主要的是，从这组史料中我们看出顺次排列的三个战场：徐河—满城—遂城，特别是《李汉琼传》"逐至遂城"及《太宗本纪》"战于遂城西"两处最为引人注目，指出辽军抵抗终结的地点是在遂城附近。

第二组的史料则不然。《宋史·孟玄喆传》："帅兵归屯定州。俄契丹入侵，玄喆与诸军破之徐河。"[88]《隆平集·崔翰传》也说"破北虏于徐河。"[89]《宋史·崔翰传》说得略为详尽一点："冬，契丹兵数万骑寇满城，翰会李汉琼兵于徐河，因合击之。契丹投西山坑谷中，死者不可胜计，俘馘数万，所获他物又十倍焉。"[90]《宋史·赵延进传》"屯定州，辽人扰边，……师次满城，……三战大破之，获人马、牛羊、铠甲数十万。"[91]

这一组以定武军及定州驻泊兵主将传记构成的史料，大多只提及徐河，偶及满城，却完全没有提及遂城。相反，却涉及较大的斩级数字，除马匹之外，还有牛羊、铠甲、"所获他物"的记载，而镇州驻泊兵方面却没有。这意味着什么呢？很明显，这种差异指出定武军和定州驻泊兵在战胜后花了较多时间来打扫战场，而没有追到遂城——纵使有，也是远远落在镇州驻泊兵之后的。这样看来，二阵"前后相副"的战斗序列便可以得出大致轮廓：前阵是镇州驻泊兵，后阵是定武军和定州驻泊兵构成的。当然这是以主将的方位等同部队的方位来做前提的，实际上可能有些出入，但在没有更精确的资料前，这已经是我们所能估计的最大限度。

前后二阵的大致成分既已有些眉目，那么进一步看看其战斗力也不是太难了。镇州驻泊兵的设立是在太宗进军幽州之前，其主将似乎也没有参与高梁河战役。李汉琼多半是由于攻打太原时勇战受伤，[92] 刘廷翰有参与早期边境突破的行动，但稍后的战斗序列中却没有他的名字。李继隆也许是唯一打过高梁河战役的将领，可是正如第五章所说，他的部队是完整地撤退下来的。相反，定州方面，定武军节度使孟玄喆和定州驻泊兵的主将崔翰都是幽州回来的败将，赵延进在该役也负责督造炮具。固然，我们没有充分证据说定武军和定州驻泊兵一定是残兵败甲，但从高梁河到满城两仗相隔不过三个月，宋军以实力较完整的镇州驻泊兵来充当突破矛头，而继之以定武军和定州驻泊兵，这种战术部署也是很有可能的。

《辽史》上说宋军曾经请降，主将韩匡嗣误信为真，于是宋军的变阵出击就构成了战术突然性和局部优势。可是宋方的记载却没有提及伪降。这事的真假也需要分析一下。这事在《辽史》韩匡嗣和耶律休哥传上两处都有记载，前者说："军于满城，方阵，宋人请降。匡嗣欲纳之，休哥曰：'彼军气甚锐，疑诱我也。可整顿士卒以御。'匡嗣不听。俄而宋军鼓噪薄我，众蹙践，尘起涨天。"[93]后者则说："休哥率本部兵从匡嗣等战于满城。翌日将复战，宋人请降，匡嗣信之。休哥曰：'彼众整而锐，必不肯屈，乃诱我矣。宜严兵以待。'匡嗣不听。休哥引兵凭高而视，须臾南兵大至，鼓噪疾驰。"[94]

从这两段史料可以看出几点。其一是两军在前一天已经交锋，否则无须说"翌日将复战"。配合《宋史》说刘廷翰先阵徐河，继而丁罕夺桥，可知这都是头一天作战的经过，但双方主力似未齐集，没有很激烈的战斗。其二，从"方阵，宋人请降"一语，可知这事发生在第二天决战前布阵的时候。弄清这一点很重要，因为这正是宋将为排阵的问题争辩不决的时候，而变阵也需要时间，在这样一个紧要关头，是应该尽量拖延时间。所谓"兵不厌诈"，又或者说"强硬的军事部署需要软的外交政策来供给时间"，这种欺骗手段是非常需要的。宋方史料没有提及这事不足为奇，反正既不怎样光彩，也很难归入任何一个大将的传记，写在本纪更是不会。不过奇怪的是连排阵的事也争辩一番，宋军中究竟有哪个够分量的大将可以提出假投降，而不引起争辩？这还是一个疑团。不过宋军若为了争取时间，则派出使者接洽投降很可能是在决计变阵之后。那时宋军的战役指挥部应已达成了共识，一切后果也分别有两人"独当之"了，进而发展出其他诏书所没有规定的作战手段，也在情理之中，不过始终没有史料佐证，难以断言。

宋兵排好阵便擂鼓发动攻击，一时"尘起涨天"，一心望宋兵来投降的韩匡嗣吓得呆了，竟然第一时间就放弃会战，下令撤退。《辽史·韩匡嗣传》说"匡嗣仓卒论诸将，无当其锋"。[95]
这句话会否过甚其词，难说得很，总之史臣下笔甚重，为的是
他败军之辱。反之，《辽史·耶律休哥传》说"匡嗣仓卒不知所
为，士卒弃旗鼓而走，遂败绩"，[96] 似是比较中肯持平的描述。
《辽史·景宗纪》记载此事也说"冬十月乙丑，韩匡嗣与宋兵战
于满城，败绩。"[97] 宋和辽交战多次，《辽史》多不书败绩，除
了这一次是例外，可见败状之惨。"众既奔，遇伏兵扼要路，匡
嗣弃旗鼓遁。"[98] 这支伏兵应该就是崔彦进的部队，"崔彦进潜
师出黑卢堤北，缘长城口，衔枚蹑敌后"，[99] 辽军败走之后，被
这支部队夹击，方才造成灾难性的结果。"其众走易州山"，[100] "敌
众崩溃，悉走西山，投坑谷中，死者不可胜计。"[101] 是役宋军
"俘斩万计"，[102] "斩首万三百级，获三将，马万匹"，[103] "俘
馘数万，所获他物又十倍焉。"[104] 按照《辽史》，"耶律休哥
收所弃兵械，全军还"，[105] 否则辽军的损失可能不止此数。此
外，耶律抹只也"部伍不乱，徐整旗鼓而归"。[106] 河东方面，
耶律善补"以南京统军使由西路进，善补闻匡嗣失利，敛兵
还。"[107] "太保矧思与宋兵战于火山，败之"，[108] 可是对战局也
没有什么帮助了。

　　满城之败引起了辽廷的震动。"帝怒匡嗣，数之曰：'尔违众
谋，深入敌境，尔罪一也；号令不肃，行伍不整，尔罪二也；弃
我师旅，挺身鼠窜，尔罪三也；侦候失机，守御弗备，尔罪四
也；捐弃旗鼓，损威辱国，尔罪五也。'促令诛之。皇后引诸内
戚徐为开解，上重违其请。良久，威稍霁，乃杖而免之。"[109]
其实深入敌境本来不算是罪，问题正是在于宋人采取了弹性防
御的方针，实行迂回夹击，韩匡嗣又犯了几个其他的错误，才

导致了这个战果。同样耶律沙也几乎被诛，最后获得赦免。[110]
耶律休哥和耶律抹只败而不乱，获得赏识，前者"诏总南面戍
兵，为北院大王"，[111] 后者"玺书褒论，改南海军节度使。"[112]

与辽军的失败阴影构成鲜明对比的是，宋方大事论功行赏。
崔翰为武泰军节度使加检校太尉，[113] 李汉琼加检校太尉，[114]
孟玄喆封滕国公，[115] 刘廷翰迁大同军节度使、殿前都虞候，[116]
赵延进迁右监门卫大将军，[117] 李继隆迁宫苑使妫州刺史。[118]
崔彦进的迁赏不明。参与满城会战的大部分将官都得以升迁，
很大程度上反映着战果的丰厚。

瓦桥关之战

辽军的攻势并没有因满城会战的挫败而中止。到下一年，他
们不但卷土重来，而且声势更大，由辽景宗亲自出征。宋太宗闻
讯后，也声言北巡，集结军队，挺进到大名府。这场战役，双方
都由皇帝亲征，在澶渊之役前仅此一见，可见大家都很重视。

辽廷把主要的突破地段选择于雄州，也就是瓦桥关。[119] 以
他们的立场来看，瓦桥关以南本来就是石敬瑭的割让地，为故
土而战，诚然是很值得的。他们似乎没有考虑到，瓦桥关附近
的地形复杂——界河萦绕、坡塘处处，[120] 似乎比满城、徐河一
带更不利于骑兵作战，所以不能算是很理想的突破地段。事实
上，自从这一战之后，辽军再也没有试图在这一带进行大规模
突破。因此，辽廷的这个决定，毋宁说是为了刺激士气。转换
新战场，在旧日疆土上作战，加上皇帝的亲征，似乎可以抹去
满城会战的阴影。攻势在十月中发动。辽景宗率领大军从南京

（幽州）出发，取道固安，用最短的路线进向瓦桥关。然而直至月底，他们才开始围城。[121]

宋太宗对于辽的攻势似乎略有所知，在十月八日那一天，他已下令莱州刺史杨重进（卒于986年）、沂州刺史毛继美（十世纪下半）二将率兵前往关南布防，又另派了亳州刺史蔡玉（十世纪下半）、济州刺史陈廷山和单州刺史卢汉赟（十世纪下半），前往加强镇、定二州的防务。史文明白地记载着，以上的部署是为了防备契丹的。可是，援军的派遣也许晚了一点；而且将领的官阶也只属于刺史级。况且，毛继美和蔡玉以前并没有赫赫战功。[122]

到十月中，辽军的攻势发动了，太宗才知道对方的来势非同小可。十月十九日，他下令发民夫修筑由汴京到雄州的道路，准备北上。过了几天，他又派了马军都指挥使米信前往定州。[123]令人觉得费解的是，太宗一直要到十一月十四日，才委任河阳节度使崔彦进为关南兵马都部署——那时瓦桥关之战已经打完了。[124]太宗既然在十月十九日就已北巡雄州，那么以关南作为主要战场，这已经是很正确的估计。可是他却没有同时委任关南的战区指挥官，拖了差不多一个月，才明确地指定了崔彦进。在此之前，到底谁是宋军进行瓦桥关之战的战区指挥官？在历史上居然没有十分明确的记载。

崔彦进在上一年的满城会战时，就已是关南的主将。可是《宋史》，甚至宋朝国史上对于瓦桥关战役的记载，却放在荆嗣传，而不在他的传中。李焘注云："敌据雄州，他书皆不载，独荆嗣传有此事，今且删修附见，更当考之。"[125]因此，当时崔彦进是否在战场指挥，实在很难断定。另外，在五月的时候，雄州团练使孙全兴落任，罪名是畏懦和不称职，但其中的原委连李焘也说"其事不详"。[126] 反而，充当关南监军的人选却有明文记载，就是牛思进（卒于 982 年）。他以膂力奇大见称。[127] 至于宋太宗派出的杨重进和毛继美，能否在开战前夕赶到，也成疑问。肯定有在战场上指挥的将官只有荆嗣和袁继忠，但都不是高级将领。荆嗣隶袁继忠，而后者是阁门通事舍人，"护高阳关屯兵"而已。[128] 太宗没有及时派出大将指挥关南战局，也许含有再一次亲自指挥战役的意味。可是皇帝出征是很费时的事，他等到十一月十三日才领兵出发，那时战役已近尾声。六天后，他抵达大名府，就得到契丹已经撤退的消息。自开战至此，宋太宗都落后于战局的发展，辽军一直掌握着主动权。大致上，太宗在战略部署上仍囿于五代君主亲征的传统，不免张皇其事，但战场指挥权又欠缺明确，却属满城会战的后遗症。这样，在捕捉战机方面，宋军就落了后着。

十月三十日，辽军包围雄州。这一战进行得十分激烈。从宋、辽双方的文献来看，宋军在战略上虽然被动，但在战术上却力争主动，一共向辽军发起了四次冲击。十一月一日，雄州的宋军夜袭辽营，萧将突吕不部节度使萧干和四捷军详稳耶律痕德奋力抵抗，终于把宋兵击退。[129] 于是，辽军就据住雄州外围的龙湾堤。宋将张师（卒于 980 年）率部突围，与耶律休哥在雄州以东相遇。激战之下，张师阵亡，部下退回城中。这是十一月三日发生的激战。张师突围时，宋的援兵似乎已经抵达，《辽史》耶律休哥传记载"宋兵来救，守将张师突围出"，可是宋兵的内外夹击未能奏效。十一月九日，宋辽两军隔河对阵。耶律休哥乘着披黄甲的战马，指挥布阵。辽景宗恐怕休哥的马甲太惹人注目，很容易被宋兵认出，就让他换了黑甲、白马。战斗开始，休哥率领精锐的骑兵强渡，击败宋兵，一直追至莫州，"横尸满道"。辽景宗高度赞扬休哥的表现，说："尔勇过于名，若人人如卿，何忧不克？"[130] 在以上几场战斗中，宋将袁继忠派遣部将荆嗣率精锐，力战夺路。荆嗣为救一个派来巡视城郭的宦者，与辽军剧战于城下，"十数合斩骑卒七百余"。到晚上，宋军已被休哥击溃，荆嗣和大军失去联系，便在古城庄乘夜突围，退回莫州。[131]

次日，宋兵又发起反击。荆嗣率领一百多名士兵前往破坏辽军的攻城设施，用斧头拆毁了瞭望塔。然而据辽方的记载，这一天他们又击败了宋兵，"击之殆尽"。[132] 这样，辽军就扫清了雄州的外围，然而未能把城攻陷。据《辽史》的记载，整场瓦桥关战役中，宋军的夜袭、突围和一再的反击，都被辽军先后击败，然而宋兵能够屡败屡战，正说明了其士气高昂，不可轻侮。辽军在战斗中损失了多少兵员，《辽史》没有加以记载，据宋廷在十一月十四日收到的战报，却说击破了万多名的辽军，斩首三千级。[133] 这样看来，双方都扬言自己得胜。与关南的捷报相反，《宋史》荆嗣传提到契丹"据龙湾堤"、荆嗣"力战夺路"，宦者陷入重围，"嗣军夜相失"，"三鼓突敌围，壁于莫州城下"等等。[134] 不难看出，战役的胜利者确是辽人。不过，宋兵不断出击，败而复来，给予对方相当的威胁和杀伤，也难以否定。

正当关南的宋军在进行殊死战斗时，宋太宗的亲征军出动了。这不啻是战役的总预备队。十一月十三日，宋太宗出发，在四天后到达澶州。也就在这一天，辽景宗下诏班师。于是，在十九日赶到大名府的宋太宗，就得到敌军撤退的消息，"雄州言契丹皆遁去"。[135] 到了这时，唯一可以考虑的是进军幽州，施以反击。于是，他任命刘遇为幽州西路行营壕寨兵马都部署，曹翰为幽州东路行营壕寨兵马部署，打算分两路攻略幽州。然而这样大规模的反击有多少胜算，也很难说；结果他又去征问文臣李昉、扈蒙的意见，后者劝他暂且班师。宋太宗立即下诏南归。[136] 以当时的战局，若辽景宗决心南下，而宋太宗毅然北上的话，两军很可能就在瀛、莫、贝、冀一带河北平原上展开激烈的角逐。然而在瓦桥关一战中，辽景宗亲自督师，要歼灭关南的宋军，已胜来不易，再战下去能否再胜，不无疑问。至于去年曾败绩于高梁河的宋太宗，也不至于会认为形势对自己有利。于是，决战没有发生，双方都各自退兵。《宋史》荆嗣传说辽军退兵的时候，荆嗣率部加以截击。"敌为桥界河，将遁，嗣邀击之，杀获甚众。"[137] 雷声大、雨点小的瓦桥关战役就这样结束，正说明了均势的不易打破。辽景宗的主力部队虽然捕捉了宋关南屯军，以围城打援的战略加以击破，但对双方的军力对比未见有很大的影响。当宋太宗的总预备队一出动，双方又回复到对峙的姿态。

然而，微妙的事情在于，貌似毫无决定性的瓦桥关战役，却竟带来一项重大影响。宋人终于领悟到，现时的边防设施并不足够，于是展开一连串增修边备的行动；而这样做，又无形中默认了目前的边界。其实瓦桥关战前，辽人已在加强边界防备。原籍奚人的米信，原本"亲族多在塞外，会其兄子全自朔州奋身来归，召见，俾乘传诣代州，伺间迎致其亲属，发劲卒护送之。既而全宿留逾年，边境斥候严，竟不能致。信慷慨叹

曰：'吾闻忠孝不两立，方思以身殉国，安能复顾亲戚哉。'北望
号恸，戒子侄勿复言。"[138] 边界已不容易渗透得过，要不是后
来宋太宗不肯背上长期战争的负担，而发动雍熙之役，再度经
略幽燕，宋辽之间的长期对峙，是可能就此奠定了的。

结 论

本章借用了现代战略分析的概念——战役，来观察北宋对
辽的边防策略。本章的分析认为，纵使保守大战略下也可能采
用相对积极的战役法，而这种战役法体现在北宋弹性防御的构
想当中。宋军在满城会战的胜利为弹性防御的战略模式打下了
基础。此役宋军以大部分兵力在正面拒敌，而同时以一部分兵
力从外线迂回敌后，实施前后夹击的战役方针，在日后很多战
役，如雁门、洪德城等战役都可以看到其影子。满城的复杂地
形，特别是西山坑谷的地理特性，也为这次会战的胜果埋下了
伏笔。宋军在战术上运用了集中兵力突破的原则，以基本上完
整的镇州屯兵来做突破的矛头，都是正确的对策。宋太宗应该
庆幸的是，他有一群具素质的将官，敢于违反他的阵图，灵活
地变阵出击。这些优秀的军官对于宋太宗在战役、战术两个层
次的干预能正确分析，遵从战役指导，打出部署，但对有问题
的战术则拒绝遵从。宋太宗的运气也在于敌军的主帅优柔寡断，
加速了辽军的失败。可是宋军此役首次出现了指挥权模糊不清
的状况，对于将来发生的协调困难，未尝不是一个警号。在瓦
桥关之战中，宋军表现英勇，可是指挥权仍然有欠清晰，结果
遭到败北。这说明了厘清指挥权限在弹性防御战略中的重要性。

注　释

[1]　本章继续笔者两年前曾经撰文探讨过的北宋对外战争中运用弹性防御这个主题。该篇旧作观察北宋致力追求弹性防御的历程和遭逢的问题，并以宋夏战争的案例为主。参曾瑞龙：《北宋对外战争中的弹性战略防御——以宋夏洪德城战役为例》，载《史薮》，第 3 期（1998），页 143—172。

[2]　王国良：《中国长城沿革考》；寿鹏飞：《历代长城考》，两文皆收入《长城研究资料两种》（台北：明文书局，1988 年再版）。Chun-shu Chang, *The Han Colonists and Their Settlements on the Chu-yen Frontier* (Ann Arbor, Michigan: Center for Chinese Studies, University of Michigan, 1966)，张春树：《汉代边疆史论集》（台北：食货出版社，1977）。有关长城在中国战略传统的象征意义，参 Arthur Waldron, *The Great Wall of China: From History to Myth* (Cambridge: Cambridge University Press, 1990), Daniel Schwartz, *The Great Wall of China* (London: Thames and Hudson, 1990).

[3]　Elizabeth Kier, *Imagining War: French and British Military Doctrine Between the Wars* (Princeton: Princeton University Press, 1997). 又见 Elizabeth Kier, "Culture and Military Doctrine: France between the Wars," *International Security*, 19: 4 (Spring 1995), pp. 65-93.

[4]　B. H. Liddell Hart, *History of the Second World War* (New York: Capricorn Books, 1970), pp.65-86.

[5]　姚从吾：《宋余玠设防山城对蒙古入侵的打击》，原载《大陆杂志》，第 10 卷，第 9 期（1955），页 1—5，收入宋史座谈会编《宋史研究集》（台北：台湾编译馆，初版 1958 年，再版 1980 年），第 1 辑，页 215—226。西南师范学院历史系编：《钓鱼城史实考察》（成

都:四川人民出版社，1961年）。陈世松、匡裕彻、朱清泽、李鹏
贵:《宋元战争史》（成都:四川省社会科学出版社，1988年），页
135—155。李天鸣:《宋元战史》（台北:食货出版社，1988年），
页430—446，518—520，723—726。胡昭曦、邹重华:《宋蒙
（元）关系史》（成都:四川大学出版社，1992年），页145—160，
220—233。

[6] 有关前沿防御、纵深防御和弹性防御在现代战争中的取舍，参
Edward Luttwak, Strategy: *The Logic of War and Peace* (Cambridge,
MA, and London, England: The Belknap Press of Harvard University
Press, 1987), pp. 113–55. Goetz Sperling, *German Perspectives on the
Defence of Europe: An Analysis of Alternative Approaches to NATO
Strategy*, National Security Series No. 1/85 (Kingston, Canada: Center
for International Relations at Queen's University, Kingston, 1985),
pp. 19–20, figures 4–5. Stanley M, Kanatowski, *The German Army
and NATO Strategy*, National Security Affairs Monograph Series 82–2
(Washington: National Defense University Press, 1982), pp. 10–16.

[7] Liddell Hart, *The Strategy of Indirect Approach* (London: Faber &
Faber, 1946), preface, pp. i–iii.

[8] 李德·哈特（著）、钮先钟（译）:《战略论:间接路线》（台北:麦
田出版社，1996年），页24。

[9] 在论述第二次世界大战时德国的隆美尔（Rommel）的"战斧"、
"十字军"和卡札拉（Gazala）之役，李德·哈特力赞隆美尔运用
机动战法从事防御，并认为他从阿拉曼（El Alamein）到突尼斯
（Tunis）长达两千里的撤军，"在军事史上要算是最杰出表演中的
一个，……这种色诺芬（Xenophon古希腊佣兵）式的伟大成就，

在近代似乎是颇难找到第二个。……足以证明近代化的防御，若能
巧妙运用，其所具的抵抗潜力可以大到极点。"虽然德在撤回突尼
斯之后因希特勒的干预而改采前沿防御，但这无损于李德·哈特对
隆美尔的高度评价。曼施坦因元帅也是一位弹性防御的老手，他在
斯大林格勒（Stalinglad）撤退所进行的"蛙跳"（leap-frog）式退
却，以及卡尔科夫（Kharkov）会战，都表现了集中野战力量灵活
调动的特色。李德·哈特称赞曼施坦因在俄军占领卡尔科夫，并挺
进到第聂伯河（Dnieper）的大河湾时，并没有动用预备队直接作
河川防御。相反，他任由俄军的补给线延长，然后再用装甲部队反
击，打在俄军的前后接头位上。这一击使俄军一共损失六百辆战车
和一千门火炮，德军还重夺了卡尔科夫。这次胜利印证了一个弹性
防御的信念：随着敌军的歼灭，领土的易手也将是必然的结果。参：
李德·哈特（注8），页326，350。Hart（注4），pp. 482–483. Erich
von Manstein, *Lost Victories* (London: Methum and Co. Ltd, 1958),
pp.371–413, 428–437; 中译本，曼施坦因（著），纽先钟（译）：《失
去的胜利》（台北：军事译粹社，1984年），页305—43，359—65。

[10] Alastair Iain Johnston, *Cultural Realism: Strategic Culture and Grand
Strategy in Chinese History* (Princeton: Princeton University Press, 1995),
pp.151–153. 又见 Alastair Iain Johnston, "Cultural Realism and Strategy
in Maoist China," in Peter J. Katzenstein (ed.), *The Culture of National
Security: Norms and Identity in World Politics* (New York: Columbia
University Press, 1996), pp. 216–268.

[11] 关于战役法的研究，参 Luttwah（注6），p. 260, chap. 7, fn. 1. Clayton
R. Newell, *The Framework of Operational Warfare* (London and
New York: Routledge, 1991). B.J. C. McKercher and Michael A.

Hennessy, *The Operational Art: Developments in the Theories of War* (Westport, Conn: Praeger, 1996). Shimon Naveh, *In Pursuit of Military Excellence: The Evolution of Operational Theory* (London: Frank Cass, 1997). 关于大战略参 Liddell Hart, *Strategy*, pp. 335–336. John M.Collins, *Grand Strategy: Principles and Practices* (Annapolis, Maryland: Naval Institute Press, 1973).

[12] 周锡瑞（Joseph W. Esherick）对 Johnston（注 10）的书评，刊于 *The Journal of Asian Studies*, 56: 3 (August 1997), pp. 769–771.

[13] Peter Katzenstein, "Introduction: Alternative Perspectives on National Security," in Katzenstein, pp. 1–32, Ronald L. Jepperson, Alexander Wendt, and Peter Katzenstein, *Norms, Identity, and Culture in National Security*, in ibid, pp. 33–75.

[14]《宋史》，卷二六六《钱若水传》，页 9167。

[15]《宋史》，卷二六七《张洎传》，页 9209。《长编》，卷三〇，页 666。

[16]《长编》，卷二二，页 498—499。

[17] 范镇:《东斋记事》，与宋敏求:《春明退朝录》同本（北京：中华书局，标点本，1980 年），卷一，页 1。

[18] 江天健:《北宋陕西路沿边堡寨》，收入江天健:《北宋对西夏边防研究论集》（台北：华世出版社，1993 年），页 9—42。

[19]《宋史》，卷二七六《樊知古传》，页 9395。

[20]《宋史》，卷三〇六《朱台符传》，页 10102。

[21]《新五代史》，卷八《晋高祖纪》，页 77。《旧五代史》，卷六六《药彦稠传》，页 880；同卷《康义诚传》，页 879。

[22]《新五代史》，卷四六《王晏球传》，页 510。

[23]《资治通鉴》，卷二八四，页 9266。

[24]《资治通鉴》，卷二八四，页 9268。

[25]《资治通鉴》，卷二八四，页 9266。

[26]《资治通鉴》，卷二八四，页 9290。

[27]《长编》，卷二七，页 607。

[28] 邓广铭：《北宋的募兵制度与当时积贫、积弱和农业生产的关系》，刊《中国史研究》，第 4 期（1980），页 61—77。

[29] 早期持这种观点的有岑仲勉：《隋唐史》（北京：中华书局，1982年新一版），页 201—225。近年有黄永年：《对府兵制所以破坏的再认识》，载于《中国典籍与文化论丛》（北京：中华书局，1997年），第四辑，页 253—268。孟彦弘：《唐前期的兵制与边防》，刊《唐研究》（北京：北京大学出版社，1995 年），第一卷，页 245—276。此外，尚可参考张国刚：《唐代府兵制度渊源与番役》，收入氏著：《唐代政治制度研究论集》（台北：文津出版社，1994 年），页 1—28。

[30] 罗球庆：《北宋兵制研究》，载《新亚学术年刊》（1957），页 167—270 认为军队战斗力的低落是制度动摇的结果，而非当初原意。

[31]《宋史》，卷一八七《兵一》，页 4569—4570。

[32]《宋史》，卷一八七《兵一》，页 4575。

[33]《宋史》，卷九五《河渠五》，2358。

[34] 伍伯常：《易州失陷年月考——兼论南宋至清编纂北宋历史的特色》，收入杨炎廷编：《宋史论文集——罗球庆老师荣休纪念专刊》（香港：中国史研究会，1994 年），页 1—19。

[35] 关于雄州之战，参《宋史》，卷五《太宗本纪二》，页 97。

[36] 指满城会战（979）、唐兴之战（982）、君子馆之战（986）、唐河

之战（988）、徐河之战、高阳关之役（999—1000）、望都之役和
澶渊之役（1004）。有关史料分别见：《长编》卷二〇，页462；卷
二三，页521；《辽史》，卷十一《圣宗本纪二》，页126；《长编》，
卷二九，页657—58；卷三〇，页682—83；卷四五，页971—
972及卷四六，页985；卷五四，页1190；卷五七，页1265。

[37]《宋会要辑稿》，兵二八之十六。

[38]《武经总要前集》，第3—5册，卷七《本朝常阵制》，页311—319。

[39]《长编》，卷五四，页1195—1196；卷五七，页1266；卷五八，
页1275，1277。

[40] 关于羊山之捷，参王晓波：《宋真宗对辽战争考之二：遂城之战》，
载《宋代文化研究》（成都：巴蜀书社，2000年），第九辑，页
236—246。

[41] 金毓黻：《宋辽金史》（台北：乐天出版社，1972年），页32。

[42]《长编》，卷五八，页1277。

[43]《长编》，卷五八，页1281。

[44]《长编》，卷二〇，页473；卷五〇，页1082—1083。

[45] Manstein（注9），p. 382；曼施坦因（注9），页315。

[46]《长编》，卷三〇，页675。

[47]《长编》，卷二〇，页462。《宋史》，卷二七一《赵延进传》，页
9300略同。

[48]《长编》，卷二七，页612—613。

[49]《长编》，卷二七，页621—622。

[50]《长编》，卷二九，页657—658。

[51] 有关军队组织文化的定义，见 Kier, *Imagining War*（注3），pp. 4,
27–30; 又见 Jeffrey W. Legro, *Cooperation Under Fire: Anglo-German*

Restraint During World War II (Ithaca: Cornell University Press, 1995), pp.17-29.

[52]《辽史》，卷八三《耶律休哥传》，页 1299 云："是年冬，上命韩匡嗣、耶律沙伐宋，以报围城之役。"

[53]《辽史》，卷九《景宗纪下》，页 102。

[54]《辽史》，卷九《景宗纪下》，页 102。

[55]《宋史》，卷二六○《崔翰传》，页 9027。

[56]《辽史》，卷三四《兵卫志》，页 399。

[57]《宋史》，卷二七一《赵延进传》，页 9300。

[58] 曾巩:《元丰类稿》(台北:世界书局，1963 年)，卷四九，页 2b。

[59] 陈昌源等（纂）、陈宝生等（修）:《满城县志略》(台北:成文出版社，1969 年)，卷八，页 253。

[60] 刘廷翰的姓名，《长编》作刘延翰，今从《宋史》。

[61]《宋史》，卷二七五《丁罕传》，页 9377。

[62]《宋史》，卷二六○《崔翰传》，页 9027。《长编》，卷二○，页 462 同。

[63]《宋史》，卷二七一《赵延进传》，页 9300。《长编》，卷二○，页 462 同。

[64]《宋史》，卷二五七《李处耘传附子继隆传》，页 8964。

[65]《宋史》，卷四七九《孟玄喆传》，页 13882。

[66]《长编》，卷二○，页 458。

[67]《宋史》，卷四《太宗本纪一》，页 63。

[68]《宋史》，卷二五九《崔彦进传》，页 9006。

[69]《宋史》，卷二六○《刘廷翰传》，页 9025。

[70]《宋史》，卷二六○《李汉琼传》，页 9020。

[71]《宋史》，卷二〇，页462。

[72]《宋史》，卷二五九《崔彦进传》，页9006。

[73]《宋史》，卷二〇，页457—458。

[74]《宋史》，卷二七一《赵延进传》，页9300。《长编》，卷二〇，页462同。

[75]《武夷新集》，卷十，页20。

[76]《长编》，卷二〇，页462—463。《宋史》，卷二七一《赵延进传》，页9300略同。

[77]《宋史》，卷二五七《李处耘传附子继隆传》，页8966。

[78]《宋史》，卷二六〇《崔翰传》，页9027。

[79] 当然除此之外，还有一种向心布势，即所谓圆阵，但圆阵是主要用于防守，暂且不论。

[80]《资治通鉴》，卷一五七，页4884—4885："十月壬辰，泰至沙苑。……背水东西为陈，李弼为右拒，赵贵为左拒，……兵将交，丞相泰鸣鼓，士皆奋起，于等六军与之合战，李弼帅铁骑横击之，魏兵中绝为二，遂大破之。"可谓横阵侧击的典型战例。约略同时的河桥会战和邙山会战中，横向阵式都很常见。同书，卷一五八，页4894—4896载河桥会战："泰帅轻骑追（侯）景至河，景为阵，北据河桥，南属邙山。……是日，东、西魏置陈既大，首尾悬远，……魏独孤信、李远居右、赵贵、怡峰居左，战并不利。"同卷，页4915—4917载邙山会战："戊申、黎明、泰军与（高）欢军遇。东魏彭乐以数千骑为右甄，冲魏军之北垂，所向奔溃，遂驰入魏营。……明日，复战，泰为中军，中山公赵贵为左军，领军若于惠等为右军。中军、右军合击东魏，大破之，……左军赵贵等五将战不利，东魏兵复振，泰与战，又不利。"

[81]《资治通鉴》，卷一八四，页 5748："（李）渊乃与建成陈于城东，世民陈于城南。渊、建成战小却，世民与军头临淄段志玄自南原引兵驰下，冲老生陈，出其背，……渊兵复振。"

[82]《资治通鉴》，卷二二〇，页 7040："郭子仪等与贼过于新店，贼依山而陈，子仪等初与之战，不利，贼逐之下山。回纥自南山袭其背，……贼大败。"

[83] 许洞:《虎钤经》（台北：台湾商务印书馆，丛书集成初编第九四五册），卷五，页 35—36。

[84]《宋史》，卷二六〇《李汉琼传》，页 9020。

[85]《宋史》，卷二六〇《刘廷翰传》，页 9025。

[86]《宋史》，卷二五七《李处耘传附子继隆传》，页 8964—8965。

[87]《宋史》，卷四《太宗本纪二》，页 63。

[88]《宋史》，卷四七九《孟玄喆传》，页 13882。

[89]《隆平集》，卷十七，页 657。

[90]《宋史》，卷二六〇《崔翰传》，页 9027。

[91]《宋史》，卷二七一《赵延进传》，页 9300 略同。

[92]《宋史》，卷二六〇《李汉琼传》，页 9020。

[93]《辽史》，卷七四《韩知古附子匡嗣传》，页 1234。

[94]《辽史》，卷八三《耶律休哥传》，页 1299。

[95]《辽史》，卷七四《韩知古附子匡嗣传》，页 1234。

[96]《辽史》，卷八三《耶律休哥传》，页 1299—1300。

[97]《辽史》，卷九《景宗纪下》，页 102。

[98]《辽史》，卷七四《韩知古附子匡嗣传》，页 1234。

[99]《长编》，卷二〇，页 462。《宋史》，卷二六〇《刘廷翰传》，页 9025 略同。

[100]《辽史》，卷七四《韩知古附子匡嗣传》，页1234。

[101]《长编》，卷二〇，页463。

[102]《宋史》，卷二六〇《李汉琼传》，页9020。

[103]《宋史》，卷四《太宗本纪一》，页63。

[104]《宋史》，卷二六〇《崔翰传》，页9027。《隆平集》，卷十七《崔翰传》，页657略同。

[105]《辽史》，卷七四《韩知古附子匡嗣传》，页1234。

[106]《辽史》，卷八四《耶律抹只传》，页1308。

[107]《辽史》，卷八四《耶律善补传》，页1310。

[108]《辽史》，卷九《景宗纪下》，页102。

[109]《辽史》，卷七四《韩知古附子匡嗣传》，页1234。

[110]《辽史》，卷八四《耶律沙传》，页1308。

[111]《辽史》，卷八三《耶律休哥传》，页1300。

[112]《辽史》，卷八四《耶律抹只传》，页1308。

[113]《宋史》，卷二六〇《崔翰传》，页9027。《宋史》，卷四《太宗本纪一》，页63。

[114]《宋史》，卷二六〇《李汉琼传》，页9020。《宋史》，卷四《太宗本纪一》，页63.

[115] 王称:《东都事略》（台北：台湾图书馆，1991年），卷二三《孟玄喆传》，页390。

[116]《宋史》，卷二六〇《刘廷翰传》，页9025。

[117]《宋史》，卷二七一《赵延进传》，页9300。

[118]《武夷新集》，第144—147册，卷十，页20。《宋史》，卷二五七《李处耘传附子继隆传》，页8964—8965。

[119]《宋史》，卷八六《地理志二》，页2124。

[120]《长编》，卷一一二，页 2608。

[121]《辽史》，卷九《景宗纪下》，页 103。

[122]《长编》，卷二一，页 479。

[123]《长编》，卷二一，页 480。

[124]《长编》，卷二一，页 481。

[125]《长编》，卷二一，页 481。

[126]《长编》，卷二一，页 475。

[127]《长编》，卷二〇，页 450 ；卷二一，页 471。《宋史》，卷二七三 《郭进传附牛思进传》，页 9336—9337。

[128]《宋史》，卷二五九《袁继忠传》，页 9005 ；卷二七二《荆罕儒传 附荆嗣传》，页 9311。

[129]《辽史》，卷九《景宗纪下》，页 103。

[130]《长编》，卷二一，页 480。《辽史》，卷九《景宗纪下》，页 104 ； 卷八三《耶律休哥传》，页 1300。

[131]《长编》，卷二一，页 481。《宋史》，卷二七二《荆罕儒传附荆嗣 传》，页 9311。

[132]《宋史》，卷二七二《荆罕儒传附荆嗣传》，页 9311。《辽史》，卷 九《景宗纪下》，页 104。

[133]《长编》，卷二一，页 481。

[134]《宋史》，卷二七二《荆罕儒传附荆嗣传》，页 9311。

[135]《长编》，卷二一，页 481。

[136]《长编》，卷二一，页 482—483。

[137]《宋史》，卷二七二《荆罕儒传附荆嗣传》，页 9311。

[138]《宋史》，卷二六〇《米信传》，页 9013。

第七章　战略脱节：宋太宗第二次经略幽燕（986）

雍熙三年（986），宋太宗发动第二次幽州攻略，[1] 结果大败于歧沟关。攻势受挫的宋军，在同年再遭受陈家谷、君子馆两次败北。从此，经略幽燕地区的构想，要到北宋末年才重新受到注视和付诸实践。在期间的一个多世纪中，宋朝的军队从主动攻略转取守势，而政府的对外政策也倾向保守和慎重，这都可说是歧沟关一役所带来的直接或间接的后果。关于这次战役，前辈学者已探讨过它的正义性，[2] 也从兵种和军事力量讨论过宋军的失败原因。[3] 更多及更强烈的批评是针对宋太宗及其统治术，其中宋太宗个人的军事才能成为第一个焦点，[4] 他的军事政策，尤其是"将从中御"和"更戍法"则几乎受到全方位的抨击。[5] 也有一些学者从战略角度分析，但也主要集中在战役层次，对大战略决策的分析几乎欠奉。[6]

北宋初年的大战略取向是什么？从澶渊之盟、增币交涉和庆历和议等一系列和议看来，说北宋大部分时间的对外政策走的是一条妥协的道路，大概没有什么异议。可是从更广阔的空间来讨论，则很多派生及外缘的问题好像还没有定论，例如宋代的对外妥协政策有没有延续性？有的话，它的主导思想是什么？是弭兵论？现实主义？还是统治者勉强压下"忠臣义士"一腔热血的一己私心？又或者问：宋太宗两次经略幽州、宋神宗绥州之役（1067）、徽宗"收复燕云"之役，以至南宋"开禧北伐""端平入洛"等等好像突然发生的战争，而且都属于攻势作战，如何理解？是和平大气候中的暗涌？还是一贯以来收复疆土运动摆脱了弭兵论的桎梏？传统以来将君子、小人或主和、主战两派之争来解释固然不很令人满意，但舍此之外，又怎样理解如此极端反复的行为？江忆恩以明代为例，指出传统中国的大战略取向是攻略为核心的文化现实主义（cultural realism），而妥协和防御是力量不足时的权宜之计，那么宋代又如何？总之，一般认为宋代对外政策较为保守，但却同样出现积极的对外攻略，如何从大战略研究角度予以解释，目前还很欠缺。这些问题固然不可能在短短一章得到解答，本章只就雍熙北伐一个例子提出解释，其中心问题是：经过高梁河一役（979）的挫败，宋太宗在982年下弭兵之诏，大唱老子"佳兵不祥"的高调，似乎弭兵论已得到最高决策的认同；[7] 然而986年他忽然大举北伐，何以在七年之间政策如此摇摆不定？雍熙北伐前夕北宋朝廷的大战略取向是什么？而这个取向的合理化是怎样完成的？

本章将宋太宗第二次经略幽燕作为大战略研究的素材，除上述的核心问题外，还基于两个原因：首先，宋辽军事对峙的形势在980年代初已逐步形成，宋军第二次经略幽燕的决策是在有限的实力和资源底下做出的。如果以传统结构性现实主义的角度，以国际势力平衡观点来看，宋军并没有战略优势，不适宜发动军事冒险，而应维持982年以来严兵守境，制造讲和机会的政策。因此，宋太宗第二次经略幽燕的决策可能含有非理性成分，而这种非理性成分，并非纯粹为报高梁河一箭之

仇或误信小人之言那样简单。此外，对于应否主动进攻，宋初
文武臣僚提供了正反两方面的意见，立场比较清晰；加上史书
对这次作战的意图和谋略有所披露，作战日程在宋、辽二史和
《续资治通鉴长编》中都有较详尽的记录。因此，这是比较适宜
作为战略研究的历史个案。

　　对于上述三方面问题的讨论构成了本章三个小节。第一方
面首先分析北宋大战略取向的内在矛盾，及其导致国际行为从
追求弭兵到转取强大攻势收复疆土的剧烈反复。继而，第二方
面从讨论北伐发生前的战略形势，及如何达致战争的决策。第
三方面是对于宋太宗作战计划的评估，这方面学者讨论的兴趣
比较浓厚，这里试图以战役法观点予以厘清及评价。此外有两
个枝节问题：一个是应怎样评价刚卸任的宰相宋琪曾提出的另
一个作战计划；另一个是曹彬有没有"不遵成算"，而失败"责
在主将"的问题。[8] 对于前者涉及较复杂的年代断限问题，拟
另撰专文考证，下文仅对该作战计划的内容作一简要讨论；至
于后者，则完全属于战役运作范畴，与本章论旨无涉。

大战略取向

　　北宋建国后面临两个重大的战略任务：从短线而言，是帝
国的重新统一，其核心问题是如何收回五代割给辽国的卢龙、
振武地区，即北宋末年所谓"燕云"地区；从长线而言，是弭
兵息战，建立稳固统治。在这两个战略目标背后存在两个意识
形态：一个是统一王朝的观念，另一个是"致太平"的愿望。
这两个战略任务的先后次序及其背后两种意识形态的关系，交

织出宋初复杂而微妙的对外关系。这两个战略目标并不互相排斥——前者指向和平，后者也不一定主张战争。纵使万一需要使用武力，也可以看作为达致和平铺路的必然之恶（necessary evil）。深入一点说，这两个目标之间是否存在矛盾，端视我们怎样去理解"战争"与"和平"两个概念。从绝对的意义上看，"战争"与"和平"是二律背反，同一时空之中发生战争，和平即荡然无存。但在我们日常的使用中，"和平"并非单纯作为干巴巴的技术性字眼，即"没有战争"，或"并非处于战争状态"的意思。它经常含有意愿成分。"保卫和平""促进世界和平"等用语透露出人生于世的一种理想和规范。[9]可是"和平"一旦含有主观意愿的成分，它和战争的关系就复杂起来，而不单单作为它的反面了。战争是政治的延续，其目的也是在现状出现相当有利的改变后，回到和平状况中去。换言之，战争虽然破坏了和平，但也可以带来合符战争发动者意愿的"和平"——战争可以作为和平的手段。古罗马的谚语"假使你希望和平，就应准备战争"，这句话已有些过时了，[10]但我们仍可以从中体味到"战争"与"和平"的辩证关系。回到"弭兵"与"经略幽燕"的关系，也可以这样来理解，两者具有不同的指向，但在实力充裕的理想状况下，完成统一可以作为达成弭兵息战的重要步骤。

弭兵息战，建立稳固统治作为宋初的一个战略任务，前辈学者已经作过不少探究，尤以对于建立稳固统治方面成绩比较突出，其中关于"收兵权"和"强干弱枝"政策的研究最为深入。然而弭兵息战作为战略任务，与中央集权等措施密不可分。五代时中央政府的军力其实早已凌驾诸镇，[11]但正由于长期战乱持续地为野心军人制造攫取政权的机会，战乱与兵变可说互为因果，而停止战争成了安定内部的一个重要条件。赵匡胤登位未久，便和赵普商量：

> 天下自唐季以来，数十年间，帝王凡易十姓，兵革不息，苍生涂地，其故何也？吾欲息天下之兵，为国家建长久之计，其道何如？[12]

过往史家经常征引这条史料，通常都是作为北宋推行"强干弱枝"政策的证据来运用的，很少谈及弭兵息战的方面。观乎宋太祖说"吾欲息天下之兵"一句，可以看出弭兵息战是作为一个战略目标而提出来的，而赵普的"收兵权，罢藩镇"政策，则作为达成这项目标的手段而加以阐述，所以我们在讨论宋代"国策"时没有理由忽略弭兵息战这项宋初君臣苦心孤诣追求的目标。当然，宋太祖和赵普的对话重点在内部整治，而没有直接谈及如何停止对外战争。然而事实上五代对辽的战争同样造就了如中渡桥之变、澶州兵变，甚至陈桥兵变等事件，因此弭兵的要求不宜狭义地理解为消弭内战，而必须具有普遍意义上的弭兵，才能符合宋人的利益。

若说大战略的最高目标是为了带来符合当事者意愿，或至少维持可接受的和平，那么当时出现的弭兵论又有什么特殊意义呢？到底其本质是什么？是属于建立和平共存规范的呼声、力不从心的迂阔之论，还是暗地里准备打仗的迷人烟幕？

无可否认，弭兵论具有文饰军事挫败的作用。980年瓦桥关之役，宋兵受挫，宋太宗准备大起禁旅进攻幽州，翰林学士李昉即上奏劝止，说宋军若"合势而攻，指期可定……固足惧彼残妖，亦恐劳于大举"。[13] 刻意回避军事实力不足的问题，而以冠冕堂皇的说话自解。宋太宗晚年自称"朕往岁既克并、汾，观兵蓟北，方年少气锐，至桑干河，绝流而过，不由桥梁。往则奋锐居先，还乃勒兵殿后，静而思之，亦可为戒"。[14] 由于过于夸大自己的英武形象，反而显得欲盖弥彰。宋太宗第一次进攻幽州时经常上前线指挥，史有明文，形容当时"奋锐居先"大概没有很大问题。可是近年的研究指出，高粱河一战中他很可能身受箭伤，乘夜退出战场，连能否乘马也有问题，[15] 文饰败阵的动机显而易见。

可是要说弭兵纯粹是军事失败的事后掩饰，同样欠妥。前引宋太祖和赵普的对话发生在宋辽战争之前，还没有人知道战争的结果，怎可能想到以虚言弭兵来掩盖失败的事实？弭兵具有现实的迫切性，从晚唐五代的兵祸中可以得到印证。战乱将战士（warriors）与受害者（victims）划分为两个极端的世界。乱世出英雄，在这个动荡的时代里留下大量战斗英雄的传说，一部分融进了"十三太保"系列的故事，其余的散为支流。从欧阳修《王彦章画像记》，可以窥见某些英雄在百多年后仍受着拥戴；[16] 至于周德威单挑单廷珪的事迹，则被吸收到《水浒传》中去。[17] 可是在动人事迹的背后，人民却遭受骇人听闻的虐杀。[18] 别的不说，单从人吃人的惨况，已能窥见战乱的祸害。秦宗权（卒于889年）的军队中公然设立"磨桩寨"，有计划、有秩序地将人屠宰，充当军粮。[19] 历时逾年的凤翔之围（901），令城中人烧屎煮尸而食，人肉一百文钱一斤，狗肉五百文钱一斤，可见人肉之贱。一名父亲吃掉自己的儿子，还竟然对要来争肉吃的人说："此吾子也，汝安得而食之！"[20] 李存孝向梁军叫阵，大呼："待尔肉以食军，可令肥者出斗！"据史书记载，当时应声出斗，并遭生擒的敌将邓季筠（卒于 912 年）幸得李克用赏识，没有被吃掉，[21] 可是这番话在后世称为"十三太保"的李存孝口中说出，却鲜明地突显出一个活地狱——胜利者成为众人爱戴的英雄，战败者则和无辜平民一样变成牺牲品。

敦煌发现的一件文书（P. 3633）上有《龙泉神剑歌》和《辛未年（911）七月沙州百姓一万人上回鹘天可汗状》两个文件。由于两份文件是写在同一写本的正反两面，恰好构成同样鲜明的对照。在《龙泉神剑歌》中，我们看到敦煌金山国统治者是如何野心勃勃，企图以"蕃汉精兵一万强，打却甘州坐五凉"，而结果只落得哀鸿遍野。敦煌百姓唯有向甘州回鹘可汗乞和，请求"莫煞无辜百姓"。书末以"沙州百姓一万人"结状。[22] 史书中帝王向外敌求和时，号称为了人民利益而"屈一己之身"的例子很多，但由人民出面要求和平的文件却很少见，值得重视和进一步探讨。

在这样"兵革不息，苍生涂地"的背景下，也产生对历史的反思。尤其是唐代的历史教训，经常令宋初学者深刻检讨。田锡认为："唐太宗手结雨衣，往伐辽东之国，……是舍近而谋远矣。"[23] 吕蒙正也有类似的评论，说："前代征辽，人不堪命。隋炀帝全军陷没，唐太宗躬率群臣运土填堑，身先士卒，终无所济。"[24] 换言之，他们觉得唐代的历史错误需要修正。后世人从澶渊之盟、靖康之难的发生，总结认为北宋对外政策太消极被动，对宋初文臣学者的弭兵之说自然不予苟同，说："（张）齐贤之论，其知本矣。然齐贤徒知契丹未可伐，而不知幽蓟在所当取。岂惟齐贤不之知，虽赵普、田锡、王禹偁亦不之知也。"[25]

五代末年已有一些读书人渴望文治政府的出现。史书记载，在 977 年登第的许骧（943—999），其父亲本属商人，偶然看见新及第的进士鱼贯而出，心里有所感触，便放弃经商，专心供许骧读书。[26] 宋初大臣贾黄中的父亲，也是自幼规定他每日读和身高一样尺寸的书卷，"谓之等身书"，又"常令疏食"，说"俟业成，乃得食肉"。[27] 这两位父亲预期着文治政府的重建和开科取士，反映着当时所谓"久乱思治"的心理。最后，连宋太宗也承认"朕每读老子，至'佳兵者不祥之器，圣人不得已而用之'，未尝不三复以为鉴戒。王者虽以武功克定，终需以文德致治"。[28] 弭兵息战成为文官政府的基本取向。

部分主张弭兵的文臣、学者还开始从外交规范的意义来思考。[29] 张齐贤发现契丹也面对着和宋人一样沉重的边粮负担，他说："关圣虑者，岂不以河东新平，屯兵尚众，幽燕未下，辇运为劳，以生灵为念乎？臣每料之，此不足虑也。自河东新降，臣即权知忻州，捕得契丹纳米典吏，皆云自山后转般以援河东。以臣料，契丹能自备军食，则于太原非不尽力，然终为我有者，盖力不足也。"因此他认为契丹并非天生好战，"自古疆场之难，非尽由于敌国，率由边吏扰以致之。…… 且臣料敌人之心，固亦择利避害，安肯投死地而为患哉！"[30] 987 年赵孚按照这个思路，进一步倡言"臣又料敌人去危就安之情，厌劳就逸之意，畏死贪生之性，好利惧害之心，亦与华人不殊也"。[31] 从双方都面临共通的困难，分享共同的人性，未始不能再进一步建立起和平的规范。到 982 年，宋太宗进行了初步的尝试，史臣记载：

　　　　癸丑，诏缘边诸州军县镇等，各务守境力田，无得阑
　　出边关，侵扰帐族，及夺略畜产。所在严加侦逻，违者重
　　论其罪，获羊马生口并送塞外。[32]

可是在这里，出现一个东西方弭兵论都遇到的普遍问题：
当弭兵论一旦走出纯粹意识形态层面，而要具体地落实为国与
国之间行为的规范，它就无可避免地接触到战略的现实。任何
战略目标都必须面对敌对势力的破坏，当和平成为战略的组成
部分时，也面对相同的命运。那时文化深层能否为非暴力（non-
violence）提供理论基础，就非常关键。儒家思想本身是统治阶
层的理据，和政治现实密切挂钩，儒家礼制中以兵为刑的思想，
追求的是符合道义规范地使用武力，力图将暴力的破坏控制在
有限的范围，而使用武力的权力也掌握在有道德的统治者手里，
故也不必彻底反对，[33] 没有发展为佛祖本生舍身饲虎，或耶稣
爱敌如友的地步。[34] 同样，讲求"非攻"的墨子认为自卫合乎
道义，没有彻底反对一切暴力。道家的弭兵论也欠彻底，老子
曾批评统治者好战便是喜欢杀人，有点人道主义的讯息，但他
跟着又说喜欢杀人者不能得天下，那样仍然是离不开从政治效
益立论。[35]
　　北宋雍熙以前的弭兵论者，诚然看到民生困苦，但没有怎
样从理论上反对暴力。李昉劝宋太宗不要急于进攻幽州，理由
是民生困弊。"且河朔之区，连岁飞挽，近经蹂躏，尤极萧然"，
可是他在奏章末处又说："伏望申戒羽卫，旋师京都，善养骁雄，
精加训练，严敕边郡，广储军粮，讲习武经，缮修攻具。俟府
藏之充溢，泊闾里之完富，期岁之间，用师未晚。"[36] 李昉的立

场很清楚，他并不反对使用武力，只是认为应该等到实力充足，有足够把握取胜时才使用，根本不能算是弭兵论。李至提出一些军事上的难题，除兵力、粮道等外，连"去山既远，取石尤难，……则发机缒石，将安得乎"的战术问题都考虑到了，也不算严格的弭兵论。他所强调的其实是皇帝的安全：

> 若圣心独断，睿虑已成，则京师天下根本，愿陛下不离辇毂，恭守宗庙，示敌人以闲暇，慰亿兆之瞻仰者，策之上也。大名，河朔之咽喉，或暂驻銮辂，扬言自将，以张兵势，壮军威者，策之中也。若乃远提师旅，亲抵边陲，北有戎援之虞，南有中原为虑……臣虽不肖，耻在诸贤之后也。[37]

张齐贤和赵普的弭兵论比较严格一些。张齐贤提到：

> 契丹不足吞，幽蓟不足取，……臣又闻家六合者以天下为心，岂止争尺寸之事，角强弱之势而已乎？是故圣人先本而后末，安内以养外。人民本也，疆土末也。[38]

连强弱、疆土都不足争，而且在宋太祖极力强调的"疆土""人民"两大战略利益之间，他也分出主次、本末，可以算是较为深入的讨论。张齐贤不像李昉那样态度含糊，但他在史书所引述的奏章中，没有很具体地说明达致和平的方法。赵普以比较严峻的语气说"邓州五县，其四在山，三分居民，二皆客户。昨来差配，约共出十万贯钱，乃可运二万硕粮至莫州。典桑卖牛，十闻六七，亦有鬻男女，弃性命者，……如或再行徭役，决定广致逃移"。[39] 赵普反对向辽开战的原因是觉得战斗风险高和政治代价沉重，但没有任何证据说他具有意识形态上抵制暴力的思想。

恐怕陷入长期消耗战，损耗国力，是宋初文臣主和的重要观点。《长编》记载："上初以契丹渝盟来援太原，遂亲征范阳，欲收中国旧地。既而兵连不解，议者多请息民。"[40] 这段史料中的议者不知是谁，却显出了休兵息民作为文臣中相当普遍的意向，正是国家陷入长期战争所导致。李昉忧虑"虽偶荐于丰壤，恐不堪其调发"。[41] 赵普按着同一思路提出著名的论断：

> 百万家之生聚，飞挽是供，数十州之土田，耕桑半失。兹所谓以明珠而弹雀，为鼷鼠而发机，所失者多，所得者少。就其得少之中，犹难入手，况是失多之外，别有关心。[42]

值得留意的是这项论断也是从权衡得失的角度，认为战争对国家不利来立论的。同样，田锡说："国家图燕以来，兵连未解，财用不得不耗，人臣不得不忧。"[43] 及吕蒙正认为"兵者伤人匮财，不可屡动"，[44] 也是采取这个观点——不是从原则上反对武力，而是从利害关系来考虑的。总之，弭兵论在意识形态上有欠彻底，充其量只能说是爱民和厌战的思想，而不能说是反战的思想。

和弭兵论不同，统一和经略幽燕的意识形态立场比较清晰，最终成为宋太宗在986年的战略取向。在宋初统治者眼中，统一及经略幽燕作为"中国"的认同具有非常重要的意义，没有幽燕不能算是统一。宋太祖晚年拒绝君臣所上尊号，由于其中含有"一统"二字，说"幽燕未定，何谓一统？"[45] 前引《长编》的记载也说宋太宗"遂亲征范阳，欲收中国旧地"。"朕受天景命，奄宅中区，以四海为家，兆民如子，冀咸登于富寿，岂务胜于甲兵？"[46] 诏文排除了穷兵黩武之嫌，似乎意图避免让弭兵论者拿来做攻击的借口。986 年，宋太宗促请高丽联军："幽蓟之地，本被皇风，曩以晋汉多虏，契丹因而盗据，《诗》云：'我疆我理，南东其亩'，今国家照临所及，书轨大同，岂使齐民陷在朔漠？"[47] 诏文辞气越发强硬，不但说契丹"盗据"幽燕，甚至提出"我疆我理"，完全否定了契丹管治幽燕的合法理据。

那么宋人要用武力收回领土是否合当时的外交规范？卢龙、振武在五代时已割给辽国，后来周世宗又攻取瀛、莫二州，三关之地，那么到了宋初，幽燕和关南的领土纠纷已成了历史悬案。既然双方都认为丧失了领土，而中原政权亦已数度易手，那么维持现有疆界，似乎会成为双方都可以接受的条件。事实上，宋太祖时辽将耶律琮通书讲和，两国曾订立盟约，第三章已详细论列。[48] 对于以上史实，近年学界大致上没有异议。可是，由于宋太祖与辽的和约可能没有包括解决北汉问题的条款在内，而太原和辽国也早就缔结同盟，宋人的统一大业迟早会碰到与契丹发生军事冲突的机会。事实上太祖 969 年围攻太原，契丹就发兵来救。[49] 如果宋人坚持统一，契丹也必须在北汉与宋之间做出抉择。因此，宋辽第一次和平内里仍潜在危机。

到宋太宗 979 年消灭北汉前，已正式透过辽使照会，而辽景宗仍发兵来救，发生石岭关战役，继而宋军索性围攻幽州，

发生高梁河战役，两国已处于战争状态。辽景宗死后，两国事
实上停战了数年，但并未正式订立和约。换言之，两国仍是处
于战争状态。从太宗答赵普《谏雍熙北伐疏》自称"将救焚而
拯溺，匪黩武以佳兵"[50]，经略幽燕的理据反映在宋太宗的诏
论中，固然摆出天朝大国的姿态，如"况与契丹本通邻好，昨
以河东刘继元不遵朝化，盗据一方，念彼遗民，行兹薄伐，素
非黩武，惟切吊民，而契丹转举干戈，辄来救援。一鼓既平于
晋垒，六师遂指于燕郊，靡辞六月之征，聊报东门之役。"[51] 可
是最后两句也同时紧扣着一点——由于辽人武力干预宋与北汉
的战争，它们自然成为宋军使用武力的对象。1042 年辽使重提
旧事，诘问高梁河之战的战责问题，指宋人出师无名，宋方根
据王拱宸解答，遣富弼（1004—1083）携国书使辽解释说："且
以瓦桥内地，晋阳故封，援石氏之割城，述周朝之复境，系乎
异代，安及本朝？……况太宗皇帝亲驾并郊，匪图燕壤，当时
贵国亟发援兵，既交石岭之锋，遂举蓟门之役。"[52] 可见宋人极
力说明，以武力攻略幽燕并没有违反当时国家行为的规范。

　　收回燕蓟对宋具有极大的国防利益。幽燕地区可以提供一
道天然的国防线，也可以扩大宋军战马的来源。983 年，宰相
宋琪曾论述将来收取幽蓟之后，只需在古北口、松亭关、野狐
门三处戍兵，便能杜绝契丹之患。[53] 然而，在我们讨论一个国
家如何争取和保护其利益时，不能忽略利益除了客观存在之外，
也含有主观成分。换言之，什么才属于国家利益，有一个界定
过程，而在这个过程中，意识形态又发挥了作用。《邵氏闻见
录》的一段记载，揭示了弭兵与收复疆土两大战略目标含有潜
在矛盾：

> 伯温窃闻，太祖一日以幽、燕地图示中令（赵普），问
> 所取幽、燕之策。中令曰："图必出曹翰。"帝曰："然。"又
> 曰："翰可取否？"中令曰："翰可取，孰可守？"帝曰："以
> 翰守之。"中令曰："翰死孰可代？"帝不语，久之，曰：
> "卿可谓远虑矣。"帝自此绝口不言伐燕。[54]

很多论著都批评赵普缺乏远见，可是却没有分析为什么雄才大略的赵匡胤，竟然会无言以对。当然，《邵氏闻见录》偏好收录对熙丰新法及经略辽夏的不利言论，政治立场偏颇，史料的客观性也有问题。不过赵普在另一个奏章中也说过"假令收下幽州，转虑干戈不息"的话。[55]无论如何，赵普和宋太祖的对话如果属实，它的重要性不在曹翰死后谁来守幽州这个单纯的人事问题，而在于它点出了宋初两大战略目标在本质上的分歧：纵使夺回幽燕，此后却可能兵连不解，令和平遥遥无期。要是这样，宋太祖又怎能不重头苦思？后来他设立封桩库，要以银绢赎回土地，[56]恐怕是这样想出来的某种对策吧。

> 初，太祖别置封桩库，尝密谓近臣曰："石晋苟利于己，
> 割幽蓟以赂契丹，使一方之人，独限外境，朕甚悯之。欲
> 俟斯库所蓄满三五十万，即遣使与契丹约，苟能归我土地
> 民庶，则当尽此金帛，充其赎直。如若不可，朕将散滞财，
> 募勇士，俾图攻取耳。"会晏驾，不果。[57]

夺回幽燕地区虽然作为北宋初年的战略目标，但它与另一个可能取向——弭兵又有所分歧，如要相容共处，则对双方的立场

都要做出一定牺牲。其中可能的一种妥协是：弭兵论者不坚持反对暴力，而鼓吹收燕蓟者也不坚持要立即付诸实行。王朴的"先南后北"说可以看成这种妥协的早期形式，其背后的原则是"先易后难"，攻取河东和幽蓟较难，所以宁愿等待南方平定后再行经略。宋初兼并诸国的具体次序和王朴略有不同，但赵普雪夜之谋也循着同样思路："太原当西北二边，使一举而下，则边患我独当之，何不姑留，以俟削平诸国？彼弹丸黑子之地，将何所逃？"[58] 在赵普的话中，北汉已不足畏，但契丹边患仍是一大隐忧。宋太祖开宝二年（969）屡战屡胜，最后仍无法攻陷太原，就采纳薛化光的意见：

> 凡伐木，先去枝叶，后取根柢。今河东外有契丹之助，内有人户赋输，窃恐岁月间未能下，宜于太原北石岭山及河北界西，……各建城寨，扼契丹援兵，起其部内人户于西京、襄、邓、唐、汝州，给闲田使自耕种，绝其供馈。如此，不数年间，自可平定。[59]

他反对倚赖高风险的武力战，而以围堵来困弊敌人，等敌我对比发生巨大而有利的变化，才一举消灭对方，是典型的"间接路线战略"。太常博士李光赞也主张："岂若回銮复都，屯兵上党，使夏取其麦，秋取其禾，既宽力役之征，便是荡平之策。"[60] 薛化光和李光赞的言论反映出"弭兵"与"攻略"两个大战略取向，在"间接路线战略"当中得到微妙的结合和共享的空间。将"宽力役之征"与"荡平之策"密切挂钩，可以达成内部的稳定，减轻战争对国内经济的破坏，表面上满足了国内弭兵和安定的要求，但他主张对北汉施行的围堵，企图逐步削减对方的有生力量，属于高压政策，和弭兵论风马牛不相及。宋太祖接受了这种把内外两套行为模式共冶一炉的策略，曾向太宗说：

> 中国自五代以来，兵连祸结，币藏空虚。必先取巴蜀，次及广南、江南，即国用富饶矣。河东与契丹接境，若取之，则契丹之患，我当之也。姑存之以为我屏翰，俟我富实则取之。[61]

到了宋太宗初年，南方已平，取太原也不再成为极度困难的任务，"今者事同而势异，彼弱而我强。昔先帝破此敌，徙其人而空其地者，正为今日之事也"。[62] 于是，宋太宗于979年大举用兵消灭北汉，但这时再讲"先南后北"不但不合时宜，连它背后的"先易后难"的原则也已失却意义，于是有关战略优先的讨论就从围绕"先南后北"变为"先本后末"。持论者认为在国力损耗较微的前提下，期望经过一段相对稳定的时期，北宋的国力将超越任何对手，因此面对顽强对手时，战争越迟发动越有利，最终来说，甚至可以不战而胜。张齐贤进而提出"本末论"，高唱"人民本也，疆土末也"，"契丹不足吞，幽蓟不足取"，相对于李光赞的言论，张齐贤的"先本后末"说少了那份高压意味，而带有以德服人的意趣，"但使峻垒深沟，蓄力养锐，以逸自处，宁我致人"，没有倡言怎样去俘掠对方的人户和抢割其禾麦，但他对于社会经济经过休养生息之后，国力将凌驾契丹，仍是深信不疑：

如是则边鄙宁，边鄙宁则辇运减，辇运减则河北之民
获休息矣。民获休息，则田业增而蚕织广，务农积谷，以
实边用。……民既安利，则远人敛衽而至矣。[63]

不论是张齐贤，还是大多数持弭兵或间接路线战略的论者都注
意到，对强敌越迟开战越有利，甚至不战而胜这一假设，是建
立在社会民生将大幅改善，整体国力将超越对手的前提下的。
可是，事实上到986年为止，这种预期中的有利形势尚未出现。

从上文分析，宋初弭兵论有两个层次：从理想标准，亦即
作为对暴力行为的道德回应来看，它确实反映了晚唐五代以来
久经战乱、渴望和平的强烈愿望。虽然它有着文饰战败的附带
功能，但它之所以能起着文饰作用，还是由于它反映着民情所
向。弭兵论欠缺的不是实质内容，而是背后深刻的意识形态基
础——它对暴力的本质欠缺深层的剖析和批判，也没有对非暴
力行为提高升华到如耶稣、佛祖的地步，因此充其量只能说是
厌战思想，而不能说是反战思想。弭兵合符宋初的战略利益，
但弭兵论未足以构成一个战略制约（constrain），[64] 而只能起着
拖延战争的作用，在另一个战略目标"经略幽燕"面前，它显
得软弱和容易妥协。从现实标准，亦即作为国家政策发生影响
的一种思维来看，弭兵论反对旷日持久的消耗战，减低或延迟
使用武力的论调，被吸纳进间接路线战略中去。可是这种战略
的有效性，是建立在保持现状对我方有利这一假设上的，一旦
预期中的有利形势未能出现，又或敌我形势发生不利的变化，
就可能迫使当局，在向敌人求和还是赢取决定性胜利这两个迅
速实现和平的方案之间，作一个严峻的抉择。

战略形势

公元十世纪的中国，经过唐末的离乱、五代数十年混战和宋初的统一战争，天下陷于兵火已逾百年，按照中国传统治乱循环的规律，宋朝政府应当带来一段安定繁荣的时代。可是，随着太平兴国四年（979）高梁河战役的失败，短期内结束战争的希望落空了，统一战争变成了宋辽战争。宋辽两大强权孰强孰弱，不是一个容易解答的问题。武力的强弱是建立在文明的基础上，单纯从军队数目比较不同文明之间的军事力量会遇到一定困难，因为科技、价值、风尚不一样，衡量武力的标准便模糊起来。幸而中原文明和草原文明有一段长远接触的历史，当兵力和其他战略因素统合起来的比较结果，仍可提供一定参考作用。

首先是辽军的兵力。辽军总兵力不容易计算，各种来源的史料出入颇大。辽初君主直属的皮室军，有说为数三万至三十万不等，此外就是太子、南北大王等亲贵的私人武装和奚、渤海、鞑靼、室韦、女真、党项、沙陀、吐浑和汉兵。辽朝初年还有一支精兵，称为属珊，是国母述律氏的属下，但这支二万人的劲旅并不轻易出动，后来也很少见到有关活动的记载。到了980年代，五院、六院和奚部兵起而成为国家的主力部队。[65]宋人估计契丹总兵力"未必满三十万，且自诸京统军司及寨幕契丹兵，不过十五万；奚家、渤海兵不过六万；汉儿诸指挥不过一万五千；刺字父子军五指挥，不过数千；乡兵、义军不过三万；刺手背，拣不中老弱兵，不过七千。然而分守诸州，……亦须十万方可分守。外余二十万为战斗之兵，若倾国而来，亦须留三万人防守。外余一十七万人，其间亦有负粮、持器、护从等，不过止有十万人，……有二十万人精兵足以御之。"[66] 不过各种记载间较为一致的是，辽每次南侵所能动员的兵力为十余万。《辽史·兵卫志》记载辽军南侵有皇帝亲征，重臣专征和近边浅掠三种规模，后者"止遣骑兵六万"，而重臣专征则已不下十五万人，皇帝亲征动员的兵力没有具体记载，大概只会更多而不会更少。[67]宋人也记载"每契丹南侵其众不啻十万"。[68]

　　至于宋军的兵员，从数字上看，毫无疑问地高于辽军，但步多马少，占不了明显的优势。太祖末年的禁军名额为十九万三千，加上厢军则达三十七万八千。太宗征河东，"驾前之兵盖十余万"。[69]经过高梁河的折损，宋军在镇、定一带仍能集结八万大军，[70]当时关南屯军的数字失载，而强大的驾前部队还未算在内。因此估计北宋大概能出动二十万作战部队来与辽军周旋，似不为过。[71]从兵种和兵力对比来分析，宋军总兵力占数量优势，但辽军以骑兵部队为主，有利于快速集结和平原野战，在局部战场上，宋军仍可能屈居下风。

　　然而任何一方意图获得短期内的决定性战果，仍是很难。关键在于双方的动员核心，都不在靠近前沿的地带。双方早期的胜负虽可能导致部分前沿地区的易手，但对长远的军事形势而言，首轮攻击的回报不大。观诸宋军军官的籍贯除来自河北外，亦散布于较远的山西和河南，[72]似乎说明了宋军兵源之广。至于辽的幽燕地区，虽然有重大经济价值，但并非替辽国提供主力部队的所在。辽代留存下来的金石史料中散见一些汉军将领的碑传，里面提及其保卫幽燕的贡献；但从片言只字之间，要断定幽燕地区的汉军实力有多强，还是会遇到一定困难。[73]纵使辽夺取了关南，又或宋军夺回幽燕，对双方实力对比会有多大变化，还是很难断言。如果从这个角度去理解，也许会发现赵普的忧虑不是多余的——"经略幽燕"并不一定能制契丹之死命，战争可能延续到下一代，到曹翰死了也还在打。首轮攻击得手难以立即引起战略力量对比的根本变化，战争也就较难获得决定性。[74]

从历次会战可以看出，五代和宋初的战争存在鲜明的分野。自李存勖灭梁后的历次内战中，骨牌效应（domino effect）相当明显。李嗣源邺都兵变（926）和潞王从珂凤翔兵变（934）都展示着战胜者滚雪球般的扩大战果，而失败者的士气则一蹶不振。[75] 这和当时战争的掠夺性有关。宋太宗攻陷太原后，立即想进军幽州，而大将崔翰力言"乘此破竹之势，取之甚易，时不可失也"，[76] 都是这类型战略的延续。可是宋辽战争呈现和中原内战不同的形态，双方士气相对稳定，会战经常不止一个回合，而要几番进退才决定胜负。后晋时与契丹的几场大战已初步揭示着这种特征，特别是相州榆林店之战（944）和阳城之围（944），晋军在面临绝境之际反败为胜，最具戏剧性。[77] 在有辽军参与的高平会战中，周军也制止了右翼兵溃的恶化，而最终夺取胜果。[78] 高梁河战役初期，辽幽燕驻军确有土崩瓦解的迹象，汉民也有翻城为变的意图，但经过耶律学古、耶律休哥等力战，终于宣示了宋太宗"促师夺燕"战略意图的失败。[79] 瓦桥关战役（980）中，宋兵前后四次败而复斗，[80] 也显示着五代与宋初战争的分野。"骨牌效应"的减弱，标志着任何一方都将更难获得廉价的决定性胜利。

"骨牌效应"的减弱，表示进攻的回报相应降低，而宋军的

胜利也主要从防守得来。从史书记载的表面数字来看，自 979
年开战至 986 年以前，宋辽在石岭关、高梁河、满城、雁门、
瓦桥关、唐兴口六度交锋，宋四胜二负，战绩并不坏。宋军虽
在比较重要的高梁河战役落败，但战胜的次数则超过辽人。[81]
可是换另一个角度分析，就可发现这六场战役中守军获胜的比
率极高，在六次中占了五次，而只有瓦桥关战役，辽军获得作
为攻方唯一一次的胜利。

　　那么守军的胜利是如何获致的？史书对战役的片断记载，
揭示出宋辽双方都有采取弹性防御，后发制人的手段。[82]石岭
关之役萧迪烈“以先锋渡涧，未半，为宋人所击，兵溃”。[83]宋
人江休复形容高梁河战役后段，耶律休哥“并西山，薄幽陵，
人夜持两炬，昼举两旗，选精骑三万，夜从他道，自官军南，
席卷而北”。[84]宋人在此打击下伤亡惨重，王巩说“（休哥）由
间道邀我归路，……帝疑救兵大至，宵归定州，王师多没”。[85]
宋军在满城会战也采用同样策略，在正面集结八万大军，“先
阵于徐河”，另以崔彦进“潜师出黑芦堤北，缘长城口，衔枚
蹑敌后，李汉琼及崔翰亦领兵继至”。[86]辽军前后受敌，“众既
奔，遇伏兵扼要路，（韩）匡嗣弃旗鼓遁”。[87]潘美在次年雁门
之战蹈其故智，“会敌十万众侵雁门，令杨业领麾下数百骑自西
陉出，由小陉至雁门北口南向与美合击之，敌众大败”。[88]至于
唐兴之役，由于双方的战报太简略，暂时无法作全面勾画，但
《辽史》两处记载辽景宗御营在满城失利，统军使耶律善补中
伏，被宋兵包围，[89]似乎宋军也运用了设伏、夹击等弹性防御
战术。《辽史》卷九《景宗纪》的论赞说他“破军杀将，……虽
一取偿于宋，得不偿失”，[90]虽然针对辽景宗个人而发，但换一

个角度来做宏观检讨，这番评论亦同样恰当——除了瓦桥关一个特殊战例外，在当时流行弹性防御的战争中，攻方很难尝到胜果。

宋辽战争还带有浓厚的季节性。辽军的特点是"寒而弥坚"，其出征的理想季节大约是十月至次年二月，很少超过四个月。[91] 雨季所引起的泥泞和弓胶软化，成为契丹的大敌。982年唐兴之役，三路辽军全部被宋兵击败，是一个明显的例子。宋军主力都是常备兵，照理说一年四季都可以作战，但事实上同样受天气影响。避开对辽军有利的严冬，是一个重要考虑。宋军的主要武器——弩，在严寒气温中难以张开。[92] 同时，为宋军运送粮草的民夫会受农时所限，而导致宋军的出征也带有季节性。986年，宋太宗选择在春末出击，大受赵普批评，其中一个原因也是由于妨碍农时。"伏睹二月中，忽降使臣差般粮草。及详敕命，知取幽州。弥后虽听捷音，未闻成事。稍稽克复，俄及炎蒸，师老民疲，实增疑虑。"他又说"邓州五县，其四在山，三分居民，二皆客户。……典桑卖牛，十闻六七，亦有鬻男女，弃性命者"，[93] 双方的出征都带有季节性，令军事行动的可预期性增高，很少能达成战略突然性。宋人的术语"防秋"，本身就揭示了辽军行动的季节性和可预期性。

自980年开始，双方都着手强化现有边界的防务。宋太宗在瓦桥关战后，任命曹翰负责修葺雄州、霸州和平戎、破虏、乾宁等的城池，又开南河，由雄州抵莫州，以打开关南漕运。曹氏进行一项很大胆的尝试，派数万丁夫到敌境上伐木，来保障工程的木料供应，以上的工程，结果在数十日内完成。次年正月，太宗又派八作使郝守浚等巡视边境河道，于是又开徐河、鸡距河五十里入白河，"由是关南之漕悉通济马"。霸州淤口寨也就升格为破虏军，雄州新镇和易州大保寨也分别升格为平戎军和平寨军。[94] 特别重要的是保州的设施，使极具战略价值的徐河流域得到一个足以依托前线阵地的军事重点。后来易州、满城于 989 年失守，[95] 宋人就是沿着保州一带，来重建其防御体系的。河东战线方面，张齐贤在 980 年说"河东初平，人心未固，岚、宪、忻、代未有军寨，……及国家守要害，增壁垒，左控右扼，疆事甚严，恩信已行，民心已定"，[96] 在张齐贤眼中，宋人只用了短短一年时间，在巩固河东边防方面就取得可观成果。不过辽军也在巩固边防，981 年，潘美偷袭了辽方的据点固军，积粟屯兵，为久守之计。[97] 983 年，宋高阳关捕获契丹首领，供言"虑王师致讨，颇于近边筑城为备"。[98] 由此可见，宋辽双方都开始巩固当时已有的阵线，来做长期的抗争的准备。

　　战线趋于坚固，而首轮攻击不易制胜，这意味着战争的性质已发展为持久战。因为正面攻击难以奏效，持久战的特征又表现在双方对侧翼局部优势的重视。980 年代初期，宋辽双方激烈地争夺西域盟国，宋使王延德出使鞑靼，途经高昌，刚好辽使也在那里，劝高昌王："汉使来觇王封域，将有异图。"王延德知道后，想杀掉辽使，被高昌王"固劝而止"，可见双方争夺盟国之激烈。[99] 在河东战线西翼，辽人一直致力于分化府州折氏和丰州王氏这两个宋的世袭知州家族，但却遭到力拒。从 982 年到 983 年，辽军连续发起对府州和丰州的攻略，但都被折御卿和王承美（卒于 1012 年）所破。[100] 恰好夏州定难军留后李继捧（962—1004）向宋献地，令宋的侧翼有利形势更趋稳定。宋廷则一方面力图巩固侧翼，给折御卿、王承美加官晋爵，另一方面则向辽侧后各部族施以外交攻势。很明显，宋人对于位于辽后方渤海和定安国的招揽，会造成对辽外交围堵，不过由于距离遥远，交通不便，难以达成实质上的军事合作。宋太宗对渤海许以封赏，承诺："幽蓟土宇，复归中原，朔漠之外，悉以相与。"而辽军也接获宋军大举聚粮边境，主将赴五台山视察的报告，一度战云密布。[101] 另一方面，宋和高丽女真也保持密切关系，致力通商买马，[102] 对辽构成潜在的侧翼威胁。在前线僵持不下之际，辽国把握了时间经略东方。辽圣宗统和元年（983）辽军开始集结兵力，次年年初，连续两次击败女真。到985 年夏天，辽军集结重兵，大举进攻高丽，宋太宗一手建构的国际围堵，面临土崩瓦解。[103]

当然，宋太宗也争取了时间来整饬内部，稳定统治。在励精图治的同时，太宗对诸将习以为常的不法事端显得不能容忍。自 980 年开始，巨案迭出。首先是秦州伐木案，暴露了武将间走私木材的情况，连驸马王承衍（952—1003）、石保吉（954—1010）都牵连在内。[104] 982 年王仁瞻贪赃案则更为严重，因为王是全国最高级武官之一，而且同时掌握着三司这个国家财政部门。据说他侵吞的公款达千万计。[105] 同年，宦官江守钧（十世纪下半）擅自贷款给大将崔彦进和曹翰的事情又遭揭发，官方并没有指控他贿赂，但由于江守钧经常担任前沿战区的监军，为了防止内臣和武将勾结，也不得不加以处分。[106] 次年，整肃变本加厉，枢密使曹彬遭到诬告而被罢免，彻查后发现无罪。[107] 继而，威塞军节度使曹翰被控侵吞公款和非法聚敛，判处死缓，削夺所有官职。[108] 在此附带一提的还有秦王廷美案，宋太宗逼死亲弟来巩固权位，[109] 此事与战略制订并无直接关系，但亦不妨视为整顿内部的重要一环。到这一年年底，宋太宗才稍感满意地说，"近者内外政事，渐成条贯，远近官吏，无不畏谨，朕思之，不觉自喜"。[110]

可是社会经济的情况却未许乐观。张齐贤在981年上的奏章描述了江南地区的残破状态，市井萧条，人民困乏，还经常误触法网而被没收财产，甚至卖掉妻儿来抵偿。他又谏请朝廷不要再拣点江南百姓当兵，以免滋扰。[111]四川交通不便，官方常动用丁男运送上供财物，知河南府何承矩（946—1006）认为疲民横役，应当废止。结果朝廷下令西川、荆南、岭南和陕西钱物，改由传置卒代运。值得注意的是何承矩乃四世将门之后，可见让人民息肩的看法并非文人所专有。[112]982年，知桐庐县刁衎（十世纪下半叶）上疏，指出许多衙门都滥用私刑，请求严禁。[113]太宗本人也察觉到民力艰难，一次参观制藤器时，看见每斤藤中合用的只有三两多，便想起这些藤由六七千里外运来，"虚为劳费"，便下令以后只许运送合用的部分上京，节省力役。[114]国子博士李觉在986年上言提议鼓励开荒，提及当时天下很多荒田无人耕种，"有力者无田可耕，有田者无力可种"，[115]可见农村经济未达繁富之一斑。

宋太宗和宰相宋琪在982年至985年相继做出过一系列对敌情乐观的言论。仔细玩味这些话，可以发现其背后有着不足为外人道的苦衷，而不一定说明宋人对敌情的估计。宋太宗的言论尤其具有双重意义。在982年前后，这些言论为他向契丹尝试接触讲和作好政治舆论准备，可是初步接触失败，到了983年以后他对敌情乐观的言论一转而为使用武力张本。当宋军在982年取得唐兴之捷，继而辽景宗去世，宋太宗高唱"朕每读

《老子》，至'佳兵不祥之器，圣人不得已而用之'，未尝不三复以为规戒"，[116] 更下诏缘边州军，说"虽彼曲可见，而罪己良多，今闻边境谧宁，田秋丰稔，军民所宜安堵，无或相侵。如今后辄入北界掳掠及盗窃，亦仰所属州军，收捉重断，所盗物，并送还之。"[117]《辽史》记载 982 年圣宗刚即位"十二月戊午朔，……辛酉，南京留守荆王道隐奏宋遣使献犀带请和，诏以无书却之"。[118] 简言之，宋太宗乘辽朝新君即位的机会，来试探求和的可能性，表面上公然高唱弭兵，是为了掩饰向敌人求和的事实。在这个环节，弭兵论起着文饰作用。

可是求和被拒，宋廷的弭兵论没有实质的出路。于是在 983 年，高阳关捕得战俘，供称辽朝内部"种族携贰，虑王师致讨，颇于近边筑城为备"，宋太宗似乎在考虑使用武力。[119] 宋琪当即指出，"自石岭关之败，平继元，缘边诸郡，频有克捷"。但他马上又补充一句："以臣度之，其部下携贰必矣，国家不须致讨，可坐待其灭亡。"[120] 过了一段日子，太宗又和他讨论北方形势，说根据谍报，"自朝廷增修边备，北人甚惧"。甚至威虏军守将属下的财计吏挟财私奔，到了辽界的涿州，也被遣返。太宗认为辽朝已不敢制造边界冲突，很有信心地说："异时收复燕蓟，当于古北口欲以来据其要害，不过三五处，屯兵设堡寨，自绝南牧矣。"宋琪当即表示同意，但又立即指出"况奚族是契丹世仇，傥以恩信招之，俾为外御，自可不烦朝廷出师矣"。[121] 这样，宋琪又一次表示了不赞成大举用兵。985 年春，太宗和宋琪谈起幽燕地区的领土问题，语气有些转变，抨击石晋的割地政策，而宋琪也对以"方今亭障肃清，生灵安泰，皆由得制御之道，恢复旧境，亦应有时"。[122]

据以上三次对话，宋太宗和宋琪对敌情都做了乐观的估计。他们固然向有利的情报靠拢，将辽军修筑城寨和用兵高丽夸大为"种族携异"，但不大可能真正相信契丹快要崩溃。如果这些话足以代表他们对时局的认识，亦即相信契丹"种族携异"，已面临崩溃的边缘的话，那么他们竟然各自拟定一个小心翼翼的作战计划，是难以理解的。对于宋太宗来说，他片面强调乐观因素，背后容有隐衷亦未可知。他三年前下诏息兵，寻求弭兵已天下皆知，但求和却又被拒，无法下台阶，要另起战端，必须倚赖有利的情报。因此983年后宋太宗对敌情的乐观言论不再归结于弭兵，一转而为使用武力铺路。相反，宋琪没有这个政治台阶要下，他可以表面上附和太宗的乐观分析，却一再归纳到"不须致讨"的结论上。986年年初，太宗怀疑宋琪结党，将他罢免。[123] 宋琪任相期间宋廷没有轻启边衅，反而在他罢相后一月，宋太宗即大举用兵，而宋琪唯有书面上疏来讨论军事战略，这种不寻常的处境，正说明了君臣二人若即若离的关系。

宋琪离开了相位，宋太宗便索性撇开文官系统的臣僚，与一伙心腹近臣谋议北伐。史书描述贺令图（948—986），侯莫陈利用等无知、轻浮和佞幸之辈，竟说服了太宗大举用兵，其理由是契丹主年幼，"国事决于其母，其大将韩德让宠幸用事，国人疾之，请乘其衅以取幽蓟"，[124] "又访得……萧氏与韩（德让）私通，遣人缢杀其妻，遂入居帐中，同起卧如夫妻，共案而食。……国事皆萧氏与韩参决。……部族有窃议者，为其党所告，萧氏尽戮之。隆绪亦恶其事，畏不敢发，然萧氏亦常惧及祸。……帝闻之，遂下诏三道进讨"。[125] 这些都是为宋太宗首谋讳饰。其实"初议兴兵，上独与枢密院计议，一日至六召，中书不预闻"。[126]

作战计划

战争是人类历史上最激烈、最瞬息万变的活动之一。虽然
我们已不再如古人那般相信历史就是连串军事活动的后果，但
人类对战争的忧心忡忡，仍在于它那种激烈性和破坏性——长
年累月所酝酿的巨变，往往在一天的决战中表露无遗。战争是
各种不稳定（uncertainty）要素中最集中、最难有定论，也最
引起激辩和反思的。对于军事失败，自古以来不乏名贤作过精
警的论断，可是严格的研究，是近年才逐步在探索中发展，也
成为战争史中备受关注的一个方向。在 1990 年，柯恩和古奇对
传统以来对于军事灾难的解释作了全面检讨，认为战败要归咎
于某些人，一点也不困难；困难的是如何从理论入手具体地解
释军事灾难。尤其是历史上存在大量富于争议性的战役，它们
似乎都有精巧的作战计划，但其不幸失败令后世很难给予恰当
的评价。[127] 因此对作战计划的探讨，成为战略决策研究的一个
重点。

对这些功亏一篑的作战计划难以评价，集中体现为两个矛
盾：一个是方法论上的，另一个是战略上的。方法论的矛盾，在
于历史学的局限性不能完全满足人们对往事定位的需求。历史
学家只能解释已经发生的事情，对于那些"失去的胜利"（lost
victory）暂时仍没有很客观的标准来处理。[128] 很多经过高度运
思的作战计划，在失败之后常背起"不切实际"的污名；反而
冒险成功，就常常赢得容或无端的美誉。可见纯从效果立论，

对设计者来说，不尽公平。何况所谓"正确"的战略，在执行时仍可能发生难以预测的变故，因此如何筹划始合符"实际"，很难定出一个标准。

至于战略上的矛盾，则出现在大战略和战役（operation）两个层次的课题不一致上。大战略的课题是如何在政治外交和国力方面凌驾对方，或保持相对均衡；但是战役的课题却常常面对如何在实力相当或仅略占优势时迅速打垮对手。因此，实力对比上的压倒性优势，并非战役法的先决条件；相反，一位名将往往能运用有限资源，透过军事胜利来改变敌我战略力量的对比。历史上大量战役都是在没有任何一方占压倒性优势之下进行的。有抱负的作战计划，通常不具备战略资源上的巨大优势，我们会从大堆数字图表之外发现"诈降""声东击西""夜袭""空城计"等等诡计成分。要是它们不幸失败，我们凭什么标准来判定作战计划本来"也很有可能成功"呢？

宋太宗第二次经略幽燕，传统上称之为"雍熙北伐"的作战就是这样的一个典型例子。宋太宗和他的亲信精心策划的"声东击西"之计结果落得惨败收场，令近代学者对这一类预先设定的作战计划不存好感，甚至进而视之为束缚武臣的政治行为。然而在历史长河中，作战计划在军事行动中的角色日益举足轻重，是战争复杂化的结果，和个别君主的性格或个别朝代的特殊政策无必然关系。朝廷要求将领按照计划完成指定任务，可以完全不带任何政治目的。在这个转变历程中，作战计划被加以政治化，利用来强化君主专制，容或有之；但至于作战计划的制定和执行，不论君主参与与否，都属于纯粹军事业务本身的范畴，需要从军事的标准去评价。[129]

作战计划有三个层次：即战略目标、作战意图和战役手段，对作战计划的讨论因此也围绕在三者的关系上。战役意图是什么？在多大程度上服务于战略目标？战役手段、计划安排的具体军事行动能否鲜明地反映意图？计划安排的具体军事行动可否执行？是否符合战场现实？由于年代久远，对于实际情况所知有限，我们对第三方面的论述有限，只能集中在前两方面。

史书并没有明显地记载到底由哪些人协助太宗制订计划，这项工作似在枢密院内秘密进行。由于无法看到作战计划的全文，目前只能根据两段仅存史料，配合其他枝节来进行了解。首先，据一项记载提到太宗给予诸将的命令，说：

> 初，曹彬与诸将入辞，上谓彬曰："但令诸将先趋云、应，卿以十余万众声言取幽州，且持重缓行，毋得贪利以要敌。敌闻之，必萃劲兵于幽州，兵既聚，则不暇为援于山后矣。"[130]

太宗后来手诏答赵普时，也透露其作战意图：

> 朕昨者兴师选将，止令曹彬等顿于雄、霸，襄粮坐甲，以张军声。俟一两月间，山后平定，潘美、田重进等会兵以进，直抵幽州，共力驱攘，俾契丹之党远遁沙漠，然后控扼险固，恢复旧疆，此朕之志也。[131]

宋太宗吸收了高梁河战役孤军深入，决成败于一战的教训，而改采比较复杂而迂回的路向，以正面吸引对方，然后发动侧翼突击来夺取敌军重点防御的据点。无论如何，古今兵法很少有说这种意图是错的。尤其是李德·哈特的学说，可能会为宋太宗提供一点辩护的余地。他总结了二十五个世纪以来西方历史上的决定性战役，指出几乎所有的例证都显示，决定性胜利并非单纯由军力冲突造成，而是某一方先让对方丧失协调和平衡所致。要令对手失去平衡，则必须循间接路线，而非直接强攻所能做到。隐藏主要意图，攻其无备，出其不意，是所谓间接路线的主要精神，也符合中国人"先胜而后战"的兵法原则。[132]毫无疑问，宋太宗此役所运用的声东击西之计，也是一种间接路线。他要曹彬声言取幽州，"敌闻之，则不暇为援于山后矣"，就是一种出其不意的构想。不过，李德·哈特尽管证明了大部分决定性胜利都由间接路线所导致，却无法证明大部分间接路线战略都能得到胜利。历史上有不少具有间接路线意图，但结果因各种原因而失败的战役没有被充分研究。这暴露了目前战争史研究的局限性，也是李德·哈特学说的一个遗憾之处。无论如何，间接路线战略不一定是万应灵药，也不是评价军事行动的唯一标准。

细味前引宋太宗的两段话，首先值得指出的是，宋太宗对于战略目标的认识，似有含混之嫌。他说只要曹彬牵制住辽军，对方将会"不暇为援于山后矣"，如果他以夺取"山后"作为计划的军事目标，则这个战役计划并无不妥。然而他又提到平定山后，"俟一、两月间"，再和东路合力夹击幽州，可见位于"山前"的幽州才是最终的战略目标，而夺取山后只是作为夺取山前的手段。这里面有两重假设——得到了山后，"共力驱攘"，幽州会很快易手，这是第一重假设。等幽州到手了，辽军会无法立足而退出塞外，这是第二重假设。为了这两重假设来花了好一番佯动和配合的工夫，是否值得？固然，基于幽州的重要性，我们或许有理由做第二个假设，但第一个假设能否成立，则比较难以确定。如果山后真的那样重要，宋太宗应该以主力部队来担任迂回，但他计不出此，结果受到较具专业眼光的批评。[133]

问题的症结在于，宋太宗的迂回战略没有威胁对方的补给和退却线，也好像没有歼灭辽军主力的可能。一般军事上的迂回行动，目的是切断对方的退路和补给，即使不能加以全歼；至少可以令对方畏惧而向后收缩，让出土地。潘美和田重进略地山后，然后向东进逼幽州，联同曹彬夹击的设想，未能威胁辽国幽燕占领地同后方的联系。辽朝当时正在用兵高丽，辽军增援幽州的主要路线，不在西北方的山后地区，而是辽东向西穿越榆关（山海关）而进入平、营二州。纵然辽军最后战败，也可以保存主力，撤出关外。

辽廷最担忧的其实也是平州海岸的安全。平州（今卢龙县）控制榆关（今山海关）走廊，若遭宋军切断，则辽军必须改取松亭关和古北口。[134]三月中曹彬首次攻陷涿州，辽廷立即"诏林牙勤德以兵守平州之海岸以备宋"。辽廷在下诏给萧勤德的同时，又特别知会平州节度使迪里姑，"若勤德未至，遣人趣行；马乏则括民马；铠甲阙，则取于显州之甲坊"。[135]以此足见辽廷对平州海岸防务之高度重视。

诚然，要切断平州至榆关大路，不是一件容易的事情。白沟河下游的低洼地带一方面替河朔平原提供了良好的掩护，但也反过来阻挡宋军的前进。对于宋军有无可能切断辽军这条生命线，目前还欠缺史料作深入分析。不过零碎记载显示，宋廷直至兵败歧沟关之后，方才有点在这一带展开军事活动的迹象，任命"左卫上将军张永德知沧州，右卫上将军宋偓知霸州，右骁卫上将军刘廷让知雄州，蔚州观察使赵延溥知贝州"。[136] 后来宋太宗将李继隆迁任为沧州都部署。[137] 沧州和平州隔海相对，一向并非边防剧要，通常不设都部署，因此李继隆的任命可能与策动攻势有关。无独有偶，《辽史》也记载年底的君子馆战役：

> 及太后南征，休哥为先锋，败宋兵于望都。时宋将刘廷让以数万骑并海而出，约与李敬源合兵，声言取燕。休哥闻之，先以兵扼其要地。会太后军至，接战，杀敬源，廷让走瀛州。[138]

综合上述有关史料，可以发现宋军有一定迹象在沧州方向进窥平州海岸，不过那是 986 年年底的事情。年头宋军发动北伐之初，没有从这个方向进兵，也没有其他手段来迟滞辽军主力增援幽州，因此战役胜败的关键，就系乎辽军能否迅速从高丽前线转移兵力来投入幽州附近，展开决战。

　　总上对于宋太宗及其亲信所拟定的作战计划的评论，可作一个初步的归结：宋太宗采用声东击西之计，在东路部署大军，牵制对手兵力，同时选择敌军守备空虚的西路突破，席卷山后云、应等州。此举具有"间接路线战略"的意味，虽令兵力分散，但非失败的致命原因。所应该批评的是，他虽然使用了佯动的手段来迷惑敌人，并要求部下严格遵循计划行事，但突破的主要方向并没有对准战略目标幽州，充其量只能得到收取山后的有利形势，但如何把这种形势发展成决定性胜利，则欠鲜明。辽人可能会被宋军连克州县的声势压倒，"远遁沙漠"，但也可能倾尽全力来幽州附近决战。总之，如何取舍的决定权在对方，而宋军对于万一需要在幽州外围决战，仍然欠缺明朗的"成算"。

无独有偶，在攻势发动前，刚卸任的宰相宋琪也拟定了另一个作战计划，以奏疏形式呈上。[139]太宗本来十分赏识宋琪，"自员外郎岁中四迁至尚书为相"。[140]他自幼生于边塞，对幽燕地区十分了解。可是他的意见并没有被采纳。史书上说"疏上，颇采用之"，恐怕指奏疏的枝节部分而言，而非其精神所在。曹彬的主力居然从宋琪极力反对的"雄、霸路直进"，就是明证。历史学家也许永远无法回答，如果宋太宗在这场开国以来规模最为浩大的战役采用了宋琪的作战计划，能否避免惨败收场。然而令人饶有兴味的是，宋琪这位生于边陲的策士，对于经略幽燕具有一套独特的看法。

宋琪的"平燕之策"，比较明确地将幽州作为战略目标。与宋太宗的声东击西相反，宋琪主张集结重兵，从中央山地突破。吸收了高梁河战役的教训，他看出必须利用地形优势来抵消契丹骑兵的冲刺力，所以对进军路线的制定，断然采用山路，并尽量占据水源上游，居高临下，有备而战。他的构想以易州为出发基地，傍吕梁山脉向东北进发，"挟山而行，援粮而进"。此外，考虑到辽的奚族步兵可能威胁两侧交通线，他提议设立一些小型的机动部队往来游弋，以御奔冲。直到抵达幽州城西四十里外，就是平地，大军压城之余，要同时将桑干河水引入高梁河，使其泛滥，在幽州以北形成一道水障。"贼骑来援，已隔水矣"。这样，估计宋军就能赢得十天左右，来攻取幽州。宋琪假设幽州易手，山前山后各州必然相率归附，而辽军只能退出塞外。[141]换言之，军事胜利将发展为政治胜利。这样的估计是否充分，现在已难准确判断。

后来曹彬的大军在歧沟关的平野被辽骑击溃的事实，似乎证明宋琪确有先见之明。当然，战略分析的立场不允许当"事后孔明"，但纵使不谈宋兵失败的结果而光从作战计划本身来看，宋琪的方案与宋太宗的作战计划相比仍有两个优点。首先，他的目标和手段比较一致。他很明确地将幽州当作军事目标来夺取，而整个行动都围绕着攻取幽州为核心。更重要的是，他将战术层次的因素和战役层次的因素紧扣起来考虑。由于考虑到对方骑战的优势，他采取山地为主的行军路线；由于考虑到幽州城下决战的风险，他才要占领上游，以备水灌高粱河，将契丹援军阻绝水北。他的计划处处能针对契丹骑兵的冲击而设定对抗手段，表现出即使以某些现代的标准来说也属于典型的战略思维。[142]宋太宗没有按照宋琪的建议从易州山路进兵，而将主力曹彬麾下十余万大军屯于雄州，牵制辽军，制造机会给潘美、田重进在山后大举突破；不幸曹彬又"不遵成算，速取其郡县"，客观上构成了宋琪所最担心的"从雄、霸路直进"的战况；而其结果，也就"未免更有阳城之围"，损失惨重。

战役由三月初发动，宋军初期节节得胜。潘美出雁门西陉，击败一支辽军，斩首五百级。追至寰州，再斩首五百级。宋将薛超血战至遍体鳞伤。终于抵挡不往宋军的猛烈攻势，辽寰州刺史赵彦辛举城降附。于是潘美进围朔州，战于城下，杨业之子杨延昭中箭，"流矢贯臂，战益急"，结果守将赵希赞投降。[143]

东路曹彬亦展开攻势，岐沟、新城、固安皆陷。"时北南院、奚部兵未至，休哥力寡，不敢出战"，只能采取弹性防御，与统军使耶律颇德在固安击败一支宋军偏师，威胁其粮道。[144]曹彬进军涿州，与守军战于城东，"李继隆、范廷召等皆中流矢，督战愈急，敌遂败，乘胜攻其北门，克之。"[145]

三月下旬，宋将田重进出飞狐口，辽将大鹏翼（十世纪下半）率众力拒。田重进的副将袁继忠认为"敌多骑兵，利于平地，不如乘险逆击之。"谭延美（921—1003）也赞成，于是田重进出阵，以重兵压制辽军东偏，胜负未分。到黄昏时分，田重进令部将荆嗣改从西翼突击，"薄山崖，以短兵接战，敌投崖而下，手斩首百余级，敌势挫衄，散卒千余人在野，嗣呵止降之。"辽军退据土岭，荆嗣力战夺岭，追击五十余里，拔小治、直谷二寨。辽军败而复来，围直谷、石门二寨。荆嗣众寡不敌，往小治邀谭延美出兵掩护，虚树旗帜，装出大军快要到来的样子。然后荆嗣当先接战，"一日五七合，敌不胜，将遁去，重进遂以大军乘之，敌北骑崩溃。"宋军生擒大鹏翼及监军马颓、副将何万通，并契丹渤海千余人，斩首数千级。"大鹏翼貌壮伟而勇健，名闻边塞，既禽之，戎夺气。"[146]飞狐口守将吕行德等随即投降。应州节度使艾正也降于潘美。

辽军一开始便处于被动挨打的状况，但抵抗相当激烈。八年前宋太宗进军高梁河，一度出现"骨牌效应"，辽将和军民相继归降，和这次的恶战判然有别。幽燕百姓"或夜入城垒，斩取首级来归"，[147]但八年前带备牛酒公然迎降的景象却看不到了。[148]奚相贺斯、渤海将大鹏翼都率领辽军力战抗宋而败。[149]宋军攻陷了涿州和云州，而寰州和飞狐都在激战之后才投降。

应州和灵丘名义上是主动投降，但应州邻近寰州，灵丘在飞狐附近，守军投降的决定当仍受到邻近地区的战果影响。[150] 蔚州接洽投降的事情出现暗涌，是一个警号。事缘辽监军同州节度使耿绍忠得悉宋军势如破竹，"谋欲杀城中将吏，尽率其豪杰归敌中"，部下李存璋先发制人，擒执耿绍忠，杀守将萧啜理及守卒千余人，向宋军投降。田重进初时怀疑有诈，遣荆嗣率数十人入城查探得实，才正式受降。可是李存璋"既杀酋党，虑孤城难守，乃尽率吏民奔重进军"，这事说明了城中胡汉矛盾的激化，[151] 固然有李存璋等愿意降宋的将吏，但耿绍忠及其手下的"豪杰"也不可忽视。他们被擒杀后，其城乃至于不可守，就可见这些酋党也有可观的实力。田重进怀疑他们是否真的要投降，就很有见识。事实上一名向宋将米信投降的辽将，后来被发现是想拖延时间从幽州补给箭矢。[152]

辽军虽然处于下风，但幽燕地区的统治没有崩溃；相反，增援部队相继抵达。南京守将耶律休哥因北、南二院及奚部精兵未至，先收缩兵力，以轻骑骚扰宋人粮道。为了争取时间从高丽前线转移兵力，承天太后和辽圣宗一面下令从诸部征兵赴燕，一面促东京留守耶律抹只率部赴援。为了保障增援道路畅通，辽廷诏林牙萧勤德守平州海岸，以防宋兵偷袭，并令平州节度使迪里姑动员甲骑协助。飞狐之战后，辽廷得悉山后局势严峻，明确以北院枢密使耶律斜轸为山西兵马都统，北院宣徽使蒲领为南征都统，来做于越休哥的副手。应州降宋后，辽廷加紧阅马，以装备首批由驸马都尉萧继远率领的援兵。四天后飞狐失守，辽廷再派出谋鲁姑率禁军中的精锐部队援助休哥。[153] 整个三月，辽廷在军事上的增援重心都放在幽燕，唯恐其落在宋军手中。事实上山后路途遥远，一时声势亦不能相接。

三月下旬，辽军在幽州以南的活动开始加剧，是大批援兵抵达的先兆。曹彬的部将李继宣（950—1013）在涿河一带侦察时遇到大量辽军，"敌帅众来攻，继宣击破之于城南，斩首千级，获马五百匹，杀奚宰相贺斯。"[154] 奚相贺斯战死反映着辽军主力之一的奚部兵已经抵达。四月初，潘美攻陷云州。这时辽圣宗御帐及数路援军已聚集幽州外围，派遣耶律抹只、谋鲁姑和萧勤德等支持休哥，[155] 在新城方向与宋兵展开激烈的争持。宋将米信在一场前哨战中斩首三百余级，遭到辽军反攻，"矢下如雨"，部下龙卫卒三百余人大半战死。米信手持大刀，率余下百余骑突围，幸而遇上曹彬派李继宣来救，反败为胜，斩首千余级。[156] 这一场恶战规模不大，但反复的战势反映着双方对野战制动权的激烈争持。

曹彬在涿州停留了十数天，粮食耗尽，便退师雄州。辽军得悉此事，以奚王筹宁、北大王蒲奴宁和统军使颇德领兵追袭，皆传捷报。[157] 宋太宗初时听闻曹彬连收郡县，"颇疑彬进军之速，且忧敌断粮道。"到他知道曹彬退兵，马上大为焦急，说："岂有敌人在前，而却军以援刍粟乎？何失策之甚也。"他马上派使者命令曹彬不要再前进，"引军缘白沟河与米信军接，养兵蓄锐，以张西师之势，待美略尽山后之地，会重进东下趣幽州与彬、信合，以全师制敌"。[158] 宋太宗认为这是"必胜之道也"，其实这时的局势发展已超越了他的想象。辽军在幽州外围稍告舒缓之余，先后向山后派遣两部突骑和步兵增援蔚州，开始扭转在山后的恶劣局面。[159] 援兵抵达后，蔚州已投降田重进，宋军将城中辎重一概搬走，留下一座空城。辽兵追至，宋将荆嗣

"与敌转战，时军校五辈，其四悉以战死。至大岭，嗣力斗，敌始却"。[160] 很明显，宋军已逐渐丧失战役主导权，如果在这时结束攻势，全面转入防御，还有机会谋求一个对峙的局面。

这时东路曹彬的主力部队另生枝节，诸将"自以为握重兵不能有所攻取，谋划蜂起"，请求再取涿州，"彬不能制"，于是再带五十日军粮出击。"敌当其前，且行且战，去城才百里，历二十日始至"。辽军集结休哥、筹宁、蒲领、南北二王等各路重兵，极力阻止宋军接近涿州，"南北列营长六七里"。米信与万余骑辽军交战，相持不下。曹彬到达涿州后发现军粮又不够了，退兵之际，"无复行伍"，为敌所乘。五月初，耶律休哥在歧沟关追上宋军，宋军大溃。曹彬收兵夜渡拒马河，"人畜相蹂践而死者甚众"，幸而李继宣力战，击退追兵。[161] 一部分败兵奔向高阳关方向，又被辽师追击，"死者数万，弃戈甲若丘陵。"这时辽军发现尚有数万民夫匿藏在歧沟关空城中，"围之。壬申，以皇太后生辰，纵还。"新城、固安方面宋兵皆败。[162] 宋太宗得悉败讯，马上下令各路退兵，田重进还定州，潘美还代州。辽军乘胜收复山后郡县，诏详稳萧排亚率弘义宫兵及南北皮室、郎君、拽剌四军赴应、朔二州。至七月，耶律斜轸亦收复蔚州、寰州，宋军对辽的军事威胁至此全部解除。[163]

结　论

"雍熙北伐"是北宋初年两大战略目的——"弭兵息战"与"经略幽燕"经历了一段时间的妥协后，最终不能共存的产物。宋初弭兵论由于自身理论上有欠彻底，其原则上的模糊不清和实践时的多重性格，在现实战略面前表露无遗。经过一连串妥协，衍生为间接路线大战略——寄望经过一段时间的休养生息后国力能凌驾契丹，在收复疆土、驱除外敌的过程中避免较大的战斗风险。可是从 982 至 986 年短暂的休战期间，战略力量的对比不但没有发生对宋人有利的巨大变化，反而让辽朝得以扫定东北其余部族。相反，宋太宗只能做到稳定个人权力，而民生仍有待改善。那样，宋太宗和他的亲信唯有一厢情愿地将辽国的东征理解为部族携异，更乘辽军兵力东调的短暂空当发动进攻，企图以声东击西之计攫取战略制动权。在宋太宗及其亲信的谋划当中，间接路线战略的色彩相当浓厚，也考虑到协调、补给等问题，评价不应太低。然而值得注意的是，宋人的间接路线战略经过几番修正之后——从寄望整体国力的超越，先胜而后战；到夸大敌军内部不和，后方空虚；又再到寄望于声东击西的成功——制胜的要素越来越取决于特定事项，换言之，越来越不能承受局部的失误，也就是风险越来越高。作战发动之后，双方士气高昂，成败便取决于辽军增援的速度和宋军内部达成作战计划的协调。由于辽军在赴援幽州的行动中表现极大的决心，宋军纵使成功地夺取山后，也难以避免在幽州外围进行大决战，加上宋军一再出现人为失误，在此后所遇到的灾难，也比预期中严重。

北宋第二次经略幽燕作为战略失误的例子，揭示出不同大战略取向之间的妥协和迁就，虽然在政治上极为常见，但却提高了军事决策的风险，加深了大战略与战役层次的脱节。宋代并非不重视谋略，但仍然常常遭受军事挫败，除了实力有限之外，战略各层次的脱节也可能是一个重要的通病。

注　释

[1] 对于这次军事行动的命名，传统以来多作"雍熙北伐"，隐含以宋为本位之意，近年学者有修正为"雍熙战役"，或径作"歧沟关之战"。一般而言，会战（battle）的命名可以完全根据地名，较容易维持不偏不倚；但战役（operation）的命名很难避免以发动者为本位。窃意以为约定俗成，亦无不可，但"歧沟关之战"语意太窄，和本章详于大战略取向而略于战术作战的视界难以吻合，因此取《宋朝事实》卷二十《经略幽燕》的篇名来命名是次战役。

[2] 这个问题有两个层次：首先，宋人要收复幽燕，理据是否充分？其次，使用武力解决领土纠纷是否适当？民初以来的学者大都站在民族主义立场，认为北宋收复幽燕是正义之师，只有少数学者认为宋太宗穷兵黩武。近二十年来部分学者站在和平国际秩序的立场出发，谴责宋太宗采取武力解决国际纠纷。参见顾全芳：《评宋初的对辽政策》，载《社会科学辑刊》，第 5 期（1985），页 56—62；徐红年：《论辽宋战争的性质》，载《北京社会科学》，第 1 期（1991），页 109—113。当然，在十世纪中国，以外交途径来解决冲突并不像今天的国际社会那样具有规范意义，而历史上很多所谓正义战争并不一定合其严格的定义。关于正义战争的含义及有关讨论，可参考 Michael Walzer, *Just and Unjust Wars* (Harmondworth: Penguin, 1980)。不过，由于宋太祖曾提供了一个瞩目的另类方案，打算以银绢赎回幽燕故土，宋太宗便相对上显得欲速而不达。

[3] 普遍意见认为辽强宋弱，步不敌骑，参见金毓黻：《宋辽金史》（台北：乐天出版社，1972 年），页 31—32；姚从吾（著）、姚从吾先生遗著整理委员会（编）：《姚从吾先生全集》第二分册《辽金元史讲义——甲·辽朝史》（台北：正中书局，1972 年），页 187—188；

王曾瑜:《宋朝兵制初探》（北京：中华书局，1983年），页263—
268；尹承琳、许晓秋:《萧绰评述》，载陈述（编）:《辽金史论集》
（北京：书目文献出版社，1987年），第二辑，页52—68。只有部
分文章提出宋军的实力未必薄弱，如汪槐龄:《论宋太宗》，载《学
术月刊》，第3期（1986），页61—68。也有些学者强调当时辽国
内部安定，君臣将帅的才干较高，如杨树森:《略论辽代军事家耶律
休哥:兼说宋两次攻辽战争之败》，载陈述（编）:《辽金史论集》（上
海：上海古籍出版社，1988年），第一辑，页99—110；陈烈:《辽
代部族军考》，载《昭乌达蒙族师专学报（汉文哲社版）》，第1期
（1992），页11—17；及杜成安:《评宋太宗雍熙北伐的战略意图》，
载《抚顺师专学报》（社科版），第2期（1992），页51—56。

[4] 在很多学者笔下，宋太宗的军事才能远不如其兄，由于他取得帝位
的合法性很有疑问，于是企图以完成统一大业，建立不世之功来提
高威望，但又一再指挥失当而尽覆三军。张其凡:《从高梁河之败
到雍熙北征》，原载《华南师大学报》，第3期（1983），收入张其
凡:《宋初政治探研》（广州：暨南大学出版社，1995年），页131—
147及新近出版的《宋太宗》（长春：吉林文史出版社，1997年），
页149—151；唐兆梅:《读〈评北宋雍熙北伐〉以后》，载《中州
学刊》，第1期（1986），页106—108；毛元佑:《北宋太宗的性
格特征及其影响》，载《华中师范大学学报》（哲社版），第5期
（1989），页75—80。此外纯粹考证"金匮之盟""斧影烛声"及宋
太宗篡位说的论文甚多，因与本章无重大关涉，不再一一注出。至
于雍熙北伐的作战计划貌似头头是道，学者大多认为也不过是纸上
谈兵的"杰作"而已。王煦华、金永高:《宋辽和战关系中的几个
问题》，载《文史》，第9辑（1980年6月），页83—113；另收入

历史研究编辑部（编）:《辽金史论文集》（潘阳：辽宁人民出版社，1985 年），页 277—283；王曾瑜（注 3），页 327—330；张其凡（见同注）；顾全芳:《评北宋雍熙北伐》，载《中州学刊》，第 2 期（1984），笔者未见此文，据唐兆梅前引评介，顾氏也持这个论点；汪槐龄（注 3）。据史书记载，开国功臣赵普又批评他听信"小人"之言。近年学者中较强调这一点的有漆侠:《宋太宗雍熙北伐》，载《河北学刊》，第 2 期（1992），页 79—87。何冠环:《宋太宗箭疾新考》则进而指出宋太宗自己也成为自大狂的牺牲品，他曾在高梁河战役身受箭伤，多年后伤口恶化而死，见香港中文大学《中国文化研究所学报》，第 20 卷（1989），页 33—58。

[5] 宋太宗所重用的都是"谨厚"的人。这种人中当然也有能征惯战者，但更多是从监军、虞候出身，忠谨有余而指挥能力方面往往差强人意。他们又排挤久历沙场的猛将，令后者不能发挥作用。林瑞翰:《宋太祖太宗之御将及太宗之治术》，载《台湾大学历史学系学报》，第 5 期，页 53—71；毛元佑（注 4），页 77—78；及《宋初文武朝臣处世态度之心理分析》，载《中国史研究》，第 1 期（1991），页 72—83；张其凡（注 4），页 142—143；漆侠（注 4），页 85；何冠环:《论宋太祖朝武将之党争》，载《中国史学》，第 5 卷（1995 年 10 月），页 45—62；及《论宋太宗朝武将之党争》，载《中国文化研究所学报》，新第 4 期（1995），页 173—202；王菡:《潘美传》（北京：中华工商联合出版社，1995 年），页 90—123。另外，宋太宗企图以事前制订的方略、阵图来取代亲身指挥，也造成指挥系统上一些不必要的失误。他为满城会战制订的阵图，令兵力布势过分零散，不符合现场的情况需要，幸赖诸将当机立断，变阵出击，才获得大胜，可见以"遥制"的方式来指挥战术作

业根本是行不通的。吴晗:《阵图与宋辽战争》, 载《新建设》, 第 4 期（1959）；另收入《吴晗史学论文集》（北京: 人民出版社, 1988年）, 第三分册, 页 87—96。又漆侠（注 4）, 页 85。王瑞明《宋代政治史概要》做了一点修正, 说"阵图并非神圣不可违背"（武汉: 华中师范大学出版社, 1989 年）。总言之, 在学者笔下宋太宗并非典型的昏君, 他确有许多成就, 但他对军事机制横加的种种系统化管理和防制措施, 凸显了他专制君主的形象。由于歧沟关的惨败是宋太宗过度中央集权、猜忌武臣等种种措施种下的苦果, 难怪在史家描述宋太宗收复经略幽燕之失败, 有时会带有讽刺的笔调, 如张荫麟:《北宋的外患与变法》, 原载《思想与时代》, 第 5 期（1941）, 收入周康燮（编）:《宋辽金元史论集》（香港: 存粹学社, 1971 年）, 页 11—22。

[6] 廖隆盛《宋太宗的联夷攻辽外交及其二次北伐》为仅见从国际形势分析的论文（《师大历史学报》, 第 10 期［1982］, 页 83—103）。杜成安（注 3）则从战役法角度批评, 颇见猛厉。有少数学者对宋太宗的军事造诣和他拟定的北伐作战计划保留肯定的态度, 如程光裕《宋太宗对辽战争考》对此役经过有详细考论, 称宋太宗的战略采外线作战的姿态, 曹彬等不能奉行, 以致兵败（台北: 台湾商务印书馆, 1972 年, 页 95—136）; 王菡（注 5）, 页 102—111; 林宇:《辽宋雍熙战役》, 载北京市文物研究所（编）:《北京文物与考古》（北京: 北京燕山出版社, 1991 年）, 第二辑, 页 130—139。

[7] 宋初颇具影响力的弭兵论为何没能制约战争的再起, 学者也有不同解释, 有视之为一种"小帝国"的文饰之辞, 有视之为军事失败后的主和主守论, 也有学者指出弭兵论含有慎重缓图之计, 并非纯粹反战。以上三个论点, 依次见 Wang Gungwu（王赓武）, "The

Rhetoric of a Lesser Empire: Early Sung Relations with Its Neighbors," in Morris Rossabi (ed.), *China Among Equals: The Middle Kingdom and Its Neighbors, 10th–14th Centuries* (Berkeley: University of California Press, 1983), pp. 47–65；陈芳明：《宋初弭兵论的检讨，960—1004》，载《宋史研究集》，第九辑，页 63—98；及王明荪：《宋初的反战论》，载邓广铭、漆侠（编）：《国际宋史研讨会论文选集》（保定：河北大学出版社，1992 年），页 478—489。

[8] 学界对于曹彬是庸将这一点没有什么异议，参见王夫之：《宋论》（台北：洪氏出版社，1981 年），页 35—36；张其凡：《庸将负盛名——略论曹彬》，载邓广铭、徐规等（编）：《宋史研究论文集》（杭州：浙江人民出版社，1987 年），页 507—527；柳立言：《宋初一个武将家族的兴起——真定曹氏》，载历史语言研究所（主编）：《中国近世社会文化史论文集》（台北：历史语言研究所，1992 年），页 40—50。王煦华、金永高《宋辽和战关系中的几个问题》认为曹彬不敢"不遵成算"，但他弃军先遁，直接导致大军瓦解，也负有重大责任，页 247。

[9] Ronald J. Glossop, *Confronting War: An Examination of Humanity's Most Pressing Problem* (Jefferson, NC, and London: McFarland, 1987), pp. 10–12.

[10] 第二次世界大战后，李德·哈特（Liddell Hart）曾将这句话修正为："假使你希望和平，就应了解战争。"见李德·哈特（著）、钮先钟（译）：《为何不向历史学习？》（台北：军事译粹社，1977 年初版，1981 年再版），页 80。

[11] 聂崇岐：《论宋太祖收兵权》，原载《燕京学报》，第 34 期，收入聂崇岐：《宋史丛考》（北京：中华书局，1979 年），页 263—282；

Wang Gungwu, *The Structure of Power in North China during the Five Dynasties* (Kuala Lumpur: University of Malaya Press, 1963)。

[12]《涑水记闻》，卷一，页 11 ;《长编》，卷二，页 49 略同。

[13]《长编》，卷二十一，页 483。

[14]《长编》，卷三十四，页 758—759。

[15] 何冠环（注 4）。

[16] 欧阳修:《王彦章画像记》，收入《欧阳修全集·居士集》（北京:中国书店，1986 年），卷三十九，页 272—273。

[17]《水浒传》的时代背景本来设在北宋徽宗政和、宣和年间，但梁山一百单八人中有圣水将军单廷珪，与五代幽州名将单廷珪姓名相同，被大刀关胜单挑擒获的情节，亦与正史中为周德威所擒一节相类，其承袭关系，可比较而意会。参见:《旧五代史》，卷五十六《周德威传》，页 752—753 ;《新五代史》，卷二十五《周德威传》，页 262 ; 施耐庵:《水浒》，七十一回本（香港: 中华书局,1970 年），第六十七回《宋江赏马步三军 关胜降水火二将》，页 786—787。

[18] 王伊同:《五季兵祸辑录》，《史学年报》，第 2 卷，第 3 期（1936），页 203—205。

[19]《新五代史》，卷四十二《赵犨传》，页 461。

[20]《新五代史》，卷四十，页 431—432。

[21]《新五代史》，卷三十六，页 392 ;关于邓季筠之余生，见《旧五代史》，卷十九《邓季筠传》，页 262—263。

[22] 荣新江:《归义军史研究——唐宋时代敦煌历史考索》（上海: 上海古籍出版社，1996 年），页 218—227。

[23]《长编》，卷二十二，页 499。

[24]《长编》，卷三十四，页 758 ;《宋史》，卷二百六十五《吕蒙正传》，

页 9147 略同。

[25]《长编》，卷二十一，页 485。

[26]《宋史》，卷二七十七《许骧传》，页 9435。

[27]《宋史》，卷二六十五《贾黄中传》，页 9160。

[28]《长编》，卷二十三，页 528。

[29] 社会学家相信规范（norm）在人类活动中无所不在，道德、法律、风俗、习惯、往例等等都属于规范。其中国际关系主要牵涉到的是建构性的规范（constitutive norms）和具备约束力的规范（regulative norms）。前者基于历史背景和文化接触而形成一些共有的假设，并预期对方做出相称的回应，长此以往，便形成外交惯例。"和亲"便是将同一家人必须和睦相处的规范，放大投射到国际关系的例子。可是这种规范并没有约束力。相反，法律便属于具备约束力的规范，一旦违反便会招来制裁。宋初的弭兵论触及的主要是建构性的规范，寻求主动的偃武修文来换取对方谅解，而最终达成互不侵犯；宋辽之间具有约束力的规范，如互相不得增筑城寨、开掘河道等条例，要到澶渊之盟才正式订立。

[30]《长编》，卷二十一，页 484；《宋史》，卷二百六十五《张齐贤传》，页 9151 略同。

[31]《长编》，卷二十八，页 635；《宋史》，卷二百八十七《赵孚传》，页 9656 略同。

[32]《长编》，卷二十三，页 528。

[33] 儒家"六艺"中本含有射、御等军事技术，孔子虽然提到"去兵"，但是作为一个迫不得已的困难选择来讨论的，并不是从原则上反对暴力。

[34] 当然，由于战争成为政治的机制，即使在西方，纯粹反对暴力

的意识形态只好在民间流传。可是彻底反对暴力的言论由于陈义过高，容易与政治现实脱节，当教会成为政治力量的时候便出现"十字军"，到现代出现威力强大的核武，"义战"（just war）的概念才面临遭受扬弃的命运。基督教文化对弭兵的不同观点，参见 Stanley Hauerwas, "Pacifism: Some Philosophical Considerations," in Malham M. Wakin (ed.), *War, Morality and The Military Profession* (2nd ed.; Boulder and London: Westview Press, 1986), pp. 277–283; John Yoder, *Nevertheless: A Meditation on the Varieties and Shortcomings of Religious Pacifism* (Scottdale, PA: Herald Press, 1971), pp. 21–31; US Catholic Bishops, "The Just War and Non-Violence Position," in ibid., pp. 239–254。

[35] 墨子学说的局限性，在于"攻"和"守"虽然在主观意图上有分别，但客观上很难建立有效的标准来分清，以之作为国际行为的道德规范时仍有模糊不清之弊。比如说古代战士的盾和甲胄，和现代坦克、战舰上的装甲，就很难判断属于攻击性还是防御性用途。单从纯粹技术的层面看，这些武器的直接用途是防御性的。然而从战术上看，大凡保护攻击部队，使其得以持续进行攻击任务的设施和装备，都可以划归为攻击武器。现代战略中的"非挑衅性防御"（non-provocative defense）学说便企图建立一种不带有攻击性的纯粹防御，详见 D. Paul (ed.), *Defending Europe: Options for Security* (London: Taylor and Francis, 1985）。由于此说仍未有定论，宋代更不可能有非常严谨的纯粹防御观念。

[36]《长编》，卷二十一，页 483 ;《宋会要辑稿》,《蕃夷一》，页 7676 略同。

[37]《长编》，卷二十七，页 602—603 ;《宋史》，卷二百六十六《李至

传》，页 9176 略同。

[38]《长编》，卷二十一，页 484—485；《宋史》，卷二百六十五《张齐贤传》，页 9150 略同。

[39]《长编》，卷二十七，页 615；《邵氏闻见录》，卷六，页 51 略同。

[40]《长编》，卷二十三，页 528。

[41]《长编》，卷二十一，页 483。

[42]《长编》，卷二十七，页 614；《邵氏闻见录》，卷六，页 49 略同。

[43]《长编》，卷二十二，页 499。

[44]《长编》，卷三十四，页 759。

[45]《涑水记闻》，卷一，页 6。

[46]《宋朝事实》，卷二十，页 320。

[47]《宋朝事实》，卷二十，页 321—322；佚名：《宋大诏令集》（北京：中华书局，1962 年），卷二百三十七《北伐遣使谕高丽诏》，页 924 "虏" 作 "虞" 字，以下至 "诗曰" 有脱文，"朔漠" 二字作 "强敌"。

[48] 约文见《宋朝事实》，卷二十，页 317 及《宋会要辑稿》，《蕃夷一》，页 7673；《长编》，卷十五，页 328，330 略同。郭奇《耶律琮神道碑》（向南：《辽代石刻文编》，石家庄：河北教育出版社，1995 年，页 56—59）。对耶律琮安定幽燕地区的统治推崇备至，固有溢美之嫌，但也在一定程度上反映了辽人的心态。

[49]《长编》，卷十，页 220—222；《辽史》，卷八《景宗纪上》，页 95—96；卷九《景宗纪下》，页 99。

[50]《长编》，卷二十七，页 617。

[51]《宋朝事实》，卷二十，页 320；《宋会要辑稿》，《蕃夷一》，页 7677 略同。

[52]《宋大诏令集》，卷二百二十八《答契丹国书》，页 884。

[53]《长编》，卷二十四，页 557；《宋朝事实》，卷二十，页 321。

[54] 宋敏求：《春明退朝录》（与范镇《东斋记事》同本）（北京：中华书局，1980 年），卷上，页 15；《邵氏闻见录》，卷六，页 53。伍伯常：《中唐迄五代之战略传统与北宋之统一战略》，页 915 认为以上记载对曹翰的军事才能称许过高，不可信。笔者同意伍氏对曹翰军事才能的评价，但认为无须否定以上记载的价值，因为它同时反映出宋人对持久战的忧虑，主将是否为曹翰，并非一个关键问题。

[55]《长编》，卷二十七，页 615。

[56]《长编》，卷十九，页 436；《渑水燕谈录》，卷一，页 3。

[57]《长编》，卷十九，页 436。

[58]《长编》，卷九，页 205。

[59]《东斋记事》，卷一，页 1—2；《长编》，卷十，页 225。

[60]《长编》，卷十，页 225。

[61] 王称：《东都事略》（台北：台湾图书馆，1991 年），卷二十三《孟昶传论》，页 407—408；《东轩笔录》，卷一，页 1 略同。

[62]《长编》，卷二十，页 442—443。

[63]《长编》，卷二十一，页 484—485。

[64] 关于大战略制约理论的综述，见 Richard Rosecrance and Arthur Stein (eds.), *The Domestic Bases of Grand Strategy* (Ithaca: Cornell University Press, 1993)。

[65] 陈烈（注 3）。

[66]《宋朝事实》，卷二十《经略幽燕》，页 314—315。

[67]《辽史》，卷三十四《兵卫志》，页 398—399。

[68]《长编》，卷二十七，页 605；《宋史》，卷二百六十四《宋琪传》，页 9126 略同。

[69] 曾巩:《元丰类稿》（台北：世界书局，1963 年），卷四十九，页 2b。

[70]《宋史》，卷二百七十一《赵延进传》，页 9300。

[71] 曾巩:《元丰类稿》（台北：世界书局，1963 年），卷四十九，页 2b—3a。

[72] 何冠环:《宋初三朝武将的量化分析——北宋统治阶层的社会流动现象新探》，载《食货》，复刊，第 16 卷，第 3—4 期合刊（1986 年 12 月），页 19—31。

[73] 关于汉军的地位，参见陈烈（注 3）；及李锡厚:《辽代的汉军》，载《中国史研究》，第 1 期（1989），页 98—105。部分汉将的碑志，见《辽代石刻文编》，页 47—49，112—114，159—161，169—171，及页 187—189。

[74] 有关"零和性质"与使用武力效益的关系，见 Alastair Iain Johnston, *Cultural Realism: Strategic Culture and Grand Strategy in Chinese History* (Princeton: Princeton University Press, 1995), p. 149; David A. Baldwin (ed.), *Neorealism and Neoliberalism: The Contemporary Debate* (New York: Columbia University Press, 1993), pp. 3—25.

[75]《资治通鉴》，卷二百七十四，页 8958—8978；卷二百七十八，页 9100—9144。

[76]《长编》，卷二十，页 454。

[77]《资治通鉴》，卷二百八十四，页 9281—9282，9288—9290。

[78]《资治通鉴》，卷二百九十一，页 9504。

[79] 前引拙著（1990），页 106—117。"促师夺燕"一语出于柳开:《河东先生集》，《四部丛刊初编》本（上海：商务印书馆，1935 年），

卷十五《孟玄喆墓志》，页 95。

[80]《辽史》，卷九《景宗纪下》，页 103—104。《宋史》，卷二百七十二
《荆嗣传》，页 9311。

[81]《辽史》没有记载雁门之败，但对其他三场败阵都没有漏载，见
《辽史》，卷九《景宗纪下》，页 101—102，105；卷七十四《韩匡
嗣传》，页 1234；卷八十四《耶律沙传》，页 1307；同卷《耶律
善补传》，页 1310。

[82] 关于宋军的弹性战略防御，见曾瑞龙：《北宋与拜占庭帝国的弹性
战略防御初探——兼论宋夏洪德城战役（1092）》，"元史及宋元文
化国际研讨会"论文（广州：暨南大学，1997 年）。该论部分内容
修改后，已通过发表于《史薮》。

[83]《辽史》，卷八十四《耶律沙传》，页 1307。

[84]《长编》，卷二十，页 457 注引江休复《杂志》。

[85] 王巩：《闻见近录》，收入《笔记小说大观》（台北：新兴书局，据
上海文明书局石印本影印，1978 年），第二十一辑第一册，页
898。

[86]《长编》，卷二十，页 462。

[87]《辽史》，卷七十四《韩匡嗣传》，页 1234。

[88]《长编》，卷二十一；页 472。《宋会要》，蕃夷一，页 7676。

[89]《辽史》，卷九《景宗纪下》，页 105；卷八十四《耶律善补传》，
页 1310；《宋会要辑稿》，《蕃夷一》，页 7676—7677 记载是役宋
军斩获五千余级。

[90]《辽史》，卷九《景宗纪下》，页 105。

[91]《辽史》，卷三十四《兵卫志》，页 398 作"出兵不过九月，还师不
过十二月"。然而以实例统计则似作十月至明年二月较妥。Tsang

Shui-lung, *"War and Peace in Northern Sung China, Violence and Strategy in Flux"* (Ph.D. diss., The University of Arizona, 1997), pp. 91–93.

[92]《长编》，卷二十七，页 624。

[93]《长编》，卷二十七，页 614。

[94]《长编》，卷二十一，页 483；卷二十二，页 488—492。

[95] 关于易州失守之年月，各书记载不一，详细考证见伍伯常：《易州失陷年月考——兼论南宋至清编纂北宋历史的特色》，载杨炎廷（编）：《宋史论文集：罗球庆老师荣休纪念专辑》（香港：香港中国史研究会，1994 年），页 1—19。

[96]《长编》，卷二十一，页 484。

[97]《长编》，卷二十二，页 489。

[98]《长编》，卷二十四，页 556；《宋朝事实》，卷二十，页 320。

[99]《长编》，卷二十五，页 578—579。

[100]《长编》，卷二十三，页 520，531；卷二十四，页 540。

[101] 参见《长编》，卷二十二，页 492；《宋史》，卷四百九十一《渤海国传》，页 14130；《辽史》，卷十《圣宗本纪上》，页 109。

[102] 张齐贤曾在咸平五年追述："旧日女真卖马，岁不下万匹，今已为契丹所隔。"见《长编》，卷五十一，页 1122。

[103]《辽史》，卷十《圣宗本纪上》，页 113—116。有关讨论，见廖隆盛（注 6）。

[104]《长编》，卷二十一，页 478；《宋史》，卷二百五十《石保吉传》，页 8981。

[105]《长编》，卷二十三，页 513。

[106]《长编》，页 525。

[107]《长编》，卷二四，页 537，544 ;《宋史》，卷二百五十八《曹彬传》，页 8981。

[108]《长编》，卷二十四，页 546。

[109]《长编》，卷二十三，页 516—518，520 ; 卷二十五，页 572。

[110]《长编》，卷二十四，页 554。

[111]《长编》，卷二十一，页 485，卷二十二，页 508—509。

[112]《长编》，卷二十三，页 514。关于何承矩之家世，见《旧五代史》，卷一百二十四《何福进传》，页 1628 ;《宋史》，卷二百七十三《何继筠传》，页 9326—9328。

[113]《长编》，卷二十三，页 532。

[114]《长编》，卷二十四，页 554。

[115]《长编》，卷二十七，页 620。

[116]《长编》，卷二十三，页 528。

[117]《宋朝事实》，卷二十，页 320。

[118]《辽史》，卷十《圣宗本纪一》，页 108。

[119] 太宗由主张弭兵到考虑使用武力详细过程，见张其凡:《从高梁河之败到雍熙北征》，及《宋太宗》，页 135—141。

[120]《长编》，卷二十四，页 556—557。

[121]《长编》，页 557。

[122]《长编》，卷二十六，页 594—595。

[123]《宋史》，卷二百六十四《宋琪传》，页 9123。

[124]《长编》，卷二十七，页 602。

[125]《宋会要辑稿》，《蕃夷一》，页 7677。

[126]《长编》，卷二十七，页 618。

[127] A. Eliot Cohen and John Gooch, *Military Misfortunes: The*

Anatomy of Failure in War (New York: The Free Press, 1990). 此外，并非纯学术著作，但也颇有见地的有 Charles Fair, *From the Jaws of Victory* (New York: Simon and Schuster, 1971) 和 Barbara W. Truchman, *The March of Folly: From Troy to Vietnam* (New York: Alfred A. Knopf, 1984)。

[128] 历史学对于没有发生的事情是不能处理的，我们不能断定假如汉尼拔在坎尼（Cannae）大捷之后大举进攻罗马，又或项羽真的一箭射死了刘邦，历史会发生什么变化。可是人们偏偏喜欢问这类"如果"的问题，从互联网络上那些"如果历史变成那样……"（If history became... ）的网上论坛，可以看到他们对讨论这些"不存在的历史"是何等热衷。要说这些纯然是无聊的钻牛角尖吗？好像又不尽然。历史提供对过往事情的定位，不论成败，或在人们心中时轻时重，总有个位置。可是那些"失去的胜利"却不然，由于从来没有发生，被严格的历史学弃置一旁，但又挥之不去，于是野史和口头传说等等非严格的历史就迅速填补人们心中这个缺陷，这样也许可以解释一般人对于诸葛亮出师祁山，又或拿破仑的滑铁卢战役何以如此津津乐道，而正史又好像始终也未能提供完善的解释。

[129] Tsang Shui-lung, "The Control of Military Operation in Early Sung China" (paper presented at Western Conference of American Asian Studies, 1994).

[130]《长编》，卷二十七，页 612。

[131] 同上注，页 617 ;《宋会要辑稿》兵八《讨叛二》，页 6887—6889 记载较详尽。

[132] B. H. Liddell Hart, *Strategy* (London: Faber and Faber, first edition,

1954; New York: Frederick A. Praeger, second revised edition, 1967).

[133] 杜成安（注 3 ）。

[134] 承德地区文化局、宽城县文保所:《松亭关考——兼谈与松亭关、松亭路相关的几个问题》, 收陈述（编）:《辽金史论集》（北京: 书目文献出版社, 1987 年）第三辑, 页 122—133。

[135]《辽史》, 卷十一《圣宗本纪二》, 页 120。

[136]《长编》, 卷二十七, 页 618—619。

[137]《宋史》, 卷二百五十七《李处耘传附子继隆传》云:"太宗益嘉其有谋。……契丹大入边, 出为沧州都部署。"页 8965 ;《长编》, 卷二十七, 页 625 述君子馆战役, 亦载继隆为沧州都部署。

[138]《辽史》, 卷八十三《耶律休哥传》, 页 1301。

[139] 宋琪疏见《宋史》, 卷二百六十四《宋琪传》, 页 9123—9129 ; 及《长编》, 卷二十七, 页 603—608 略同。然《宋史》系年作端拱二年（989）,《长编》改订为雍熙三年（1986）。细察奏疏内容与端拱二年战况不相合, 应以李焘改订为是。

[140]《宋史》, 卷二百六十四《宋琪传》, 页 9123。

[141]《长编》, 卷二十七, 页 603—604 ;《宋史》, 卷二百六十四《宋琪传》, 页 9124 略同。

[142] 有关现代战略将技术、战术、战役层层紧扣的立体思维方式, 见 Edward Luttwak, *Strategy: The Logic of War and Peace* (Cambridge, MA and London: The Belknap Press of Harvard University Press, 1987), pp. 58, 180–181.

[143]《长编》, 卷二十七, 页 608。《宋史》, 卷二七二《杨延昭传》, 页 9306。

[144]《辽史》，卷十一《圣宗本纪二》，页120，卷八三《耶律休哥传》，页1300。

[145]《长编》，卷二十七，页608。

[146]《长编》，卷二十七，页609。

[147]《长编》，卷二十七，页612。

[148]《长编》，卷二十，页455—456。《宋史》，卷四《太宗本纪二》，页62—63。

[149]《长编》，卷二十七，页609；田锡：《咸平集》，《四库珍本四集》本（台北：台湾商务印书馆），卷二十三《贺潘美奏胜捷表》，页12a—12b。《宋会要辑稿》，兵八《讨叛二》，页6888—6889。

[150]《长编》，卷二十七，页608—612；《辽史》，卷十一《圣宗本纪二》，页120—121；《咸平集》，卷二十三《贺曹彬奏胜捷表》，页11b；同卷《贺容怀意奏胜捷表》，页13a—13b；同卷《贺潘吉奏胜捷表》，页14a—14b；同卷《贺张明奏胜捷表》，页15b—16a；同卷《贺简昌寿胜捷表》，页16b—17a。

[151]《长编》，卷二十七，页611。

[152]《长编》，卷二十七，页613。

[153]《辽史》，卷十一《圣宗本纪二》，页120。

[154]《长编》，卷二十七，页609。

[155]《辽史》，卷十一《圣宗本纪二》，页121。

[156]《长编》，卷二十七，页610。

[157]《辽史》，卷十一《圣宗本纪二》，页121。

[158]《长编》，卷二十七，页612—613。

[159]《辽史》，卷十一《圣宗本纪二》，页120—121；卷八三《耶律休哥传》，页1300。北南二院及奚部兵在此役完全显出作为辽朝军

力支柱的地位，见陈烈（注 3）。

[160]《长编》，卷二十七，页 611—612。蔚州兵变降宋，见《咸平集》，

卷二十三《贺张冲奏胜捷表》，页 17b—18a。

[161]《长编》，卷二十七，页 613。《宋会要辑稿》，兵八《讨叛二》，

页 6889—6890。

[162]《辽史》，卷十一《圣宗本纪二》，页 122。

[163]《辽史》，卷十一《圣宗本纪二》，页 122—123。

第八章　向战略防御的过渡：陈家谷与君子馆战役（986—987）

在宋辽战争史上，歧沟关之役（986）常常被看成决定性转折点；[1] 而稍后的陈家谷之役（986），又成为杨家将系列的文学及舞台艺术的戏剧高潮，也引起了学者一定程度的注意。可是紧接这两场战役的君子馆战役（987），却完全缺乏专门研究。李焘《续资治通鉴长编》谓："初，曹彬及刘廷让等相继败覆，军亡死者，前后数万人。缘边创痍之卒，不满万计，皆无复斗志。河朔震恐，悉料乡民为兵以守城，皆白徒，未尝习战阵，但坚壁自固，不敢御敌。敌势益振。"[2] 斗志是战斗力的重要组成部分，尽管宋军在 979 年高梁河战役及 980 年瓦桥关战役均负于辽，但士气未见受挫。上述史料首次揭示宋军不但未能收复燕云，伤亡惨重，而且士气开始低落。所谓曹彬和刘廷让的覆败，是指歧沟关和君子馆战役而言。君子馆战役的重要性，从此可见一斑了。

从比较严格的角度而言，按照宋太宗 986 年北伐失败后的战情，君子馆战役在决定宋军转入守势的战略过渡中扮演重要角色。北宋不能收复燕云，转而在对辽战争中屈居下风，是一个重要的历史转折，前辈学者已有很详尽的讨论。歧沟关之败的战略分析及战役法运用问题，已见于上一章。本章意在补充以往对君子馆战役的忽略，并深入观察 986 年夏季至 987 年春战略形势如何逐渐逆转，而这项转变又如何是一系列具有争议性的决策所引致，从而显示出宋军转入被动挨打局面并不纯然是雍熙北伐一场战役失败的结果。将这一系列挫折认作从攻转守的过渡阶段，比视单一场战役作为转折点要来得全面和客观。

以往人们讨论战争，很喜欢把国家之间的斗争聚焦到一两位名将的功业上，而长年累月剧斗的结果，也常常被形容为一两场战役所决定。诚如米歇尔·霍华德（Michael Howard）指出，二次大战时具有如蒙哥马利（Field Marshal Viscount Montgomery of Alamein）那样贡献的英伦将领绝不止寥寥数位，可是世人心目中却只有一个蒙哥马利。[3]焦点的选择，无疑有助于集中而深入的研究，可是只看一点有时也有偏颇之弊。过往每一场的战争并不是都有决定点可寻，而所谓"决定性"的内容，也不是无可争议。诚如曼施坦因元帅指出，斯大林格勒之战（Stalingrad）虽然导致德国吞并苏联的意图失败，但却未必一定"决定"了德国在整个东线的崩溃。[4]随着对战争研究的日渐深入，军事史和战争史已被赋予新的内容。举凡人类对战争的理解，战争的文化现象，社会、经济转变对战争的影响，过往那种仅视战争史为政治史的延续，及强调战役成败对王朝兴替的作用的观点已日渐褪色。

然而即使在新的研究趋势下，战役研究作为战争史的一个研究方向仍然扮演相当重要的角色。首先，从应用的角度来看，战役研究与战略理论的修订仍存在一定关系，而战略理论虽可作纯学科的研究，却多少总有规范性的意义在内。[5]因而，战役研究的结果能间接影响一个时代对战争行为的模式，克劳塞维茨（Carl von Clausewitz）对拿破仑战争（Napoleonic War）

的研究及其发挥的巨大影响是最明显的例子。其次，战争本身也是一种文化现象。由于其激烈多变的性质，使人的价值与现实、构思与运作、理性与非理性的矛盾冲突在战役里集中表露无遗。从其矛盾冲突的取向往往能够发现一个文化的特征，因此也是历史研究的好素材。[6]另外，弄清战役的史实和成败关键对关于战争的宏观剖析及专题研究具有不可缺少的价值。欧美各国对战争的研究较为深入，部分是由于其战役研究具有深厚基础，提供了不少便利。[7]职是之故，战役研究在今日仍具意义。

当然，要对战役进行全面和客观的分析，则对指挥官意图的判定不可或缺。然而在研究古代战役时，往往遇到有关战役计划的史料严重缺乏的问题，何况即有亦不能尽信。指挥官本人对战役意图的记载，因牵涉到最现实的责任问题，往往直接构成讳饰和作伪的动机。[8]因此，推断战役意图的最后依据仍是军事行动本身。当然，单一的行动本身不能说明其背后必有某种意图的存在。然而一连串或一组相关的措施和行动，则纯属偶然的机会甚少，而某种程度上仍可反映指挥官的意图。

赵翼《廿二史札记》说治宋金战史必须参看二史，不可偏执一端。[9]这种态度亦应当用在宋辽战争史上。某些研究宋辽战史的学者曾指出，南宋至清的历史编写过程中常有将宋辽、宋金二史歧异之处勉强作文字上的凑合，而不去探求其事实的异同，以致某些反映事件经过的不同记载被模棱两可地调和在一起。[10]这种倾向值得注意。本章采宋辽二史、《长编》、《宋会要》等外，兼参看《隆平集》、《东都事略》及各种官私记载，以求尽量接近史事真相。

转入战略防御的宋军

986年夏，宋人第二次经略幽燕失败，其善后工作，表面上主要是如何收容和安置溃兵的问题，但更具深远意义的任务，是如何将兵力布势（deployment）从战略攻势转型为战略防御。此项任务看似简单而实牵涉复杂的人事调动，其中最困难而容易忽略的，是中央和战区领导层对于战略转型的共识。没有这种共识，则防御作战很难发挥最大效果。

宋军在第二次经略幽燕中损失了大量兵员和物资，伤亡惨重，[11] 但仍保有相当精锐部队。[12] 战役结束时中路田重进军撤回原驻地定州，西路潘美和杨业所部则退回出发时的代州。[13] 这两路在连番剧斗中虽有损耗，但未遭丧败。即以伤亡颇重，队列不整的东路主力，也有部分单位能完整撤回。在撤退中有突出表现的李继隆，不久就获任命为马军都虞候。[14]

对于宋军决策核心来说，歧沟关战败的打击无疑是重大的。原本位于军事决策核心以外的文臣纷纷向核心施加压力，如前任宰相赵普、现任宰相李昉等都上言劝太宗弭兵息战。[15] 甚至左拾遗王化基，也乘着这个机会抗疏自荐。[16] 拥有最局决策权力的宋太宗受到这种论调多大影响，难以骤加断言；但表面上他对于那些文臣的规谏，都能不失体面地应付过去。尤其是答赵普的手诏上，他解释了北伐原不是为了穷兵黩武，而且早已做出缜密的战役部署，战败是由于曹彬等大将没有遵照计划行事，"此责在主将也。"[17] 这种解释令人怀疑他有推卸责任给曹彬的意图，但总算维护了他帝王的体面。

与此相应的是，他作了一些"自勉诗"来赐给近臣，[18] 又提拔了王化基、李沆、宋湜等贤士。甚至军威不振，也没有夺去他对书法艺术的兴趣。他把自己的飞白书迹赐给宰相李昉，还说"此虽非帝王事业，然不犹愈于畋游声色乎！"[19]

相反，对于那些曾和他一起策划北伐的那些近臣，他曾流露悔意。《长编》记载了他在召见枢密使王显等时"推诚悔过"的事情，但是注文中又很有保留地说此事"更当考"。[20]不论太宗有没有私下向那些大臣表示悔过，至少在公开场合，他仍力图低调处理，对内部的批评很从容而有礼地解释过去，以免被视作穷兵黩武、田猎声色之主。

他在答赵普的手诏中提到"边防之事，已大为之备，将来敢肆侵扰，必当尽歼族类"的话。[21]从君子馆战役之后看来，这几乎等于一句空话；可是他随而提拔辛仲甫来做参知政事，则多少反映出重视军备的讯息。辛仲甫在宋初以兼擅文武著称，同时是射箭的名家，连成德节度使郭崇也向他求艺。[22]

总之，尽管歧沟关之败在宋廷内引起一定反响，弭兵息战之说再度抬头，但宋太宗在表面上还能沉着应付，也没有公然否定北伐。他对边防人事作了一番调整，以面对契丹可能发动的入侵。

史书没有具体记载宋军各单位调动的详情，不过从将领的人事调动也可以知道一部分的情况。首先是西线，自潘美奉诏退回代州，他就继续当河东方面的主将，其麾下将佐也不见有很大的人事变动。中路的情况比较复杂。由于重镇定州是北伐时田重进军的出发基地，后来又成为歧沟关下来东路溃兵的收容所，其混杂了不同系统的部队，是可以想见了。《长编》的一条记载可以说明这种情况：

> 及诏分屯诸军，（李）继隆令书吏尽录其诏。旬余，有
> 败卒集城下，不知所向，继隆按诏给卷，俾各持诣所部。
> 上嘉其有谋。[23]

史文以"不知所向"来形容东路败卒的情景，似乎建制已陷于混乱。故太宗即命李继隆知定州。[24] 按照军队编制的习惯，定州是田重进中路军的出发基地，而田军亦奉命撤回，那样若以田重进兼知定州，军政上比较容易统一；但太宗结果是让东路军曹彬麾下的李继隆来做知州，而将田重进召回京师担任马步军都虞候的殊职，以赏他在北伐初期连战皆捷，后来亦全师而还的奇功。[25] 相反，知定州的职位由东路军的将领来担任，可以有安顿溃卒之效。当时东路高级将领如曹彬等，都要赴京问话。由李继隆暂时主理定州军政不失为妥当的人事调动。

当然这只是权宜之计。当败卒大体上回复编制，李继隆的任务就结束。在这年年底之前，他被调往沧州出任兵马部署。至于定州的大军则依然由田重进回去指挥。[26] 总言之，由于东路败卒造成的一番扰攘，需要由东路长官来善后，这使李继隆担任了一段短时期的知定州，但年底之前，定州的大军又重新置于田重进的指挥之下了。

东路的关南方面，败卒所造成的混乱没有被详细记述下来，但指挥阶层的大调动则势在必行。原来以攻势为设想的战斗序列需要改为防守的态势。太宗迟至六月才下达明确指示：

> 上虑契丹必入寇，命左卫上将军张永德知沧州，右卫

上将军宋偓知霸州，右骁卫上将军刘廷让知雄州，蔚州观察使赵延溥知贝州。[27]

当时已是歧沟关战败后一个月了，这项调动才发布，加上东路主将曹彬、郭守文、傅潜等入京待罪，一时不能回到原来岗位，以致必须重新任命一批将领。[28] 张永德、刘廷让等本是开国元勋、两朝宿将，但久已投闲置散，忽然复起为边防主将，是否一项明智决定，不宜妄断。无论如何，观诸当时及君子馆战役后的记载和评论，亦不见有将战败归咎于刘廷让等年迈者。元人修《宋史》，在刘廷让传论对其军纪严明称誉有加，而没有将君子馆之败归诸其个人过失。不过，刘廷让是唐末卢龙节度使刘仁恭的曾孙，宋太宗是否利用他来招抚幽燕地区的民心？无论如何，这项家庭背景可能带有政治象征性含义。[29] 张永德的边任后来也没有受到刘廷让覆败的影响。君子馆战役后，由于知雄州贺令图被俘，太宗改派张永德接任雄州。其后张永德迁调定州接替田重进，还兼河北两路排阵使，而他雄州的缺则由刘廷让补上。[30] 刘廷让再度接手雄州之后不久被罢免，是由于生病请假，不待批准而擅离职守就医。[31] 至于太宗对他在君子馆的战败，也没有大加责难，只说他被李继隆"所误"而已。[32] 从君子馆战役前后东线主将调动来看，似不能说太宗起用一批老将来守关南诸郡这个决定有很严重的错误。

年底之前，关南将领又作了一次局部调动，刘廷让调任瀛州，雄州由贺令图接替。[33] 结束了知定州的任务，迁任马军都虞候的李继隆，这时便调任沧州都部署。[34] 这项调动重新使李继隆成为东线主将之一。以上两项调动的意图不能确知。瀛州处于关南的心脏地带，西接高阳关，南通贝、冀，位置较雄州宜于进行机动战。历史上，瀛州古称河间，从来都是河朔大郡，雄州只是宋初将瓦桥关升格而成。若太宗有意倚重刘廷让作整个东线的主将，则将他调到瀛州是很自然的事。

可是李继隆作沧州都部署则有些耐人寻味。沧州、景州在唐五代自成一镇，是为横海军，不属卢龙节度使所管，严格来说不能划入"关南"的范畴，[35] 故其独立于关南（或瀛州）都部署的权限之外是有一定历史渊源的。但问题是沧州近海，地多斥卤泥沼，从来都不是宋辽战争的主要战场，何以竟设立都部署一级的帅职？况且，既已有张永德知州，又何须再加上一个李继隆？宋初西北边郡知州多兼统兵民，若沧州知事例外的只理民政，则何不派一个文官来？何须起用后周殿前都点检张永德，即赵匡胤的前任上司来做？若说不信任张永德，而要让李继隆来加以监视，干脆不要让他复出岂不更好？因此，这项调动不能单纯从人事角度来解释，而必须兼顾到兵马调动。也就是说，这可能意味着沧州有部分兵力将从知州转隶都部署李继隆。至于李继隆和张永德各自权限任务的划分，则尚欠明朗。

另外一件耐人寻味的事情，是宋太宗起用张永德、刘廷让，叫他们"击契丹自效"，[36] 而当时他们"宿将久罢节镇"，[37] 又在兵溃之余担当重任，不得不宣力而为。可是"击契丹自效"的具体含义不甚明朗，同时适用于攻、守两种姿态。换言之，我们不甚清楚宋太宗在完成"分屯诸军"之后下一步有何打算，是进一步巩固边防，还是继续经略幽燕的尝试？然而可以确定的是，在当年的秋冬二季，宋军并没有完全放弃攻击行动。换言之，收复燕云的战略目的在雍熙北伐中不能实现，似没有立

即带来战役或战术手段的相应改变。这从陈家谷和君子馆战役
可以看得出来。

陈家谷战役

陈家谷战役可以说是歧沟关战役的余波。宋军西路北伐部
队撤回代州之际，辽就策动反攻，准备收复原来丧失的州县。
《辽史》记载西路主将耶律斜轸在五月时击破宋军，[38] 克复蔚
州（今山西蔚县）。六月底，辽圣宗以节度使耶律毗哥、翰林学
士邢抱朴为云州宣谕招抚使。斜轸继奏"追奔逐北，至飞狐口。
遂乘胜鼓行而西，入寰州，杀守城吏卒千余人。"[39] 斜轸越过较
近的应州，而先取较远的寰州，控制雁门外交通要道，造成宋
军新复的云（今山西大同）、应（今山西应县）、朔（今山西朔
县）等州都有被切断与后方联系的危险。加上宋军西线主力已
回代州，雁门外没有强大兵力，因此上述州郡的得而复失就只
是时间问题了。若宋廷能坐视各州陷没，那么这一仗也不是非
打不可。然而宋在那些州县都已设置了大批行政人员，还有那
些曾协助宋军攻城略地的边民百姓，从政治的立场来看不能撒
手不管。于是发下来的诏书，便下令"徙云、朔、寰、应四州
民，诏潘美、杨业等以所部兵护送之。"[40]

可是从战略角度来看，以上决定迟至七月才做出，时间上
很不适当。若要撤退四州吏民，应在夏季令田重进归定州，潘
美、杨业归代州的同一时间进行，就便令大军掩护吏民入塞，
那样政治和军事的步调比较一致。但太宗却没有那样做，反而
让没有大军掩护的四个州暴露在外。到辽军反攻势如破竹，才

另发动一个掩护撤退的战役。他采取这样模棱两可的措施，原因不明。也许是为了示以镇静，保留一点政治筹码；也许是还未明确转入战略防御的方针；也许是还想保留一些将来反攻的据点。但无论上述哪一种情况，都说明了最高决策对败局的理解不足，对保留代北四州存有较大期望。

当西线主力已归代州，而耶律斜轸又夺回寰州时，撤退四州吏民的风险已比原先大为增加。为了如此有限的政治目的，是否值得让野战部队去冒日以增加的战斗风险，是一个问题。固然，不救四州吏民肯定会在一定程度上影响朝廷威信，但为此而令野战部队承受较大的风险，似乎也欠明智。盖言之，让陈家谷悲剧上演的不全是一两个奸臣庸将，宋廷最高决策要负上一定责任——不能在局势恶化时下定撤退的决心，导致后来政治和军事考虑的矛盾激化，左右为难。

一支军队既必须在一个不利的战略形势出击，那么只有寄望于完善的战役法及有效的战术协同，始可扭转败局。首先论战役法方面。宋太宗并没有为这次战役行动的手段下达明确指示，战役计划要由各方面主将们开会决定。从杨业的主张，可以看到从雁门通往代北的要道不止一条，如有妥善办法，要避免和辽军决战还是办得到。杨业的计划是这样："今寇锋益盛，不可与战。朝廷止令取数州之民，但引兵出大石路，先遣人密告云、朔守将，俟大军离代州日，令云州之众先出。我师次应州，契丹必悉兵来拒，即令朔州吏民出城，直入石碣谷。"[41]杨业一开始就指出战役目标的有限性，"止令取数州之民"而不是要和契丹决战。因此一个佯攻作战已足以达成任务。从"引兵出大石路"和"我师次应州"来看，大石路是代州通向应州的一条小径。杨业以应州为虚攻目标，十分得当。因为耶律斜轸越过应州而直取寰州，虽可隔断代北四州在外，但他本身的后路也很容易受到威胁。从蔚州至寰州的直线距离，未计山路，已超过一百公里，斜轸敢于作如此的纵深切入，可能是看到宋人在代北已没有主力部队。但杨业兵出应州的话，他为了后路安全，"悉兵来拒"的可能性很大。斜轸的兵力和注意力既被吸引在应州，云、朔二州的吏民就可乘机脱身。这是杨业的妙算。

当然，杨业的计划并不是无可置喙。云州距离最远，其吏民如要在宋辽两军在应州对峙时乘虚奔入宋境，必须要在宋军自代州出发时先行弃城南进，即所谓"俟大军离代州日，令云州之众先出"。但如果耶律斜轸的情报效率够高，在杨业到达应州前就已收到云州吏民弃城南进的线报，亦即假动作还未被知悉时真实的意图已经表露，他就未必会再受宋军的佯攻所蒙蔽。"先入为主"或情报分析学上所谓"思想抛锚"（anchor of thinking），是实施战略欺骗（strategic deception）的关键。对方误信假情报在先，真相才易于掩饰。[42] 对方若收到真消息在先，假消息在后，那样欺骗的效果就很难逆料。再说，这项计划的成功是以时间配合为先决条件的，任何一路太快或太慢的行动都会影响协调。越复杂、行动的单位越多、越倚重时间性的作战计划，越容易因组织故障而失误，亦即是说"组织风险"越大。[43]

然而纵使杨业的方案存在一定的漏洞，和负上较大组织风险，还是要比正面出击为好，起码可以避免或减低战斗风险。由于出击应州只是佯攻，只要将辽军吸引住，不必定求战胜都

可以完成任务。那样他的战术手段便有较大弹性——他可以在
应州稍战即退，或者高垒深沟，拖延时日。相反，监军王侁
所提出的计划，则具有较大的战斗风险。他指杨业"领数万精
兵而畏懦如此"，认为"但趋雁门北川中，鼓行而往马邑（朔
州）"。[44] 这里没有提及云、应二州吏民如何撤退。但且不论云、
应事势如何，即使要到达朔州，也还不易。耶律斜轸近在寰州，
中途加以邀击的可能性很大。更可虑的是：强敌在前，不战胜
无以夺路，也就更没法把朔州吏民接回。换言之，按照王侁的
方案，撤退吏民的战役任务，必须仰赖一个战术决战的胜利来
完成。杨业认为获得这种胜利的机会微乎其微，简直是"必败
之势也"。然而都部署潘美却支持王侁，杨业唯有自言"业当先
死于敌"，引兵"自石峡路趋朔州"。临行时他请潘美在陈家谷
口接应，"张步兵强弩，为左右翼以援，俟业转战至此，即以步
兵夹击救之，不然者，无遗类矣"。[45] 杨业知道自己的战役方案
不被采纳，很可能陷入困境，唯有寄望于战术部署——陈家谷
口的步兵、强弩或能扭转败局。

可是宋军的战术运作也比他的想象要糟。首先，他的对手
耶律斜轸也作了一套部署。"斜轸闻（杨）继业（即杨业）出
兵，令萧挞凛伏兵于路。明旦，继业兵至，斜轸拥众为战势。
继业麾帜而前，斜轸佯退。伏兵发，斜轸进攻，继业败走。"[46]
这段记载文字不多，却最全面扼要地把当天交战的先后阶段描
画出来，比宋人记载和《辽史》其他段落都要齐备。[47] 在会战
初期，耶律斜轸诈败而退，杨业在表面上占了上风。可是当
伏兵大起之际，斜轸反攻，杨业于是败走。在这段文字表面看
来，杨业的表现和一个无谋之将毫无分别，轻易落入圈套。可

是早在 980 年，他和潘美以类似手段于雁门西径击败十万辽师。自雁门之捷，契丹兵马"望见业旗即引去"，[48] 按理说杨业对埋伏计不能算外行，却还是中了埋伏。可是从严格角度来看，杨业所拥有的战术弹性其实很少，而这是其所执行的战役计划所决定的。如上所述，宋军取雁门北川大路和辽军正面对敌，杨业不能战胜斜轸就难以夺路而前。加上王侁的冷言冷语，越发使他有进无退。因此杨业中伏而败，实有无可奈何的一面。

正当杨业和辽军交锋的时候，潘美和王侁却率部离开了陈家谷口。首先是王侁"使人登托逻台望之，以为敌败走。侁欲争其功，即领兵离谷口，美不能制，……俄闻业败，即麾兵却走"。[49] 黄昏时，杨业退回陈家谷口，望见无人，于是大哭，反身力战，结果在狼牙村中箭被擒，三日不食而死。他的部下据说全部战死，无人生还。[51]

中国民间，特别是有关杨业一门的戏曲、小说，好将陈家谷战役描绘成一场残酷的人事斗争——潘美并非不知此战必败，但却故意逼着杨业败死。近年一些杨家将的传记，也倾向这种看法。[52] 无可否认，杨业的败死有着人事倾轧的因素在内。《长编》引述杨业遗言："上遇我厚，期捍边破贼以报，而反为奸臣所嫉，逼令赴死，致王师败绩，何面目求活于异地！"[53] 自是这种看法的由来。

潘美和王侁固然嫉妒杨业，但若将整个陈家谷战役——从策划到撤走援兵——都看成有意逼死杨业的一个过程，恐怕不是持平之论。潘美为都部署，杨业知代州，王侁是监军，这三个人的利害并不完全冲突。杨业战胜了，潘美和王侁都有机会分享他的战功，有论者指出在雍熙北伐时杨业的战功多为潘美冒去。[54] 但这种关系并没有必然构成害死杨业的动机。相反，如果潘美要靠杨业为自己打胜仗，那样他更不应该逼死杨业。就潘美的个人利益来看，杨业是他手下头号勇将，他可以不采纳其任何主张，甚至冒去他的功劳，但却看不出有什么必要逼他非死不可。

有的论著认为潘美撤走陈家谷援兵是为了逼死杨业，进而认为宋人官方的记载属于事后的文饰之辞，这也未必尽然。[55]《长编》说：

> 美即与㑯领麾下兵阵于谷口。自寅至巳，㑯使人登托逻台望之，以为敌败走。㑯欲争其功，即领兵离谷口，美不能制，乃缘灰河西南行二十里，俄闻业败，即麾兵却走。[56]

换言之，援兵离开谷口是以为敌人败走，于是前行了二十里，发觉杨业已败，才麾兵退走。这段话无疑有多少文饰意味，如"美不能制"，便有卸责于王㑯一人之嫌。沿灰河"西南行二十里"也属可圈可点，因宋军似不应沿西南方向进军，但这须考出所谓灰河之方位及其走向才能进一步加以论断。不过，其中王㑯"以为敌败走"，及"俄闻业败，即麾兵却走"，却很符合《辽史》的记载。斜轸曾先行诈败，这可以给王㑯使人登高远望，以为敌军败走下一个很好的注脚。及后"伏兵发，斜轸进攻，继业败走"，于是潘美、王㑯亦皆退走，而放弃在陈家谷口夹击的机会了。杨业走到谷口发现空无一人，自产生强烈的被出卖感觉。可是《长编》所载纯属潘、王事后的饰辞，还是大致可信？就陈家谷战役的记载来看，潘美以为敌军败退而离开陈家谷口，却同《辽史》记载当日曾经诈败相契合，虽难作最后论断，但可能反映了某一程度的真实。

总之，陈家谷战役和歧沟关战役不同。后者有收复燕云的远大战略目标，从而使宋人必须承担相应的战斗风险；而战斗风险能否减低，端赖精心策划的战役计划能否达到预期效果。但陈家谷战役只是为了非常有限的战略目标（撤退四州吏民），却承担很大的战斗风险，其战役计划也缺乏弹性，再加上战术协同失误和人事倾轧，因此失败殊属人为。更重要的是，撤退时机的延误、出击计划的草率和协同夹击的失误，都完全表现出宋军战略、战役和战术上的轻敌浪战——对局势认识不清，因而轻率地下进击命令。可是陈家谷的悲剧，虽然反映了杨业见解的正确，但并没有带来普遍的醒觉，出击的意图时而复现。

君子馆战役：战略角度分析

大部分宋人记载，如《东都事略》、《长编》及元人所修《宋史》，都将君子馆战役描绘为一场守势作战。《长编》载"契丹将耶律逊宁（休哥）号于越者，以数万骑入寇瀛州。都部署刘廷让与战于君子馆。"其他各书记载大致相同。[57]《辽史·圣宗本纪》也详尽地记载了南侵的准备，并说："上率大军与宋将刘廷让、李敬源战于莫州，败之。"[58]《辽史》没有提及君子馆这个地名。君子馆在瀛、莫二州间，说"战于莫州"亦无大问题。可是值得考究的是《耶律休哥传》的记载：

及太后南征，休哥为先锋，败宋兵于望都。时宋将刘廷让以数万骑并海而出，约与李敬源合兵，声言取燕。休哥闻之，先以兵扼其要地。会太后军至，接战，杀敬源，廷让走瀛州。[59]

这段记载辽军进犯时，宋军是否亦在部署进击？《耶律休哥传》的记载骤看似是孤证，但却有不少蛛丝马迹与此记载相符。首先，上文已提出李继隆任沧州都部署的疑点。沧州并不是辽军入侵的要剧地界，宋辽战争期间宋军一般只在河东、镇、定、高阳关（关南，时或移至瀛州）设置都部署。在沧州设立都部署是极其罕见的制置。休哥传上说宋军"数万骑并海而出"，容或有夸饰休哥战功的意味，但沧州却正在海边，而李继隆也正担任不常设的沧州都部署，这似乎不完全是巧合。无独有偶，《辽史·耶律化哥传》也记载："统和四年，南侵宋。化哥擒谍者，知敌由海路来袭，即先据平州要地。事平，拜上京留守，迁北院大王。"这段记载如果说的是歧沟关之役，不应有"南侵宋"字样，因此应该看成是这一年年底辽人闻知宋军"并海而出"，"先以兵扼其要地"的相关记载。

其实辽廷早在年头宋军北伐时，已着意防范后者从东路并海进军。三月中曹彬首次攻陷涿州，辽廷立即"诏林牙勤德以兵守平州之海岸以备宋"。平州和沧州隔海相对。辽廷在下诏给萧勤德的同时，又特别知会平州节度使迪里姑，"若勤德未至，遣人趣行；马乏则括民马；铠甲阙，则取于显州之甲坊"。[61] 以此足见辽廷对平州海岸防务之高度重视。平州控制榆关走廊，若遭宋军切断，则对辽军增援燕南造成极大不便。固然，宋军若有这种企图，也需承担不少战斗和组织风险。但是即使宋军没有显著企图，站在辽的立场这一路也不可不防。到四月，宋军的主攻方向逐渐明朗，平州海岸没有受到严重威胁，反而田重进在山后节节进逼，辽廷才抽调平州驻兵西援蔚州。[62]可是在月底，辽圣宗御帐抵达沙沽河，又再召见萧勤德议事，内容不详。[63]总之，辽对宋军沿海岸线发起进攻抱有戒心，而宋军亦确实在沧州设立了都部署一级的高层指挥单位。

除沧州方面出现不寻常的高层指挥单位外，知雄州贺令图也在积极的招揽辽南京守将耶律休哥。休哥自称获罪，表示愿意降宋。贺令图"不虞其诈，自以为终获大功，私遗于越（休哥）重锦十两。"[64]作为雍熙北伐的始作俑者，贺令图显然并没有在歧沟关之败后放弃立不世之功的梦想，反而加紧招抚休哥，这也是宋军具有积极意图的一种征兆。

那么，宋军是否正在策动"并海而出"的战役？当然，宋朝官私史料很少提及此类行动的意图，但也有和《辽史》记载相符的。例如曾巩《隆平集》便说："是年（雍熙三年，即986年）十二月，复命刘廷让再举北伐之兵，而全军陷于君子馆。"[65]严寒的十二月似乎不是再举北伐的理想时机。但十二月是下达命令的时间，不等于攻势要立即展开。雍熙北伐也是在正月时即议动兵，到三月才正式发动攻势。[66]

但即令《长编》《宋史》等完全不提及东线宋军在策动何事，亦不足为奇。宋初二帝的战役计划大都没有事前公布和讨论。曾经拿出来和部分臣僚咨议的属"先南后北"一类大战略构想，而非作战计划本身。太祖定荆湖、后蜀，都向诸将面授方略；太宗首谋北伐，与诸将会商，而史臣仅载崔翰"时不可失"一言。班师后，太宗对满城会战的指导方针，《长编》所载亦仅寥寥数语。雍熙北伐，太宗一日六召枢密而宰相不预，更为史家熟知。[67]事后他披露作战计划，也只可作为一种特例来看。[68]至于常为史家征引的宋琪奏疏，其具体的作战方案和太宗所实行的有很大出入，其影响力之有限可想而知了。何况这份奏章也不一定是雍熙三年所写的。[69]若以上的战役计划不幸胎死腹中，史书中留下的线索亦会同样有限。后来文臣参与军事渐渐普及，对作战计划的讨论才日益公开。总之宋雍熙以前，作战计划的讨论和制定透明度较低，史书所载亦极其简略，这和端拱（988—989）以后文臣纷纷上书讨论边事成一鲜明对照。因此，探讨宋初军事行动的意图时，军事活动本身仍是最主要的依据。

综合《辽史·耶律休哥传》及《隆平集》对于宋军进行北伐的记载，《长编》《宋史》所载沧州出现都部署一级的高层指挥单位，以及知雄州贺令图积极策动反耶律休哥的试图，都显示宋人正在策划新的攻势。

当然，这次攻势未成事实便在辽军先期发动的攻击下遭到失败。辽军的攻势准备了两个月。女真也请求出兵从征，获准。在十一月，辽廷正式命将出师，以耶律休哥为先锋都统，北院大王蒲奴宁守山后，林牙谋鲁姑、驸马都尉萧继远沿边巡辖。随行的将领有北皮室详稳萧排押（排亚）、彰德军节度使萧挞凛等。[70]

辽军选择两个突破口，一面以萧排押、蒲鲁古领偏师压制满城，而主力则直趋唐兴口。唐兴口位于定州、高阳关之间，[71]选择此处或者出于突击宋军定、瀛两线接合部的考虑，或与这一带的河道走向、桥津方位有关。抵达唐兴县时，辽军进击溏沱桥，"时宋军屯溽沱桥北，选将乱射之，桥不能守，进焚其桥"。[72] 次日涉沙河、休哥来御帐议事。可是辽军在满城方面进展有限，楮特部节度使卢补古、都监耶律盼被宋兵击败。[73] 后来萧排押终于攻陷满城，那大概是十二月才发生的事。[74]

辽军主力从唐兴口突破成功，立即派遣强有力的先头部队向纵深推进，遏制宋军的反击行动。萧挞凛和耶律迪子转攻东路；耶律休哥则向西南深入，在望都击败宋军先头部队，深入祁州附近；[75] 萧排押则加强对满城方向的攻击，两名败将卢补古、耶律盼则遭替换。十二月初，辽军主力东转，九日（甲辰），"诏南大王与休哥合势进讨"。[76] 辽军随即便在瀛、莫二州间的君子馆碰上刘廷让的主力。[77] 这一天是十二月十二日，漫天大雪。[78]

君子馆战役：战役及战术分析

当时宋军在关南高度集结，其战斗序列计为：

> 瀛州都部署刘廷让；
> 沧州都部署李继隆；
> 高阳关部署杨重进；
> 知雄州贺令图；
> 御前忠佐神勇指挥使桑赞。

还有《辽史》所载的大将李敬源，可能是李继隆之误。[79] 另外，"大将之出，必辟为先锋"的张思钧当时也在刘廷让麾下。[80] 据辽方记载，宋军单是骑兵已达数万，加上步兵、强弩等兵种之后，为数应很可观。

刘廷让的战术部署，是"先以麾下精卒与沧州都部署李继隆，令后殿，缓急期相救"。[81] 刘廷让自己来打头阵，可说得上有大将的气概，可是作战刚开始，急剧转坏的天气却起了很大影响。《长编》记载："会天大寒，我师不能彀弓弩，敌围廷让数重。……继隆退屯乐寿。"[82] 李继隆退往瀛州以南的乐寿（今献县，距河间约三十公里），刘廷让孤军奋战，"而敌援兵复至，（桑）赞引众先遁，廷让全军皆没，死者数万人，廷让得麾下他马乘之，仅脱死。先锋将六宅使、平州团练使、知雄州贺令图，武州团练使、高阳关部署杨重进，俱陷于敌。"[83] "而敌援兵复至"一语和《辽史》中耶律休哥先扼要地，然后"太后军至"的记载相合。这反映出辽人捕捉战机，及向决战点迅速集结兵力的成功。刘廷让骑别人的马突围，又有记载说他"三易马而免"，[84] 但贺令图、杨重进都不能脱身，可见突围之难了。张思钧被俘，日后逃回。[85] 宋军死者数万人，按照宋史臣的说法，此役的损失足以和歧沟关之役相比。[86] 辽军的损失没有记载。还在早期突破阶段的时候，辽将卢补古在满城遭到挫败，以致临阵易将，损失似乎不轻。到君子馆会战，辽方有"国舅详稳挞烈哥、宫使萧打里死之"，可见战斗激烈。[87]

歼灭了刘廷让的大军之后，辽人还打算歼灭田重进部，但后者很巧妙地避开了。于是辽军纵兵大掠。"癸丑，拔冯母镇，大纵俘掠。丙辰，邢州（似为祁州之误）降。丁巳，拔深州，以不即降，诛守将以下，纵兵大掠。"[88] 以上《辽史》的记载反映出辽军的暴行。至正月，辽军开始撤退，但仍继续杀戮，"破

束城县，纵兵大掠。丁卯，次文安，遣人论降，不听，遂击破
之。尽杀其丁壮，俘其老幼。戊寅，上还南京。"从退兵时还击
破束城、文安二县看来，辽军所循的路线是在瀛州东北向霸州
方向出境的。[89]

宋军的失败原因何在？一般性的原因，如：辽军选择宋军新
败之际入侵及拥有较有优势的骑兵、机动力高、能在主要方向
上迅速集结、"寒而弥坚"、较适合寒冷季节作战等等特点；而
宋军则反之，加上贺令图有轻敌之嫌，桑赞临战先走，皆足以
构成失败。但除了这些较明显的原因之外，从现有数据看，宋
军的战役决策和采用的战术，还有两点值得注意。一是应否接
受会战，或决战时机是否适当；二是刘廷让分精兵给李继隆作
前后两梯次部署，是否是一个对抗辽军优势骑兵的有效措施。

以下先分析第一点。应否接受决战，当时刘廷让和李继隆
已有不同判断，现在更应从广阔的角度去看。当然以下的研判
主要是战役层次上的，而不是战略层次上的，因为辽军是实际
上采取进攻的一方，握有战略主动，宋军在选择战略决战的时
机上并没有很大的自主权。十二月初辽军主力东进，和萧挞凛、
耶律休哥部会合，已具有会战态势。宋军当时可能采取的战役
部署大致如下：（一）按照机动防御方针，谋求定、瀛、沧三个
都部署司协同作战，以刘廷让、李继隆当之于前，田重进击之
于后。这种战役法宋军在满城会战时曾成功运用；但在雍熙三
年十二月初田重进军的活动记录却远在望都至歧沟关一线，看
不见有东进关南的企图。（二）按照据点防御的方针，刘廷让应
避免决战而力保瀛州，甚或将李继隆部移到莫州或深、祁二州
一带。但从前面所列的宋军战斗序列看来，刘廷让似是要集结

兵力拒战或进击，而不像要进行个别的据点防御。（三）正面抗击，集中瀛、沧两部署司之力决一死战。这正是刘廷让所实行的。

宋军没有实行机动防御的原因不难明了，因为战区里没有任何人具备相应的权力来指挥三路军马的调动。在那种情况下，亦即是说，只要刘廷让不能指挥田重进，他就无法组织三路协同的机动防御作战。后来宋军设立镇、定、高阳关三路都部署，才出现了这一级的指挥机制。当然，宋太宗所代表的最高决策能下此类命令，但无论文献记载，还是从实际的军事行动中都没有任何线索说明宋军有从事此类机动防御的意图。总之，当时的宋军看不出有机动防御的意图，也缺乏指挥这项行动的长官。

田重进对辽军攻势的反应很耐人寻味。在上述情况下他有三个可行的选择：（一）主动向高阳关方向进兵，试图与刘廷让协同，寻求与辽军主力决战的机会。这是一个积极的意图，但很易，也确实为对方所预期。（二）向满城—易州方向进兵，对辽军侧翼施压。这是一个积极而冒险性较低的选择，但侧翼牵制的效果端赖对方的战役目的而定，而且也很易失去和东线刘廷让配合行动的密切性。（三）坚守定州不出。这是后来傅潜、王超所奉行坚壁清野战略的重要一环，战斗风险减至最低，但完全放弃野外的控制权。田重进当时对辽军入侵所做出一系列反应行动，似乎是选择第（二）个方案。十二月五日，田重进奏称"率师入辽境，攻下歧沟关，杀守城兵千余及获牛马辎重以还。"[90] 史书没有明确记载他的兵力和将佐，其监军袁继忠的传记上也没有记载这次行动，不过田重进部下的将官孙全照，却可能在这场战斗中立了功。[91]另外，擅长骑战的李继宣也参与了这次行动，"又领骑兵五千戍北平，押大阵东偏，受田重进节度，屯长城口。敌至大构，继宣进满城。"[92]宋军攻拔歧沟关一事，《辽史》不载，不过若考虑到辽军的进攻日程，就可以承认这事确有可能。十一月的最后几天，满城还在宋军手中。二十八日（癸巳）辽将卢补古在满城失利，三十日（乙未）遭撤换。田锡《咸平集》记载田重进破歧沟关的确实日期是十一月二十八日，在十二月五日田重进又再歼灭辽军五千之众。[93]可见十一、二月之间田重进在辽军侧翼颇占上风。可是在他捷报抵达开封的同日，耶律休哥在定州以北的望都也击败了一支宋军的先头部队，田重进在年底唯有退回镇州。那样，定州部署司虽然发动了反击，甚至令辽军在满城方向的进攻遇到挫折，但未能在对方侧翼构成重大威胁。辽军的注意力始终仍在东方。

从以上看来，在君子馆战役的前夕，宋军虽完成了"分屯诸军"的态势，但几许迹象都说明它没有真正将战略重点摆到防御上面。部分文献证据显示宋军正在筹划新攻势，而它对辽军先期入侵的反应也是较侧重于孤立的反击和逆袭，没有发挥防御战的优点。

那么李继隆的退走，又应负多少责任呢？如果从权限来说，李继隆不宜与桑赞混为一谈。桑赞是刘廷让麾下的将官，而且既已合兵会战，而"引众先遁"，有违令脱逃之嫌。李继隆是沧州都部署，单论指挥权限并不低于刘廷让，而再往上已经没有更高级的指挥官了。同时他另主一军，遇到突发事故时要作独立判断是势所必然的。[94]纵使退却的判断有问题，也只属于协调方面的错误，而非违令先遁。不过，《宋太宗实录》记载李继隆的副将沧州副部署王杲（928—987）"军败，力战，仅以身免"。[95] 如果这项记载无误，王杲当时必然隶属刘廷让的军团，始有可能发生军败及突围的事情。加上前述刘廷让又分精兵给李继隆，则双方似曾经混编军团，交换部下来指挥。如果这项假设属实，则李继隆所指挥的不应视为有进退之权的独立军团，而是有支持刘廷让的责任。

刘廷让败阵后回京请罪，"上知为继隆所误，不责，逮继隆"，但后来又无罪释放，大概是接受了后者的解释。[96] 据李继隆后来为了鼓励士气时所透露，"往年河间不即死者，固将有以报国家耳"。[97] 言下之意，死于河间亦无济于事。《长编》及《宋会要》都记载二将分兵，继而那致败的寒流袭来。[98] 当气温低到弓弩等主要兵器都不能使用，放弃会战以保存部队也不失为权宜之策。李继隆的战争生涯中充满了机权应变的例子，未必是贪生怕死之徒，但宋太宗从宽发落，却未免是看在外戚分上的缘故。[99]

第二个问题比较复杂，牵涉到战术对抗的问题。在宋辽战争中，辽军的骑兵已是公认的占有优势。从战术原理来说，骑兵的战斗力有三个主要组成部分：首先，它成群向前的冲击能给予步兵方阵巨大的压力，尤其配备重甲的时候。当这种打击施加在步兵方阵的侧面或背面时效力甚至更大。其次，它是弓箭的流动发射台。在射程武器之间的战斗中，其流动性可以减少部队被击中的概率，及争取较佳的射击角度。最后，它优越的机动力能够快速集结兵力及移动攻击重点，甚至绕入步兵方阵的后方，加以切断和包围。头两项纯属技术和战术的层次，后一项则从战术的层次开始提升到战役的层次。在敌军充分运用了骑兵的战斗力时，战斗便不局限在步兵方阵的正前方，而往往是全方位的。步兵方阵为了不致陷入四面受敌的不利地步，有必要增加如强弩等射程武器，以减轻正面压力；并在两翼及侧后方配置骑兵，形成所谓"拐子马"阵；最后，加大战术纵深，将部队单位沿纵深作梯次编配，前后呼应，亦可减少被骑兵从后切断的危险。当步兵方阵做出上述调整时——加入了骑兵和射程武器等其他兵种，队形也拉长了时——它实际上已经既非纯属"步兵"，也不能全用"方阵"来形容了。它已变成一个"多兵种合成纵深部署单位"。骑兵对于这种"多兵种合成纵深部署单位"，又需要调整其攻击方法。因此，战争史上常常呈现漫长而错综复杂的战术对抗历程，而战术对抗亦成为研究战争史的一条重要线索。以上纯从战术分析，可以明了宋军在对辽战争时运用阵法的必要性和迫切性。且勿论宋太宗以阵图遥制诸将的做法是否正确和是否行得通，至少，能否正确地运用战术队形——或所谓"阵"，是战场胜败的一个关键。固然我们承认辽军在骑兵方面具有优势，可是同时也需要研判宋军对抗手段的有效性。

　　当然，整个宋辽战争的战术对抗历程如此广阔的论题，并非本章所能容纳，但以下至少可以再进一步讨论纵深部署的适切性。首先，这种战术部署较能针对辽军"退败无耻，散而复聚"的特点。[100] 因为以步兵为主而机动力较低的野战部队，很难在广阔的作战空间中主动捕捉敌军骑兵来加以歼灭，而纯粹等待敌人进攻才起而迎战又会过于消极，因此以一支前卫部队来吸引对方主力，而后续部队则乘混战的机会掩上来作决胜的一击，不失为可取之策。当然，将部分兵力部署到纵深上，会带来正面兵力的相应削弱。但另一方面，体积较小的方阵也具有机动灵活的优点，可以减少相当的战斗风险。如果再配合了如强弩等射程兵器，则正面所受的压力可望再减低一点。尤其要注意到，骑兵的冲刺力及骑射的威力皆需要一定空间，一旦陷入混战，以上两个战斗力的要素便大打折扣。这时，如后续梯队能及时反击，仍可收到后发制人之利。

从宋辽战争的历史个例中，可以发现刘廷让分精兵给李继隆作后应，并不是罕见的事例。宋军野战部队往纵深拉开部署具有相当普遍性。满城会战（979）时，辽军在两翼占有极大优势，"东西亘野，不见其尾"。宋军初时按照太宗指示，摆作较疏散的八阵，"阵相去百步"；但后来针对实际情况，改作较为集中而前后紧密协同的两阵，"士众皆喜，三战，大破之"。[101]飞狐之捷（986）时荆嗣以少量前卫部队与敌缠斗，"一日五七合，敌不胜，将遁去，（田）重进遂以大军乘之，敌北骑奔溃，生擒大鹏翼。"[102] 陈家谷战役中杨业的部署也是自己来当头阵，希望转战至陈家谷口时，潘美、王侁的步兵、强弩能及时夹击，扭转败局。当然，限于史料缺乏，现在已不能确知刘廷让是否也有类似想法。但无论如何，他所采用的是当时相当普遍，而又行之有效的战术部署。

可是，纵深战术部署也有内在的问题。它要承担较大的组织风险。由于军队被划分为超过一个以上的行动单位，其空间距离、进退迟速、接应及发动反击的时间性，都要求较高的相互调协。然而对协调的要求越高，即表示该行动越不能承受微小的错误。现代因组织失误而流产的战役行动已经不少，在古代落后的通信条件下，组织风险甚至还要更高。特别是不同位置、单位的指挥官对突发情况的不同判断，最能影响协调的效果。陈家谷战役中潘美先而轻进，继而退避，以致杨业败死；后来的望都之战（1003），王超没有全力赴援，结果让王继忠偏师陷敌。[103] 协调失误若再加上人事倾轧，后果之严重就更加不言而喻了。

总结以上的战术分析，可以说刘廷让的纵深梯次部署是沿袭了宋军行之有效的熟套，以术语说，是以较高的组织风险换取较低的战斗风险。然而在没有定州方面配合机动防御的前提下，应否接受决战仍然很成问题。突然恶化的天气不但影响了战斗力的发挥，也动摇了协同作战。当然，天气转坏为关南宋军的覆败提供了意想不到的偶然因素，但三个都部署级大单位没有协同机动防御，而从事正面抗击，也种下了失败的种子。再考虑到宋军正在图谋再举北伐的记载，及贺令图对耶律休哥倒戈的深信不疑，则宋军的失败，还是有轻敌浪战之嫌。

疮痍之卒

君子馆战役之后就不同了。紧接着刘廷让的覆败，辽军在河东方面也发起一个局部攻势，而宋军的反应完全不同。接替杨业知代州的张齐贤因兵力寡不敌众，原拟约定潘美自太原来会战；但太宗一接获君子馆的败报，就立即急令潘美"毋得出战"。张齐贤得到这个密报，立即把信使暂行囚禁，以防消息外泄。然后他选派二千名厢军出战，又派人在山头虚燃烽火。辽军以为潘美军至，立即退却，撤退中又中了张齐贤的伏击。"擒其北大王之子一人，帐前舍利一人，斩首二千余级，俘五百人，获马千余匹，车帐、牛羊、器甲甚众"，算是小胜。[104] 可能辽军对代州的攻势只是牵制性质，没有主力决战的意图，因此被张齐贤的虚张声势所慑，稍遭挫败即中止。

土𡺃寨之捷虽是小胜，却体现了宋军战区指挥部门的一个重要的心理变化。初时张齐贤"约潘美以并师来会战"，还是一派遇敌即战的作风。但当他的通信人员落入敌军手中，他马上警觉到潘美的大军有危险，而宋太宗也收到君子馆的败报而谨慎起来。"俄而美有候至，云师出并，师行四十里至柏井，忽奉密诏，东路王师衄于君子馆，令并之全军毋得出战，已还州矣。"[105] 可见君子馆之败，令宋军的指挥系统警觉起来，产生了慎重和避免决战的想法。这种警觉性在夏季并不如何普遍——当时太宗还扬言要歼灭辽的"族类"，王侁则要"鼓行而往马邑"，刘廷让"并海而出，声言取燕"，田重进还奏捷攻拔歧沟关，贺令图则自以为"终获大功"。以上这一切锐进，甚至轻敌的姿态，再也没有那样集中地表露出来了。

又《东都事略》记载张齐贤调动兵力的方法，也是以防御作战为设想的："齐贤豫简厢军千人，为二部分，分屯繁峙、崞县，下令曰：'代西有寇，则崞县之师应之；代东有寇，则繁峙之师应之，比接战，则郡兵集矣！'至是果为繁峙兵所败。"[106]

对君子馆的战败，田重进也马上提高了警觉。当时辽军乘胜西指，夺中渡桥、塞土门，切断了镇州至河东的交通线。田重进军大概正从歧沟关回来，若一时找不到依托点，便很容易在唐河一带遭遇围歼。这时他采纳转运使索湘的计谋，扬言东

进与高阳关合兵，实则迅速南下，重夺中渡桥，进驻镇州以稳
定唐河附近的局势。[107]"敌至定州，夺唐河桥，重进召继宣泊
田绍斌赴援，绍斌为敌所败，继宣独按部转斗入定州。"[108]简
言之，由于成功的使用欺骗，加之以一个迅速果断的战役机动，
使田重进军巧妙摆脱了敌人，回复到有利的防御态势。

中央政府也深为战败所震动。宋太宗在歧沟关战后还能维
持表面镇定，到这时却只能下哀痛之诏了。[109]在史官笔下的前
线情况，惨淡异常。《长编》雍熙四年开头便说：

> 春正月，初，曹彬及刘廷让等相继败覆，军亡死者，
> 前后数万人。缘边疮痍之卒，不满万计，皆无复斗志。河
> 朔震恐，悉料乡民为兵以守城，皆白徒，未尝习战阵，但
> 坚壁自固，不敢御敌。敌势益振，长驱入深、祁，陷易州，
> 杀官吏，卤士民。所过郡邑，攻不能下者，则俘取村墅子
> 女，纵火大掠，辇金帛而去。魏、博之北，咸被其祸。上
> 深哀痛焉。[110]

以上百余字虽然也提及曹彬之败，但大部分其实是描述君
子馆战役的后果。不过这段记载在《宋会要》中可以发现其渊
源，《隆平集》和《宋史》也有类似的话，[111]显见其所本的官
方史料中已有类似的描写。可是宋军对辽作战失利并非首次，
但过往史官或有隐讳不书之嫌，如高梁河战役，或没有加以重
视，如瓦桥关战役。[112]换言之，要到刘廷让继曹彬而覆败之后，
"河朔震恐"才成为一件无可否认的事实。不论朝廷还是前线军
士的信心士气都受到了打击，契丹之患才引起普遍的警觉。

在这种由前线至中央的普遍警觉之下，军事已非纯属军人独占的领域。因而文臣参与军事趋势的加剧，就不是一件奇怪的事。宋太宗原有宋琪、辛仲甫等专长军事的宰相和参政，陈家谷战役后又外放其谋臣张齐贤去代替杨业，可见文臣早已参与军事。可是值得注意的是，君子馆战役后，出现了五位文官换秩为武官的事。这就不是一般或临时性的参与军事，而是变换为武官身份。太宗"欲并用文武，勘定寇乱，乃诏文臣中有武略知兵者许换秩"。于是雍熙四年郑宣、刘墀、赵载、柳开和刘庆都换秩为武臣。[113]柳开继续进行策反辽将白万德来收取幽州的活动，但到他调任全州，整个计划便中缀了。[114]

随着形势的恶化，主守战略抬头本属意料中事。可是锐进轻敌的反面，又会带来过当的畏敌倾向。987年年初朝廷本拟点集百姓，恢复大规模征兵，宰相李昉的奏章中提到"近者分遣使传出外料兵，自河东、河南四十余郡，凡八丁取一，以充戍行。……臣等颇闻舆议，皆言河南百姓不同被边之民，世习农桑，罔知战斗"。[115]民兵欠缺训练，未必有何用处，反而表露朝廷惊慌失措的一面。结果文臣李惟清（943—998）及陈王元僖（卒于992年）上疏反对。[116]继而，弭兵论在朝廷的影响力大增。殿中侍御史赵孚倡言求和，说"近则唐高祖降礼于突厥，启三百年之宗社"。[117]适时争取和平不失为理性的考虑，但把汉、唐开国都说成是连串屈辱求和的历史，却未免令人气沮。当年年底，"雄、霸等州皆相告以敌将犯边，急设备。宁边军数日间连受八十余牒，知军柳开独不信，……既而果谍者之妄"。[118]可见其风声鹤唳之状。

事实上，辽军的攻势仅达魏博为止，并没有立即威胁到开封的安全。本来辽军乘着宋军一再覆败、士气低落的机会向魏博以南作一个纵深冲击，可能会对宋室构成更大的威胁。澶渊之役前，辽军在关南遭遇挫折，强攻瀛州时死伤三万多，还是企图在纵深里获得决定性结果——这固然令宋人忧形于色，但辽军也要冒前后受敌的风险。[119]君子馆战役后的形势对辽军似乎还要好，但他们为何没有深入魏博以南？《辽史·耶律善补传》上记载了辽廷的一次军事会议，会上许多将士说"魏城无备"，主张直取魏府。耶律善补出来反对，认为："攻固易，然城大匝量，若克其城，士卒贪俘掠，势必不可遏。且旁多巨镇，各出援兵，内有重敌，何以当之？"辽廷于是打消了进攻大名府之想。上述文字没有标明年份，史传中系于歧沟关战后。[120]魏府无备的情况见于《宋史·王承衍传》："雍熙中，出知天雄军府兼都部署。时契丹扰镇阳，候骑至冀州，去魏二百余里。邻境戒严，城中大恐，属上元节，承衍下令市中及佛寺燃灯设乐，与宾佐宴游达旦，人赖以安。"[121]

辽军向博州进行了一次试探性攻击。《长编》上记载着，博州监军马知节得悉君子馆的败讯后立即大修城垒，"既而敌果至，见有备，乃引去。"[122]辽军的向南挺进就以此为终点。

另外，就战争的政治目的来说，辽的当务之急是保住燕云。不少证据显示，宋辽战争期间燕云百姓常有向宋之心。高梁河战役时幽州"民怀二心"，[123]雍熙北伐时也不乏州县守将降宋。后来柳开还打算策反辽将直取幽州。因此，经过连串兵火之后，辽人需要巩固燕云的统治。《辽史·耶律休哥传》就记载"休哥以燕民疲弊，省赋役，恤孤寡，戒戍兵无犯宋境，虽马牛逸于北者悉还之"，而以"自是宋不敢北向"来形容他的功绩。[124]

即使后来澶渊之役，辽人号称为关南地而来，[125] 但也没有什么强有力证据指出他们要进一步夺取宋的江山。纵兵俘掠，夺取战利品似乎是更为实际的利益——尽管辽太宗曾经有在中原称帝的先例。当然，统治者的野心会随着战略形势的发展而增加，一次又一次的胜利会导致战争的政治目的相应改变，这在历史上屡见不鲜。但君子馆战役并没有带来辽人大举进军中原的结果，一方面是辽朝的战争目的似仍有限，另一方面，其军事胜利还未够彻底。

史实证明，宋军缘边兵不满万，皆"无复斗志"含有一定夸张成分，或仅反映一个短期现象。首先，辽军并没有歼灭沧州都部署李继隆的部队，而李麾下的却正是刘廷让"缓急期相救"的"锐卒"。辽军虽意图歼灭雍熙北伐中连战皆胜的定州都部署田重进所部，却也没有成为事实。至于宋军的士气虽然明显受挫，但仍能回复。一年后的唐河会战，定州监军袁继忠部下的易州静塞骑兵，凭着高昂士气，"摧锋先入"，令"契丹骑大溃"。[126] 再过一年的徐河之捷，宋将尹继伦以步骑千余人突袭耶律休哥数万大军，战前对部下说："纵死犹不失忠义，岂能为边地鬼乎！"于是"众皆愤激从命"。结果这一战打得休哥大败，"自是不敢大入寇，以继伦面黑相戒曰：'当避黑面大王。'"[127] 这些都是宋军士气逐渐回复的迹象。此外，宋太宗又委派资深将领翟守素（922—992）主持河北州城的修复工作。"自刘廷让败于君子馆，河朔诸州城垒多圮。（雍熙）四年，诏守素与田仁朗、王继恩、郭延濬分路案行，发诸州镇兵增筑，护其役。"[128] 可见边防设施也在相继修复之中。

995 年，宋军又赢得府州子河汊和雄州两场胜仗，虽然都只影响着局部战场的形势，但宋军不敢轻出，而辽也非出动十万人以上的大部队不易言胜的局面，似乎一直维持下去。不过到 999 年，辽人乘着宋真宗新近即位，加强攻势，在高阳关附近歼灭了宋将康保裔部。1000 年与 1001 年之交，辽军又再南侵，被宋军击败于长城口。1002 年，辽军败宋军于保州，次年又败宋军于望都。1004 年辽圣宗亲征，发动纵深攻击，攻瀛州不克，直抵黄河；而宋真宗亦亲征澶渊，结果两朝讲和，成为兄弟之国，疆界不变，宋每年向辽赠岁币银绢三十万，史称澶渊之盟，结束了宋辽战争。在 986 年至 1004 年的战争中，宋人的战略中心议题不再是大战略层次上的应从事攻势还是防御的问题，而是如何从事防御的问题；而弭兵论也分化为主和、主守的论调。这些都是宋辽战争进入新阶段的特征，需要另作系统的研究。

结　论

经过上文讨论，现将陈家谷和君子馆战役的重要性概括如下：

一、宋军经过歧沟关战役的失败，既不能达成收复燕云的战略目标，还损失数万兵员，撤回的军马短期内陷于建制混乱。可是，失败并未立即引起普遍的警觉。到陈家谷、君子馆战役，名将杨业陷敌，宋军又再蒙受刘廷让数万兵力的损失，于是出现一段时期士气不振的现象。朝廷中弭兵论变本加厉，走到惊惶恐惧的另一个极端去。因而，歧沟关、陈家谷、君子馆三场战役应被看成宋辽战争战略主导权的过渡阶段。这比仅视雍熙北伐为决定性失败来得全面。

二、陈家谷和君子馆战役都体现出宋军由攻到守的战略转型极不顺利。从北伐回来的宋军虽然分守前线各段，但宋的战略和战役领导层仍然受攻势意识的影响，甚至有轻敌浪战的倾向。宋军完全采取防御战略，是陈家谷和君子馆战役以后的事。因此，机会主义对宋代军事的不利影响值得重新探讨。

三、辽人歼灭刘廷让所部于君子馆，是宋辽战争中极罕有的都部署一级的大单位被成建制歼灭的例子。宋军遭受如此惨败，除却一般原因外，还由于战役上流于正面抗击；而其纵深战术部署虽有减低战斗风险的作用，但所带来较高的组织风险，使其缺乏应付突发事故的弹性。这可以为研究古代战争中的战术对抗提供一个重要范例。

同时也应看到，辽军虽掌握了战略主动权，但以其有限的政治目的及长期战争潜力，加上失去歼灭田重进和李继隆两部的机会，宋军要形成相持不下的局面，尚属可能。

注　释

[1] 如金毓黻:《宋辽金史》(台北：乐天出版社，1971 年)，页 31—32
有谓："此两役（指高梁河、歧沟关战役）为辽强宋弱之关键，不
可不郑重视之。"周宝珠、陈振:《简明宋史》(北京：人民出版社，
1985 年)，页 20 ; 王煦华、金永高:《宋辽和战关系中的几个问题》，
载《文史》，第 9 辑（1980 年 6 月)，页 83—113 ; 此类意见颇多，
不能尽录。

[2]《长编》，卷二十八，页 631。

[3] Michael Howard, *The Causes of Wars* (2nd and enl ed.; Cambridge, MA;
Harvard University Press, 1984), pp. 208–215. 米高·霍华德（著）、陈
奎良（译），《战争的起源》(台北：黎明文化事业公司，1986 年)，
页 241—249。

[4] Field Marshal Erich von Manstein, *Lost Victories* (Novato: Presidio,
paperback edition, 1994), pp. 289–290. 冯·曼施坦因元帅（著）、钮
先钟（译），《失去的胜利》(台北：军事译粹社，1984 年)，页
231。有关此项论断之史实及论述穿插于同书后半部分，即第 12—
15 章，在此不一一尽录。

[5] 将战略视作有规范意义的学说甚为普遍，在某些国家的军事术语
亦得到印证。例如 "The art and science of developing and using
political, economic, psychological and military forces as necessary
during peace and war, to afford the maximum support to policies,
in order to increase the probabilities and favorable consequences of
victory and to lessen the chances of defeat?" 见 *U.S. Joint Chiefs of
Staff, U.S. Department of Defense Dictionary of United States Military
Terms* (New York: Arco Publishing, 1988), pp. 338–339. 有关将战略

视作客观现象的理论，见 Edward N. Luttwak, Strategy: *The Logic of War and Peace* (Cambridge, MA, and London, England: The Belknap Press of Harvard University Press, 1987), pp. 5, 15–16, 58. 又中译本，爱德华·鲁特瓦克（著）、军事科学院外国军事研究部（译），《战略——战争与和平的逻辑》（北京：解放军出版社，1990 年），页 5，17—18 及 56。

[6] Philip Contamine, *War in The Middle Age*, trans. Michael Jones (Oxford, England: Basil Blackwell, 1984), p. 260.

[7] 某些学者对于欧美军事史界好以笼统战术原则套入古今战例日渐感到不满，见 John Keegan, *The Face of Battle* (New York: Viking, 1976), pp. 22–26. 这诚然是一个流弊。但无可否认的是，在中国古代战役研究中纵使这种形式的战役史也很少见。李震：《中国历代战争史》（台北：三军出版社，1976 年）是最全面的一种战役史，但取材多限于正史，对事件异同的考证较少。

[8] 李德·哈特（Liddell Hart）（著）、钮先钟（译）：《为何不向历史学习》（*Why Don't We Learn from History*）（台北：军事译粹社，1981 年再版），页 23。

[9] 赵翼（著）、王树民（校证）：《廿二史札记校证·宋金用兵须参观二史》（北京：中华书局，1984 年）云："两国交兵，国史所载，大抵各夸胜讳败，故纪传多不可尽信。……是各史记载互异，若徒据一史必不能得其真也。惟此国自述其败，而后见彼国之真胜；否则别见于他传者，其胜败亦差得实；又或此国叙战之难，亦可见彼国拒战之力。……故阅史必参观各传，彼此校核，始得其真也。"（卷二七，页 611—613）

[10] 伍伯常：《易州失陷年月考——兼论南宋至清编纂北宋历史的特

色》，载杨炎廷编：《宋史论文集：罗球庆老师荣休纪念专辑》（香港：中国史研究会，1994年），页1—19。

[11] 参看《长编》，卷二七，页613；脱脱等：《辽史·圣宗本纪二》（北京：中华书局，1974年），卷十一，页123；同书卷八三《耶律休哥传》，页1300。

[12] 宋西路军之杨业部、中路军之荆嗣部，均为宋军中之精锐部队，时未达歧沟关战场。又《长编》记载君子馆战役时，李继隆部下尚有精卒（卷二七，页625）。君子馆战后，定州监军袁继忠部下又有易州静塞骑兵"尤骁果"（卷二九，页658）。

[13]《长编》云："上始闻曹彬等军败，乃诏诸将领兵分屯于边，召彬及崔彦进、米信入朝，田重进率全军驻定州，潘美还代州。"（卷二七，页614）

[14]《长编》云："初，米信、傅潜等军败众扰，独李继隆以所部振旅成列而还，即命继隆知定州。……壬申，以继隆为马军都虞候，领云州防御使。"（卷二七，页620）脱脱等：《宋史》（北京：中华书局，1977年），卷二五七《李处耘传附子继隆传》略同，见页8965。

[15]《长编》，卷二十七，页614—618。

[16]《长编》，卷二十七，页623。

[17]《长编》，卷二十七，页617。又近人对曹彬的研究，见张其凡：《庸将负盛名——略论曹彬》，刊于邓广铭、徐规等编：《宋史研究论文集》（杭州：浙江人民出版社，1987年），页507—527。柳立言：《宋初一个武将家族的兴起——真定曹氏》，刊于历史语言研究所主编：《中国近世社会文化史论文集》（台北：历史语言研究所，1992年），页40—50。

[18]《长编》，卷二十七，页 618。

[19]《长编》，云："左拾遗真定王化基抗疏自荐，上览之，谓宰相曰：'化基自结人主，诚可赏也。'又曰：'李沆、宋湜皆嘉士。'……庚子，并除右补阙、知制诰，各赐钱百万。"（卷二十七，页 623）

[20]《长编》，卷二十七，页 618。

[21]《长编》，卷二十七，页 617。

[22]《长编》云："丙辰，以御史中丞辛仲甫为给事中、参知政事。"（卷二十七，页 619）关于辛氏的善射，又见文莹:《玉壶清话》（北京：中华书局，1984 年），卷一，页 10。

[23]《长编》，卷二十七，页 620 ;《宋史·李处耘传附子继隆传》略同（卷二百五十七，页 8965）。

[24] 同上注。

[25]《长编》云："甲戌，以步军都指挥使、静难节度使田重进为马步军都虞候。自张令铎罢马步军都虞候，凡二十五年不以除授，幽州之役，惟重进之师不败，故特命之。"（卷二十七，页 620）内文提及张令铎罢都虞候一事，即传统所谓"杯酒释兵权"，自此马、步军与殿前司为"三衙"，田重进一人兼为马、步二司都虞候，实甚罕见。

[26]《宋史·田重进传》："乃命重进董师驻定州，迁定州驻泊兵马都部署。"（卷二六〇，页 9024）。

[27]《长编》，卷二七，页 618—619。

[28]《长编》，卷二七，页 614 ；又云："丙辰，曹彬等至阙。戊午，……召彬及崔彦进、米信、杜彦圭、行营都监郭守文、马步都指挥使傅潜、押阵部署陈廷山、排阵使蔡玉、先锋都监薛继昭等九人诣尚书省鞫之。"（页 619）结果诸将皆受贬官处分。

[29]《宋史·刘廷让传》卷二百五十九，页 9003。钱若水等：《宋太宗实录》残本（古籍出版社据傅氏藏园本校刊），卷四二，页 3a。

[30]《宋史·张永德传》云："雍熙中，连知沧、雄、定三州。端拱元年，拜安化军节度。召还，为河北两路排阵使，屯定州。尝与契丹战，斩获甚众。"（卷二百五十五，页 8917）按君子馆战役前，张永德知沧州；战役中知雄州贺令图为契丹所擒，故永德知雄州的时间应在君子馆战役后，以代替贺令图的空缺。君子馆战役期间知定州的是田重进，故永德再调定州，乃接替田重进。雍熙四年夏田重进曾入朝，永德知定州应在这一期间，见《长编》，卷二十八，页 638。又据《宋史·刘廷让传》云："四年，复命代张永德知雄州兼兵马部署。是秋以疾闻。"（卷二百五十九，页 9003）可知张永德赴任定州后，以刘廷让来知雄州，时间亦在秋季以前，二史所载适相吻合。

[31]《宋史·刘廷让传》云："是秋以疾闻，帝遣内医诊视，因上言求归京师，不俟报，乃离屯所。帝怒，下御史按问，狱具。"（卷二百五十九，页 9003）。

[32] 同上注："太宗知为李继隆所误，不之责。"

[33] 同上注："以廷让知雄州，又徙瀛州兵马都部署。"可见廷让知雄州未几即徙瀛州。《长编》述君子馆战役，云："先锋将六宅使、平州团练使、知雄州贺令图"（卷二十七，页 625），则接任雄州的应是贺令图。

[34]《宋史·李处耘传附子继隆传》云："太宗益嘉其有谋。……契丹大入边，出为沧州都部署。"（卷二百五十七，页 8965）《长编》述君子馆战役，亦载继隆为沧州都部署（卷二十七，页 625）。

[35] "关南"一般指石敬瑭割让地中为周世宗所收复者，具体而言即

瀛、莫二州及瓦桥、益津、淤口三关。沧州虽亦在三关之南，但
不属石敬瑭割让地。庆历时辽人来索关南十县，亦不包括沧州。

[36]《宋史·刘廷让传》："时廷让与宋偓、张永德并罢节镇在环列，帝
欲令击契丹自效，乃遣分守边郡。"（卷二百五十九，页9003）《长
编》略同（卷二十七，页618—619）。

[37]《长编》，卷二十七，页619。

[38]《辽史·圣宗本纪二》云："癸未，……斜轸遣判官蒲姑奏复蔚州，
斩首二万余级，……戊子，斜轸奏宋军复围蔚州，击破之。"（卷
十一，页122）同书《耶律斜轸传》云："斜轸至定安，遇贺令图
军，击破之，……遂取蔚州。贺令图、潘美复以兵来，斜轸逆
于飞狐，击破之。"（卷八十三，页1302）可知前后两战，贺令
图都是宋方的重要将领。同书《耶律题子传》云："败贺令图于
定安，……贺令图复集败卒来袭蔚州，题子逆战，破之。"（卷
八十五，页1315）与斜轸传同。

[39]《辽史》，卷十一《圣宗本纪二》，页123。

[40]《长编》，卷二十七，页621。对于陈家谷战役发生的月份，不同史
料有不同记载，分别有五月、七月、八月三种说法。《宋史》，卷
五《太宗本纪二》，页78将杨业败苦战被擒，"守节而死"系于五
月，恐怕是将就曹彬军败，为行文方便连带提到，但却是最没有
可能的一个说法。辽军要六月十七日才取回寰州，没有可能在五
月就生擒杨业。这一点王菡：《潘美传》（北京：中华工商联合出版
社，1995年），页115—120辨之甚明。剩下是《辽史》事系七月，
《长编》则事系八月两种说法。细察《长编》，卷二七，页621云：
"八月，初徙云、朔、寰、应四州民，诏潘美、杨业等以所部兵护
送之"，此下即接入陈家谷战役的过程。观乎起头有一"初"字，

然则以下所述部分都有追述前事的意味，所以严格来说，李焘并不以为这事发生在八月。真正发生在八月的应该是页 623："上闻业死，甚痛惜。辛亥，诏削美三任；侁除名，配金州，文裕，登州。赠业太尉、大同节度使"一事。佚名编：《宋大诏令集》（北京：中华书局，1962 年），卷二二〇，页 844 载有制书全文。因此，《长编》将事情系于八月辛亥（十五日），可以理解为宋人得悉杨业死讯的日子，而非陈家谷之战发生的日子。至于《辽史》事系七月，则为比较正确的记载。《辽史》，卷十一《圣宗本纪二》，页 123 载秋七月丙子（初十），枢密使斜轸奏复朔州及擒宋将杨继业，辛卯日（二十四日）又再奏是役的详细经过。然则陈家谷战役应发生在七月初。陪伴杨业战至最后一刻的百余名部下无人生还，也可能是宋廷没有很快就收到败报的一个原因。

[41] 同上注。

[42] Richard J. Heuer Jr., "Cognitive Factors in Deception and Counter Deception," in *Strategic Military Deception*, edited by Donald C, Daniel and Katherine L. Herbig (New York, Oxford, Toronto, Sydney, Paris, Frankfurt: Pergamon Press, 1982), pp. 30–70. 小理查德兹·J. 霍耶尔，《欺骗与反欺骗中的认知因素》，载唐纳德·丹尼尔、凯瑟琳·赫伯格（主编），徐晓军、沪新生（译），《战略欺骗》（北京：军事科学出版社，1991 年），页 28—64.

[43] Luttwak（注 5），pp. 10—15. 又中译本，页 11—14。

[44]《长编》，卷二十七，页 621。马邑指朔州，见《辽史》，卷四十一《地理志五》，页 51。

[45]《长编》，卷二十七，页 622。

[46]《辽史》，卷八十三《耶律斜轸传》，页 1302—1303。

[47]《长编》但云"业力战，自日中至暮，果至谷口"，而不载其中
伏之事，（卷二十七，页622）。王称:《东都事略》（台北：文海
出版社，1967年），卷三十四《杨业传》，页546—548；及《宋
史》，卷二百七十二《杨业传》，页9304—9305。《辽史·圣宗本纪
二》但云："至是，引兵南出朔州三十里，至狼牙村，恶其名，不
进；左右固请，乃行。遇斜轸，伏四起，中流矢，堕马被擒。"（卷
十一，页123）更为费解。同书《耶律奚底传》，（卷八十三，页
1303)；《萧挞凛传》（卷八五，页1313），同卷《耶律题子传》（页
1315），均散见击败杨业之事，但不如斜轸传详尽。

[48]《长编》，卷二十一，页482。关于雁门之捷，见同卷，页473。

[49]《长编》，卷二十七，页622。

[50] 同上注。《辽史·圣宗本纪二》也说杨业是"疮发不食，三日死。"
（卷十一，页124）关于杨业之中箭被擒，《耶律奚低传》有详尽
的记载："凡战必以身先，矢无虚发。继业败于朔州之南，匿深林
中。奚低望袍影而射，继业堕马。先是，军令生擒继业，奚低以
故不能为功。"（卷八十三，页1303）《长编》也说杨业"身被数
十创，士卒殆尽，业犹手刃数十百人，马重伤不能进，遂为敌所
擒。"（卷二十七，页622）。

[51] 见上注《长编》所载："士卒殆尽，……其败也，麾下尚百余
人，……众皆感泣，不肯去，遂俱死，无一人生还。"（卷二十七，
页622）《东都事略》，卷三十四《杨业传》，页548；《宋史》，卷
二百七十二《杨业传》，页9305略同。大抵有关杨业传的来源，
似皆以国史原传为依据。《长编》引王侁的话："领数万精兵而畏
懦如此"，未知是否即为杨业部下人数（卷二十七，页621）。《辽
史·耶律斜轸传》载斜轸收复山西之战役，首破贺令图，"斩首数

万级"，继而用兵略取蔚州，"斩首二万余级"，此后再破潘美、贺令图及生擒杨业两战，则不载斩级之数（卷八十三，页1302—1303）。按斜轸传文意，以及提到"继业陷山西诸郡，各以兵守，自屯代州"，可知杨业一军才是主力，兵力应较贺令图等为多，再除去一些夸饰的成分，杨业兵力达数万之谱，似不为过。同时考虑到斜轸所用的佯败伏击战术，若杨业兵力太少，也不必如此。

[52] 郝树侯：《杨业传》（太原：山西人民出版社，1984年），页37—40。

[53]《长编》，卷二十七，页622。

[54] 郝树侯（注52），页31—33。

[55] 沈起炜：《杨家将的历史和传说》（上海：上海人民出版社，1984年），页42。此外，常征：《杨家将史事考》（天津：天津人民出版社，1980年），亦有类似看法。

[56]《长编》，卷二十七，页622。

[57]《长编》，卷二十七，页625。《宋史》，卷二五九《刘廷让传》，页9003同；徐松《宋会要辑稿》（北京：中华书局，1976年）第196册蕃夷一之十一云："十二日，瀛州言：都总管刘廷谦率兵与虏遇于君子馆，接战。"（页7678）《东都事略·契丹传》云："复寇三关，瀛州帅刘延让战于君子馆，败绩。"（卷一二三，页1896）刘廷谦、刘延让都是刘廷让的笔误。

[58]《辽史》，卷十一《圣宗本纪二》，页126。

[59]《辽史》，卷八三《耶律休哥传》，页1301。

[60]《辽史》，卷九四《耶律化哥传》，页1381。

[61]《辽史》，卷十一《圣宗本纪二》，页120。

[62]《辽史》，卷十一《圣宗本纪二》，页121。

[63]《辽史》，卷十一《圣宗本纪二》，页 121—122。

[64]《长编》，卷二十七，页 625。

[65] 曾巩:《隆平集》（台北：文海出版社，1967 年），卷十七，页 645。

[66]《长编》，卷二十七，页 602—608。

[67]《长编》，卷二十七，页 618。

[68] 当时反对北伐，或主张持审慎态度的文臣不止一二人，而太宗特
下手诏答书，并披露其作战计划，可谓特为优渥，大概是考虑到
赵普的政治声望。赵普又即上谢表，事见《长编》，卷二十七，页
614—617。

[69] 按《长编》李焘注:"本传及《会要》、《经武圣略》皆云端拱二年
（989），时讨幽蓟，召群臣各言边事，琪上此疏。按端拱二年，契
丹侵扰河北，朝廷盱食，岂暇远议幽蓟。此疏盖雍熙三年春曹彬
等出师时所上，故专言幽蓟事宜，今掇出附见于此。"（卷二十七，
页 608 注）可是除此之外，李焘亦没有更多证据来支持此项系年
调动。

[70]《辽史》，卷十一《圣宗本纪二》，页 125—126。

[71]《辽史·圣宗本纪二》云:"壬辰，至唐兴县。……癸巳，涉沙河，
休哥来议事。"（卷十一，页 126）唐兴县是五代地名，至宋已废，
然确在滹沱河北。见谭其骧等:《中国历史地图集》（北京：中国地
图出版社，1982 年），隋唐五代十国时期分册，页 48—49。

[72]《辽史》，卷十一，页 126。

[73]《辽史》云:"癸巳，……北皮室详稳排亚献所获宋谍二人，上赐
衣物，令还招谕泰州。楮特部节度使卢补古、都监耶律盼与宋战
于泰州，不利。甲午，……以卢补古临阵遁逃，夺告身一通，其
判官、都监各杖之。"（卷十一，页 126）内文所谓泰州，实即满

城。薛居正等：《旧五代史·郡县志》（北京：中华书局，1976年）：
"后唐天成三年三月，升奉化军为泰州，以清苑县为理所，至晋开
运二年九月，移就满城县，至周广顺二年二月，废州，其满城割
属易州。"（卷一百五十，页2017）可见辽人沿用五代地名，呼满
城为泰州。攻略满城之主将为萧排押。见《辽史·萧排押传》云：
"统和初，为左皮室详稳，……是冬，攻宋，隶先锋，围满城。"
（卷八十八，页1341）这个萧排押应即《圣宗本纪》那个"北皮
室详稳排亚"，其部下有卢补古、耶律盼。

[74]《辽史·萧排押传》云："围满城，率所部先登，拔之，改南京统军
使。"（卷八十八，页1340）然则满城最后亦告失守。但据同上注
《圣宗本纪》说癸巳日卢补古等战败，乙未日辽廷派"御盏郎君化
哥权楮特部节度使，横帐郎君佛留为都监，代卢补古。"则乙未日
以后满城的战事仍未解决，而须命将代替卢补古。据《宋史》，卷
五《太宗本纪二》，页79谓雍熙三年十二月乙未朔，换言之当时
满城仍在宋人之手。因此辽将萧排押的攻陷满城，最快要到十二
月才可能。

[75]《辽史·圣宗本纪二》云："乙未，……命彰德军节度使萧闼览、将
军迪子略地东路。……十二月己亥，休哥败宋军于望都，遣人献
俘。壬寅，营于滹沱北，诏休哥以骑兵绝宋兵，毋令入邢州。"
（卷十一，页126）校勘记谓邢州当作祁州（页128）。

[76]《辽史》，卷十一《圣宗本纪二》，页126。

[77]《中国历史地图集》宋辽金时期分册，页16—17，河北东路。又见
顾祖禹：《读史方舆纪要》（台北：新兴书局，1967年），卷十三《君
子馆》，页4附注。有关地点考证，程光裕：《宋太宗对辽战争考》
（台北：台湾商务印书馆，1972年）言之颇详（页153）。

[78]《宋会要辑稿》第 196 册蕃夷一之一一云:"十二日,瀛州言:都
总管刘廷谦率兵与虏过于君子馆,接战,会天大寒。"(页 7678)
刘廷谦为刘廷让之误。《长编》,卷二十七,页 625 略同。《宋
史》,卷五《太宗本纪二》,页 79 谓雍熙三年"十二月乙未朔,大
雨雪。"

[79]《长编》,卷二七,页 625 具见刘廷让、李继隆、贺令图、杨重进
及桑赞之官职,但不见有李敬源其人。《辽史》三见李敬源之名,
卷十一《圣宗本纪二》云:"上率大军与宋将刘廷让、李敬源战于
莫州,败之。"(页 126)卷八三《耶律休哥传》云:"时宋将刘廷
让以数万骑并海而出,约与李敬源合兵,声言取燕。休哥闻之,
先以兵扼其要地。会太后军至,接战,杀敬源,廷让走瀛州。"
(页 1301)卷八四《耶律沙传》云:"复从伐宋,败刘廷让、李敬
源之军。"(页 1308)《辽史》屡以刘廷让、李敬源并称,似乎是
宋军之重要将领。休哥传上说廷让"约与李敬源合兵",事实上和
廷让合兵的是李继隆。因此,李敬源应是李继隆之误。可是,李
继隆根本没有到战场,后来怎能让休哥"接战,杀敬源"呢?且
宋人对阵亡将士的优恤一向特重其事,连杨业手下的亲将王贵之
死,也有记载。见《长编》,卷二七,页 622—623。如此重要的
一个将领李敬源的任命和战死却完全不见于史籍,岂不奇怪。也
许休哥杀了某一冒认李继隆的将校而信以为真。程光裕(注 77)
说李敬源是益津关守将(页 152),未知何据。

[80]《宋史·张思钧传》云:"雍熙三年,边人寇河间,刘廷让会战君
子馆,命思钧翼从。时天大寒,弓不得彀,援兵不至,于是败
绩,陷留军中数年,役役不得还。端拱初,自契丹始逃归。"(卷
二百八十,页 9508)。

[81]《长编》，卷二十七，页 625。

[82]《长编》，卷二十七，页 625。《宋史》，卷二百五十九《刘廷让传》，页 9003 同。

[83]《长编》详载贺令图之被擒："令图性贪功生事，复轻而无谋。于越（休哥）素知令图，尝使谍绐之曰：'我获罪于契丹，且夕愿归朝，无路自投，幸君少留意焉。'令图不虞其诈，自以为终获大功，私遗于越重锦十两。至是，于越传言军中，愿得见雄州贺使君。令图先为所绐，意其来降，即引麾下数十骑逆之，将至其帐数步外，于越据胡床骂曰：'汝尝好经度边事，今乃送死来耶！'麾左右尽杀其从骑，反缚令图而去。……初，令图与父怀浦首谋北伐，一岁中父子皆败，天下笑之。"（卷二十七，页 625—626）令图既被擒，从骑亦皆死，宋史官怎样得知两人对答内容，不无可疑。《辽史·圣宗本纪二》云："乙巳，擒宋将贺令图、杨重进等。"（卷十一，页 126），而休哥传不载此事。大概贺令图之被擒应为事实，但当时宋军形势已极其不妙，还会不会"意其来降"？至于休哥骂他"汝尝好经度边事"的话，则很可能是后来"天下笑之"的时候加以丑化夸张之辞。

[84]《隆平集》，卷十七，页 645。

[85]《宋史》，卷二百八十《张思钧传》，页 9508。

[86]《长编》云："曹彬及刘廷让等相继败覆，军亡死者，前后数万人。"（卷二十八，页 631）曹彬提十万之师北伐，见同书，卷二十七，页 617；又见太宗言"卿以十余万众声言取幽州"（页 612）则兵败而失数万人是不足为奇的；《辽史·圣宗本纪二》云："五月庚午，辽师与曹彬、米信战于歧沟关，大败之，追至拒马河，溺死者不可胜纪；余众奔高阳，又为辽师冲击，死者数万。"（卷十一，

页 122）卷八十三《耶律休哥》传略同（页 1300），足证《长编》所言。刘廷让军的实力，同上休哥传说有"数万骑"（页 1301）。《宋史·刘廷让传》说"廷让一军皆没，死者数万人，仅以数骑获免"。（卷二百五十九，页 9003）二史记载颇为符合。

[87]《辽史》，卷十一《圣宗本纪二》，页 126。

[88] 同上注，页 127。所谓邢州应即祁州之误，见页 128 校正。深州之失陷，亦见《长编》："二月丁未，诏以故静安军为深州治所，避敌祸也。深治陆泽，于是省陆泽入下博，因改下博曰静安。"（卷二十八，页 631）深州移治避敌，可见原来的治所较易受到攻击。太宗亦曾下诏，专门吩咐官吏必须安抚百姓，且明言"已选差知州、通判，职官往彼"，与《辽史》记载"以不即降，诛守将以下"相符。正因知州将吏都被杀，所以才要更改州治，重新任命一批人选。太宗诏见《宋会要辑稿》，第 185 册、《兵二七》之一，页 7247。佚名编：《宋大诏令集》（北京：中华书局，1962 年）卷一百八十五有另一道"敌人入寇后推恩诏"（页 675），详述其善后措施。

[89]《辽史》，卷十二《圣宗本纪三》，页 129。文安后来成为霸州治所，见王存《元丰九域志》（北京：中华书局，1984 年），卷二，页 70。束城是瀛州（河间府）属县，见同书页 68。

[90]《宋史》，卷二百六十《田重进传》，页 9024。同书《太宗本纪二》，页 79，雍熙三年十二月："己亥，定州田重进入契丹界，攻下歧沟关。"（卷五，页 30）《宋会要辑稿》，第 196 册《蕃夷一》之十一："十二月五日，定州田重进奏：入虏界攻下歧沟关，杀守城兵千余人，及获牛羊积聚，器甲甚众。"（页 7678）

[91]《宋史》，卷二百五十九《袁继忠传》，页 9004—9006。又《宋史》，

卷二百五十三《孙行友传》附《孙全照传》云："雍熙中授京南巡
检，俄隶幽州部署曹彬麾下，迁供奉官、阁门祗候，历静戎、威
虏二军监军。从田重进击贼有功，就加西京作坊使。"（页 8873）
孙全照在北伐时隶属曹彬，那他后来隶属田重进有功，必在北伐
之后。北伐后田重进的战功可考者只有攻拔歧沟关一事，因此孙
全照的战功可能也是这一次行动而得到的。

[92]《宋史》，卷三〇八《李继宣传》，页 10145。

[93] 田锡：《咸平集》，在《四库珍本四集》（台北：台湾商务印书馆），
卷二十四，页 2—3。

[94] 史书没有记载当时李继隆的具体方位。然而从他退向乐寿一点，
可推知他的方位似乎在瀛州以南。现今献县与相信为君子馆的故
地从地图上看距离约在四十到五十公里，中间隔着河间。若当时
李继隆位于瀛州以北，则他应避入瀛州比较安全。有较近的大城
不入，而退往较远的县城，便难以理解。较有可能的是他位于瀛
州以南，因此才退向更南的乐寿。当然还有其他如道路、补给等
未知因素影响进一步的论断。

[95] 钱若水等：《宋太宗实录》残本（古籍出版社据傅氏藏园本校刊），
卷四一，页 6b。

[96]《长编》，卷二十七，页 626；《宋史》，卷二五七《李处耘传附子
继隆传》，页 8964 同。

[97]《长编》，卷二十九，页 658。

[98]《长编》云："会天大寒，我师不能弓弩，敌围廷让数重。廷让先以
麾下精卒与沧州都部署李继隆令后殿，缓急期相救。及廷让被围，
继隆退屯乐寿。"（卷二十七，页 625）

[99] 有关李氏的传记，除《宋史》外，尚有《隆平集》卷九，及《东

都事略》卷二十本传，大同小异，杜大珪（著）、洪业等（编）：《名臣碑传琬琰集删存附引得》（北京：哈佛燕京学社，初版年月不详，台北：成文出版社，1967年重印）删去下篇卷五所载本传，是因其自《隆平集》中录出，而《隆平集》尚存于世之故。此外，又有杨亿《武夷新集》卷十所载《李公墓志铭》，似为各传所本，而较为详尽。综观各传，虽然语多溢美，且以继隆与帝室关系之密切，常褒扬其战功，但亦可发现李继隆确有机变之才。大抵而言，君子馆之避敌，与其尽以贪生怕死来解释，毋宁说这样一个知机权变的武将，是不会在恶劣的条件下冒险的。杨亿所撰墓志，认为继隆实有参战，"刘廷让求救于公，不候命而往，次君子馆，敌伏兵发，廷让等先不之觉，公力战败之，歼戮无数，会暮，敌援兵至，裨将桑赞等先遁，我师遂溃，公独领百骑达于河间，谗人构之，谓失备。诏征赴阙，送相府簿责之，公条对明白，即命复位"（《武夷新集》，《四库全书珍本》八集〔台北：台湾商务印书馆，1978年〕，卷十，页21），似有为继隆开脱的嫌疑，现并录以存疑。

[100]《长编》，卷二十七，页606，宋琪言。

[101]《长编》云："先是，上以阵图授诸将，俾分为八阵。……阵相去百步，士众疑惧，略无斗志。（赵）延进谓（崔）翰等曰：'……今敌骑若此，而我师星布，其势悬绝，彼若乘我，将何以济？不如合而击之，可以决胜。'……于是分为二阵，前后相副，士众皆喜。三战，大破之。"（卷二十，页462—463）

[102]《长编》，卷二十七，页609。

[103]《长编》云："（王）超先发步兵千五百人逆战于望都县。翌日，至县南六里，与敌遇，杀获甚众。副都部署殿前都虞候云州观察使王继忠常以契遇深厚，思戮力自效。与敌战康村，……至白

城，陷于敌，超等即引兵还定州。"（卷五十四、页1190）《宋史·王继忠传》："超、（桑）赞皆畏缩退师，竟不赴援。"（卷二百七十九，页9471—9472）

[104]《长编》云："神卫都指挥使马正以所部列州南门外，众寡不敌。……（张齐贤）发兵二百，人持一帜，负一束刍，距州城西南三十里，列帜然刍。敌遥见火光中有旗帜，意谓并师至矣，骇而北走。齐贤先伏步卒二千于土磴寨，掩击，大败之。"（卷二十七，页626）。《东都事略》，卷三百二十《张齐贤传》，页530及《宋史》，卷二百六十五《张齐贤传》，页9154亦载，但却说是端拱元年的事。

[105] 同上注。

[106]《东都事略》，卷三十二《张齐贤传》，页530；《宋史》，卷二百六十五《张齐贤传》，页9154亦载，但却误载是端拱元年的事。

[107]《宋史·索湘传》云："契丹入寇，王师衄于君子馆，敌兵乘胜据中渡桥，塞土门，将趋镇州。诸将计议未定，湘为田重进画谋，结大阵东行，声言会高阳关兵，敌以为然，即拥众邀我于平虏城。夜二鼓，率兵而南，径入镇阳，据唐河，乘其无备破砦栅。及敌兵觉，悉遁走。"（卷二百七十七，页9420）

[108]《宋史》，卷三〇八《李继宣传》，页10145。

[109] 诏书见《宋大诏令集》，卷一八五，页675。《宋史》，卷五《太宗本纪二》，页83端拱元年二月己亥："诏瀛州民为敌所侵暴者赐三年租，复其役五年。"（卷五，页81）

[110]《长编》卷二八，页631。又《宋史·翟守素传》："自刘廷让败于君子馆，河朔诸州城垒多圮。四年，诏守素与田仁朗、王继恩、

郭廷濬分路案行，发诸州镇兵增筑，护其役。"（卷二百七十四，页 9363）

[111]《宋会要辑稿》第一九六册，《蕃夷一》之一一，页 7678 亦载"士卒前后死者数万人，沿边诸郡创夷之卒不满万计，皆无斗志。"此外，《隆平集·杨业传》："三将继，沿边疮痍之卒不满万计，科乡兵城守，皆不习战事，仅自固而已。"（卷十七，页 645）《宋史·刘廷让传》："自是河朔戍兵无斗志，又料乡民为兵以守城，皆未习战斗。"（卷二百五十九，页 9003）

[112] 有关高粱河战役，见曾瑞龙：《宋辽高粱河战役考论》，载《大陆杂志》，第 80 卷，第 3 期（1990），页 106—107；瓦桥关战役，宋朝《国史·本纪》失载，见《长编》，卷二十一，页 481 注。

[113]《长编》，卷二八，页 637。

[114]《长编》云："有白万德者，真定人，为契丹贵将，……柳开因使说万德为内应，挈幽州纳王师，……使未及还，会诏徙开知全州，事遂寝。"（卷二八，页 642）宋人笔记中多载此事，大同小异，因非本章关键，当另考之。

[115]《长编》，卷二八，页 633—634。

[116]《长编》，卷二八，页 633—634。

[117]《长编》，卷二八，页 635。

[118]《长编》，卷二八，页 642。

[119]《东都事略·富弼传》载富弼在辽廷之言："澶渊之役，若从诸将言，北兵无得脱者！"（卷六十八，页 1030）此虽非确论；但澶渊之役时，寇准先已料到"傍城牵制，敌必怀后顾之忧，未敢轻议深入"（见卷五十七，页 1267）；又澶渊定盟后，李继隆认为"若会诸将袭逐，必立奇功"（《长编》，卷五十八，页 1293）；杨

业之子延朗亦力言"愿饬诸军扼要路掩杀，其兵歼，则幽、易数州可袭取也。"（见同卷，页 1297）。宋人认为容易歼灭辽军，是一个有争议性的问题。见柳立言：《宋辽澶渊之盟新探》，收入《宋史研究集》，第二三辑（台北：台湾编译馆，1995 年），页116，122—123。然无论如何，辽军在澶渊之役时不能先歼关南宋军，战略形势上存在后顾之忧，是相当明显的。

[120]《辽史》，卷八十四《耶律善补传》，页 1310。

[121]《宋史·王审琦传附子承衍传》（卷二百五十，页 8817）。又《宋史·陈恕传》云："知大名府。时契丹内寇，受诏增浚城隍，其器用取于民者不时集，恕立擒府中大豪一人，会将吏将斩之。宗族号诉，宾佐竞前请救，大豪叩头流血，请翌日集事，违期甘死。恕令械之以徇，民皆恐栗，无敢后期者，数日功就。"（卷二百六十七，页 9199）由此可见魏州之危急。这段文字没有年份，但传的上下部分曾见"太平兴国"及"淳化四年"字样，似亦属雍熙、端拱年间及淳化初年的事，可资参考。

[122]《长编》，卷二十七，页 626。

[123]《辽史》，卷八十三《耶律学古传》，页 1304。

[124]《辽史》，卷八十三《耶律休哥传》，页 1301。

[125]《长编》，卷五十八载澶渊之盟谈判中，"契丹复以关南故地为言，（曹）利用辄沮之。……其接伴政事舍人高正始遽曰：'今兹引众而来，本谋关南之地，若不遂所图，则本国之人负愧多矣。'"（页 1290）。

[126]《长编》，卷二十九，页 658。

[127]《长编》，卷三十，页 682—683。

[128]《宋史》，卷二百七十四《翟守素传》，页 9363。

结　论

军事灾难如何形成

与柯恩和古奇的《军事灾难》一样，本书也是为了检讨战争史上的一个严峻而又具争议性的课题，即军事灾难是如何形成的。以上各章探讨了北宋经略幽燕何以遭遇灾难性的失败，其答案虽然和柯、古二氏不尽相同，但有一点是相通的，就是单一战略层次的失误不大容易引发灾难性的后果，所谓灭顶之灾，惨不忍睹的苦况，是同时在几个层次上都出现不利因素而成的。如一般论著所言，宋军的骑兵不如辽那样众多，而河北平原利于战马驰骋，这是没有错的，但光说这一点并不足够，这个客观因素是不能改变的事实，不论在开战前或开战后，都是如此的。我们若单凭这一点就断定宋军非败不可，那就很难理解他们挑起战争的决定了。宋军经略幽燕的失败，是同时在大战略、战役法和战术几个层次上都出现不利因素而造成的。诚然，在机会率的角度来看，要同时在几个战略层次上都遇上无可避免的不利因素，其可能性并不高。这样的事实说明，人为错误扮演了一个很重要的角色。

检讨一下宋军在几次重要战役的表现，会发觉一个很重要的教训，就是宋军常常因袭以往的战略——在高粱河战役中因袭五代的兼行速进，在君子馆战役中迟迟未能转入守势，都是这样的例子。这个教训如果具有普遍性的话，那么很可怕的是，它揭穿了人们自以为理性的外衣，看到了其下面依循、墨守的阴影。按理性的立场说，每一场战役的战略如何制订，应以当时的势力对比为依归，所以不同时势，应有不同的战略。然而宋军几次失败的事实似乎指出，指挥官喜欢追随以往成功的军事信念，而不能应时势做出适当的部署调整，为失败埋下伏笔。

宋军经略幽燕期间还有一个困难处境，就是对不同层次的战略取向难以协调。比如在雍熙之役以前，按照战役层次的考虑，宋军采取弹性防御曾取得一定战绩，可是按照大战略的观点，则任由战争拖长下去也不是办法，宋廷始终没有一贯可行的政策来处理这个矛盾，结果企图以短促的军事行动来解决这个迁延未决的问题，含有较大的冒险成分。诚然，不少论者都看到契丹有限的经济不足以支持长期的军事对抗，并认为从长远的角度分析，持续对立令宋人得以发挥文化上的感染力和物质上的优越性。这种分析虽然含有大汉族中心主义的偏见，但不失为一个以内政为主导协调多层次的战略对策。可是持续对立与弭兵息战的主张也有抵触，更不能满足宋太宗一统中原的要求，因此这些主张只能停留在理念层次，而得不到实际施展的机会。结果长线的，把注码押在社会经济潜力上的战略间接路线，被一个短线，而较倚重欺骗的战役间接路线取代，就是宋太宗声东击西的计谋。这个计谋未始没有成功的机会，但随着曹彬粮尽退师，又裹粮再趋涿州，整个作战行动已失去原有的间接性，而变成硬闯的格局。因此在歧沟关的一败，继而再败于君子馆，宋军的战略主动权便为之易手了。

另类取向的可能性与战略文化的制约

如果宋太宗没有像前文所述那样去经略幽燕，后果会否不同？本来，严格的历史立场不允许问一些假设性的问题，历史的训练也不具备回答这些问题的条件，但是本书是科际整合的成果，糅合了历史和战略分析的方法，而后者是具备预测（forecasting）的功能在内。当然，任何预测都离不开已经发生的事情，也就是所谓透过已知的去推测未知。然而，这样等如承认已发生的事情和未发生的事情存在一种线性（lineage）的联系。事实上，事物的发展并不总是遵循线性的走向，而有所谓混沌逻辑（chaotic logic）等理论的出现。所以，预测并不可能完全准确，而只能指出其可能性（probability）和近似性（likelihood）。论者可以用百分率或不同程度的字眼，如非常近似（very likely）、近似（likely）和不甚近似（unlikely），来形容事态发展和预期中的近似性。再进一步，论者可以讨论事态向某方面发展，需要什么条件。如果那些条件不出现，事情向那个方向发展的可能性便受到影响。在这些讨论中，历史知识依然是非常管用的，因为它提供了给我们已知的部分，透过它可以去分析事物发展的趋势。

宏观来看，宋初对辽的大战略有四个可能性：

第一个是非暴力，以外交途径解决冲突的取向；

第二个是使用武力维持既得利益，但排除进攻手段的取向；

第三个是使用武力进行攻略，但维持较低强度冲突，分时段和地段逐次攻取的取向。

第四个是在条件许可的情况下，以短促而迅猛的军事行动结束对抗。

宋太宗在 979 年和 986 年都采用了第四种策略，而遭到严重的军事挫败，可是其他三种可能性也值得探讨一下。王辟之《渑水燕谈录》曾经记述宋太祖末年存在第一种可能性，就是用银绢去赎回幽燕故土。根据这项记载，宋太祖有一个战略取向的优先次序，外交途径解决最为优先，但也做两手准备，必要时使用武力。

用经济利益去解决国家间纷争，取代军事冲突，无疑极为值得尝试。自宋太祖和辽签订第一次和约后，辽没有主动入侵，宋辽之间的冲突完全集中在北汉问题。也就是说，看不出辽具有南侵的必然性。宋如果能满足辽的经济需求，保持和平的可能性是存在的。更重要的是，赎回故土的主意合乎宋初对于和平和统一的两项大战略目标，既避免战端，又能得回五代的失地，可以说是一举两得。在目前的史料所知的范围内，难以估计宋廷内部有哪些人会反对这项计划。可是这里存在一个事前难以预知的因素，就是宋太宗的继位。固然，如果最后消灭北汉的是宋太祖而不是宋太宗，他会不会立即冒险进攻辽国？中国会不会就此走上和平的道路？这些问题可能仍不存在回答的条件。但起码可以说，宋太祖的猝死和宋太宗的继位这个领导层的更换，可能使本来较为清晰的战略优先取向序列，变得模糊起来。

不过也应该顾虑到辽的反应。后晋时卢龙、振武的割让，其实是契丹逐步蚕食中原领土的一种正式确认。无疑，契丹正式得到中原的东北角，吸纳了更为大量的农业人口，幽燕为辽国主要的农业区，也有一定的手工业，契丹人会不会为了得到宋的银绢，就放弃这块领土，是一个问题。另外，五百万是否足够也是一个问题。在澶渊之盟前夕，宋真宗曾经估计，不得已时可以应允一百万的岁币，[1]后来岁币议定为三十万，并不包括赎回土地，只是和平的代价。宋太祖末年到澶渊之盟不足三十年，若说约莫相当于十至二十年的岁币就可以赎回幽燕，似乎未免乐观了一点。换言之，要一次过赎回幽燕，五百万是不是一个辽人可以接受的数目，也不应该太早下结论。不过无论如何，在宋人而言这是一个可取的方向，主要在于它和宋初追求和平与统一的战略目标都没有矛盾，更无须冒军事风险。当然，是否接纳，取决在于辽人；不幸开战，也总还算在外交上作过努力，对臣民有所交代。

另一个可能性就是我们现在称之为非攻势防御（non-offensive defense）的取向。非攻势防御的观念承认使用武力的必要性，但排除战略上的攻击手段，以免挑衅对方，降低军事对抗互为因果地升级的可能性。在军事布势上，守方将会把主力部署在纵深，避免前沿走火，触发大战。尽管不排除武力，非攻势防御的倡议者其实只把军队看作为一种武装劝止（armed dissuasion）的工具而存在。由于武备的条件有异，现代的非攻势防御的内容和传统的战争不同。[2]在传统中国，类似的观念以墨子的"非攻"为代表，宋代的主守论也存在类似的倾向。据钱若水的理解，宋太祖就奉行类似的战略，"来则掩杀，去则勿追，所以十七年中，北边、西蕃不敢犯塞，以至屡使乞和，此皆陛下之所知也。苟能遵太祖故事，慎择名臣，分理边郡；罢部署之号，使不相统辖；置巡检之名，俾递相救应，如此则出必击寇，入则守城，不数年间，可致边烽罢警矣"。[3]

　　然而这作为北宋朝廷的一种取向可能性有多大，需要回答三个问题。

　　第一个问题是非攻势防御在当时军事上是否可行。

　　第二个问题是非攻势防御在理论上假设了对方对于武装劝止会做出理性反应，可是宋人有没有足够理由相信契丹人会做出理性的决策。

　　第三个，也是最大的问题，是非攻势防御与宋初追求统一的战略目标存在矛盾，北宋统治者应如何去解决这个矛盾。

　　第一个问题比较不难解答，事实上自979年至986年，即高粱河和歧沟关两次大战之间的一个阶段，宋军就完全采用防御的姿态。战绩并不坏，满城会战是开战以来最大的胜利，虽然在瓦桥关之役失利，但跟着的雁门之战和唐兴之战，宋军都击败了对手。宋军在大部分的战役当中，都运用了弹性防御，集中主力于正面，而以一部分兵力利用地形，乘敌人之隙，或迂回，或埋伏在侧后，施以前后夹击。这种途径似较分散兵力防守国界线来得可取。弹性防御也配合宋辽边界的状况。战线的西段是河东山地，易守难攻，便于步兵；东段是低洼沼淖，骑兵不易活动，所以辽军的攻势大都在中段发起。这点带有很大的可预期性，而这种可预期性是进行弹性防御所必不可少的。

　　当然，要对军事上的可行性给予正面的答案，在理论上还要确认弹性防御的战役法和非攻势防御的战略能否配套。因为弹性防御其实是以攻势的方式来进行防御，需要强大的野战部队，当这支部队强大到一定的地步，难保不会进攻敌人，而逸出了非攻势防御的藩篱。事实上，某些从事现代战争研究的学者相信弹性防御和攻势战略的分野很模糊。[4] 军队结构会否决定战略行为是一个很有争议性的话题，不过如果我们相信取向是由结构配合一系列规范而形成的，那么关键就在政治规范的强弱。以宋初的情况来说，军令权握在枢密院手中，各级都监、使臣都来紧密配合令军队不致和中央政府的取向脱轨。因此，如果朝廷严格贯彻非攻势防御，似乎还是有可观的方式和渠道来达致。

　　第二个问题出现在非攻势防御理论上的不完整。据我们现在的了解，其中颇有争议性的一点，在于劝止其实也是劝行（suasion）之一种。劝对方不要做一件事，换另一个角度来说，则对方接受这种劝止而停止做那件事，也是一种行为。由于做出行为的人才是行动的主体，对方是否接受劝导，是完全有主动的选择余地；而劝导者对于对方的反应，反而常常拿捏不准。[5] 从深层进行武装劝导的难处，在于它必须假设对方懂得趋利避害，会做出理性反应。可是由于对方文化的差异，理性的内容不尽一致，反应也可能出人意表。宋初的战略论者对这个问题稍曾接触，但是没有清楚的共识。部分论者如张齐贤，曾认为契丹人"择利避害"之性，与中原人无异，"安肯投死地而为患哉？"以此说明武装劝止的可行。[6] 可是也有论者带有大汉族中心主义的偏见，如赵普认为契丹"迁徙鸟举，难得而制，自古帝王置之度外，任其随逐水草，皆以禽兽畜之"，[7] 好像不可理喻。这种观点的存在，令宋人未能从理性基础上说明非攻势防御的劝止功能。

　　第三个问题是非攻势防御与宋初的战略目标存在抵触。如前文所述，宋初的战略目标有两个：一个是收取幽燕，完成一统；一个是弭兵息战，与民休息。两个目标在某种程度上存在矛盾，因为"幽燕未定，何谓一统？"[8]能够协调这两个目标的一个可能性，是战役上的一个决定性胜利。然而，非攻势防御由于排除了攻势手段，使赢取这样一个决定性胜利成为可遇不可求的事情，而长期的战备和军事对抗，也使天下太平成为可望而不可即。结果宋太宗勉强用一个战役的对策来贯串起两个不易并存的战略目标，是经略幽燕失败的伏笔。实现非攻势防御的关键是当局能否调节目的以适应手段。如果宋人自知没有压倒性的军事力量去经略幽燕，那么保留实力，在两个目标之间选择一个，也不失为现实的对策。

总括来说，非攻势防御的能否达成，尽管军事方面问题不算复杂，但在意识形态和政治上都要求当政者做出很大的妥协，他们需要改变对自身及对边疆民族的看法，反思一直以来对一统、疆界和太平等观念。这样的尝试不是没有，但是上自宋太宗，下至群臣如李昉等人，似都欠缺对这种转变的认同与承担，使我们对宋初能否实现真正的非攻势防御存在保留。

宋人解决幽燕问题的第三个可能取向是在军事上采取较低风险的作业，虽然使用武力进行攻略，但维持较低强度冲突，分时段和地段逐次攻取。正如军事的对策不一定要采取攻势一样，采取攻势也不一定要一次完成攻略。透过一次决战来完成攻略，固然最积极、最彻底；然而回报高，风险也高，特别是在没有占得战略优势的情况下更是这样。风险之所以高，是因为整个攻略的成败都押在一次军事行动上，没有回旋余地。高梁河战役也好，歧沟关战役也好，宋太宗都假设一次决战的胜利足以夺回幽燕。两者的分别无非是前者利用了战略突然性，后者则放弃奇袭而采取隐藏主攻方向的欺骗手法。可是不管奇袭还是欺骗，其背后组织战役的构思都是一次赢取胜利。至于宋军有没有赢取这种程度的胜利的条件，则欠缺周全的考虑。

低风险的军事作业关键在于运用较高频度但较低强度的武力，将一次决战分不同时段和地段来完成，分散风险。宋军对北汉，及后来对西夏，都采用了这种战略；可是对辽，却计不出此。按照宋太宗对歧沟关战役的构思，以东路曹彬主力作牵制，虚张声势，而以潘美所部先取云、应，田重进取飞狐、蔚州，这样的作战计划并非不可行，但战略目标应该放在攻取山后数州，而不能急于攻取幽燕。曹彬之所以败事，是由于把主力暴露在涿、易平原上，粮道被截而造成的；而这种情况之所以发生，是企图在一次的决战中收复幽燕的心态所造成的。宋军如能在初战击败辽军，夺取云、应、寰、朔、蔚五州，就主动进入防御战，谋求消耗辽军实力，等敌我双方的实力对比发生明显改变时，再策划下一步行动，战斗风险可能减轻。此外，宋军也可以在这些地带，加上宋琪所谓的"入燕之路"上多筑堡寨，巩固防线和粮道，逐步控制幽州外围的要害之地，最后才来一个根本拔除。在这期间，多次反复争夺势所难免，冲突的规模也可能因双方不断增加兵力而升级，但宋军仍有不少机会在山地从事战术防御，以减低在平原旷野上被击溃的风险。当然，这个战况预设了宋军仍能保有易州至满城一带的控制权，能自由进出自关南到西山的各条要道。事实上，在986年宋军仍拥有以上地带。总括而言，分阶段从有利的地带进攻，在其余的地带进行弹性防御，似属较为稳健的军事对策。后来宋军在对西夏作战时似乎就能总结经验，一方面在缘边多筑城寨，即使在策划进攻时也环绕进筑城寨为中心，避免军队暴露于旷野。另一方面，则以小规模部队进行"浅攻扰耕"，积小胜为大胜。这种作战方法在宋初亦曾使用，但似不为议者所认同。如田锡认为"今北鄙驿骚，盖亦有以居边任者，规羊马细利为捷，矜捕斩小胜为功，起衅召戎，实由此始。"[9] 这说明了部分议者不屑进行低强度的战斗，认为这是挑衅行为。固然，以辽朝版图之大，军力之众，会不会像北汉那样容易被宋人的围堵政策所困，也是一个问题。然而宋人若察觉此点，则不应推行更为急进、风险更高的军事政策。

不过，较低军事风险的对策也存在一种两难的境况。山地战对宋军的步兵比较适合，但不利于后勤补给。宋琪提议从易州山路入燕，要求"入蕃浃旬，军粮自赍，每人给粆斗余，盛之于囊以自随"，但至多只能做到"旬日之间，人马俱无饥色"，"一月之粮不烦馈运"而已，始终还不免有一战决胜负的设想。986 年田重进跨越飞狐口取蔚州，粮道就已经不继，"重进军乏食，（荆）嗣部降卒輂州廪给之"。[11] 从后勤的角度看，要全面开战，主力部队应部署在交通网络比较发达的河北地区。980 年，宋太宗命曹翰"开南河自雄州达莫州以通漕运"。[12] 因此，986 年宋军集中兵力于东线，而陷入不利局面，绝非偶然。

分阶段和地段进攻的军事对策在当时政治上来说也未必容易得到认同。和非攻势防御一样，这也是一个持久战的模式，和宋初的大战略主张格格不入。非攻势防御由于带有一种"防守"的象征意义，得到文臣鼓吹的机会大一点；低风险但较长期的军事对峙和弭兵息战要求的抵触较为明显，不容易求取妥协。因此这种比较可取的军事战略，纵使有人提出，综合来说得到采纳的机会不高。其实，不能采取长远的军事战略，可能正是宋代对外政策的一个潜在问题。检讨历次宋代对外关系恶化的经验，其实大部分都是在经历了一个阶段的和平后，继之以一个急进的军事政策而引起的——高梁河战役、元丰灵夏之役（1081）、海上之盟、开禧北伐（1206）和端平入洛（1234）都因攻势失败而导致严重的外交倒退甚至危机。反观缓进但长线的战略，则一再获得成功，如兼并北汉、取熙河兰湟、拔天都、筑横山，都是典型的例子。也许可以说，宋代整个战略架构中最脆弱、最经不起考验的，就是从和平突然转取攻略这一个环节。

传统的史家以主和、主战两派的对立来解释对外政策的转变，认为某派的得势导致政策发生戏剧性的转向。这种看法固然能够解释部分的史实，如宋金关系，但是不够深入和全面。据目前的研究概况，宋辽、宋夏和宋蒙战争都没有壁垒分明的主和／主战之争。表面上，主张讲和与主张积极攻略是截然不同的取向，因为和平代表善意，而攻略带来敌对。可是深层的剖析也不应忽略，主张和平的人未必都坚持非暴力，而鼓吹用兵者却往往强调战后的和平。迅速的军事胜利可以带来和平，尽管这种和平是一种"罗马统治下的和平"，不代表共存。为了"和平"的目的，不惜将暴力手段合理化的观点，很容易令主和与主战者的分野模糊起来。

江忆恩在《文化现实主义》一书中强调积极攻略是中国古代战略文化的主导取向。[13] 笔者对其论证方法有所保留，[14] 然而以宋初对辽战争为例，急进的攻略取向不容低估。它即使不能在宋人的战略取向的优先次序中拔取头筹，也很可能列在次席——假设和平是首选的话。如果以上的分析成立，那么机会主义（opportunism）似乎可以解释宋太宗的对外政策及其失败。机会主义者没有固定立场，关键的是时机可否。在外敌强盛的时候，暂时固本培元，不与争锋，等待有隙可乘之际，则以强大武力一举制胜。这种观点由于主张暂时的和平，很容易令人获得"主和"的印象，加上它和强本弱末、以静制动等大战略结合起来，令它得以隐藏起急进的成分，然而一旦动起武来，胜负就会决于一瞬。机会主义者们过度强调内部安定对于军事的成败具有举足轻重的作用，因此当外敌出现主少国疑，权臣当道的现象，这些观念配合了辽军当时正在经略高丽，兵力东调，宋人就认为用兵的机会来临，不惜大动干戈。正如贺令图、侯莫陈利用等人认为"非天威兵力决而取之，则河东之师，几为迁延之役。且契丹主年幼，国事决于其母，其大将韩德让宠幸用事，国人疾之，请乘其衅以取幽蓟"。[15] 他们似乎忽略了危机意识可能令敌人暂时排难解纷，一致对外，正如赵普所言"若彼能同意，纵幼主以难轻，不顺群情，无灾星而亦败"。[16] 他们也忽略了军事手段需要长期处于临战状态，才能发挥出预期效益，仓促用兵，很可能会招来重大的失败。

　　总括来说，在三个另类取向当中，以经济利益满足辽人以便赎回故土的做法，和宋初既要求和平，又渴望统一的战略目标没有明显的冲突，可以算是一个两全其美的方案。如果宋室由于领导层的更换而令这一个可能性遭受忽略，实在是一件可惜的事情。当然，政策的功效取决于辽人是否接受，但用银绢来避免战争，基本上是一个值得构思的方向，后来澶渊之盟也可以说是这个方向的延伸。另外两个取向都和宋初的大战略目标存在不同程度的抵触，弹性空间不大。非攻势防御在军事上虽属可行，但不能满足收取幽燕，完成大一统的政治目标。较低强度冲突，分时段和地段逐次攻取的取向能分散战斗风险，在军事上亦属可行。然而宋人当时仍受五代急速的军事节奏影响，对此尚未培养出所需的军事信念。相反，消耗战和持久战与宋初急欲达致和平的取向相悖，不容易争取国内支持。换言之，后面这两个取向要求宋室必须做出较大的战略目标调整来适应手段。事实表明，宋太宗不愿调整目标来适应手段，力求兼顾和平与统一的双重战略目标，不惜走上机会主义路线，企图以短促而迅猛的军事行动结束对抗，结果令宋军负起额外的战斗风险。

正如李德·哈特所言，人类的战争史是连场失足的历史。[17]宋初经略幽燕的失败是连串人为失误所造成，但这些失误都有着深远的历史和战略文化根源。五代长年的战乱，使宋人不愿进行旷日持久的消耗战。失地于先，也令人不容易排除攻略取向。五代割据政权的脆弱本质，滋生了以短促迅猛的军事行动争取决定性胜利的军事信念，这种信念形成之后，它就以一个战略文化的形态被保存着，对未来的战略发生影响。宋初强本弱末、内政主导的大战略虽然拖延了决战的来临，但未能化解军事行动的风险。宋人固然乐于实现和平，但这个和平是剪除强敌、一统天下的结果，还是接受与其他民族共存的现实取向，这个讯息在 986 年前还是比较模糊，要到经略幽燕失败后才比较清晰地倾向后者。以上这些都是宋人的一些战略文化上的盲点。固然，这些盲点本身未必直接导致军事灾难，但是宋人未能扫清这些盲点，让它们妨碍了走向其他另类取向的道路，相对上也提高了军事冒险的可能性。总括而言，战略文化的失调是北宋经略幽燕失败的重要因素。

前车之鉴：北宋 986 年以后战略转变的轨迹

连串的失败导致军事信念受到冲击，也引起战略思维的转向。五代以来偏重野战及快速突击的作战方法已被证实风险太高，986 年以后宋军的军事信念何去何从，就很值得关注。某些将领如 999 年的傅潜，曾在辽军的强大攻势下一时不知如何是好，既不敢接受会战，又想不出任何对策。在当时而言，傅潜的表现确实没有大将之风；但从长远而言，维持所谓定州唐河大阵的存在，不失为正确的策略，因为将珍贵的野战兵团轻于一掷，一旦会战结果不如理想，便很容易引起全面崩溃。于是宋军的主要战略课题，就朝如何既可以保存实力，但又不致完全丧失战略主动的方向上探索。在这条思路中产生的一个方案，就是采取低强度、高频度的冲突模式，创立四个独立的骑兵部队，试图牵制辽军轻骑的锐势，争取局部战场的主动权。另一方面，宋军在关南大事兴筑塘泊，界限戎马，同时集中兵力扼守中路，前沿逐渐回复相持的状态。

较具隐忧的是宋军的纵深，由于宋军在贝、冀以南兵力较为分散，如果遇上辽军纵深冲击，能否有效地扼守黄河各渡口，成为一个潜在疑问。1004 年的澶渊之役成为宋军纵深防御的最大考验。当然，是役局势的发展受到一定偶然因素的影响，而宋军也未能完全打出既定部署，但宋军积极从事各种形态配合的防御，是其最终能维持相持状态，并争取到与辽以对争国地位签订和约的重要条件。总之，在 986 至 1005 年，宋军长时期从事防御为主导的战略，终于取代了五代速战速决而较富攻略意识的战略。

文臣知军事的兴起加速了这个战略转变的过程。如第四章所论，宋初新兴的内政主导大战略，与五代遗留速战速决而较富攻略性的战役法不容易配套，两者之间需要出现一个协调机制，在这种背景之下产生了路级指挥单位。由于路帅兵权过重，宋廷在此后的宋夏战争中逐渐以文臣担任经略安抚使兼马步军都部署，武臣为副。文臣由于知识水平较高，表达能力较佳，故较能沟通中央与战区的意图。他们往往也具备领导情报、后勤及军事工程等事项的能力，能进行较全面的战略规划，如果用人得当，可以补充专注军事行动为核心的职业军人所欠缺的领导才能。换言之，他们参与各层次的指挥，令大战略与战役取向的脱节逐渐得到弥补。

可是速战速决和攻略的取向在此后并没有完全绝迹。在 986 至 1005 年余下的宋辽战争及十一世纪的宋夏战争，都陆续有论者对持久战的社会经济恶果表示担忧，所以仍不乏速战速决，甚至鼓吹以短速而决定性的会战达成攻略目标的主张。攻略的主张分急进和缓进两种。前一种承认内部政治稳定是对外军事行动的先决条件，甚至有将其解释范围扩大到所有邻国的倾向，因此，一旦外敌出现政局不稳的局面，就认为施以军事打击的时机来临。这种机会主义的攻略主张和贺令图、侯莫陈利用等没有本质上的分别，也不能排除高风险的军事行动。这种主张真正得到实施的次数不多，但都后果深远，如 1081 年灵夏之役及 1122 年的燕山之役，其失败均带来较大回响。

后一种攻略主张也承认内部政治稳定是对外军事行动的先决条件，但它强调经过适当的后勤配套、经费上的开源节流及军队的结构重整后，宋军的兵源和补给在一定程度上可以来自前沿，而最终可在不大会影响社会民生的前提下完成攻略目标。这种缓进攻略路线融会了很多前沿防御的经验，放弃了速决战而与持久战相结合，采用招揽蕃部，进筑堡寨等强度、风险均较低，但具有很高持续性的手段来弱化对手。特别是1067年后，这种战略结合了王安石富国强兵的主张，出现了王韶经略熙河的大战略。总括来说，986年以后内政主导大战略已经确立，但由于它与不同程度的攻略主张仍有一定兼容空间，故在从事防御之余不排除对外侵略的可能性。

当然，这些讨论已超出本书的涵盖范围，而应由后续研究来承接，不过在本书结束之前，至少应可注明，经略幽燕的重大军事灾难固然具有深远的战略及战略文化根源，但这个军事灾难本身所带来的创伤也可以影响军事信念的转变及战略的调整。这些战略演变的轨迹如何反映中国文化的延续与变迁，似乎值得学者进一步关注。

注　释

[1]《长编》，卷五八，页 1292。

[2] Anatol Rapoport, *The Origin of Violence: Approaches to the Study of Conflict* (New York: Paragon House, 1989), pp. 473–476, Barry Buzan, *An Introduction to Strategic Studies: Military Technology and International Relations* (Hourdmills: MacMillan Press, 1987), pp. 276–288.

[3]《宋史》，卷二六六《钱若水传》，页 9168。

[4] Alastair Iain Johnston, "Cultural Realism and Strategy in Maoist China," in Peter J. Katzenstein (ed.), *The Culture of National Security: Norms and Identity in World Politics* (New York: Columbia University Press, 1996), pp. 216–268.

[5] Edward Luttwak, *The Grand Strategy of the Roman Empire from the First Century A.D. to the Third* (Baltimore: Johns Hopkins University Press, 1976), pp. 190–192.

[6]《长编》，卷二一，页 484。

[7]《长编》，卷二七，页 614。

[8]《涑水记闻》，卷一，页 6。

[9]《长编》，卷二二，页 498。

[10]《长编》，卷二七，页 607—608。

[11]《长编》，卷二七，页 611。

[12]《长编》，卷二一，页 483。

[13] Johnston（注 4），pp. 248–266.

[14] 曾瑞龙、郑秀强：《文化现实主义：用户留神！》，1999 年 8 月于香港浸会大学历史系，中国近代史学会合办 "近代中国军事史"

研讨会上宣读。

[15]《长编》，卷二七，页 602。

[16]《长编》，卷二七，页 616。

[17] 李德·哈特（Liddell, H. B. Hart）（著）、钮先钟（译）:《为何不向历史学习？》（台北：军事译粹社，1977 年初版，1981 年再版），页 17。

参考文献

原始资料

王夫之：《宋论》。台北：台湾中华书局，1966年。

王夫之：《读通鉴论》。北京：中华书局，1975年。

王存：《元丰九域志》。北京：中华书局，1984年。

王禹偁：《小畜集》，收入《四部丛刊初编》集部。上海：商务印
　　书馆，1965年，第44册。

王珪：《华阳集》，收入《四库全书珍本四集》。台北：台湾商务
　　印书馆，1973年，第243至245册。

王得臣：《麈史》，收入《知不足斋丛书》。台北：兴中书局，
　　1964年。

王得臣：《麈史》，收入《丛书集成初编》。上海：商务印书馆，
　　1937年，第208册。

王称：《东都事略》。台北：台湾图书馆，1991年。

王称：《东都事略》，收入赵铁寒（编）：《宋史资料萃编》第1辑。
　　台北：文海出版社，1967年。

王铚：《默记》。北京：中华书局，1981年。

王巩：《闻见近录》，收入《笔记小说大观》第21辑第1册。台
　　北：新兴书局，据上海文明书局石印本影印，1978年。

王辟之:《渑水燕谈录》。北京:中华书局,1981 年。

司马光(撰)、邓广铭、张希清(点校):《涑水记闻》。北京:
中华书局,1989 年。

司马光:《涑水记闻》。上海:商务印书馆,据涵芬楼藏本影印,
1926 年。

司马光:《资治通鉴》。北京:中华书局,1976 年。

司马迁:《史记》。北京:中华书局,1959 年。

左丘明(传)、杜预(注):《春秋经传集解》。北京:文学古籍
刊行社,1955 年。

永瑢:《历代职官表》。台北:台湾中华书局,1966 年。

田锡:《咸平集》,收入《四库全书珍本四集》。台北:台湾商务
印书馆,1973 年,第 228 至 229 册。

江少虞:《宋朝事实类苑》。上海:上海古籍出版社,1981 年。

何薳:《春渚纪闻》。北京:中华书局,1983 年。

吴处厚:《青箱杂记》。北京:中华书局,1985 年。

吴曾:《能改斋漫录》。上海:上海古籍出版社,1960 年第 1 版,
1979 年新 1 版。

佚名(编):《宋大诏令集》。北京:中华书局,1962 年。

宋敏求:《春明退朝录》。北京:中华书局,1980 年。

李攸:《宋朝事实》。台北:西南书局,1973 年。

李焘:《续资治通鉴长编》。北京:中华书局,1979 年。

杜大珪(著)、洪业等(编):《名臣碑传琬琰集删存附引得》。
北京:哈佛燕京学社,初版年月不详;台北:成文出版社,
1967 年重印。

沈约:《宋书》。北京:中华书局,1974 年。

邵伯温:《邵氏闻见录》。北京:中华书局,1983 年。

柳开:《河东先生集》,收入《四部丛刊初编》集部。上海:商务
印书馆,1965 年。

范镇:《东斋记事》。北京:中华书局,1980 年。

徐松(辑):《宋会要辑稿》。北京:中华书局,据前北平图书馆
影印本复制重印,1957 年。

班固等:《汉书》。北京:中华书局,1962 年。

张师正:《倦游杂录》与《杨文公谈苑》同本。上海:上海古籍
出版社,1993 年。

清高宗:《御制文三集》,收入《四库全书》集部。上海:上海古
籍出版社,1987 年,第 1301 册。

清高宗:《清朝文献通考》,收入《十通》。上海:商务印书馆,
1936 年。

脱脱等:《宋史》。北京:中华书局,1977 年。

脱脱等:《辽史》。北京:中华书局,1974 年。

许洞:《虎钤经》,收入《丛书集成初编》。台北:台湾商务印书
馆,第 945 册。

陈邦瞻:《宋史纪事本末》。北京:中华书局,1977 年。

陈昌源等(纂)、陈宝生等(修):《满城县志略》。台北:成文
出版社,1969 年。

陈述(辑校):《全辽文》。北京:中华书局,1982 年。

陆游:《渭南文集》,收入《四库全书》集部。上海:上海古籍出
版社,1987 年,第 1163 册。

彭百川:《太平治迹统类》。扬州:江苏广陵古籍刻印社,1990。

曾公亮等(辑):《武经总要前集》,收入《中国兵书集成》第 3

至 5 册。沈阳：解放军出版社，辽沈书社，1988 年。

曾巩:《元丰类稿》。上海：中华书局，据明刊本校刊，1936 年。

曾巩:《元丰类稿》。台北：世界书局，1963 年。

曾巩:《隆平集》。台北：文海出版社，1967 年。

杨亿（口述）、黄鉴（笔录）、宋庠（整理）:《杨文公谈苑》，与
　　张师正:《倦游杂录》同本。上海：上海古籍出版社，1993 年。

杨亿:《武夷新集》，收入《四库全书珍本八集》。台北：台湾商
　　务印书馆，1978 年，第 144 至 147 册。

赵永春（编）:《奉使辽金行程录》。长春：吉林文史出版社，
　　1995 年。

赵翼（著）、王树民（校证）:《廿二史札记校证》。北京：中华
　　书局，1984 年。

欧阳修:《新五代史》。北京：中华书局，1974 年。

欧阳修:《欧阳修全集》。北京：中国书店，1986 年。

钱若水等:《宋太宗实录》残本，古籍出版社据傅氏藏园本校刊。

薛居正:《旧五代史》。北京：中华书局，1976 年。

魏泰:《东轩笔录》。北京：中华书局，1983 年。

释文莹:《玉壶清话》。北京：中华书局，1984 年。

顾祖禹:《读史方舆纪要》。台北：新兴书局，1967 年。

中文专著

B. B. 帕诺夫（编）、李静、袁亚楠（译）:《战争艺术史》。北京：
　　军事科学出版社，1990 年。

大卫·A. 鲍德温（主编）、萧欢容（译）:《新现实主义和新自由

主义》。杭州：浙江人民出版社，2001 年。

于宝林：《契丹古代史论稿》。合肥：黄山书社，1998 年。

王民信：《沈括熙宁使虏图抄笺证》。台北：学海出版社，1976 年。

王承礼（主编）：《辽金契丹女真史译文集》。长春：吉林文史出版社，1990 年。

王曾瑜：《宋朝兵制初探》。北京：中华书局，1983 年。

王菡：《潘美传》。北京：中华工商联合出版社，1995 年。

王瑞明：《宋代政治史概要》。武汉：华中师范大学出版社，1989 年。

申友良：《中国北方民族及其政权研究》。北京：中央民族大学出版社，1998 年。

伍伯常：《中唐迄五代之战略传统与北宋之统一战略》。香港：香港中文大学历史学部硕士论文，1986 年。

向南：《辽代石刻文编》。石家庄：河北教育出版社，1995 年。

朱重圣：《北宋茶之生产与经营》。台北：台湾学生书局，1985 年，页 93—108。

江天健：《北宋市马之研究》。台北：台湾编译馆，1995 年。

米高·霍华德（Michael Howard）（著）、陈奎良（译）：《战争的起源》（*The Causes of War*）。台北：黎明文化事业公司，1986 年。

西南师范学院历史系（编）：《钓鱼城史实考察》。成都：四川人民出版社，1961 年。

吴天墀：《西夏史稿》。成都：四川人民出版社，1980 年第一版，1983 年再版，页 184。

吴春秋：《大战略论》。北京：军事科学出版社，1998 年。

岑仲勉:《隋唐史》。北京:中华书局,1982 年新一版。

李天鸣:《宋元战史》。台北:食货出版社,1988 年。

李弘祺:《宋代教育散论》。台北:东升出版事业公司,1980 年。

李昌宪:《宋代安抚使考》。济南:齐鲁书社,1997 年。

李符桐:《回鹘与辽朝建国之关系》。台北:文风出版社,1968 年。

李华瑞:《宋夏关系史》。石家庄:河北人民出版社,1998 年。

李德·哈特(Liddell H. B. Hart)(著)、钮先钟(译):《战略论:间接路线》(*Strategy: The Indirect Approach*)。台北:麦田出版社,1996 年。

李德·哈特(Liddell H. B. Hart)(著)、钮先钟(译):《战略论》(*Strategy*)。台北:军事译粹社,1955 年。

李德·哈特(Liddell H. B. Hart)(著)、钮先钟(译):《为何不向历史学习?》(*Why Don't We Learn from History?*)。台北:军事译粹社,1977 年初版,1981 年再版。

李震:《中国历代战争史》。台北:三军出版社,1976 年。

李锡厚:《临潢集》。保定:河北大学出版社,2001 年。

李锦绣:《唐代财政史稿》下卷。北京大学出版社,2001 年。

杜建录:《西夏经济史研究》。兰州:甘肃文化出版社,1998 年,页 182—183。

杜建录:《西夏与周边民族关系史》。兰州:甘肃文化出版社,1995 年。

沈起炜:《杨家将的历史和传说》。上海:上海人民出版社,1984 年。

周宝珠、陈振:《简明宋史》。北京:人民出版社,1985 年。

居伊·奥立维·福尔、杰弗里·Z.鲁宾(主编),联合国教科文组织翻译组（译）:《文化与谈判：解决水争端》。北京：社会科学文献出版社，2001 年。

金渭显:《契丹的东北政策——契丹与高丽女真关系之研究》。台北：华世出版社，1981 年。

金毓黻:《宋辽金史》。台北：乐天出版社，1972 年。

前田正名（著）、陈俊谋（译）:《河西历史地理研究》。北京：中国藏学出版社，1993 年。

前田正名（著），李凭、孙耀、孙蕾（译）:《平城历史地理学研究》。北京：书目文献出版社，1994 年。

姚从吾（著）、姚从吾先生遗著整理委员会（编）:《姚从吾先生全集》第 2 分册《辽金元史讲义——甲、辽朝史》。台北：正中书局，1972 年。

胡昭曦、邹重华:《宋蒙（元）关系史》。成都：四川大学出版社，1992 年。

苗书梅:《宋代官员选任和管理制度》。开封：河南大学出版社，1996 年。

修昔底德（著）、谢德风（译）:《伯罗奔尼撒战争史》。北京：商务印书馆，1978 年。

唐纳德·丹尼尔（Donald C. Daniel）、凯瑟琳·赫伯格（Katherine L. Herbig）（编），徐晓军、扈新生（译）:《战略欺骗》（*Strategic Military Deception*）。北京：军事科学出版社，1991 年。

祝启源:《唃厮啰——宋代藏族政权》。西宁：青海人民出版社，1998 年。

钮先钟:《战略研究入门》。台北：麦田出版社，1998 年。

袁庭栋、刘泽模:《中国古代战争》。成都：四川省社会科学院出版社，1988 年。

郝树侯:《杨业传》。太原: 山西人民出版社，1984 年。

勒尼·格鲁塞（Rene Gsousset）（著）、魏英邦（译）:《草原帝国》（*L'empire des Steppes: Attila, Gengis-khan, Tamerlan*）。西宁: 青海人民出版社，1991 年。

曼施坦因（Erich von Manstein）（著）、钮先钟（译）:《失去的胜利》（*Lost Victories*）台北: 军事译粹社，1984 年。

常征:《杨家将史事考》。天津: 天津人民出版社，1980 年。

张其凡:《五代禁军初探》。广州: 暨南大学出版社，1993 年。

张其凡:《宋太宗》。长春: 吉林文史出版社，1997 年。

张其凡:《赵普评传》。北京: 北京出版社，1991 年。

张春树:《汉代边疆史论集》。台北: 食货出版社，1977 年。

张家驹:《两宋经济重心的南移》。武汉: 湖北人民出版社，1957 年。

张家驹:《赵匡胤传》。南京: 江苏人民出版社，1959 年。

张国刚:《唐代藩镇研究》。长沙: 湖南教育出版社，1987 年。

梁天锡:《宋枢密院制度》。台北: 黎明文化事业公司，1981 年。

陈世松、匡裕彻、朱清泽、李鹏贵:《宋元战争史》。成都: 四川省社会科学院出版社，1988 年。

陈述:《契丹社会经济史稿》。北京: 生活·读书·新知三联书店，1963 年。

陈登原:《国史旧闻》第二册。北京: 中华书局，1962 年。

陈锋:《武士的悲哀: 北宋崇文抑武现象透析》。西安: 陕西人民教育出版社，2000 年。

陶晋生:《宋辽关系史研究》。台北: 联经出版事业有限公司，

1984 年。

陶懋炳:《五代史略》。北京: 人民出版社, 1985 年。

章群:《唐代蕃将研究》。台北: 联经出版事业有限公司, 1986 年。

傅海波、崔瑞德 (编), 史卫民等 (译):《剑桥中国辽西夏金元史》。北京: 中国社会科学出版社, 1998 年。

傅乐焕:《辽史丛考》。北京: 中华书局, 1984 年。

杰弗里·帕克 (Geoffrey Parker) 等 (著)、傅景川等 (译):《剑桥战争史》(*The Cambridge Illustrated History of Warfare*)。长春: 吉林人民出版社, 1999 年。

程光裕:《宋太宗对辽战争考》。台北: 台湾商务印书馆, 1972 年。

黄震云:《辽代文史新探》。北京: 中国社会科学出版社, 1999 年。

爱德华·鲁特瓦克 (Edward Luttwak) (著)、军事科学院外国军事研究部 (译):《战略——战争与和平的逻辑》(*Strategy: The Logic of War and Peace*)。北京: 解放军出版社, 1990 年。

杨若薇:《契丹王朝政治军事制度研究》。北京: 中国社会科学出版社, 1991 年。

荣新江:《归义军史研究——唐宋时代敦煌历史考索》。上海: 上海古籍出版社, 1996 年。

赵雨乐:《唐宋变革期军政制度史研究 (一)——三班官制之演变》。台北: 文史哲出版社, 1993 年。

赵雨乐:《唐宋变革期军政制度——官僚机构与等级之编成》。台北: 文史哲出版社, 1994 年。

赵振绩:《契丹族系源流考》。台北: 文史哲出版社, 1992 年。

蒋武雄:《辽与五代政权转移关系始末》。台北: 新化图书有限公司, 1998 年。

戴应新:《折氏家族史略》。西安:三秦出版社,1989 年。

韩茂莉:《辽金农业地理》。社会科学文献出版社,1999 年。

韩国磐:《柴荣》。上海:上海人民出版社,1956 年。

魏汝霖、刘仲平:《中国军事思想史》。台北:黎明文化事业,
　　1982 年。

谭其骧等:《中国历史地图集》。北京:中国地图出版社,1982 年。

苏联军事百科全书中译本编辑组(编):《军事术语选编》。北
　　京:知识出版社,1981 年。

中文论文

丁则良:《杯酒释兵权考》,《人文科学学报》,第 3 卷,第 1 期
　　(1945),页 15—39。

于光度:《辽宋高梁河战役及其战场》,收入北京历史考古丛书编
　　辑组(编):《北京文物与考古》。北京,1983 年。页 247—
　　257。

小理查兹·J·霍耶尔(Richard J.Heuer Jr.):《欺骗与反欺骗中
　　的认知因素》("Cognitive Factors in Deception and Counter
　　Deception"),载唐纳德·丹尼尔(Donald C. Daniel)、凯瑟
　　琳·赫伯格(Katherine L. Herbig)(编),徐晓军、沪新生
　　(译):《战略欺骗》(*Strategic Military Deception*)。北京:军
　　事科学出版社,1991 年。页 28—64。

尹克明:《契丹汉化略考》,《禹贡》,第 6 卷,第 3—4 期(1946),
　　页 47—60。

尹承琳、许晓秋:《萧绰评述》,载陈述(编):《辽金史论集》,

第二辑。北京：书目文献出版社，1987 年。页 52—68。

毛元佑：《宋初文武朝臣处世态度之心理分析》，《中国史研究》，
　　第 1 期（1991），页 72—83。

毛元佑：《北宋太宗的性格特征及其影响》，《华中师范大学学报》
　　（哲社版），第 5 期（1989），页 75—80。

毛汉光：《魏博二百年史论》，原刊于《历史语言研究所集刊》，
　　第 50 本第 2 分册（1979），页 301—360，收入毛汉光：《中
　　国中古政治史论》。台北：联经出版事业公司，1980 年。页
　　323—390。

王民信：《契丹古八部与大贺遥辇迭剌的关系》，《史学汇刊》，第
　　4 期（1972），页 120—135。

王民信：《契丹民族溯源》，《新时代》，第 11 卷，第 6、7 期
　　（1967），页 25—28，32—34。

王民信：《辽朝时期的康姓族群——辽朝汉姓氏族集团研究之
　　一》，《第二届宋史学术研讨会论文集》。台北：1996 年。页
　　11—23。

王伊同：《五季兵祸辑录》，《史学年报》，第 2 卷，第 3 期
　　（1936），页 203—205。

王吉林：《辽太宗之中原经略与石晋兴亡》，《中国历史学会史学
　　集刊》，第 6 辑（1974），页 29—90，收入宋史座谈会（编）：
　　《宋史研究集》，第 8 辑。台北：台湾编译馆，1976 年。页
　　55—138。

王育伊：《宋史地理志燕云两路集证》，《禹贡》，第 3 卷，第 7 期
　　（1935），页 26—35。王育伊：《石晋割赂契丹地与宋燕云两路
　　范围不同辨》，《禹贡》，第 3 卷，第 9 期（1935），页 10—12。

王育济:《宋太祖传位遗诏的发现及其意义》,《文史哲》,第 2 期
　　（1994），页 35—42。

王育济:《宋初"先南后北"统一策略的再探讨》,《东岳论丛》,
　　第 1 期（1996），页 82—89。

王育济:《论"杯酒释兵权"》,《中国史研究》,第 3 期（1996），
　　页 116—125。

王明荪:《宋初的反战论》,收入邓广铭、漆侠（编）:《国际宋
　　史研讨会论文选集》。保定: 河北大学出版社，1992 年。页
　　478—489。

王国良:《中国长城沿革考》,寿鹏飞:《历代长城考》,收入《长
　　城研究资料两种》。台北: 明文书局，1988 年再版。页 18—
　　33，1—17。

王云海:《宋太宗的右文政策》,《河南大学学报》, 第 1 期
　　（1986），页 1—10。

王煦华、金永高:《宋辽和战关系中的几个问题》,《文史》,第
　　9 辑（1980 年 6 月），页 83—113，另收入历史研究编辑部
　　（编）:《辽金史论文集》。沈阳: 辽宁人民出版社，1985 年。
　　页 277—283。

王晓波:《宋真宗对辽战争考之一: 瀛州与莫州之战》,载《宋代
　　文化研究》,第八辑。成都: 巴蜀书社，1999 年。页 55—68。

王晓波:《宋真宗对辽战争考之二: 遂城之战》,载《宋代文化研
　　究》,第九辑。成都: 巴蜀书社，2000 年。页 236—246。

王晓波:《宋真宗对辽战争考之三: 望都之战》,载《宋代文化研
　　究》,第十辑。成都: 巴蜀书社，2001 年。页 210—219。

包拯（撰）、杨国宜（整理）:《包拯集编年校补》。合肥: 黄山

书社，1989年。

史苏苑:《略论周世宗北征》,《郑州大学学报》(哲社版),第1期（1982）,页8—12。

石垒:《五代的兵制》,《幼狮学志》,第1卷,第2期（1962）,页1—40；第3期（1962）,页1—42。

伍伯常:《制驭部族:论耶律阿保机帝业的完成》,《中国文化研究所学报》,新刊号第8期（1999）,页163—194。

伍伯常:《易州失陷年月考——兼论南宋至清编纂北宋历史的特色》,载杨炎廷（编）:《宋史论文集:罗球庆老师荣休纪念专辑》。香港:中国史研究会,1994年。页1—19。

任崇岳:《略论辽朝与五代的关系》,《社会科学辑刊》,第4期（1984）,页109—115。

朱瑞熙、张邦炜、刘复生、蔡崇榜、王曾瑜:《辽宋西夏金社会生活史》。北京:中国社会科学出版社,1998年。

朱瑞熙:《宋代的刺字和文身习俗》,收入漆侠、李埏（主编）:《宋史研究论文集》。昆明:云南民族出版社,1997年。页265—276。

江天健:《北宋陕西路沿边堡寨》,收入江天健:《北宋对西夏边防研究论集》。台北:华世出版社,1993年。页9—42。

江天健:《北宋蜀茶博马之研究》,原刊《兴大历史学报》,创刊号（1991）,收入宋史座谈会（编）:《宋史研究集》,第23辑。台北:台湾编译馆,1995年。页439—478。

何冠环:《宋太宗箭疾新考》,香港中文大学《中国文化研究所学报》,第20卷（1989）,页33—58。

何冠环:《宋初三朝武将的量化分析——北宋统治阶层的社会流

动现象新探》,《食货》,复刊第 16 卷第 3、4 期合刊（1986年 12 月），页 19—31。

何冠环:《论宋太宗朝武将的党争》,《中国文化研究所学报》,新刊号第 4 期（1995），页 173—202。

何冠环:《论宋太祖朝武将的党争》,《中国史学》,第 5 期（1995），页 45—62。

吴婖:《阵图与宋辽战争》,载《吴婖史学论文集》。北京:人民出版社,1988 年。第 3 册,页 87—96。

宋衍申:《是"重武"不是"轻武"——谈北宋的一项基本国策》,《光明日报》,1985 年 9 月 4 日。

宋常廉:《北宋的马政》,《大陆杂志》,第 25 卷,第 10—12 期（1962），页 19—22，19—22，24—30。

宋常廉:《高梁河战役考实》,《大陆杂志》,第 39 卷,第 10 期（1969），页 26—36。

李孝聪:《论唐代后期华北三个区域中心城市的形成》,《北京大学学报哲社版》,2（1992），页 55—65。

李华瑞:《关于宋初先南后北统一方针讨论中的几个问题》,《河北大学学报》(哲社版),第 4 期（1997），页 49—55，88。

李裕民:《宋太宗平北汉始末》,原载《山西大学学报》,第 3 期（1982），页 86—94,收入李裕民:《宋史新探》。西安:陕西师范大学出版社,1999 年。页 65—81。

李裕民:《折氏家族研究》,载《陕西师范大学学报》(哲学、社会科学版),第 27 卷,第 2 期（1998 年 6 月），页 55—68,收入李裕民:《宋史新探》。西安:陕西师范大学出版社,1999 年。页 168—197。

李裕民:《揭开斧声烛影之谜》,《山西大学学报》(哲社版),第
　　3 期(1998);收入李裕民:《宋史新探》。西安:陕西师范大
　　学出版社,1999 年。页 16—29。

李蔚:《张元、吴昊事迹考评》,收入李蔚(著):《西夏史研究》。
　　银川:宁夏人民出版社,1989 年。页 98—114。

李锡厚:《辽代的汉军》,载《中国史研究》,第 1 期(1989),页
　　98—105。

李锡厚:《试论辽代玉田韩氏家族的历史地位》,收入中国社会科
　　学院历史研究所宋辽金元史研究室(编):《宋辽金元史论丛》
　　第一辑。北京:中华书局,1985 年。页 251—266。

杜成安:《评宋太宗雍熙北伐的战略意图》,《抚顺师专学报》(社
　　科版),第 2 期(1992),页 51—56。

汪伯琴:《宋初二帝传位问题的剖析》,《大陆杂志》,第 32 卷,
　　第 10 期(1966),页 309—316。

汪槐龄:《柴荣与宋初政治》,《学术月刊》,第 7 期(1980),页
　　63—73。

汪槐龄:《论宋太宗》,《学术月刊》,第 3 期(1986),页 61—68。

谷川道雄(著)、王霜媚(译):《关于河朔三镇藩镇的继承》,
　　载《第一届国际唐代学术会议论文集》。台北:唐代研究学者
　　联谊会,1989 年。页 903—913。

谷霁光:《古代战术中的主要阵形——方阵》,原载《江西社会科
　　学》,第 1 期(1982),收入周銮书等(编):《谷霁光史学文
　　集》,第 1 卷,《兵制史论》。南昌:江西人民出版社、江西教
　　育出版社,1996 年。页 486—512。

谷霁光:《宋代继承问题商榷》,《清华学报》,第 1 期(1941),

页 87—113。

谷霁光:《泛论唐末五代的私兵和亲军、义儿》,《历史研究》, 2 (1984),页 21—34。

邢义田:《契丹与五代政权更迭之关系》,《食货复刊》,第 1 卷, 第 6 期(1971),页 296—307。

周藤吉之:《宋代的佃户制》,收入刘俊文主编:《日本学者研究 中国史论著选译》第五卷《五代宋元》,页 105—165。

孟彦弘:《唐前期的兵制与边防》,《唐研究》, 1 (1995),页 245—276。

季平:《荆公温公同异论——治军、用兵与弃地问题》,《西南师 范学院学报》,第 34 期(1984),页 60—72。

承德地区文化局、宽城县文保所:《松亭关考——兼谈与松亭关、 松亭路相关的几个问题》,收陈述(编):《辽金史论集》,第 三辑。北京:书目文献出版社,1987 年。页 122—133。

林宇:《辽宋雍熙战役》,载北京市文物研究所(编):《北京文物 与考古》,第 2 辑。北京:燕山出版社,1991 年。页 130— 139。

林瑞翰:《五代豪侈暴虐义养之气》,原载《大陆杂志》,第 30 卷,第 3、4 期,(1965),页 4—9,17—22,收入《大陆杂 志史学丛书》,第 2 辑第 2 册,《唐宋附五代史研究论集》,页 288—300。

林瑞翰:《宋太祖太宗之御将及太宗之治术》,《台湾大学历史学 系学报》,第 5 期,页 53—71。

林瑞翰:《宋代边郡之马市及马之纲运》,《大陆杂志》,第 31 卷, 第 9 期(1965),页 6—13。

畑地正宪（著）、郑梁生（译）：《五代北宋的府州折氏》，《食
　　货》，复刊第 5 卷，第 5 期（1975 年 8 月），页 29—49。

畑地正宪（著）、郑梁生（译）：《北宋与辽的贸易及其岁赠》，
　　《食货》，12 期（1974），页 400—415。

侯仁之：《燕云十六州考》，《禹贡》，第 6 卷，第 3—4 期（1946），
　　页 39—45。

侯扬方：《宋太宗继统考实》，《复旦学报》（社科版），第 2 期
　　（1992），页 67—70。

姚从吾：《宋余玠设防山城对蒙古入侵的打击》，原载《大陆杂
　　志》，第 10 卷，第 9 期（1955），页 1—5，收入宋史座谈
　　会（编）：《宋史研究集》第 1 辑。台北：台湾编译馆，初版
　　1958 年，再版 1980 年。页 215—226。

姚从吾：《契丹人的"捺钵生活"》，收入凌纯声等（著）：《边疆
　　文化论集》。台北：中华文化出版事业委员会，1953 年。页
　　57—83。

姚从吾：《说阿保机时代的汉城》，《国学季刊》，第 5 卷，第 1 期
　　（1935），页 53—78。

姚从吾：《说契丹的捺钵文化》，收入姚从吾：《东北史论丛》。台
　　北：正中书局，1959 年。页 1—30。

柯睿格（著）、陶晋生（译）：《宋代社会：在传统之内的变迁》，
　　收入约翰·海格尔（编）、陶晋生（译）：《宋史论文选集》。
　　台北：台湾编译馆，1995 年。页 1—12。

柳立言：《"杯酒释兵权"新说质疑》，《大陆杂志》，第 80 卷，第
　　6 期（1990），页 265—272。

柳立言：《宋初一个武将家族的兴起——真定曹氏》，载历史语言

研究所（编）:《中国近世社会文化史论文集》。台北：历史语言研究所，1992年。页40—50。

柳立言:《宋辽澶渊之盟新探》，收入《宋史研究集》，第23辑。台北：台湾编译馆，1995年。页116，122—123。

柳立言:《从御驾亲征看宋太祖的创业与转型》，收入田余庆（编）:《庆祝邓广铭教授九十华诞论文集》。石家庄：河北教育出版社，1997年。页151—160。

柳立言:《敬答徐规先生再论杯酒释兵权》，《宋史研究通讯》，28（1996）2，页28—29。

唐兆梅:《读〈评北宋雍熙北伐〉以后》，《中州学刊》，第1期（1986），页106—108。

宫崎市定:《从部曲走向佃户》，收入刘俊文（主编）《日本学者研究中国史论著选译》第五卷《五代宋元》。北京：中华书局，1992年。页1—71。

徐红年:《论辽宋战争的性质》，《北京社会科学》，第1期（1991），页109—113。

徐规、方如金:《评宋太祖的"先南后北"统一战略》，载邓广铭、郦家驹（编）:《宋史研究论文集》。郑州：河南人民出版社，1984年。页517—534。

徐规、方建新:《"杯酒释兵权"说献疑》，《文史》，第14辑（1982），页113—116。

徐规:《再论杯酒释兵权——兼答柳立言先生》，收入《第二届宋史学术研讨会论文集》。台北：1995年。页85—96。

草野靖:《宋代的顽佃抗租和佃户的法律身份》，收入刘俊文主编:《日本学者研究中国史论著选译》第八卷《法律制度》，页 313—352。

马伯煌:《宋初军事行动的经济目的与策略》,载邓广铭、程应镠（编):《宋史研究论文集》。上海: 上海古籍出版社, 1982 年。页 350—373。

张其凡:《庸将负盛名——略论曹彬》,载邓广铭、徐规等（编):《宋史研究论文集》。杭州: 浙江人民出版社, 1987 年。页 507—527。

张其凡:《从高梁河之败到雍熙北征》,原载《华南师大学报》,第 3 期,（1983）,收入张其凡:《宋初政治探研》。广州: 暨南大学出版社, 1995 年。页 129—147。

张亮采:《宋辽间的榷场贸易》,原载于《东北师范大学科学集刊》,第 3 期（1957）,收入历史研究编辑部（编):《辽金史论文集》。沈阳: 辽宁人民出版社, 1985 年。页 221—226。

张国刚:《唐代府兵制度渊源与番役》,收入张国刚:《唐代政治制度研究论集》。台北: 文津出版社, 1994 年。页 1—28。

张国庆:《辽代契丹皇帝与五代北宋诸帝的结义》,《史学月刊》,第 6 期（1992）,页 26—32。

张德宗:《北宋的养兵政策》,《河南师大学报》, 4（1982）,页 67—73。

张荫麟:《北宋的外患与变法》,原载《思想与时代》,第 5 期（1941）,收入汉学研究室（编):《宋辽金元史论集》。台北: 汉声出版社, 1977 年。页 11—22。

张荫麟:《宋太宗继统考实》,《文史杂志》,第 8 期（1941）,页 26—31。

梁伟基:《先南征，后北伐:宋初统一全国的唯一战略（960—
　　976）?）,《中国文化研究所学报》,新刊号第 8 期（1999）,
　　页 73—100。

梁伟基:《近五十年来"宋初统一战略"问题的研究回顾》,《新
　　亚书院历史学系系刊》,第 10 期（2000）,页 169—173。

陈守忠:《王安石变法与熙河之役》,载《甘肃师大学报》,第 3
　　期（1980）,页 3—14,收入陈守忠:《河陇史地考述》。兰
　　州:兰州大学出版社,1993 年。页 113—127。

陈芳明:《宋初弭兵论的检讨,960—1004》,收入《宋史研究集》。
　　台北:台湾编译馆,1977 年。第 9 辑,页 63—98。

陈烈:《辽代部族军考》,《昭乌达蒙族师专学报》（汉文哲社版）,
　　第 1 期（1992）,页 11—17。

陈乐素:《宋徽宗谋复燕云之失败》,原载《辅仁学志》卷四第 1
　　期（1933）,收入陈乐素（著）:《求是集》第一集。广州:广
　　东人民出版社,1986 年。页 46—100。

堀敏一（著）、索介然（译）:《藩镇亲卫军的权力结构》,载刘
　　俊文（编）:《日本学者研究中国史论著选译》,第四卷《六朝
　　隋唐》。北京:中华书局,1992 年。页 585—648。

傅乐成:《唐型文化与宋型文化》,原载《台湾编译馆馆刊》卷 1
　　第 4 期（1972）,收入傅乐成:《汉唐史论集》。台北:联经出
　　版事业有限公司,1981 年。页 339—382。

傅乐焕:《宋辽聘使表稿》,《历史语言研究所集刊》,第 14 本
　　（1949）,页 57—136,收入傅乐焕:《辽史丛考》。北京:中华
　　书局,1984 年。页 179—285。

傅乐焕:《辽代四时考》,《历史语言研究所集刊》,第 10 本

（1943），页223—347；收入傅乐焕:《辽史丛考》。北京：中华书局，1984年。页36—172。

傅乐焕:《关于宋辽高梁河之战》，收入傅乐焕:《辽史丛考》。北京：中华书局，1984年。页29—36。

曾瑞龙、赵雨乐:《唐宋军政变革的研究述评》，未发表论文，宣读于宋史系列讨论会（一）"近百年宋史研究回顾与反思：制度篇"，杭州：浙江大学中国古代史研究所，2001年11月3—6日。

曾瑞龙、郑秀强:《九十年代的"战略文化"理论：一个拓展中的学术领域》，刊于《暨南大学学报》（2002）。

曾瑞龙、郑秀强:《文化现实主义：用户留神！》，1999年8月于香港浸会大学历史系、中国近代史学会合办"近代中国军事史"研讨会上宣读。

曾瑞龙:《内政导向与野战取向：北宋初年战略文化的二重性》，2000年于历史语言研究所主办"中国历史上的军事与社会"研讨会上发表。

曾瑞龙:《北宋及拜占庭帝国的弹性防御战略初探》，收入张其凡、陆勇强（编）:《宋代历史文化研究》。北京：人民出版社，2000年。页223—250。

曾瑞龙:《北宋种氏将门之形成》，香港中文大学历史学部硕士论文，1984年，未刊行。

曾瑞龙:《北宋对外战争中的弹性战略防御——以宋夏洪德城战役为例》，《史薮》，第3期（1998），页143—172。

曾瑞龙:《向战略防御的过渡：宋辽陈家谷与君子馆战役，986—987》，《中国文化研究所学报》，新刊号第5期（1996），页

81—111。

曾瑞龙:《宋辽高梁河战役考论》,《大陆杂志》,第 80 卷,第 3
期（1990）,页 106—117。

曾瑞龙:《赵起〈种太尉传〉所见的六迪宗之役（1077A.D.）》,
《中国文化研究所学报》,新刊号第 9 期（2000）,页 163—
190。

曾瑞龙:《战略脱节:宋太宗第二次经略幽燕（986）》,《中国文
化研究所学报》,新刊号第 7 期（1998）,页 1—32。

游彪:《论宋代军队的剩员》,《中国史研究》,第 2 期（1989）,
页 135—141。

汤开建:《有关铁鹞子诸问题的考释》,《史学月刊》,第 1 期
（1989）,页 357—368。

程民生:《北宋募兵制的特征及其矛盾》,《中州学刊》,第 1 期
（1989）,页 121—124。

程民生:《简述宋代募兵制的根源及确立》,《史学月刊》,4
（1990）,页 31—35。

程民生:《论北宋骄兵的特点及影响》,《史学月刊》,第 3 期
（1987）,页 24—28。

冯永林:《宋代的茶马贸易》,《中国史研究》,第 2 期（1986）,
页 41—48。

冯家升:《契丹名号考释》,《燕京学报》,第 13 期（1933）,页
1—48。

黄永年:《对府兵制所以破坏的再认识》,载《中国典籍与文化论
丛》,第四辑。北京:中华书局,1997 年。页 253—268。

杨泓:《中国古代的甲胄》,收入氏著:《中国古兵器论丛》。北

京：文物出版社，1980年。页1—78。

杨泓:《骑兵和甲骑具装》,《中国古兵器论丛》(同上),页94—
　　104。

杨树森:《略论辽代军事家耶律休哥：兼说宋两次攻辽战争之败》,
　　载陈述(编):《辽金史论集》,第一辑。上海：上海古籍出版
　　社,1988年。页99—110。

廖隆盛:《北宋对吐蕃的政策》,《台湾师范大学历史学报》,第
　　4期(1976),页141—177,另载《宋史研究集》,第9辑
　　(1978),页93—144。

廖隆盛:《宋太宗的联夷攻辽外交及其二次北伐》,《师大历史学
　　报》,第10期(1982),页83—103。

漆侠:《宋太宗第一次伐辽——高梁河之战——宋辽战争研究之
　　一》,原载《河北大学学报》,第3期(1991),收入漆侠:《探
　　知集》。保定：河北大学出版社,1999年。页168—186。

漆侠:《宋太宗雍熙北伐——宋辽战争研究之二》,刊于《河北学
　　刊》,第2期(1992),页79—87,收入漆侠:《探知集》。保
　　定：河北大学出版社,1999年。页187—204。

赵铁寒:《关于宋代"强干弱枝"国策的管见》,收入宋史座谈
　　会(编):《宋史研究集》,第1辑。台北：台湾编译馆,初版
　　1958年,再版1980年。页450—453。

齐勇锋:《五代藩镇兵制和五代宋初的削藩措施》,《河北学刊》,
　　第4期(1993),页75—81。

刘子健:《宋太宗与宋初两次篡位》,《中国史研究》,第1期
　　(1990),页156—160。

刘子健:《略论宋代武官群在统治阶级中的地位》,收入刘子健:

《两宋史研究汇编》。台北：联经出版事业公司，1987 年。页 173—184。

刘洪涛：《从赵宋宗室的家族病释"烛影斧声"之谜》，《南开学报》(哲社版)，第 6 期 (1989)，页 56—64。

刘浦江：《试论辽朝的民族政策》，收入刘浦江 (著)：《辽金史论》。沈阳：辽宁大学出版社，1999 年。页 35—57。

蒋竹山：《女体与战争——明清厌炮之术"阴门阵"再探》，《新史学》，第 10 卷，第 3 期 (1999)，页 159—187。

蒋复璁：《宋太宗晋邸幕府考》，原载《大陆杂志》，第 30 卷，第 3 期 (1965)，页 14—23，收入《大陆杂志史学丛书》，第 2 辑第 2 册，《唐宋附五代史研究论集》，页 105—113。

蒋复璁：《宋代一个国策的检讨》，原载《大陆杂志》，第 9 卷，第 7 期 (1954)，页 21—40，收入《宋史研究集》。台北：台湾编译馆，1958 年一版，1980 年再版。第 1 辑，页 407—449。

蒋复璁：《宋澶渊之盟的研究》，收入蒋复璁：《宋史新探》。台北：正中书局，1966 年初版，1975 年再版。

蒋武雄：《辽与后梁外交几个问题的探讨》，《东吴历史学报》，第 5 期 (1999)，页 31—48。

蒋武雄：《辽与后唐外交几个问题的探讨》，《东吴历史学报》，第 6 期 (2000)，页 25—63。

郑世刚：《〈默记〉中有关滁州之战记载的辨析》，《中国史研究》，第 3 期 (1982)，页 111—113。

邓广铭：《有关"拐子马"诸问题的考释》，附录于氏著：《岳飞传》(增订本)。北京：人民出版社，1983 年。页 414—431。

邓广铭:《宋太祖太宗皇位授受问题辨析》, 收入邓广铭:《邓广铭治史丛稿》。北京: 北京大学出版社, 1997 年。页 475—502。

邓广铭:《试破宋太宗即位大赦诏书之谜》,《历史研究》, 第 1 期 (1992), 页 119—125。

邓广铭:《赵匡胤的得国及其与张永德李重进的关系》,《东方杂志》, 第 41 卷, 第 21 号 (1945), 页 46—49。

邓广铭:《论赵匡胤》,《新建设》, 第 5 期 (1957), 页 30—34, 收入邓广铭:《邓广铭治史丛稿》。北京: 北京大学出版社, 1997 年。页 449—465。

邓广铭:《北宋的募兵制度及其与当时积弱积贫和农业生产的关系》,《中国史研究》, 第 4 期 (1980), 页 61—77, 收入邓广铭:《邓广铭治史丛稿》(同上)。页 75—103。

卢建荣:《地方军事化对唐代后期淮北地区政治与社会的冲击》,《台湾师范大学历史学报》, 第 27 期 (1999), 页 17—54。

卢逮曾:《五代十国对辽的外交》,《学术季刊》, 第 3 卷, 第 1 期 (1954), 页 25—51。

萧启庆、札奇斯钦:《游牧民族军事行动的动机》, 原载《政治大学边政研究所年报》, 第 5 期 (1974), 收入《宋史研究集》。台北: 台湾编译馆, 1977 年。第九辑, 页 485—511。

聂崇岐:《论宋太祖收兵权》, 原载《燕京学报》, 第 34 期 (1948), 页 85—106, 收入聂崇岐:《宋史丛考》。北京: 中华书局, 1979 年。页 263—282。

聂崇岐:《宋辽交聘考》,《燕京学报》, 第 27 期 (1940), 页 1—51。

魏特夫:《中国辽代社会史 (907—1125) 总述》, 收入台湾大学历史学系（编）:《亚洲研究译丛》第3、4集合订本。台北：台湾大学历史系亚洲译丛编译委员会，1971。页1—37。

邝又铭:《辽史·兵卫志"御帐亲军"、"大首领部族军"两事目考源辨误》,《北京大学学报》，第2期（1956）。

罗球庆:《北宋兵制研究》,《新亚学报》，第3卷，第1期（1957），页169—270。

顾全芳:《重评北宋重文轻武的历史作用》,《学术月刊》，1984年4月，页62—67。

顾全芳:《评宋初的对辽政策》,《社会科学辑刊》，第5期（1985），页56—62。

顾吉辰:《烛影斧声辨析》,《黄淮学刊》（社科版），第1期（1989），页33—39。

日文著作

内藤湖南:《东洋史概说》,收入内藤湖南（著）:《内藤湖南全集》。东京：筑摩书房，1969—1976。第8册，页111119。

友永植:《唐五代三班使臣考——宋朝武班官僚研究（一）》,《宋代社会与文化》。东京：汲古书院，1982。页29—68。

友永植:《宋都监探原考（1）—唐代の作营都官》,《别府大学纪要》，第37期（1996），页28—39。

友永植:《宋都监探原考（2）》,《アジア歴史文化研究所報》（别府大学），第14期（1997），页1—16。

日野开三郎:《五代北宋の歳幣歳賜と財政》,《东洋史学》，第6辑（1952），页1—26。

日野开三郎:《五代北宋の歲幣歲賜と推移》,《东洋史学》,第 5
    辑（1952），页 19—41。

日野开三郎:《五代史之基调》,收入日野开三郎:《东洋史学论
    集》。东京: 三一书房,1980 年。第 2 册。

日野开三郎:《东洋史学论集》。东京: 三一书房,1980 年。

田村实造:《中國征服王朝の研究》上、中。京都: 京都大学东
    洋史研究会,1964—1971 年。

武玉环:《契丹民族の時代觀》,关西学院大学人文学院:《人文
    论究》,第 46 卷,第 1 期（1996）,页 55—66。

竺沙雅章:《征服王朝の時代》。东京: 讲谈社,1977 年。

宫崎市定:《西夏の興起と青白鹽問題》,《亚细亚史研究》第一
    册。京都: 同朋舍,1957 年。页 220—238。

岛田正郎:《遼朝史の研究》。东京: 创文社,1979 年。

岛田正郎:《遼朝官制の研究》。东京: 创文社,1978。

荒木敏一:《宋代科举制度研究》。京都: 京都大学东洋史研究会,
    1969 年。

高井康典行:《遼の燕雲十六州支配と藩鎮體制》,《早稻田
    大学大学院文学研究科纪要别册·哲学史学编》,第 21 册
    （1995），页 113—125。

高井康典行:《東丹國の東京道》,收入早稻田大学东洋史恳话
    会:《史滴》,第 18 期（1996），页 26—42。

梅原郁:《宋代の武階》,《东方学报》,第 56 期（1984），页
    217—268。

富田孔明:《后梁侍卫亲军考》,《龙谷史坛》,第 92 期（1988），
    页 32—49。

英文专著

Baldwin, David A., ed. *Neorealism and Neoliberalism: The Contemporary Debate*. New York: Columbia University Press, 1993.

Barfield, Thomas J, *The Perilous Frontier: Nomadic Empires and China*. Cambridge, MA: Basil Blackwell, 1989.

Bjom, Moller. *Dictionary of Alternative Defense*. Boulder: L. Rienner Publishers, 1995.

Blainey, Geoffrey. *The Causes of War*. New York: Free Press, 1973.

Bol, Peter K, *"This Culture of Ours": Intellectual Transitions in T'ang and Sung China*. Stanford, California: Stanford University Press, 1992.

Chace, James. *The Consequences of Peace: The New International and American Foreign Policy*. New York: Oxford University Press, 1992,

Chambers, James. *The Devil's Horsemen: The Mongol Invasion of Europe*. New York Atheneum, 1979.

Chandler, David G. *The Campaigns of Napoleon*. New York: Macmilian Company, 1970.

Chang, Chun-shu, *The Han Colonists and Their Settlements on the Chu-yen Frontier*. Ann Arbor, Michigan: Center for Chinese Studies, University of Michigan, 1970.

Chay, Jongsul, ed. *Culture and International Relations*. New York: Praeger, 1990. Clauswitz, Carl von. *On War*. Edited with introduction by Anatol Rapoport. Middelsex, Baltimore and

Ringwood: Penguin Books, 1968.

Cohen, Eliot A. and John Gooch. *Military Misfortunes: The Anatomy of Failure in War*. New York: The Free Press, 1990.

Cohen, Raymond. *Negotiating across Cultures: International Communication in An Interdependent World*. Washington, D.C.: United States Institute of Peace Press, 1997.

Collins, John M, *Grand Strategy: Principles and Practices*. Annapolis, Maryland: Naval Institute Press, 1973.

Contamine, Philip. *War in the Middle Age*. Translated by Michael Jones, Oxford: Basil Blackwell, 1984.

Daniel, Donald C. and Katherine L, Herbig, eds. *Strategic Military Deception*. Oxford: Pergamon Press, 1981.

Delbruck, Hans. *Warfare in Antiquity, History of the Art of War*, Vol. I. Translated by Walter J. Refroe, Jr. Lincoln: University of Nebraska Press, 1990.

Diehl, Paul F., ed. *The Dynamics of Enduring Rivalries*. Urbana: University of Illinois Press, 1998.

Dougherty, James E. and Robert L, Pfaltzgraff, Jr. *Contending Theories of International Relations: A Comprehensive Survey*. New York: Longman, fourth edition in 1997.

Fair, Charles. *From the Jaws of Victory: A History of the Character, Causes and Consequences of Military Stupidity, from Crassus to Johnson and Westmoreland*. New York: Simon and Schuster, 1971.

Farer, Tom J. *The Grand Strategy of the United States in Latin America*. New Brunswick, N.J.: Transaction Books, 1988.

Faure, Guy Olivia and Jeffrey Z. Rubin, eds. *Culture and Negotiation: The Resolution of Water Disputes.* Newbury Park, Calif.: Sage Publications, 1993.

Fitton, J, Lesley. *The Discovery of the Greek Bronze Age.* London: Published for the Trustees of the British Museum by British Museum Press, 1995.

Frankel, Benjamin, ed. *Realism: Restatements and Renewal* London: Frank Cass, 1996.

Frankel, Benjamin, ed. *Roots of Realism.* London: Frank Cass, 1996.

Fuchida, Mitsuo and Masatake Okumiya. *Midway: The Battle that Doomed Japan.* New York: Ballantine Books, first published in 1958, fourth printed in 1974.

Gabriel, Richard A. *Military Incompetence: Why the American Military Doesn't Win.* New York: Hill and Wang, 1985.

Glossop, Ronald, J. *Confronting War: An Examination of Humanity's Most Pressing Problem.* Jefferson, NC, and London: McFarland, 1987.

Gray, Colin. *Weapons Don't Make War: Policy and Military Technology.* Kansas: University Press of Kansas, 1993.

Greenfield, Kent Robert. *Command Decision.* Washington D.C.: Office of the Chief of Military History, 1960.

Guderian, Heinz. *Achtung-Panzer: The Development of Armoured Forces, Their Tactics and Operational Potential.* Translated by Christopher Duffy. London: Arms and Armour, 1992.

Guilmartin, John Francis. *Gunpowder and Galleys: Changing Technology and Mediterranean Warfare at Sea in the Sixteenth Century.* London; New York: Cambridge University Press, 1974.

Handel, Michael L, ed. *Strategic and Operational Deception in the Second World War.* London: Frank Cass & Co., Ltd, 1987.

Hart, B. H, Liddell. *History of the Second World War.* New York: Capricorn Books, 1970.

Hart, B. H. Liddell. *Strategy.* London: Faber and Faber, first edition, 1954; New York: Frederick A. Praeger, second revised edition, 1967.

Hart, H. Liddell. *The Strategy of Indirect Approach.* London: Faber & Faber, 1946.

Hattendor, John B. *England in the War of the Spanish Succession: A Study of the English View and Conduct of Grand Strategy, 1702–1712.* New York: Garland, 1987.

Herold, Christopher, J. *The Battle of Waterloo.* London: Cassell, 1967.

Hisahiko, Okazaki. *A Grand Strategy for Japanese Defense.* Lanham: University Press of America, 1986.

Hofstede, Geert. *Cultures and Organizations: Software of the Mind.* New York: Mcgraw-Hill, 1997.

Holloway, Bruce K. *Grand Strategy for the 1980's.* Washington: American Enterprise Institute for Public Policy, 1978.

Howard, Michael. *The Causes of War.* London: Temple Smith, 1983.

Howard, Michael. *The Causes of Wars.* Cambridge, Massachusetts: Harvard University Press, 1984.

Jacobsen, Carl G., ed. *Strategic Power USA/USSR*. New York: St. Martin's Press, 1990.

Johnston, Alastair Iain. *Cultural Realism: Strategic Culture and Grand Strategy in Chinese History*. Princeton: Princeton University Press, 1995.

Joint Chief of Staff. *U.S. Department of Defense Dictionary of Military Terms*. New York: Arco Publishing, 1988.

Jomini, Baron de. *The Art of War*. Translated from French by Capt. G. H. Mendell and Lieut. W. R Craighill. Philadelphia: J.B. Lippincott, 1862, reprinted in Westport, Connecticut: Greenwood Press, date unknown.

Kanatowski, Stanley M *The German Army and NATO Strategy*. National Security Affairs Monograph, 82.2. Washington: National Defense University Press, 1982.

Katzenstein, Peter J., ed *The Culture of National Security: Norms and Identity in World Politics*. New York: Columbia University Press, 1996.

Keegan, John. *The Face of Battle*. New York: The Viking Press, 1976.

Keegan, John. *The Mask of Command*. New York: Penguin Books, 1988.

Kennedy, Paul, ed. *Grand Strategies in War and Peace*. New Haven: Yale University Press, 1991.

Keohane, Robert O., ed. *Neorealism and Its Critics*. New York: Columbia University Press, 1986.

Kershaw, Robert J. *It Never Snows in September: The German View of Market- Garden and the Battle of Arnhem, September 1944.* New York: Ian Allan, 1994.

Kier, Elizabeth. *Imagining War: French and British Military Doctrine Between the Wars.* Princeton: Princeton University Press, 1997.

Kierman, Frank Jr. and John K. Fairbank, eds. *Chinese Way of Warfare.* Cambridge, MA: Harvard University Press, 1974.

Kim, Bok-Lim C, *Women in Shadows: A Handbook for Service Providers Working with Asian Wives of U.S. Military Personnel.* LaJolla, Calif.: National Committee Concerned with Asian Wives of U.S. Servicemen, 1981.

Labadie, John Richard. *Rulers and Soldiers: Perception and Management of the Military in Northern Sung China (960–ca.1060).* Ph.D. dissertation, University of Washington, 1981.

Lee, Thomas H. C. *Government Education and Examination in Sung China.* Hong Kong: Chinese University Press, 1985.

Legro, Jeffrey W. *Cooperation Under Fire: Anglo-German Restraint During World War II.* Ithaca: Cornell University Press, 1995.

Lipman, Jonathan and Stevan Harrel, eds. *Violence in China: Essays in Culture and Counterculture.* New York: State University of New York Press, 1990.

Liu, James T. C. *China Turning Inward: Intellectual Political Changes in the Early Twelfth Century.* Cambridge, MA: Council on East Asian Studies, Harvard University, 1988.

Livy. *The War with Hannibal*, Books XXI–XXX of *The History of Rome from Its Foundation*. Translated and edited by Aubrey de Selincourt with an introduction by Betty Radice. New York: Penguin Books, first published in 1965, reprinted in 1977.

Lorge, Peter Allen, *War and the Creation of the Northern Song State*. Ph. D. dissertation, University of Pennsylvania, 1996.

Luttwak, Edward. Strategy: *The Logic of War and Peace*. Cambridge, Massachusetts, and London, England: The Belknap Press of Harvard University Press, 1987.

Luttwak, Edward. *The Grand Strategy of the Roman Empire from the First Century A. D. to The Third*. Baltimore: Johns Hopkins University Press, 1976.

Mahan, Alfred Thayer. *The Influence of Sea Power upon History, 1660–1805*. Englewood Cliffs, N. J.: Prentice Hall, 1980.

Manstein, Erich von. *Lost Victories*. London: Methum and Co. Ltd, 1958.

McCubbin, Hamilton I., Barbara B. Dahl, and Edna J. Hunter, eds. *Families in the Military System*. Beverly Hills, Calif.: Sage Publications, 1976.

McKercher, B.J.C. and Michael A. Hennessy. *The Operational Art: Developments in the Theories of War*. Westport, Conn: Praeger, 1996.

Millis, Walter. *Military History*. Washington: Service Center for Teachers of History, 1961.

Nathan, Andrew J. and Robert S. Ross. *The Great Wall and the Empty Fortress: China's Search for Security*. New York: W.W.

Norton, 1997.

Naveh, Simon. *In Pursuit of Military Excellence: The Evolution of Operational Theory*. London: Frank Cass, 1997.

Needham, Joseph. *Gunpowder as the Fourth Power, East and West*. Hong Kong: Hong Kong University Press, 1985.

Newell, Clayton R. *The Framework of Operational Warfare*. London and New York: Routledge, 1991.

Ouranos, Nikephoros, *The Taktika*. In Eric McGeer. *Sowing the Dragon's Teeth: Byzantine Warfare in the Tenth Century*. Washington D.C.: Dumbarton Oaks, 1995.

Parker, Geoffrey. *The Cambridge Illustrated History of Warfare*. Cambridge: Cambridge University Press, 1995.

Parker, Geoffrey. *The Grand Strategy of Philip II*. New Haven: Yale University Press, 1998.

Parker, Geoffrey. *The Military Revolution: Military Innovation and the Rise of the West 1500–1800*. Cambridge: Cambridge University Press, 1988.

Phokas, Nicephoros II, *Skirmishing*. In George T. Dennis. *Three Byzantine Military Treatises*. Washington D.C.: Dumbarton Oaks Research Library and Collection, 1985.

Pye, Lucian. *The Spirit of Chinese Politics*. Cambridge, MA: MIT Press, 1965.

Rapoport, Anatol. *The Origin of Violence; Approaches to the Study of Conflict*. New York: Paragon House, 1989.

Robert, Hardy. Longbow: *A Social and Military History*. Cambridge:

Stephens, 1976.

Ryan, Cornelius. *A Bridge Too Far*. New York: Simon and Schuster, 1974.

Schein, Edgar H. *Organizational Culture and Leadership*. San Francisco: Jossey-Bass Publishers, 1992.

Schmidt, Helmut. *A Grand Strategy for the West*. New Haven, CT: Yale University Art Gallery, 1985.

Schwartz, Daniel. *The Great Wall of China*. London: Thames and Hudson, 1990.

Sharp, Gene. *The Political Equivalent of War: Civilian Defense*. New York: Carnegie Endowment for International Peace, 1965.

Smith, Paul J. *Taxing Heaven's Storehouse: Horses, Bureaucrats, and the Destruction of the Sichuan Tea Industry, 1074–1224*. Cambridge, Mass: Council on East Asian Studies, Harvard University, 1991.

Spegele, Roger D. *Political Realism in International Theory*. Cambridge; Cambridge University Press, 1996.

Sperling, Goetz. *German Perspectives on the Defense of Europe: An Analysis of Alternative Approaches to NATO Strategy*. National Security Series No. 1/85. Kingston, Canada: Center for International Relations at Queen's University, 1985.

Stuart, Reginald. *War and American Thought: From the Revolution to the Monroe Doctrine*. Kent, Ohio: Kent State University Press, 1982.

Swaine, Michael D. and Ashley J. Tellis. *Interpreting China's*

Grand Strategy: Past, Present, and Future. Santa Monica, CA: Rand, 2000.

Tao, Jing-shen. *Two Sons of Heaven: Studies in Sung-Liao Relations*, Tucson: The University of Arizona Press, 1988.

Truchman, Barbara W. *The March of Folly: From Troy to Vietnam.* New York: Alfred A. Knopf, 1984.

Tsang, Shui-lung. *War and Peace in Northern Sung China: Violence and Strategy in Flux, 960–1100.* Ph. D. dissertation, East Asian Studies Department, University of Arizona, 1997.

U.S. Joint Chiefs of Staff. *U. S, Department of Defense Dictionary of United States Military Terms.* New York: Arco Publishing, 1988.

Waldron, Arthur, *The Great Wall of China: From History to Myth.* Cambridge: Cambridge University Press, 1990.

Waltz, Kenneth. *Theory of International Politics.* Reading, Mass.: Addison-Wesley, 1979.

Walzer, Michael. *Just and Unjust Wars.* Harmondworth: Penguin, 1980.

Wang, Gungwu. *The Structure of Power in North China during the Five Dynasties.* Kuala Lumpur: University of Malaya Press, 1963.

Warren, Treadgold. *Byzantium and Its Army, 284–1081.* Stanford: Stanford University Press, 1995.

Weinstein, Laurie and Christie C.White, eds. *Wives and Warriors: Women and the Military in the United States and Canada.* Westport, Conn.: Bergin & Garvey, 1997.

Whaley, Barton. *Codeword Barbarossa.* Cambridge, Mass: M.I.T.

Press, 1973.

Wittfogel, Karl A, and Feng Chia-seng. *History of Chinese Society: Liao (907–1125)*. Philadelphia: The American Philosophical society, 1946.

Wolf, Margery. *Women and the Family in Rural Taiwan*. Stanford: Stanford University Press, 1972.

Worthy, Edmund Henry, *The Founding of Sung China, 950–1000: Integrative Changes in Military and Political Institution*. Ph.D. dissertation, Princeton University, 1975.

Yarmolinsky, Adam. *The Military and American Society*. Philadelphia: American Academy of Political and Social Science, 1973.

Yoder, John, *Nevertheless: A Meditation on the Varieties and Shortcomings of Religious Pacifism*. Scottdale, PA: Herald Press, 1971.

Zhang, Shu-guang, *Deterrence and Strategic Culture: Chinese-American Confrontations, 1949–1958*, Ithaca: Cornell University Press, 1992.

Zimmerman, William and Harold K. Jacobson, *Behavior, Culture, and Conflict in World Politics*. Ann Arbor: University of Michigan Press, 1993.

英文篇章及论文

Ashely, Richard K. "The Poverty of Neorealism." *International*

Organization, 38. 2 (1984), pp. 225−286.

Baldwin, David A. "Neoliberalism, Neorealism and World Politics." In *Neorealism and Neoliberalism: The Contemporary Debate*, edited by David A. Baldwin, pp. 3−25. New York: Columbia University Press, 1993.

Forage, Paul C. "The Sino-Tangut War of 1081−1085." *Journal of Asian History*, (1991), pp. 1−28.

Gray, Colin. "National Styles in Strategy: The American Example." *International Security*, 6.2 (1981), pp. 21−47.

Hauerwas, Stanley."Pacifism: Some Philosophical Considerations." In *War, Morality and The Military Profession*, edited by Malham M. Wakin, pp. 277−283. Boulder and London: Westview Press, seined edition, 1986.

Kier, Elizabeth. "Culture and Military Doctrine: France between the Wars." *International Security*, 19.4 (1995), pp. 65−93.

Klein, Bradley. "Hegemony and Strategic Culture: American Power Projection and Alliance Defense Politics." *Review of International Studies*, 14 (1988), pp. 133−148.

Klein, Yizhak. "A Theory of Strategic Culture." *Comparative Strategy*, 10.1 (n.d.), pp. 3−23.

Lord, Carnes. "American Strategic Culture," *Comparative Strategy*, 5,3 (1985), pp. 269−293.

Maclsaac, David. "Voices from the Central Blue: The Air Power Theorists," In *Makers of Modern Strategy: From Machiavelli to the Nuclear Age*, edited by Peter Paret, pp.624−647. Princeton:

Princeton University Press, 1986.

Rosecrance, Richard and Arthur Stein, "Beyond Realism: The Study of Grand Strategy." In *The Domestic Bases of Grand Strategy*, edited by Richard Rosecrance and Arthur Stein, pp. 3–21. Ithaca: Cornell University Press, 1993.

Stein, Janice Gross. "Military Deception, Strategic Surprise, and Conventional Deterrence: A Political Analysis of Egypt and Israel, 1971–73." In *Military Deception and Strateic Surprise*, edited by John Gooch and Amos Perlmutter, pp. 94–121, London: Frank Cass & Co., Ltd, 1982,

US Catholic Bishops. "The Just War and Non-Violence Position." In *War, Morality and The Military Profession*, edited by Malham M. Wakin, pp.239–254. Boulder: Westview Press, 1986.

Walt, Stephen M. "The Renaissance of Security Studies." *International Studies Quarterly*, 35 (1991), pp. 211–239.

Wang Gungwu. "The Rhetoric of a Lesser Empire: Early Sung Relations with Its Neighbors." In *China Among Equals: The Middle Kingdom and Its Neighbors, 10th–14th Centuries*, edited by Morris Rossabi, pp. 47–65. Berkeley: University of California Press, 1983.

Yates, Robin D. S. "Horses and Cavalry in Chinese History: Some Preliminary Remarks." Unpublished paper presented in the Third International Conference in Sinology, Academia Sinica, 29 June –1 July 2000.

后　记

为这本书撰写《后记》，发现重新整理关于这本书的零碎记忆，未尝不是一件饶有意义的事。回想1984年，笔者在罗球庆师的指导下获硕士学位，离开香港中文大学的校园时，将书籍杂物放在手推车上，推往毗邻的赤坭坪村。由于要和校园生活暂别一段日子，我选择了以宋辽战争为业余的专研范围。选择这个研究范围除了《绪论》说过的种种理由外，还有一个附带的原因，就是史料范围有限，一间数十平方米的斗室可以容纳得下。以香港寸金尺土的情况下，当时的想法可以说是不得已中的如意算盘。当时并不知道单凭研读史料，无法获得科际整合所需的宏观视野。此后因为面对未来难以预知的处境，才逐渐发现原来的构想过分乐观。片章断语写了不少，但无法整合为大篇稿件。

1989年笔者负笈于图森（Tucson）的亚利桑那大学，从陶晋生师。陶师以宋辽关系为主线，讨论近世中国与边疆政权的对等关系，令我深受教益，也确定了我的研究路向。他深湛的学识及沉着坚毅的个性，也感染了我。此外，我还选了惠廷（Allen Whiting）教授的"政治风险与情报分析"一课，获得一个思考科际整合研究出路的机会。亚利桑那大学由于附设军事学院，令我得以浏览了图书馆中一些有关的理论书籍。加以图森边塞气息浓厚，满山屹立丈二多高的仙人掌，景观开阔，提供了一个环境，令我从不同的角度看一件事情。1997年，我得到香港中文大学历史系的聘约，回母校任教，开始整理旧作和以论文形式陆续发表各章节，构成了本书的骨干。

十余年来，对本书及相关研究特别关注的老师、同事和朋友不能尽录。陶师阅毕全书，作了一些修改，还为本书撰写了序言。罗球庆师虽已荣休，但每一次回港都关心本书的进度。由于本书其中三章都在《中国文化研究所学报》上发表，陈学霖教授在数年间提供了不少意见。至于郭少棠和苏基朗教授，则经常就科际整合研究方向的前景提供意见，开拓了我的视野。与我同门的何冠环博士经常告知与这个课题相关的零星史料。记得在图森时与何兄共寓，何兄偶拾一条关于石守信从征幽州，脍鱼而食的史料以示，后来成为关于高梁河战役一章的一个很有趣的补缀。以战略文化为研究方向的郑秀强博士，在路过本港的数天时间，特地将书稿看了一遍，并就理论方面进行了一些订正。同门伍伯常博士也阅毕本书一些未发表的章节，并提出修改意见。此外，黎明钊教授、赵雨乐教授，及杨炎廷、张月娇、王章伟、张志义等对本书的进度都非常关心并经常对我加以鞭策。此外，梁伟基、丁颖茵和陈伟基等也曾协助我对本书进行修订。

最后，在本书完成的阶段，前香港艺术馆顾问曾荣光，亦即家父，为本书的扉页作了题字。当然，我要感谢他的地方，远不止此。我也要感谢妻子胡美玲，因为这次我总算明白了为何从事著作者往往要鸣谢妻子，因为别人总是见到你的成果，而她却见到你每一分耕耘，所以与别不同。

撰写这篇《后记》时，我已在汀角居住了近五年。看着这批稿子陪着我从一条村子出发，最后又回到另一条村子，好像一段旅程也应该结束。这些稿件一拖再拖，十余年就此过去，关心我和有关研究的师、友、学生不能胜记，令人不禁想起这可能是人一生难得一次的奢侈。

曾瑞龙识于香港汀角

2002 年 7 月 29 日

跋

　　五月五日传来噩耗，惊悉曾瑞龙弟不幸急病辞世，悲痛不可言喻！稍后获知他的遗作《经略幽燕：宋辽战争军事灾难的战略分析》（以下简称《经略幽燕》）经由香港中文大学出版社排印完竣，不日即可面世，可惜瑞龙已不及见！叶汉明女弟知我急欲一读该书，特向出版社求取样本快邮寄来。我连夜翻阅，思绪万端。犹记二十年前瑞龙撰写硕士论文完稿时，我也连夜翻阅，但当时他的学术路程刚刚展开；而现在读的竟是遗著，也再没有和他酌斟内容、讨论问题的可能，不禁为之怆然涕下！

　　瑞龙在中文大学历史系肄业期间，虽然短短四年（1978 年夏至 1982 年夏），但已打好研究历史的基础，对传统的治史方法，如史料的了解、去取和分析，都已达到独立研究的水平。首先令人惊异的文章，是他修读"宋史研究专题"一科时所提交的论文，题为《北宋中叶拓边活动的开端——庆历朝水洛城事件发微》，讨论宋夏战争中修筑水洛城的争议事件。此文除了考证细密外，见解尤为卓越，他想由此拓边事件探究北宋中叶文与武、中央与边庭的互动关系，认为用传统的"强干弱枝""重文轻武"等观念来解释是不足够的，必须从多方面来研究。他后来的作品，采用科际整合的方法，以大战略、战役法、战术等解释问题，此文已肇其端。

瑞龙大学毕业后，在研究院修读（1982年夏至1984年夏），他的硕士论文《北宋种氏将门之形成》，以种氏一家为例，讨论北宋文人武将化的特殊现象。种氏三代为宋守边，抗御西夏，本文亦讨论到不少有关宋夏战争的问题，可说是瑞龙对北宋西北拓边问题的初步研究。此后，瑞龙的研究范围扩展至宋辽战争。由1989年起他在这方面的研究得到很大的进展。他负笈美国亚利桑那大学攻读博士学位，从陶晋生教授研习宋辽关系史，并陆续发表多篇有关宋辽战役的著作，这些文章都收入《经略幽燕》中。

瑞龙自言：1989年在美国从陶晋生教授后，确定了研究方向。另一个影响他较深的是惠廷（Allen Whiting）教授，他从惠廷教授的"政治风险与情报分析"一课"获得思考科际整合研究出路的机会。"留美八年（1989—1997）期间，他购置和阅读了不少军事及战略理论的书籍，使他有足够的现代军事及战略理论知识，引入对宋辽战争及宋夏战争的研究中。这就是他的研究路向。1997年他在亚利桑那大学取得博士学位后，随即回香港中文大学历史系任教，至今六载，著述极勤，都是朝着这个路向而努力。

《经略幽燕》是一本强调科际整合的战争史著作，将战略文化的理论引进军事史的研究，用大战略、战略、战术等新概念重新评析宋辽战争中的各场战役，从而解释北宋经略幽燕演成军事灾难的原因。传统学者惯用"强干弱枝""重文轻武"或"先南后北"等政策来解释北宋的积弱和对外战争的失败，显然有其局限性。本书所显示的见解，往往能够打破这种局限，言人所未言。举例来说，本书将高梁河之役（979）的失败，解释为宋军因袭五代的兼行速进战术，是最后一场"五代的"战役，其结果宣告了五代战争已成历史陈迹。这场战役体现了战争形式的新陈代谢。又如将满城会战（979）作为弹性战略防御的典范，将歧沟关（986）之败归咎于战略各层次的脱节，皆立论新颖而合理。第八章论述君子馆之役（986），指出是役在决定宋军转入守势的战略过渡中扮演重要角色。由于此役缺乏专门研究，本书搜罗有关史料，作战略分析及战术研究，具有高度学术价值。

其实，《经略幽燕》只是瑞龙廿余年来所作学术研究的一部分，是有关宋辽战争的论文的整理和总集。在他治学的范围里，宋夏战争研究的重要性不逊于宋辽战争。他从事学术研究是从宋夏战争的研究开始的，他的博士论文也包含宋辽与宋夏两部分；在中文大学任教六年来所撰述的论文，也是辽、夏参半。记得公元二千年十二月曾收到他一封信，谓《北宋经略幽燕的战略失败》和《北宋后期西北拓边战争研究》两书在赶制之中。现在《经略幽燕》一书行将出版，不知《北宋后期西北拓边战争研究》一稿是否完成。这可能是瑞龙有关宋夏战争论文的整理和总集。我们都希望它能和《经略幽燕》一样，早日面世。闻何冠环弟将与诸弟负责整理及出版瑞龙遗作，使瑞龙廿余年来辛勤研究的成果公诸学林。这对学术界，对瑞龙都是有意义和有贡献的事！

罗球庆

2003 年 5 月 20 日

于美国加州奥林达市

（本文作者曾任香港中文大学历史系教授）

图书在版编目（CIP）数据

经略幽燕：宋辽战争军事灾难的战略分析 / 曾瑞龙著 .
—杭州：浙江大学出版社，2019.7
　　ISBN 978-7-308-19038-1

　　Ⅰ . ①经… Ⅱ . ①曾… Ⅲ . ①军事史 – 研究 – 中国 –
宋代 Ⅳ . ① E294.4
　　中国版本图书馆 CIP 数据核字（2019）第 052729 号

经略幽燕：宋辽战争军事灾难的战略分析

曾瑞龙　著

责任编辑	王志毅
文字编辑	伏健强
责任校对	赵　珏
出版发行	浙江大学出版社
	（杭州天目山路148号　邮政编码310007）
	（网址：http://www.zjupress.com）
排　　版	北京大观世纪文化传媒有限公司
印　　刷	北京中科印刷有限公司
开　　本	635mm×965m　1/16
印　　张	31.5
字　　数	340千
版 印 次	2019年7月第1版　2024年6月第6次印刷
书　　号	ISBN 978-7-308-19038-1
定　　价	85.00元